한국 여성해방 이론

한국 여성해방 이론

한국 여성해방 이론

초판 1쇄 인쇄 2005. 7. 29.
초판 1쇄 발행 2005. 8. 5.
지은이 강숙자
펴낸이 김경희
펴낸곳 (주)지식산업사
        서울시 종로구 통의동 35-18
        전화 (02)734-1978(대) 팩스 (02)720-7900
        한글문패 지식산업사
        영문문패 www.jisik.co.kr
        전자우편 jsp@jisik.co.kr
                 jisikco@chollian.net
        등록번호 1-363
        등록날짜 1969. 5. 8.

책값은 뒤표지에 있습니다.

ⓒ 강숙자, 2005
ISBN 89-423-3062-2 93330

이 책을 읽고 저자에게 문의하고자 하는 이는
지식산업사 전자우편으로 연락 바랍니다.

한국 여성해방 이론

강 숙 자 지음

지식산업사

책 머리에

이 책은 박사학위 논문인 〈한국여성운동 이념정립을 위한 시론 ― 서양 여성해방론의 평가와 비판적 검토를 통하여〉를 다듬어 펴낸 것이다. '한국 여성해방 이론'은 20년 동안 내가 추구해온 연구주제였다. 1983년 대학원 여성학 석사과정 전형을 위해 제출했던 연구계획서의 맨 앞자리를 차지했던 것이고, 1986년 한국여성개발원 개원 3주년 기념 여성 관련 현상논문 공모에서는, 같은 주제의 논문으로 당선작 없는 가작 1석을 차지하는 영광을 누리기도 하였다.

그런데 1980년대 후반에 이르러, 구미 여성학자들의 급진주의 이론이 한국 여성학계를 풍미하면서 내 연구 주제는 이단으로서 금기시되기 시작하였다. 말하자면 구미 급진주의 이론이 전 세계 여성들의 억압을 설명하는 체계적인 분석틀로서 정통성을 가지며, 급진주의 이론을 비판하는 것은 반(反)여성학적 관점으로 매도되는 분위기였다.

이러한 한국 여성학계의 추세는 세계화(글로벌리제이션)의 물결에 편승한 측면 또한 간과할 수는 없겠다. 여성학이 도그마가 아닐진대, 더욱이 구미 여성들의 경험을 바탕으로 한 급진주의 이론이 비서구 여성들의 경험을 침묵으로 외면하고 있는 상황에서, 과연 한국의 여성학 자로서 '서구 급진주의 이론을 맹목적으로 추종해야만 하는가' 하는 깊은 고민에 빠질 수밖에 없었다.

그러나 용기를 잃지 않고 전기(前期) 급진주의 이론은 한국 여성의 경험과는 맞지 않음을 1995년 여성학회 가을 학술대회에서 발표하였다.(《한국여성학연구서설》에 수록) 이어서 레즈비언 급진주의(정치적) 여성이론은 여성학의 메타이론으로서 적실성이 없음을 논증하고(《여성 — 역사와 현재》 수록), 2001년 가을 여성학회 학술대회에서 발표하면서 나는 처음으로 본격적인 이론 논쟁에 불씨를 지폈다. 예상했던 대로 인신공격에 가까운 비판과 함께 협박이 뒤따랐다.

이름을 밝히지 않은, 자칭 성적 소수자 모임 관계자는 《여성신문》에 기고한 글에서 '필자의 원고가 실린 자료집을 모두 폐기처분하고, 한국 여성학회 정기간행물인 논문집에도 싣지 말라'는 경고를 한 것이다. 여성학이 소수 특정인의 전유물이 아닌 바에야, 그리고 여성학회가 특정집단의 사조직이 아닌 바에야, 어떻게 이런 언어폭력을 가할 수 있는가! 견해의 차이가 있다면 학문의 도구인 논문으로 대화하는 것이 바른 길이 아닌가? 이론 논쟁이 아닌 여성학의 교조주의를 체험한 아찔한 순간이었다.

나는 《여성신문》을 통하여 회신하였다. '성적 소수자'의 인권이 존중받는 것과 구미 정치적 레즈비언 이론을 비판한 것은 별개의 문제며, 그들 정치적 레즈비언 이론은 참 레즈비언들을 해방시킬 수도 없을 뿐더러, 침묵하는 대다수의 여성들에게는 더더욱 상처를 줄 뿐이기에, 이름을 밝히고 정정당당하게 이론 논쟁의 마당으로 나오라고 제안하였다.(2002년 1월 9일 《중앙일보》에 소개됨) 그러나 이 제안은 대답 없는 메아리가 되었다. 이 책 발간을 계기로 한국 여성해방이론 논쟁이 활발하게 펼쳐졌으면 하는 바람을 가져본다. 사상의 자유, 학문의 자유가 보장되는 상아탑의 소임을 다한 이화여자대학교에 감사한다.

석사학위로 끝낼 뻔했던 학문을 계속하도록 길을 열어주신 진덕규 선생님, 어쭙잖은 제자에게 논문지도에 더하여 여러 가지 행정적인 절차와 과정을 지키도록 일깨우고 배려하신 박충석 선생님, 비판을 받더라도 누군가는 꼭 해야 할 작업이라고 격려하시고 심사위원장을 맡아주신 김영작 선생님, 꼼꼼하게 읽고 각주의 불필요함과 어휘의 순화를 지적해 주신 차남희 선생님, 균형을 잃지 않도록 적절한 부제목을 권고하신 최은봉 선생님께, 이 지면을 빌려 다시 한번 감사를 드린다. 그리고 수업을 통하여 시야를 넓게 해주신 양승태 선생님, 어수영 선생님, 박준영 선생님, 구대열 선생님, 임혁백 선생님께도 감사를 드린다. 또한 학문의 길에서 늘 지켜봐 주신 박용옥 선생님, 이은순 선생님, 김상일 선생님께도 감사를 드린다.

끝으로 뒤늦게 공부한답시고 낙제 점수에 가까운 어머니, 아내 노릇을 했음에도, 불평 없이 참아낸 아들 양헌과 딸 연주, 그리고 남편에게도 고마움을 보낸다.

2005년 6월

효자동 집에서   저자

차 례

1장 들어가는 말

한국 대학에서 여성학 과목이 강의된 지 4반세기의 세월이 흘렀고,[1] 대학원 석사과정이 개설된 지는 20년[2]이 지났다. 물론 학문으로서 여성학이 배태되기 훨씬 전부터, 한국 여성운동의 태동은 구한말 무렵으로까지 거슬러 올라가나,[3] 구미 열강의 강압적인 문호 개방과 뒤이은 일제 식민지 경험으로 한국 여성은 구미의 여성과는 달리 순수한 여성해방에만 매달릴 겨를이 없었다. 이런 사정은 해방 이후에도 달라지지 않았다.

한국 여성에게는 여성 문제보다 국가의 문제 — 국권회복, 신탁통치안 반대, 분단, 전쟁 — 가 늘 앞을 가로막고 있었다. 이러한 여건 속에서 여성 문제를 학문으로서 가르쳐야 한다는 요구는 자연 가려질 수밖에 없었다.

---

1) 이화여대 한국여성연구소(1979), 《여성과 발전 연구사업 보고서 — 여성학 교과과정 개설을 중심으로》, p.70.
2) 1982년 봄학기, 이화여대 대학원에 여성학과(Women's Studies)가 설치되었다.
3) 박용옥(1984), 《한국근대여성운동사연구》, 한국정신문화연구원.

이와는 달리 서양, 무엇보다 미국에서 여성학이 대학의 교과과정으로 편성된 직접적인 동기는 여성해방운동에서부터 출발한다. 흔히 제2의 물결(the second wave)[4]이라고 일컬어지는 현대 여성운동은, 1960년대에 월남전을 반대했던 미국의 신좌파 학생운동에서 이탈하여 독자적으로 펼쳐졌다. 1960년대의 미국 사회는 마틴 루터 킹 목사를 주축으로 한 흑인민권운동이 활발히 전개되던 시기였으며,[5] 소수민족운동 또한 큰 목소리를 내던 때였다.

이 무렵 학생운동에 가담했던 여학생들은 '사회운동이 성공하면 여성의 문제도 저절로 해결될 것'이라는 순진한 동기에서 출발했으나, 학생운동 안에서도 중요한 의사결정에서 여학생이 배제되고 주변화하는 처지를 깨달았다. 이로 말미암아 1968년을 분기점으로 하여 여성운동은 학생운동과 갈라지게 되었다.[6] 이때 이탈한 여학생들은 기성 좌파 학생운동의 위계적인 조직체계를 거부하고, 모든 여성운동 조직원들이 평등하게 업무를 분담하는 모범을 보였다.

이들의 특기할 만한 정치적 시위로는, 1968년 애틀랜타 시에서 개최된 미스 아메리카 선발대회를 무산시키고자 브래지어와 거들을 벗어서 불태우며 반대한 것을 꼽을 수 있다.[7] 이를 계기로 성 해방을 부르짖는 (women's lib) 급진적 여성운동가들을 '브라 버너스(bra-burners)'라 부르게 되었다.

---

4) Hester Eisenstein(1984), *Contemporary Feminist Thought*, London: Unwin Paperbacks; Imelda Whelehan(1995), *Modern Feminist Thought; "from the second wave to post-feminism"*, Edinburgh: Edinburgh Univ. Press.

5) Carol Hymowitz · Michaele Weissman(1980), *A History of Women in America*, Bantam books.

6) Whelehan(1995); Josephine Donovan(1990), *Feminist Theory*, New York: Continuum Publishing Co., pp.141-143.

7) Whelehan(1995), p.6.

한편, 1968년은 영국에서 여성 참정권 획득 50주년이 되는 해였다. 그럼에도 영국의 분위기는 잠잠하였다. 그러나 미국 브라 버너들의 정치적 시위에 고무되어, 1970년 2월 옥스퍼드 러스킨 대학에서 열린 '영국여성해방회의'에는 600여 명이 참석하였다. 이어 같은 해 11월 20일 앨버트 홀에서 열린 미스 월드대회에서 반대 시위를 벌였는데, 이것이 공식적으로 여성 문제를 대중에게 제기한 계기가 되었다.[8]

제2의 물결과 나란히 하여 여성의 동등한 법적 권리를 요구하는 여권운동가(women's right)들도 분명 이 시기 여성운동에서 핵심 중추 노릇을 하였다. 이들은 1969년 미국여성대회에서 대학에서 여성학을 교과과정으로 채택해 줄 것을 요구하였다.[9]

이처럼 강력한 여성운동의 결집으로 1970년 산디에고 주립대학에 최초로 여성학 프로그램이 개설되었고,[10] 1977년에는 미국여성학회가 창립되었다. 미국여성학회의 목표는 미국 여성뿐만 아니라 세계 여성들의 해방을 위하여 교육과 토론 마당을 마련할 것을 다짐하였다.[11] 여성운동에서 여성학으로 한 계단 심화된 것이기에, 학문으로서 여성학의 소임은 여성해방운동을 뒷받침할 이론적 근거와 이념을 제시하는 일이 급선무라고 할 것이다.

학문으로서 여성학이 대학사회에 수용되면서 구미 여성학자들의 일차적인 관심은, 왜 여성들은 역사시대 이래로 제2의 성으로서 차별을 받아왔는지, 그 원인을 밝히고 대안을 제시하는 일이었다. 대체로 여성

---

8) Whelehan(1995), p.18.
9) 山口眞・山手茂(1987), 《女性學槪論》, 亞記書房, p.14.
10) Christie Farnham(ed., 1987), *The Impact of Feminist Research in the Academy*, Indianapolis: Indiana University Press, p.1.
11) 山口眞・山手茂(1987), p.14.

이 억압받고 차별받아왔다는 사실에는 모든 여성학자가 공감하지만, 여성 억압의 원인을 구명하고 그 대안(처방)을 제시하는 데는 견해의 차이를 여러 가지로 드러내고 있다.

여성학 연구가 심화되는 1980년대에 이르면서 여성학 이론은 급진성을 더해갔다. 이른바 '사적인 것이 정치적인 것이다(the personal is the political)'는 구호와 더불어, 여성학 분야별 모든 영역에서 급진이론이 뿌리내리기 시작하였다.[12] 티 그레이스 앳킨슨의 '페미니즘은 이론이고 레즈비언이즘은 실천이다(Feminism is the theory, Lesbianism is the practice)'는 주장이 이를 그대로 보여주고 있다.[13] 1990년대 이후 구미의 여성운동은 과격한 정치적 시위를 접고 소강상태에 들어섰다. 대신 상아탑 안에서 여성학 연구가 명맥을 유지하고 있다.[14]

앞에서도 말하였지만, 1970년대 한국 사회는 여성이 여성학을 요구할 만한 여건이 성숙되지 않은 상태였다. 한국의 1960년대는 읍·면·리·동 단위의 농촌 인구가 80퍼센트며, 시·군·구 단위의 도시 인구는 20퍼센트던 농경사회의 성격을 아직 벗어나지 못하였다. 1970년대에 근대화의 기치를 내세운 박정희 정권의 수출 드라이브 정책으로, 많은 여성 노동자들의 인권 유보와 희생 위에서 한국 사회는 점차 자본주의의 길을 걷게 되었다. 때문에 1970년대는 생산직 여성 노동자들이 노동조건 개선을 요구하고 생존권을 위한 격렬한 투쟁이 있었다.[15] 이들

---

12) Alison Jagger(1983), *Feminist Politics and Human Nature*, Sussex: The Harvester Press.
13) 김지혜(1998), 〈레즈비언/페미니스트 관점에서 본 서구 레즈비언 이론의 발전과정과 역사적 의의에 대한 연구〉, 이화여대 대학원(여성학과) 석사학위논문; Whelehan(1995); 신인령 역/앨리슨 재거·폴라 스트럴(1983), 《여성해방의 이론체계》, 풀빛, p.475.
14) Whelehan(1995).
15) 원풍모방 투쟁과 YH 여공들이 신민당사를 점거한 사건은 이를 잘 말해준다. 강인순(2001), 《한국여성노동자운동사》, 한울.

은 대개 서양의 초기 자본주의 시기에 어려운 집안 형편 때문에 일터에
나가지 않으면 안 되었던 노동자 계급의 여성들처럼, 남자 형제들의 학
비 마련과 집안의 경제적 어려움을 혼자서 감당해야만 했던 가난한 여
성들이었으며, 중간계급의 형성은 아직 미약하였다. 이 당시 대학을 나
온 여성들은 결혼 전 한두 해 동안 사회 경험을 하는 것도 나쁘지 않다
는 생각에서 짧은 직장생활을 하다가 결혼과 동시에 가정에 안주하는
것이 일상적이었다. 따라서 공적 경제활동의 참여를 요구하는 여성운
동의 목소리는 들려오지 않았고, 더욱이 여성학의 요구는 먼 나라의 일
일 뿐이었다.

이런 깊은 잠을 깨운 것은 바로 1975년 UN이 정한 '세계 여성의 해'
였다. 한국은 멕시코 시에서 열렸던 세계여성대회에 정부 대표를 파견
하였고, 이 대회에 다녀왔던 이화여대 사회학과 이효재 교수는 세계 여
성의 동향 및 참관기를 학교 당국에 보고하였다.16) 이와 더불어 구미
여성학의 영향으로 한국에서 여성학이 태동하게 되었다.

드디어 1977년 2학기부터 이화여대 학부 교과과정에 여성학이 들어
가고,17) 1982년에는 같은 대학 대학원에 석사과정이 개설되었다. 이어
서 1984년 10월 한국여성학회가 창립되어 본격적인 한국 여성 연구가
시작되었다.

무엇보다 1990년대는 한국 여성학 연구의 꽃이 활짝 핀 시기로 기록
될 만하다. 1990년 3월 효성가톨릭대학에 여성학 석사과정이 개설된 것
을 시작으로, 같은 시기에 계명대에서 여성학 대학원이 개원되었고,

---

16) 이효재(1976), 〈세계여성의식의 동향〉, 《한국여성의 어제와 내일》, 이화여대출판부.
17) 이화여대 한국여성연구소(1979) 참조.

1997년에는 신라대(전 부산여대)에도 석사과정이 개설되었다. 또한 독립된 학과가 아닌 협동과정으로서 여성학 석사과정도 신설되기 시작하였다. 1996년 봄학기부터 성신여대, 숙명여대, 한양대, 성심여대, 동덕여대의 협동과정이 잇달아 설치되었고, 1999년에는 서울대 대학원에도 여성학 협동과정이 개설되었다. 그리고 서울여대, 연세대에도 여성연구소가 문을 열어 한국 여성학은 한층 더 연구의 폭을 넓혀갔다. 이러한 마당에 양으로서 팽창에 걸맞게 한국 여성 연구가 질에서도 성숙한가에 대한 성찰이 필요한 때가 바로 지금이 아닌가 한다.

한국 여성학은 태동에서부터 구미 여성학의 영향 아래에서 시작하였기[18] 때문에 초기의 여성학 연구는 자연히 구미의 여성학 이론을 도입, 소개하기에 바빴다. 설령 구미 여성학의 영향이라는 태생적 한계를 안고 있다고 하더라도 한국 여성해방 이론은 한국 여성들의 경험을 바탕으로 한 이론이어야 함은 당연하다고 할 것이다. 물론 여성이 제2의 성으로서 차별받아 온 것은 어느 때 어느 곳을 막론하고 세계사의 보편 사실이라고 하더라도, 각 문화권에 따라, 또는 시기에 따라 차별의 내용과 질에서 다름이 있음은 엄연한 역사적 현실이기 때문이다.

이러한 특수성을 고려한 나머지 대다수 제1세대 한국 여성 연구자들[19]은 그들의 연구에서 구미 여성해방론의 수용에 따른 학문적 염려

---

18) 정세화·신옥희·조형(1984), 〈여성학 교과과정 재정립을 위한 기본자료의 수집·분석 및 평가〉, 《논총》 44집, 이화여대 한국문화연구소, pp.11-18.

19) 이효재, 윤후정, 정의숙, 김영정, 정세화, 신옥희, 박영혜, 김광자. 서양 여성운동은 여성억압의 원인과 여성을 해방하기 위한 대안의 모색에서 다양한 견해를 나타내고 있는데, 정의숙은 여러 갈래의 여성해방론에 대해 논의하였다.[정의숙(1979), 〈여성해방운동의 이념〉, 《여성학》, 이화여대출판부, pp. 9-35] 1975년 멕시코 여성대회에서 제3세계 여성 대표들은 자연가족의 보호를 주장하였고, 서방세계 대표들은 반대 입장을 표명하였다.[이효재(1976), 〈세계여성의식의 동향〉, 《한국여성의 어제와 내일》, 이화

를 언급하고 있음을 볼 수 있다. 그러나 그들의 염려는 염려에 그쳤을 뿐 구미 여성해방론에 대한 그 이상의 진전된 논의는 없었다. 앞에서도 말하였듯이 구미의 여성학의 출발은 여성운동에서부터 한 계단 오른 것이기에 여성학의 존재 이유는 여성운동을 활성화할 이념을 제공하고 대안을 제시하는 것이라는 데에는 이론의 여지가 없다고 하겠다. 한국 여성학의 존재 이유도 예외일 수는 없겠다. 따라서 한국 여성학은 한국 여성운동을 활성화하고 여성차별을 없애는 방안을 제시하는 것이 일차적 소임이라고 할 것이다. 그런데 1980년대 초 한국 사회는 가족법 재개정운동 말고는 이렇다 할 요구들이 없었다.

여성운동이 사회운동으로서 성공하려면 뚜렷한 정치 이념을 전면에 내세워야 함이 필수적이나,[20] 당시 한국 여성운동이 잠잠했던 원인이 이념의 빈곤 때문이라는 지적도 제기되었다.[21] 이 시기에 즈음하여 심

여대출판부, p.161] 더 나아가 여성운동은 통일문제를 포괄해야 한다고 주장했다.[이효재(1985), 〈분단 40년의 여성현실과 여성운동〉, 《분단시대의 사회학》, 한길사, pp. 294-351] 박영혜는 한국의 페미니즘은 서양의 페미니즘과 달라야 한다는 논의를 재차 강조하였다.[박영혜(1984), 〈서양 페미니즘(Feminism)과 한국적 현실〉, 《여성연구의 과제와 전망》, 한국여성개발원 세미나 자료, p.14] 윤후정은 여성운동 이념으로서는 우리의 고유의 사상인 하나사상(oneness)을 이데올로기화해야 한다고 주장했다.[윤후정(1979), 〈여성문제의 본질과 방향〉, 《여성학》, 이화여대출판부, pp.52-54] 여성학의 이론 형성이 서양의 사회상을 배경으로 성립된 것이기 때문에 무엇보다 한국 사회에 적합한 이론으로 재구성하는 연구의 중요성도 강조된 바 있다.[정세화·신옥희·조형(1984), 〈여성학 교과과정 재정립을 위한 기본자료의 수집, 분석 및 평가〉, 《논총》 44집, 이화여대 한국문화연구원, p. 341] 김광자는 한국 여성학이 서양 여성해방 이론을 소개하고 그들의 분석틀 안에서 연구가 진행되어 온 상황에서 서양 여성해방 이론에 대한 적지 않은 논란을 제기하였다. 특히 급진주의 여성이론에 대한 부정적인 견해들이 그것이었다.[김광자(1984), 〈여성운동을 뒷받침할 이데올로기 제시〉, 《여성연구》 겨울호, 한국여성개발원, pp.33-37]

20) Claire Knoche Fulenwider(1980), *Feminism in American Politics*, New York: Praeger Publishers.
21) 조형(1984), 〈한국여성운동의 비판적 고찰〉, 《이화》 38호, 이화여대출판부.

정인은 마르크스주의 관점에서 한국 여성운동은 여성 노동자들이 주체가 되어 이끌어야 한다는 방향을 제시하였다.[22] 그리고 이승희는 사회주의 여성해방론인 이중체계이론을 비판한 글을 발표하였고,[23] 한편으로 국제주의를 여성운동 이념으로 제시한 주장도 제기되었다.[24] 최근에는 생태여성해방론을 동양의 도(taoism) 사상과 접목시킨 이론도 발표되었다.[25] 더욱이 여성해방론이 진정한 여성해방론의 면모를 갖추기 위해서는 무엇보다 여성의 본성이 무엇인지에 대한 해명이 우선되어야 하며, 그러한 연후에 이에 상응하는 사회 제도적 차원에서 개선이나 개혁(reform)을 요구하는 것이 순서라는 제언도 있었다.[26]

그러나 아쉽게도 아직 한국 여성학계는 양적으로 팽창하였음에도 구미 여성해방론의 이론적 진화의 단계를 소개하고 그 이론에 조응하여 한국 여성의 경험을 천착하는 수준에 머무르고 있다. 아직은 한국 여성의 본성을 해명하고, 한국 여성운동의 이념과 사회 제도적 차원의 개선과 대안을 제시한 연구는 한국 여성학계에서 한 편도 찾아볼 수 없는 황무지에 가까운 실정이라 하겠다. 따라서 한국 여성의 본성을 해명하고, 한국 여성운동을 활성화시킬 수 있는 이념과 여성해방의 대안을 제시하는 연구야말로 참으로 이 시점에서 절실하게 요청되는 학문적 과

---

22) 심정인(1985), 〈여성운동 방향정립를 위한 이론적 고찰〉, 《여성》 1, 여성편집위원회 편, 창작과비평사.

23) 이승희(1994), 《한국 여성운동과 정치이론》, 녹두.

24) 정현백(2000), 〈민족주의, 국가 그리고 페미니즘〉, 《국가권력과 여성》, 역사학회 월례발표회 자료.

25) 김정희(1998), 《생명여성주의의 존재론적 탐구》, 이화여대 대학원 박사학위논문(미간행).

26) 양승태(1990), 〈예속과 해방의 논리와 비논리 — 밀(J. S. Mill)의 《여인의 예속》에 나타난 여성의 자유·평등 논리에 대한 인성론적 비판〉, 《논총》 57집, 이화여대 한국문화연구소.

업이라 아니할 수 없다.

따라서 이 책은 첫째, 한국 여성의 본성을 규명하며, 둘째, 서양 여성해방론을 정밀하게 검토해서 한국 여성의 경험과 걸맞는 여성해방사상을 부분 수용하고, 셋째, 이를 한국의 남녀평등사상과 통합·재구성하여 한국 여성운동 이념으로 제시하며, 넷째, 이 이념이 포괄하는 사회제도의 변혁을 대안으로 제시하려는 것이다.

이런 목적을 이룩하고자, 2장에서는 자유주의, 고전 마르크스주의, 사회주의, 급진주의와 포스트모던주의 여성해방론을 세밀하게 분석할 것이다.

3장에서는 한국 전통사상인 단군사상과 유교의 음양사상에서 여성의 본성에 대한 검토를 할 것이며, 무엇보다 한국 전통사회 여성의 삶에 영향을 미친 유교의 여성관, 혼인제도, 정절 관념을 살펴볼 것이다.

4장에서는 근대사상인 실학사상, 동학사상, 개화사상에 나타난 여성 인식과 여성운동의 태동, 그리고 일제 강점기와 미 군정시기 여성운동을 짚어볼 것이다.

5장에서는 현대 한국 여성운동의 전개를 사안별로 살펴볼 것이며, 아울러 현대 한국 사회에서 여성의 처지를 점검할 것이다.

그리고 6장에서는 한국 사상의 여성평등론을 바탕으로, 현대 서양 여성해방론을 선별적으로 수용·통합하여 한국 사회에 유용한 여성해방론을 재구성해 볼 것이다.

이리하여 재구성된 여성운동 이념은 바로 새공동체주의가 될 것이다. 새공동체주의는 자유·평등·여성을 아우르는 이념이며, 실현 가능한 차선의 세상(heterotopia)의 도래를 앞당기기 위하여 여성운동을 이끌 이념으로 작동할 것이다.

새공동체주의는 한국 여성들의 처지와 여성운동 경험을 바탕으로 하여 여성이론의 체계화를 처음으로 시도한 것인 만큼, 한국 여성 문제를 풀어내는 분석틀로서 일정한 공헌을 할 것으로 기대하면서, 먼저 구미 여성해방론을 연대기 순으로 구체적으로 살펴보기로 하자.

2장 현대 서양 여성해방론의 쟁점

1. 자유주의_ 법적 제도적 평등

자유주의 철학은 자본주의의 발흥과 짝하여 꽃을 피웠다. 자율성과 자기개선이라는 단어는 중산층 재산권의 이해관계와 밀접히 연관되어 있다. 인간은 이성의 능력 때문에 다른 어떤 동물과도 구별된다는 자유주의의 외피는 정신과 육체라는 이원론으로 이어진다. 이성의 능력을 지닌 인간 한사람 한사람은 자신을 독특한 개인으로 인지하며, 그 개인은 사회적 조건에서가 아닌 자연에 따라서 형성된 피조물이며, 이러한 인간은 누구에게도 양도할 수 없는 자연권을 갖는다는 것이 자유주의 철학의 바탕을 이룬다. 따라서 자유주의 여성이론의 주요 목표는 인간(남성)이 가진 자연권을 역시 인간인 여성도 가져야 한다는 요구로 귀결된다.

자유주의 여성론의 시원은 프랑스 혁명시기까지 거슬러 올라간다. 프랑스 혁명은 그 이웃인 영국에 상당히 영향을 미쳤다. 영국의 보수 정치가인 에드먼드 버크는 《프랑스 혁명의 회고》에서 마리 앙투아네트 왕비를 가리켜서 '왕비도 한갓 여성일 뿐이며, 여성은 일개 동물에 불과하다'고 비하하였다. 이에 분노를 느낀 매리 월스톤크라프트(Mary

Wollstonecraft)는 1790년 《남권옹호》를 발표하였고, 그 연장선에서 《여권옹호(*A Vindication of the Rights of Women*)》가 탄생하였다.[1] 월스톤크라프트는 이성을 신봉하는 사람이었다. 《여권옹호》[2]에서 그녀는 '여성도 역시 이성에 대한 타고난 능력을 보유했으며, 따라서 동등한 시민권을 부여해야' 하며, 여성의 이성적 능력 결핍은 교육을 받지 못한 탓임을 강조하였다. 사회 계약에 자유로이 참여하며, 그들의 자연적인 소질이 그들의 사회적 위치를 결정짓는 자율적인 개인이라는 범주에 여성도 포함되어야 한다는 월스톤크라프트의 주장은 자유주의 사상을 기초로 한 것이다. 무엇보다 교육의 중요성을 강조한 그녀는 루소의 교육론을 비판하였다.

> 나는 루소보다 소녀들의 유아기를 관찰할 기회를 더 많이 가졌다. 나는 그때마다 나 자신의 감정을 반추하면서 내 주변을 꾸준히 지켜보아 왔다. 그 결과 유아의 초기 성격 형성에 관해 그와는 다른 견해를 갖게 되었다. 즉, 어떤 소녀든지 그의 영혼이 무기력함으로 좌절되지 않고, 그의 순진함이 가식된 수치심으로 물들여지지 않는다면 그녀는 항상 천진난만하게 뛰어놀 것이며 선택의 여지없이 강요받지 않는다면 인형에게만 주의를 기울이지는 않을 것이다.[3]

---

1) Katharine M. Rogers(1982), *Feminism in Eighteenth-Century England*, Urbana: Univ. of Illinois Press, p.183.

2) 슈나이어(Miriam Schneir)가 편집하고 서론과 해설을 붙인 *Feminism: The Essential Historical Writings*(New York: Vintage Books, 1972)는 여성의 권리를 옹호하는 논문이나 문헌들을 시대별로 가려서 엮은 책인데, 여기에 월스톤크라프트의 글이 일부 수록되어 있다.

3) Mary Wollstonecraft(1792), *Vindication*, p.87; Sheila Rowbotham(1974), *Hidden from History*, New York: Pantheon Books, p.21에서 재인용.

월스톤크라프트는 먼저 여성성이 본질이 아니라 강제된 교육에 따라서 형성된 것이라는 주장을 폈다.

> 여성들은 어디에서나 비참한 상태에 있다: 왜냐하면 무지를 예의 바르게 표현한 단어인 순진성을 유지하기 위하여, 진실은 여성들로부터 숨겨져 있고, 여성들은 그들의 능력에서 어떤 힘을 습득하기 전에 가식적인 성품을 따르도록 강제된다. 유아기부터 그들의 아름다움은 여성들의 왕권이라는 것을 배우게 되고……[4]

따라서 동등한 교육으로 여성들의 잠재력을 실현할 수 있는 기회가 주어진다면, 여성들은 남성들과 같이 온전한 평등을 성취할 수 있으며, 정치 과정에서 여성들의 능동적 참여 부족은 오로지 여성들에게 지적인 소질을 개발할 수 있는 기회가 없었기 때문이라고 항변하였다. 그러나 월스톤크라프트는 노동자계급의 여성들도 동등한 교육을 받으면 남성과 같은 이성적인 인간이 될 수 있다는 생각은 미처 하지 못하였다.[5]

자유주의의 원리를 여성해방론에 응용한 진정한 자유주의 정치철학은 밀(John Stuart Mill)에서 비롯된다.[6] 밀은 공립학교에 들어가기 전에 이미 아버지 제임스 밀한테서 개인 교습을 받아서 라틴어와 역사, 철학 등 분야에서 상당한 지식을 쌓았다. 밀은 해리엇 테일러(Harriet Taylor)와 20여 년이 넘게 지적인 교제를 해오다가, 그녀의 남편 존 테일러가 갑자기 죽은 뒤에도 2년 동안이나 품위 있게 교제를 한 끝에 둘은 결혼

---

4) Whelehan(1995), *Modern Feminist Thought; "from the second wave to post-feminism"*, Edinburgh: Edinburgh Univ. Press, p.30.

5) Sheila Rowbotham(1974), p.22.

6) Susan M. Okin(1979), *Women in Western Political Thought*, Princeton: Princeton Univ. Press.

하였다. 결혼 당시 밀은 45세의 초혼이었고, 이미 두 자녀의 어머니인 해리엇은 44세의 재혼으로 빅토리아시대에 평범하지 않은 결혼을 한 다섯 명의 명사들 가운데 한 명으로 기록되었다.[7] 밀이 1869년에 출간한 《여성의 예속》은 아내 해리엇의 영향을 상당히 받았다.[8]

밀은 《여성의 예속》 첫 페이지에 여성 억압의 근원을 법적 불평등이라고 서술하였다.

> 현존하는 남녀 사이의 사회적 관계를 규제하는 원칙 — 한 성의 다른 성에의 법적 예속은 본질적으로 그른 것으로, 인류 발전을 방해하는 주요한 장애 가운데 하나이며, 그리고 이 원칙은 한편에 권력과 특권을, 다른 한편에 무력이라는 불평등을 인정하지 않는 완전한 평등의 원칙으로 대치되어야만 한다.(45 ; 이하 괄호 안 숫자는 김예숙이 번역한 《여성의 예속》의 쪽수이다.) 그러나 정의나 정책의 긍정적인 이유에서 차등한 대우가 요구되는 경우를 제외하고는 법은 모든 인간을 동등하게 대우해야 한다는 것이다.(47) 그럼에도 국가의 법률이나 제도는 언제나 물리적인 힘에 사회적인 인가를 주고 개인 사이에 이미 존재하는 관계들을 인정하는 데서 시작되므로 모든 여성이(근육의 힘에 따른 여성의 열등성과의 관계에서 남성들이 여성에게 부여한 가치 때문에) 남성에 예속상태로 있는 것이 발견되었다.(50)

밀은 남녀에게 불평등하게 적용되는 구체적인 법 사례의 하나가 결혼계약(법)이며, 배우자의 선택권이 당사자가 아닌 아버지의 강제가

---

7) Gertrude Himmelfarb(1987), *Marriage and Morals among the Victorians and Other Essays*, New York: Vintage Books, pp.3-22.

8) Alice S. Rossi(ed.)/John Stuart Mill & Harriet Taylor Mill(1970), *Essays on Sex Equality*, Chicago: The University of Chicago Press, pp.3-63.

(parental control) 딸에게는 억압이 된다고 본 것이다.

아버지가 결혼을 고집할 때, 수녀가 될 단호한 결심으로 종교의 보호를 받을 수 있을 때를 제외하고는 처녀가 아버지에게 불순종하는 것은 사실상 불가능했다.(82)

결혼 뒤에는 남편에게 법적으로 예속된 노예상태임을 논증하였다.

아내란 남편의 실제적 노예이고, 법적 의무에 관한 한 이른바 노예보다 덜한 것은 없다.…… 아내는 남편을 위한 재산이 아닌 것은 가질 수 없다. 상속에 의해서일지라도 아내에게 재산이 생기면, 그것은 실제로 남편의 재산이 된다.(82)…… 아내의 것은 무엇이든 남편의 것이라고 추정하려는 목적을 위해 남편과 아내는 '법 안에서 한 사람'9)이라고 불린다.(83)…… 여자 노예는 주인과의 성관계를 거부할 권리가 있으나…… 그런데 남편은 아내의 뜻과 달리 아내를 동물적 기능의 도구가 되게 하는 일을 강요할 수 있다.(84)…… 남편이 죽더라도 그의 유서에서 아내를 (친권자로) 지명하지 않으면 (아내는) 자녀들의 법적 보호인이 될 수 없다.(84) 따라서 대안으로서 밀은 '결혼하지 않으면 남편이나 아내의 것일 재산은 무엇이든, 결혼 뒤에도 각자의 관리 아래에 있어야만 한다.(103) 이미 미국에서는 양도할 수 없는 권리로서 아내의 재산권을 인정했다고 언급하였다.(104)

밀은 이혼을 적극 찬성하지는 않았지만 노예상태에서 벗어날 수 있는 차선책으로 이혼을 말하고 있다.

그녀 인생의 전부가 좋은 주인을 찾는 데 있다면 그녀가 그러한 주인을

---

9) Mary R. Beard(1946), *Women as Force in History*, New York: The Macmillan Co..

찾을 때까지 반복해서 주인을 바꾸는 일이 허용되어야 한다는 것일 터이
다. 내가 여성에게 이러한 특권이 허용되어야 한다는 것을 주장하려는 것
은 아니다. 그것은 전적으로 다른 문제다. 재혼의 자유와 관련된 의미에서
이혼 문제는 나의 의도와는 이질적인 것이다. 내가 주장하고자 하는 것은
노예 상태만 허용된 사람들에게는 노예 상태 가운데 자유롭게 선택하는
것이 가장 불충분하지만 유일한 완화책이라는 것이다.(85)…… 그러나 어
떠한 학대도 간통이 첨가되지 않는 한 아내를 그녀의 학대자로부터 해방
시키지 못할 것이다.(86)

결혼이 복종의 의무를 함축하지 않는 동등한 계약이라면 밀은 남녀
의 분업을 적절한 것으로 보았으며, 가정과 직업의 양립을 달가워하지
않았다.

  가정의 생계가 재산이 아니라 수입에 의존해 있을 때, 남편이 돈을 벌고
아내가 가사를 돌보는 관계가 일반적으로 부부 사이에 가장 적합한 노동
의 분업처럼 보인다.(104)…… 따라서 바른 상태에서는, 아내가 노동으로
써 가정의 수입에 공헌한다는 것은, 바람직한 관습이 아니라고 생각한
다.…… 그러나 결혼 이외의 다른 목적을 수행할 예외적인 능력을 가진
여성으로 하여금 결혼 때문에 능력을 발휘하지 못하게 하는 일은 없어야
한다.(105) 소수의 여성일지라도 그러한 임무에 적합하다는 것이 인정된
면, 그러한 예외적인 여성들에게 문을 닫는 법은 여성 일반의 능력을 참작
해야 한다는 견해 때문에 정당화될 수 없다.(110)

고 소극적으로 특별히 능력 있는 여성들만 예외로 한정하였다. 여성의
선거권도 제한적으로 부여해야 한다고 논급하였다.

  공적으로 신뢰받는 사람들의 선거에서, 필요한 모든 안전장치와 제한

으로 선거권을 보호하는 것이 헌법의 일이다. 남성의 경우에 충분한 안전 장치가 무엇이든 간에, 여성의 경우에 그것과 다른 것이 요구될 필요는 없다. 남성에게 선거권을 주는 어떤 조건 아래에서도, 어떤 제한 안에서 든, 여성에게 선거권을 주지 않는 것을 정당화할 이유는 없다.(109)

《여성의 예속》 초고가 완성[10]되었던 1861년 당시에는 영국의 많은 남성들―숙련공 남성들조차 투표권을 행사하지 못했기에 밀은 조심스 럽게 남성과 동등한 제한 안에서 여성에게 선거권을 부여해야 한다고 주장했다. 평등한 결혼계약, 선거권, 명예로운 직업, 그것을 갖기 위한 조건으로 교육과 훈련의 개방을 요구한 정당성을, 당시 노동자들의 거 센 권리 요구를 피해가기 위해서 밀은 여성의 자연적 권리(natural right) 를 내세우는 대신에 공리주의적(utilitarian) 접근법을 썼다.

　　모든 인간관계 가운데서 가장 보편적인 인간관계가 부정의(不正義) 대 신 정의에 의해서 규제될 때 도덕적 이익은 막대하고,(144) 인류에게 크게 봉사할 정신력을 배가하며,(148) 여성도 모든 진보에 참여할 것이며,(149) 인류의 도덕적 갱생을 가져온다.(163)

고 하였다.

밀이 《여성의 예속》에서 연상심리학의 방법론을 원용하여 가장 애 써서 밝히려 한 것이 바로 여성성(femininity)이 본성인가 하는 문제였다.

　　나는 남녀가 현재와 같은 관계로 유지되어 온 한 누구도 남녀의 본성을

---

10) Rossi(1970), p.4. 《여성의 예속》 초고는 1861년에 완성되었지만 출판은 1869년에 이루 어졌다.

안다거나 알 수 있다는 것을 부정한다. 만일 여성 없는 남성만의 사회 또는 남성 없는 여성만의 사회가 발견되었더라면, 또는 만일 여성이 남성의 지배를 받지 않는 남녀 혼성사회가 있었더라면, 우리는 각 성의 본성에 내재할지도 모르는 정신적 그리고 도덕적 차이에 관하여 무엇인가 확실하게 알 수 있었을지도 모른다.

여성의 본성과 여성성에 대해, 밀은 당시의 연상심리학의 방법론을 원용하여 밝히려는 노력을 진지하게 하였으나, 애매모호하였으며 논리의 일관성을 결여하였다.

누구라도 여성이 어떻다거나 어떻지 않다거나, 또는 여성이 할 수 있고 없고를 본성에 근거를 두고 결정할 수 있는 척하는 것은 주제넘는 일이라고 생각한다. 만일 여성의 본성이 남성의 본성처럼 자유롭게 성장하도록 내버려둔다면, 그리고 만일 인간 사회의 조건이 요구하여 남녀 모두에게 주어진 것은 제외하고는 어떤 인위적인 성향도 여성에게 주어지지 않는다면, 남녀의 성격과 능력 사이에 실질적인 차이가 있을 것이라고 또는 차이가 없을 것이라고 누구도 한 마디로 단언할 수 없다.(115) 지금으로서는 남녀 사이의 정신적 차이 가운데에서 어느 만큼이 자연적이고 어느 만큼이 인위적인지, 자연적 차이 자체가 있는지, 차이의 모든 인위적 원인이 제거되면 동일한 자연적 성격이 발견될지는 알 수 없다고 말해왔다.(128) 그러면서 그는 '감정과 성향의 차이는, 오직 여성이 남성과 달리 양육되었기 때문이다.(160) 남녀의 차이조차도 자연적 능력의 차이가 아니라 상황(환경)에 따라서 만들어진 것에 불과할지도 모른다.(115) 여성과 남성 가운데 존재한다고 가정되는 정신적 차이는 그들의 교육과 환경에서 비롯된 차이의 자연적 결과일 뿐 본성의 근본적인 차이를 나타내는 것이 아니다.(110)

밀의 논의는 여성의 본성이라고 불리어지는 여성성은 후천적인 교육과 환경에 따른 것으로 남녀 사이에 본성상의 차이가 없다는 것이며, 따라서 본성이란 애초에 존재하지 않는다는 주장이다. 그러면서도 그는 가끔 인간의 성품에는 본질적인 그 무엇이 있지 않을까 고민한 흔적을 찾아볼 수 있다.

> 여성은 일반적으로 남성보다 능숙하고 성공적인 실천에 본질적으로 필요한 것을 갖추고 있는 셈이 된다.(116) 혹은 유동성은…… 여성은 어쩌면 자연적으로 그 능력을 가지고 있는지도 모른다.(123)

여성의 본성에 대한 밀의 어정쩡하고 일관되지 않은 논의의 전개가 바로 《여성의 예속》이 여성해방의 정치철학을 제시한 것이 아니라 여성을 그대로 예속상태로 남게 하였다는 신랄한 비판을 받은 바[11] 있기에, 여성성에 대한 논의는 절을 달리하여 더 하기로 한다.

밀은 자유주의와 여성의 문제를 접목시킨 최초의 철학자이지만 그의 제안, 제한된 여성들에게 선거권을, 선택된 소수의 여성들에게 교육의 확대를 요구했기에 그는 엘리트주의라는 비판을 면키 어려우며,[12] 결혼법만 정의로우면 가정에서 여성의 성 역할은 자연스러운 것으로서 남성의 경제적 권력(economic power)에서 오는 여성의 예속이라는 연결고리를 놓쳤으며,[13] 가정을 바깥 경쟁사회와 구분되는 영혼의 안식처

---

11) 양승태(1990), 〈예속과 해방의 논리와 비논리—밀(J. S. Mill)의 《여인의 예속》에 나타난 여성의 자유·평등 이론에 대한 인성론적 비판〉, 《논총》 57집, 이화여대 한국문화연구소.

12) 서병훈(1995), 《자유의 본질과 유토피아—존 스튜어트 밀의 정치사상》, 사회비평사, pp.377-386.

13) J. Bethke Elshtain(1981), *Public Man, Private Woman*, Princeton: Princeton Univ. Press.

로 인식하여 사적 영역(private sphere)을 논의의 대상에서 제외한 것이다.14)

밀은 《여성의 예속》에서 강자의 무제한적인 권력남용을 무척 경계하였다. 따라서 이 당시 가정에서 자행되는 아내 구타 문제에 무관심할 수 없었다. 아내 구타는 서양 중세사회에서부터 근대에 이르는 오랜 기간 동안 자행되었다.15) 부부 중심의 핵가족제도에서 아내를 훈육하고 감독하는 권한이 남편에게 있었기 때문에 참된 교육에는 항상 회초리를 드는 것이 상례라, 불구로 만들지 않는 한 가정 안에서 아내에 대한 체벌(chasetisement)이 법으로 허용되었다.16) 1878년 '결혼소송법(The Matrimonial Causes Act)'이 제정될 때까지 영국에서 아내 구타가 얼마나 심각하였는지는 다음의 신문기사가 잘 보여준다.

제임스 밀은 그의 아내가 침대에 누워 있을 때 아내의 목을 베었다. 그는 그때 정신이 멀쩡한 상태였다. 그 이전에도 그는 아내의 왼쪽 젖가슴을 거의 찢어 놓았다.

J. 콜만은 아침 일찍 집에 돌아와서 그의 아내가 잠자고 있는 것을 보고는 무거운 나무 등걸을 집어 들고는 아내의 머리와 팔에 내리쳐서 아내의 팔을 부러뜨렸다. 이전에 그는 아내의 갈비뼈를 부러뜨렸다.

---

14) Elshtain(1981); Okin(1979), p.230.

15) 아내가 잘못을 저지르면 처음에는 부드러운 말로 타일러야 한다. 그런데 또 잘못을 하면 큰소리로 야단을 치라. 그런데도 같은 잘못을 또 반복하면 매를 들어서 때려 주라. 그러나 분노에 차서가 아니라 자비로우신 하나님의 이름으로 때려 주라.[Frances & Joseph Gies(1978), *Marriage and the Family in the Middle Ages*, New York: Harper and Row Pulbishers]

16) 근대화로 말미암은 가정과 일터의 분리로 여성은 생산자에서 소비자로 역할이 축소되면서 부양자인 남편에게 법적으로 예속됨을 이미 논증하였다.[강숙자(1998), 〈한국여성 근대화의 보편성과 특수성〉, 《한국여성학연구서설》, 지식산업사]

프레드릭 나이트는 징이 박힌 부츠를 신은 채 출산 뒤 한 달밖에 되지 않은 아내의 얼굴을 짓밟았다.

조지 랄프 스미스는 아내의 목을 베었고 아내는 그 후에 죽었다. 그러나 그는 무죄(not guilty)였는데, 이유는 그녀의 사망이 그 목의 상처 때문인지가 확실하지 않았기 때문이었다 등등.[17]

당시 존 스튜어트 밀과 아내 해리엇 테일러, 코비(Frances Power Cobbe) 등 뜻있는 선각자들이 《여성 선거권 잡지(*Women's Suffrage Journal*)》에 아내 구타에 대한 글을 기고하고, 여론을 환기시키고, 의회에 청원하여, 가정폭력방지법과 같은 '결혼소송법'이 1878년에 제정되기에 이르렀다.[18]

재산권과 선거권, 그리고 교육의 기회 확대를 성취한 19세기 말의 여성운동은 제1차세계대전 이후 소강상태에 들어갔다. 그러다가 제2의 물결로 다시 일어나는 계기가 된 것은 1963년 베티 프리단(Betty Freidan)이 《여성의 신비(*The Feminine Mistique*)》를 출간하면서이다.

프리단은 1942년 스미스 대학을 졸업했고, 《여성의 신비》를 쓸 당시에 이미 세 자녀의 어머니이자 주부이고 작가였다. 1957년 대학 동창 200여 명을 인터뷰한 결과, 이들 대다수가 대학은 졸업하였으나 사회활동에 참여하지 못하고, 남편과 자녀 뒷바라지와 가사노동에 갇힌 주부로서 정신적인 공허감을 털어놓자, 이들의 '이름 붙일 수 없는 문제'들을 공식 제기한 것이다. 이름도 붙일 수 없는 이 문제란 '때로는 공허하고, 불완전한 기분, 살아있는 것 같지 않은 느낌 때문에 때때로 진정제

---

17) Mary Lyndon Shanley(1989), *Feminism, Marriage, and the Law in Victorian England, 1850-1895*, Princeton: Princeton University Press, pp.165-166.

18) Shanley(1989), p.164.

32

를 사용하는'[19] 이런 증상들을 치유하는 처방으로서 프리단은 여성의 공적 경제활동 참여를 제시하였다.

여성이 직장과 가정을 병행할 수 없다는 증거로 잘못 해석된 자료들이, 실제로는 다른 조건이 모두 같다면, 가정주부로서만 사는 가정의 어린 자녀들보다 직장 여성의 자녀들이 덜 불안하고 학교에서 문제도 적게 일으키고 자신의 가치에 대한 인기도 높다는 것을 지적하고 있다.[20]

그러나 그녀는 사적 영역(private sphere)인 가사노동에 동등한 남성들의 참여를 호소하지 않고,[21] 가사노동을 잘 수행하면서 동시에 공적 창조적인 일에 여성들의 참여를 강조함으로써, 뒷날 후배 여성 연구자들이 맹렬히 비난하는 '슈퍼 우먼(superwoman)' 신화의 원인 제공자가 되었다.[22] 프리단 또한 여성성(femininity)은 사회적인 구성물임을 강조하였다.

《여성의 신비》는 이렇게 말하고 있다. 여성의 최고 가치와 유일한 의무는 여성 자신들의 여성성을 성취하는 것이다. 대부분의 역사를 통하여 서양 문화의 큰 오류는 이 여성성을 과소평가한 것이며, 이 여성성은 아주 신비스럽고 직관적이고 창조성에 가깝고 생명의 기원이기 때문에 남성이 이룩한 과학은 결코 여성성을 이해하지 못할 것이다. 특유하고 다르나 여성성은 남성의 본성보다 열등하지 않고 어떤 경우에는 더 우수하다. 과거에 여성들의 고민의 근원은 여성의 성적 수동성과 남성의 성적 적극성, 그리고 모성

---

19) 김행자 역/베티 프리단(1979), 《여성의 신비》, 평민사, p.29.
20) 김행자 역/베티 프리단(1979), p.244.
21) Rosemarie Tong(1989), *Feminist Thought*, Boulder: Westview Press Inc., p.24.
22) Whelehan(1995), p.34.

애를 양성함으로써 성취할 수 있는 여성 자신들의 본성을 수용하는 대신에 남성과 닮으려고 노력하고 남성들을 부러워한 데에 있다고…….23)

자유주의 여성이론은 평등을 언급하지만 실력사회로 접근할 수 있는 기회균등을 의미하고, 개인의 자기결정권과 선택의 자유를 강조한다.24) 따라서 이들이 주장하는 기회균등에 겨냥되는 남성은 실제가 아닌 추상적 남성이라는 비판을 받고 있다.25) 그 이유는 남성들도 개개인에 따라서 능력·학력·수입과 맡은 일에 차등이 있으므로, 원칙적으로 어떤 남성과 같은 기회균등을 요구하는가 하는 의문이 제기될 수 있기 때문이다.26)

프리단은 가정에 국한되는 아내들의 처지를 비난하고, 능력 있고 야망 있는 남성들, 승리욕에 불타는 남성들이 대도시로 나가서 성공하는 것을 부러워하였기 때문에, 광산에서 일하는 광부와 똑같은 기회균등을 표방하지는 않았을 것이다. 그녀는 능력본위의 남성 중심의 가치관을 그대로 받아들였기 때문에 그녀의 분석적 이론은 남성 각료 대신에 여성 각료를, 남성 사장 대신에 여성 사장을, 남성 장군 대신에 여성 장군으로 대체해야 한다는 전개를 펼 수밖에 없게 된다. 이러한 모순은 참정권 운동자로부터 오늘에 이르기까지 자유주의 여성해방 이념이 안고 있는 한결같은 맹점, 여성들 사이에도 서로 다름이 있다는 것을 간과한,27) 즉 계급문제의 신비(class mystique)에서 벗어나지 못하고 있다.

---

23) B. Freidan(1965), *The Feminine Mystique*, Harmondsworth: Penguin Book, p.35.

24) Zillah Eisenstein(1981), "Reform and/or Revolution: Towards a Unified Women's Movement", Lydia Sargent(ed.), *Women & Revolution*, London: Pluto Press, p.353.

25) Elshtain(1981), p.255.

26) Elshtain(1981), p.251.

2. 마르크스주의_ 자본주의 가족의 해체

참정권 이론가들과 같은 시대를 살면서 여성 문제를 마르크스의 경제 분석틀로 해명한 엥겔스(Friedrich Engels)는 마르크스주의 여성해방론[28]을 구축한 최초의 설계자라고 하겠다. 1884년에 출간한 《가족, 사유재산, 국가의 기원(*The Origin of the Family, Private Property and the State*)》에서 엥겔스는 모건이 《고대사회》에서 제시한 이론을 바탕으로 여성 억압의 시원을 밝히고자 하였다. 원시공동체사회에서 자연발생적인 최초의 성별 분업이 나타났으나, 그 당시에는 여성의 가사노동이 남성의 노동과 견주어서 일의 성격은 달랐지만 동등한 가치를 지녔다고 하였다.

> 남자는 수렵 및 어로에 종사하고 식료 채취와 도구를 만들고, 여자는 가사를 돌보며 요리, 베짜기, 바느질을 한다. 남자는 삼림에서, 여자는 집에서 주인이며, 남자는 무기, 수렵 및 어로도구의 소유주이며, 여자는 가구의 소유주이다.[29]

그러나 목축시대에 들어서면서 잉여생산에 따른 사유재산이 확립되었고, 대우혼에서 일부일처제로 점차 옮겨가면서 모권이 사라지고 부권이 등장[30]하여 가족 안에서 혁명이 일어났다고 보았다. 소득은 남자

---

27) Shane Phelan(1999), "Bodies, Passions and Citizenship", Susan Hekman(ed.), *Feminism, Identity and Difference*, London · Portland: Frank Cass., pp.56-79.

28) Whelehan(1995), p.44; Jagger(1983); Tong(1989).

29) Frederich Engels(1972), *The Origin of the Family, Private Property and the State*, New York: International Publishers, p.218.

30) Engels(1972), p.221.

의 것이며, 생산수단 또한 남자의 소유였다.[31] 남자는 자신의 사유재산을 물려줄 후손의 합법성을 담보하고자 아내의 성을 억압하였다. 여자의 가사노동은 이제 남자의 생활필수품 획득에 견주어 보잘것없는 부차적인 것으로 격하되었다. 따라서 여성해방, 남녀평등은 여자가 사회적 노동에서 배제되어 사적인 가사노동에만 종사하고 있는 한 불가능하므로, 여성이 사회적인 생산에 참여할 때에만 여성해방이 가능하다고 보았다.[32] 또한 엥겔스는 경제적 단위로서 일부일처제 핵가족은 남편이 아내를 지배하는 구조이기에 해체되어야 한다고까지 주장하였다.[33]

엥겔스는 일부일처제 핵가족을 경제적 단위로만 해석하였기 때문에 오늘날의 상식으로 생각하는 일부일처제와 성격이 아주 다름을 알 수 있다. 부르주아 가정에서는 아내가 남편에게 경제적으로 의존하기 때문에 지배와 예속의 관계가 성립되지만, 프롤레타리아 가정에서는 남편과 아내의 관계가 동등한 것으로 상정하였다.

> 이제 대규모의 산업화는 아내를 집 밖으로 끌어내어 노동시장을 거쳐 공장으로 내몰고 있다. 여성들은 종종 가족의 부양자가 되어야 하며…… 프롤레타리아 가족에서는 남성 우위의 어떤 기초도 남아 있지 않게 되었다. 그러므로 프롤레타리아 가족은 엄밀한 의미에서 일부일처제가 아니다. 사실상 아내는 이혼할 권리를 얻었고…… 프롤레타리아의 결혼은 단어의 어원학적인 의미에서만 일부일처제이지 역사적 의미에서는 전혀 그렇지 않다.[34]

---

31) Engels(1972), p.220.
32) Engels(1972), p.221.
33) Engels(1972), p.235.

　프롤레타리아 가정의 아내가 설령 가족의 생계를 책임지고 노동시장에 진출하여 실질적인 부양의 몫을 담당한다고 하더라도, 당시에는 가족에 대한 법적인 부양 책임이 남편에게 있었기 때문에 가족 임금은 남성에게만 해당되었다. 그리고 여성노동은 가계 보조적인 것으로 치부되어 여성노동자는 남성에 견주어 저임금에 시달려야만 했다.35) 더욱이 여성의 일은 전통적으로 그들이 가정에서 하던 일과 비슷한, 생산 라인에서 손끝 놀려서 하는 일(manual work)뿐이었다. 노동환경 또한 열악하기가 그지없었기에, 공적 노동시장에 나가서 일하는 것만이 여성의 해방이며, 노동자계급의 여성은 공적 노동을 하기 때문에 남녀평등이라는 엥겔스의 주장은 참으로 소박하다고 하겠다. 또한 사회 위계질서에서 억압받는 남편들은 그들의 화풀이 대상으로 가족을 구타하는 경향이 있으므로36) 오히려 노동자계급의 가정에서 아내 구타가 더 빈번하다는 연구 결과도 엥겔스의 추론이 성립되지 않음을 시사한다.

　자본주의 체제에서 여성의 위치에 대한 엥겔스의 견해는 불분명하다. 그는 남성처럼 경제 결정 요인에 따라 여성도 같은 계급적 지위를 획득한다고 가정하면서도 모든 여성은 가정 안에서 부르주아 남편에게 예속되는 노동자계급으로 추론한다. 따라서 가족을 미시적인 자본주의 생산체제로 상정한 것이다. 그리고 계급이 타파되면 성적 불평등 또한 사라질 것이라고 가정한다. 이런 측면에서 여성의 특수한 억압의 경험은 계급 적대감이라는 범주 안에 흡수되어 버리기 때문에 연관된 체제

---

34) Engels(1972), p.135.

35) 강숙자(1998), 〈한국 여성 근대화의 보편성과 특수성〉, 《한국여성학연구서설》, 지식산업사.

36) Eleanor Leacock(ed., 1980), *Women and Colonization*, New York: Praeger Publishers.

나 별개의 체제로서 가부장제의 이해를 발전시킬 이론적 여백이 없어진다. 따라서 엥겔스의 《기원》에는 성 억압이 효과적으로 보이지 않는다.[37]

엥겔스는 가부장적 가족 형태가 선사시대에 기원한다고 하면서도 가족은 자본주의의 도구임을 암시한다. 만약 가부장제가 순전히 자본주의에 기능적인 것 이상도 이하도 아니라면, 자본과 재생산의 분석만으로 여성의 억압이 충분히 해명될 수 있어야 하며, 가부장제를 별도로 분석할 필요성이 없게 된다. 때문에 가족과 상품생산의 양쪽 영역에서 여성의 특수한 지위에 대한 여성해방론자들의 천착은 정통 마르크스주의의 분석틀 안에서는 더욱 중요한 계급분석 때문에 모호해진다. 고전 마르크스주의 이론가의 성 담론에 대한 계산된 회피는, 여성의 억압이 자본주의 이전에도 있었지만, 자본주의 체제에 유기적이라고 못 박음으로써 이론적인 미끄러지기를 연출하였다. 그러한 만큼 여성해방론자의 시각에서는 여성의 억압이 생물학적 결정론과 암암리에 연결될 위험성을 느끼게 된다. 마르크스주의는 공적 영역인 자본축적과 임금노동에만 분석을 집중하면서, 일부일처제 가족 관계에서 출산, 보살핌, 양육자로서 여성의 영역을 분석대상에서 고스란히 소외시켰다. 노동시장의 다른 면인 '사적 영역'은 유물론자의 분석틀 밖으로, 생산관계 밖으로 밀려나서 궁극적으로는 엥겔스가 모호하게 언급한 선사시대 속으로, 아니 역사 자체를 넘어서는 어떤 곳으로 밀폐되어 봉합되었다.

자유주의자와 마찬가지로 마르크스주의자는 여성의 사회적 역할을 암묵적으로 여성의 생물학적 정체성과 본질에 따라 엄격하게 규정된

---

37) Whelehan(1995), p.47.

것으로 보았다. 그러나 실천 행위에 따른 남성의 합리성이나 자연을 변형시키려는 욕구는 문명의 열쇠로 보았다.[38]

엥겔스가 그대로 방치한, 공적인 노동에서 사적인 노동으로 평가 절하된 가사노동을 현대 마르크스주의 여성해방론자들이 여성 문제의 앞면으로 먼저 끌어내는 것은 어쩌면 당연한 일인지도 모른다. 자본주의 체제에서, 보이지 않고 무가치한 가사노동의 가치를 인정하며, 사회적인 노동으로 환원시키려는 논의들이 진행되고 있다. 그런데 가사노동의 가치화에는 이들 이론가들 모두가 공감대를 형성하였지만, 누가 어떻게 가사노동의 대가를 지불할 것인가 하는 각론에서는 제각기 다양한 처방들이 제시되고 있다.[39]

한편 공적 노동시장에 진출한 여성 대부분은 그들이 집에서 하던 일과 비슷한 전통적인 일에 종사하며, 따라서 남성에 견주어 저임금에 몰려 있는 현상을 어떻게 해석해야 할 것인가 하는 성별 노동분업(sexual division of labour)에 대한 논의는, 현대 마르크스주의 이론가들뿐만 아니라 다른 이론가들에게도 관심 대상이다. 진정 마르크스주의 여성해방론자들의 중요한 고민은 두 종류의 반 자율적이며, 그러나 상호 강화시키는 권력기제와 맞대결해야 하는 것이다. 즉 가족 안에서 불변의 성차이에서 오는 가부장적 이념의 작용과 노동 현장에서 성별 노동분업이 바로 그러하다.[40] 그러나 정통 마르크스주의 이론에서는 어느 누구도 성별 노동분업에 대한 만족할 만한 역사적 해명을 제공하지 못했

---

38) Whelehan(1995), p.48.
39) 김혜경(1985), 〈가사노동 이론에 관한 연구 — 여성해방론의 접근을 중심으로〉, 이화여대 대학원 석사학위논문.
40) Whelehan(1995), p.47.

다.[41]

현대 여성해방론자들에게 가장 큰 골칫덩어리는 여성들이 항상 노동력에 포함되어 왔고, 지금도 더 많은 여성들이 전일제 직업에 진출하는데, 성별 노동분업이 여전히 두드러진다는 것이다. 여성들의 저임금은 바로 가사노동이 교환가치가 없기 때문에 여성의 가정적 기술은 노동시장에서 낮은 경제적 보상으로 전환되는 데서 비롯된다. 이 성별 노동분업은 노동자계급 가정에서 더욱 알력을 일으킨다. 경기가 후퇴할 때에 저임금 여성 노동자군은 대체인력으로서 남성 노동자들의 합법적인 노동권을 박탈하는 일에 기여해서 같은 계급의 남성과 서로 적대관계를 형성하기도 한다. 또한 여성의 위치는 가정에 있고 남성은 가족 부양의 책임이 있기 때문에 여성 노동자는 제일 먼저 해고대상이 되기도 하여, 제2의 노동력 또는 산업예비군으로서 이들의 자리는 늘 불안하다. 이러한 관점에서 정통 마르크스주의의 임금 관계 분석은 가사노동의 숨은 경제적 가치를 등한시하였을 뿐만 아니라, 노동에서 성별 분업 문제의 중요성을 부인했기 때문에 여성해방론자의 시각에서 볼 때 부적절하다고 하겠다.[42]

마르크스주의자들은 가족의 역사적 보편성을 상정한다. 그 가족은 이미 주어진 구조로서 남성과 여성의 사회적 기능 사이에 근본적이고도 영속적인 차이를 내포한다는 암시로서 자본주의의 경제적 틀 속에 포괄되었다. 임금노동(교환가치)과 가사노동(사용가치) 사이의 구분이 명확해져서 임금노동은 거의 배타적으로 '일'로서 정의되고 가사노동의 경제적 가치를 모호하게 만들었다. 결혼을 하면 남편이 아내의 노동

---

41) Jagger(1983), p.72.
42) Whelehan(1995), p.51.

을 공짜로 사용하는 것을 관습적으로 허용하는 '사적 관계'의 영역 안에 가사노동을 둠으로써 가사노동과 임금노동 사이의 결정적인 연결이 흐려지게 되었다.

마르크스주의 여성해방론자들은 자본주의 체제 이전에도 존재했던 가족이 어떻게 자본주의 체제의 생산과 생산관계에서 실질적인 경제적 역할을 수행하는가를 보여주려 한다. 여성해방론의 시각에서 보면 생산의 경제적 관계가 가사노동 안에 드러난 분명한 증거가 있다. 노동력의 생산과 재생산이 아내의 노동을 통하여 실질적으로 가족 안에서 일어나고 있기 때문에 아내의 노동은 어느 측면에서든 잉여가치의 생성에 결정적이다.[43] 바꾸어 말하면, 임금노동에서 소외된 가사노동은 영혼의 안식처를 제공하고, 노동자들의 활력소를 재충전시킴으로써 자본가의 이윤 극대화에 기여하고 있다. 가부장적 권력관계의 연구는 가족은 어느 면에서 자본에 기능적이라는 것과, 한편 가족은 역사적으로 자본주의 이전에 자율적으로 존재했다는 마르크스의 모순되는 가정을 비판하여 수정하였다. 따라서 마르크스주의 여성해방론자들은 가부장적 관계의 축소된 형태가 여전히 가족 안에서 기능하며, 여성의 출산 기능을 통제하고 결정하는 것은 물론 일터에서 성별 노동분업의 정당성을 강화한다고 주장한다.[44]

엥겔스의 《기원》에서는 여성의 본성이나 여성성에 대한 언급을 찾아볼 수 없다. 그러나 마르크스주의는 겉으로는 인간 본성이 본질적이라는 개념을 부인한다. 마르크스의 '실천(praxis)' 개념은 인간 생물학과

---

43) A. Kuhn · A. Wolpe(ed., 1978), *Feminism and Materialism*, London: Routledge and Kegan Paul, pp.56-57.
44) Whelehan(1995), p.53.

역사과정을 통하여 끊임없이 경험하며 수정하는 인간사회와의 변증법적 관계인 사회활동으로서 인간활동을 규정한다. 그러나 이러한 개념은 여성의 특별한 사회적 역할에 대하여는 의문을 제기하지 않았다. 역사적 성쇠에 대한 마르크스의 분석은 이론으로는 자유주의 철학의 중심부에 놓인 생물학적 가정을 적용할 수 있는 성 역할이 사회적 구성물이라는 생각을 갖게 하지만, 실천에서는 여성의 사회적 기능은 주어진 '자연적'인 것으로 가정한다. 인간 본성이 보편성을 띤다는 생각을 외면한 마르크스 사상은 여성해방론자들에게는 참으로 매력적이다. 이러한 분석은 특히 좌파 급진주의에서 정치적 깨우침을 터득한 많은 여성들에게 매우 익숙한 것이었다.

고전 마르크스주의 이론이 여성 특유의 성의 문제를 간과(gender blind)했다는 비판에서부터 사회주의 여성해방론은 출발하기에, 다음 순서는 사회주의 여성해방론을 검토하는 일이다.

3. 사회주의_ 이중체계론 : 계급·성성(sexuality)

고전 마르크스주의 여성이론은 계급 분석에 초점을 맞추었고, 여성해방론자들은 여성을 분석의 중심부에 두려 하기 때문에 마르크스의 분석틀 안에서는 서로 갈등을 빚을 수밖에 없다. 자연히 마르크스의 자본주의 체제 비판을 수용하고, 이에 여성의 문제, 특히 출산(reproduction)과 성성(sexuality) 문제를 결합시킨, 이른바 마르크스주의와 여성주의의 불행한 결혼이 바로 사회주의 여성해방론을 탄생시킨 것이다.[45)]

로즈마리 통(Rosemarie Tong)은 마르크스주의 여성해방론이 현존하는 여성의 사회적 경제적 지위를 결정하는 궁극적인 요인으로 계급을 보는 반면, 사회주의 여성해방론은 성(gender)과 계급을 강력한 억압의 기재로서 동등하게 본다는 점으로 구분한다.46) 그러나 이멜다 웰레한(Imelda Whelehan)과 앨리슨 재거(Alison Jagger)는 역사적 유물론47)의 방법을 원용하는 한에서는 이들을 모두 마르크스주의 여성해방론자의 범주에 넣는다.48) 어떻든 자본주의와 가부장제를 여성 억압의 원인으로 보는 이중체계 이론가(dual systems theory)들을 사회주의 여성해방론자로 분류하는 데에는 이견이 없을 듯하다.

사회주의 여성해방론은 1980년대에 여성 억압의 본질을 정의하는 적절한 방법을 개발하고 가부장제의 용어에 담긴 추상적이고 몰역사적인 함의를 반박하는 일에 노력을 기울여왔다. 이러한 노력으로 1980년대 말에 많은 사회주의 여성이론가들은 자본주의와 마찬가지로 가부장제가 여성 억압의 기본 구조라는 확신을 가지게 되었다.

역사주의적 시각은 계급과 인종을 막론하고 여성들 사이에 공유된 경험을 예시하면서 현대 서양사회의 경제적 이념적 구조 양쪽에 가부장제가 새겨져 있음을 보여주었다.

다소간의 차이를 감안하더라고, 계급·인종·종족을 가로질러서 여성들은 공통의 억압 경험을 공유한다. 모든 여성들은 강간, 가정 안에서 신체적 학대, 그리고 성적 대상화와 성적 괴롭힘에 노출되기 쉽고, 모든 여성들은 일차적으로 가사노동에 책임이 있으며, 자녀가 있는 모든 여성들

---

45) Lydia Sargent(ed., 1981), *Women & Revolution*, London: Pluto Press.
46) Tong(1989), p.173.
47) 역사적 유물론은 다음을 참조. 노태구(1987), 《근대 정치사상의 이해》, 백산서당.
48) Jagger(1983), p.125; Whelehan(1995), p.45.

은 그들의 자녀를 돌볼 일차적 책임이 있고, 시장에서 일하는 모든 여성들은 성별 분업화된 직업에서 일한다. 모든 계급에서 여성들은 남성들보다 돈, 권력과 여가를 적게 가진다.[49]

사회주의 여성해방론은 급진주의 여성해방론자들이 모든 여성을 억압된 하위계급으로 간주하는 것과는 달리 계급 구분에 더욱 무게를 둔다. 이런 점에서 사회주의자의 작업은 급진주의와 자유주의 여성해방론의 중산층 영역으로부터 소외감을 느껴왔던 노동자 계급의 여성들에게는 매우 우호적임이 입증되었다. 마르크스주의의 역사적 특수성을 원용하여 그들은 까다로운 가부장제 용어를 풀어서, 시간을 초월하는 것처럼 보이는 이 지배체계와 자본주의 사회 현실 사이를 연결하였다. 슬로건으로서 자매애(sisterhood)[50]의 수사학은 매혹적이기는 하지만, 여성성을 선호한 나머지 가난한 여성들의 물질적인 생활의 어려움을 외면하였기에, 더욱 윤택하고 더욱 계몽된 '자매들'의 특권에 접근할 수 없는 노동자계급 여성들에게는 매우 모욕적이다.[51]

사회주의 여성해방론자의 문제제기는 계급을 기초로 한 정통 마르크스주의자의 관점에서는 이상하게 보인다. 여성을 하나의 계급으로 묶어서 분리하는 것은 남녀를 막론하고 같은 노동자계급 안에 단결을 강조하며, 계급혁명은 남녀 모두에게 동등한 해방을 가져다 줄 것이라고 굳게 믿는 이들 마르크스주의자에게는 노동자계급의 분열을 조장하는 것에 다름 아니었다. 게다가 여성이론가나 사상가들 대부분이 중산층

---

49) Jagger(1983), pp.77-78.
50) 로빈 모간(Robin Morgan)이 1970년에 펴낸 책 《자매애는 강하다(*Sisterhood is Powerful*)》가 급진주의 여성해방론자들의 슬로건이 되었다.
51) Whelehan(1995), p.63.

출신이기에, 마르크스주의 안에서 여성해방론의 시각을 추구하려는 어떠한 시도도 부르주아적 반역으로 비쳐졌다. 마르크스주의는 계급을 분석의 중심에 놓으려는 반면, 사회주의 여성해방론자들은 성(性)을 분석의 중심에 놓으려는 것이었다. 마르크스주의 안에서 여성해방론의 발판은 남성에 의한 여성의 지배를 설명할 자율적 또는 반 자율적인 이론의 몸체를 개발해야 할 필요성을 인식하고, 성(gender)과 계급 사이를 연결하려는 목적 때문에 타협점을 찾았다. 사회주의 여성해방론자들은 가사노동(노동력의 생산을 포함한)이 자본주의에 어느 정도로 기능적인지를 분석하기 위하여 이른바 가정의 '사적 분야'를 면밀히 살펴서 노동시장 안에 만연한 성적 인종적 불평등을 부각시켰다.

1980년대 이후, 사회주의 여성해방론자들은 인종차별, 동성애 공포증, 성성(sexuality), 이념, 문화와 같은 중요한 문제에 관심을 기울이느라 더 이상 계급과 생산문제에 우선권을 두지 않았다. 실천에서 계급, 인종, 성 문제와 성적 정향(sexual orientation) 사이의 대립은 여성운동 내부에 여전히 존재했고, 따라서 우선순위의 차이는 가부장제냐 아니면 제국주의적 권력의 분석이냐로 나타나게 되었다. 사회주의 여성해방론자들의 꾸준한 관심은 여성의 성성(sexuality)과 정체성(identity)이었고, 이런 경향은 마르크스주의와 차이를 불러왔다. 사회주의 여성해방론의 분포 범위의 끝 부분에는 급진주의 여성해방론과 강력한 고리로 연결되었음을 알 수 있다. 모든 남근 중심의 정치 담론에 담겨 있는 공·사 구분은 남성 지배이념에 기초되었으며, 그러한 지배의 균형을 유지하는 데 기여한다는 사실을 보여주기 위하여 개인적인 정치학은 더 세밀한 유물론의 분석을 정당화한다. 사회주의와 급진주의 여성해방론 사이에 분명한 연결이 있기는 하나, 사회주의 여성해방론은 독자적인 영

역을 확보한다. 그 동안에 여성운동은 여성해방론 내부의 논쟁에 휘말
렸다.

> 사회주의와 급진주의 여성해방론 사이의 논쟁들은 한때 여성해방운동
> 을 뒤흔들었다. 아직 페미니스트들은 눈에는 눈으로 대했고, 여러 특별한
> 문제에는 함께 캠페인을 벌였다. 대부분의 기간 동안 여성운동은 이례적
> 으로 이종의 몸체를 유지하여서, 급진주의와 사회주의 여성해방론이 공존
> 하였다.52)

사회주의 여성해방론은 남성 지향의 담론과 명백한 결탁을 했다는
점에서 가장 비판을 받았다. 그러나 많은 여성이론가들은 만약 단지 현
존하는 가부장적 정치구조를 더 잘 비판하고, 의문을 제기하고, 그들
담론을 뒤엎기 위한 것이라면, 남성적 담론을 돌려쓰고 재검토하는 것
도 필요하다고 인정한다. 그렇지만 그 결과는 여성 문제를 부차적인 문
제로 학문의 하위층에 볼품없이 끼워 넣었으나, 통합적인 모양으로 동
화되지 못한 결과를 빚었다는 비판을 피할 길이 없었다.53)

사회주의 여성해방론자들은 여성 억압의 분석을 위한 기초적인 관심
영역을 성성, 이념, 출산의 문제에 두었다. 사회주의자들은 급진주의자
들과 상당히 가깝지만, 그들의 분석 용어만큼은 차이가 난다. 사회주의
여성해방론은 모든 페미니스트들에게 되풀이되는 문제, 즉 성 정치학
의 용어와 '정치학' 자체의 재개념화 필요성 사이의 충돌을 강조한다.
기성 정치학자들은 정치학은 단지 거시적 차원에서 권력관계를 다룰

---

52) Whelehan(1995), p.65.
53) Kuhn · Wolpe(1978).

뿐이라면서, 제도로서의 가족은 연구대상에서 제외시켰다. 그러나 여성 해방론자들은 가족이야말로 여성 억압의 최후의 식민지로서 세밀한 분석적 검토를 요구한다. 여성해방론은 이론적 이단성 때문에 최소한 서양 남근중심주의의 인식론적 뿌리에 대한 의문을 제기하는 발걸음을 내디뎠다고 하겠다.

사회주의 여성해방론은 정통 마르크스주의 이념과 동거를 해오던 터라 당연히 여성성은 사회적 구성물이라는 주장에 무게를 둔다. 다음에서는 급진주의 이론을 전기와 후기로 나누어 각각 살펴보기로 한다.

4. 급진주의_ 여성의 몸, 출산, 이성애 결혼, 성성(sexuality)

급진주의 여성해방론은 1960년대 말 미국 사회에서 신좌파 학생운동권 안에서 남성우월주의에 반발하여 결별을 선언한 여학생들에서부터 출발한다. 그러나 그 역사적 기원은 20세기 초 샬로트 퍼킨스 길만(Sharlotte Perkins Gilman)의 여성 정체성의 이상향 《허랜드(*Herland*)》[54]까지 올라간다. 길만은 뒷날의 급진주의자들보다 더욱 강하게 여성이 남성과는 본질적으로 다름을 강조하였다.

급진주의자들은 신좌파 남성들의 권위주의적 태도를 비난하였기 때문에, 처음부터 위계적 조직을 거부하고 작은 모임으로 회원들의 의식화 운동에 주력하였다. 급진주의 여성해방론은 레즈비언이즘에만 국한

---

54) 길만의 《허랜드》는 1915년 그녀가 발행한 잡지 《포러너(*Forerunner*)》에 처음 실렸고, 1970년대에 단행본으로 출간되었다. 《허랜드》의 여성들은 당시 미국 사회가 요구하는 여성규범과 관습에 반(反)하여 짧은 머리에 편안한 기능적인 복장을 하고, 전문직업에 종사하는 강인한 성격의 소유자들이었다.

되지 않는다. 초기 급진주의 여성해방론자들은 개별적으로 이론서를 발표했지만, 공통된 특징은 남성을 여성 억압체계의 원인으로 간주하는 점이다. 여성운동에 호의적인 남성들까지도 잠정적인 억압자로서 혐의를 벗어날 수 없었다. 급진주의자들은 '사적인 것이 정치적인 것이다(the personal is the political)'는 구호를 내걸고 여성의 성성(sexuality), 출산, 사랑, 결혼, 성 관계, 남성성과 여성성 등 가정 안팎에서 일어나는 여성의 문제를 분석대상으로 삼았다. 그들은 '자매애는 강하다(sisterhood is powerful)'는 슬로건으로 여성이 하나의 계급으로 뭉칠 것을 호소하였다.

모든 급진주의자들은 분리주의를 지지하지만, 그 내용에서는 차이를 보인다. 여성들만의 토의 그룹, 순수한 여성 문제만을 주제로 제한하는 등의 정치적인 분리주의에서 여성공동체(commune)와 같은 완전한 분리주의를 표방한다. 이 완전 분리주의는 다른 여성 이론가들에게 거부감을 불러일으킨다. 왜냐하면 여성이 성공적으로 해방된 미래 사회의 변형된 모습은 궁극적으로 남성들도 자신들의 삶을 변화시켜야 하기에 그들의 협조가 무엇보다 필요하기 때문이다.[55]

급진주의 여성해방론자들로는 로빈 모간(Robin Morgan), 코엣(Anne Koedt), 레빈(Levine)과 라폰(A. Rapone), 케이트 밀레(Kate Millet), 수잔 브라운밀러(Susan Brownmiller), 티 그레이스 앳킨슨(T-Grace Atkinson), 모니카 위티그(Monica Wittig), 매리 댈리(Mary Daly) 등 여럿이 있다. 그러나 여기서는 출산을 여성억압의 기제로 파악한 슐라미스 파이어스톤의 저서인 《성의 변증법》에 국한해서 살펴보기로 한다. 파이어스톤은 1960

---

55) Whelehan(1995), p.74.

년대에 학생운동에 가담했고, 1965년 '민주사회를 향한 학생모임'에서 여성들이 직면한 불평등의 문제를 학생회의에서 발표하려 하자 남학생들로부터 야유를 받은 적이 있었다.[56]

1) 파이어스톤의 《성의 변증법》 _ 여성의 몸·출산·가족

변증법이란 책 제목이 시사하듯이 파이어스톤은 마르크스와 엥겔스의 변증법적 유물론을 성적 억압의 분석에 차용하여 여성의 몸(female body) 자체에 의문을 제기하였다.

> 우리는, 성 그 자체에 기초한, 역사에 대한 유물론적 견해를 발전시킬 수 있다.…… 우선 출산과 같은 생물학 자체가 이원론의 근원이라는 분석…… 성의 불평등한 분화가 '자연스러운' 것이라는 비전문가의 조속한 가정은…… 경제적 계급과는 달리 성 계급은 직접적으로 생물학적 현실에서 생겨났다. 즉 남자와 여자는 다르게 창조되었으며 동등한 권리를 부여받지 못했다.[57]

신체적 차이가 여성 억압의 직접 원인은 아니지만 차이에서 파생된 출산(재생산) 기능이 한 계급에 의한 다른 계급의 지배를 불가피하게 만들었기 때문에, 과학 기술이 발달한 후기 산업사회에서 출산을 여성의 자궁으로부터 분리하여 시험관 아기(test-tube baby)로 대체하면 여성은 해방될 것이라고 전망하였다. 파이어스톤이 전망한 시험관 아기는

---

56) Claire Knoche Fulenwider(1980), *Feminism in American Politics*, New York: Praeger Publishers, p.12.
57) 신인령 역/앨리슨 재거·폴라 스트럴(1983), 《여성해방의 이론체계》, 풀빛, p.228.

남편의 정자와 아내의 난자를 단지 시험관에서 착상, 배양하는 것이 아닌, 인간을 기계로 찍어내는 헉슬리(Aldous L. Huxley)의 《멋진 신세계(Brave New World)》의 영향을 받은 바 있기에, 자연히 생물학적 가족의 해체를 전제로 한 것이다. 따라서 여성뿐만 아니라 어린이도 자신의 부모를 결정할 수 있는 어린이의 해방까지도 전망하였다.

파이어스톤에 대한 여러 비판 가운데서도 특히 테크놀로지를 너무 신봉하는 점을 우려하였다. 과학기술의 진보에 따른 결과물을 어떻게 활용할 것인가 하는 문제는 순전히 남성 권력가들의 손에 달려 있기 때문에, 오히려 여성들은 출산 기능마저 빼앗겨 버리고 무용지물의 단계로 전락할 위험성이 있다. 파이어스톤은 여성의 몸 자체도 사회적인 구성물이라는 관점을 가졌다.

> 성적 계급은 보이지 않을 정도로 뿌리가 깊다.…… 여성해방론자들은 서양문화의 모든 것뿐만 아니라 문화조직 그 자체, 나아가서 자연의 조직 그 자체에 관해서도 질문해야 한다.[58]

앞의 인용문에서 서술한 대로 파이어스톤은 《성의 변증법》 서두에서 자연의 조직 그 자체에 의문을 제기하였다. 즉 여성의 신체 자체가 열등하다는 인식이며, 이와 같은 사유방식은 뿌리 깊은 서양의 지적 전통이기도 하다.

고대 그리스의 철학자 아리스토텔레스는 여성을 다음과 같이 규정하였다. "여성은 남성으로 되려다가 만 잘못된 것(misbegotten male)"으로서, 여성은 무언가 결핍되고(deficiency), 불구적(deform)인 것으로 간주하

---

58) 김예숙 역/슐라미스 파이어스톤(1983), 《성의 변증법》, 풀빛, pp.13-14.

였다. 아리스토텔레스는 또한 인간 생명의 창조과정에서 여성의 기능을 보잘것없는 것으로, 남성의 배타적인 기능을 강조하였다. 즉 남성의 정액(semen)이 스스로 조그만 모형 인간(homunculus)을 형성하며, 여성은 단지 이미 완성된 모형 인간을 뱃속에 담고 있는 그릇(vessel) 구실만 한다고 하였다.59) 이처럼 미숙한 아리스토텔레스의 생물학은 현미경이 발명된 근대에 와서야 겨우 극복되었다. 이 아리스토텔레스의 생물학은 중세의 토마스 아퀴나스에게로 이어진다.

서양 중세의 스콜라 철학자인 토마스 아퀴나스(Thomas Aquinas)는 유대교와 기독교 전통과 그리스의 전통(특히 아리스토텔레스)을 체현한 사상가라 할 만하다. 그의 저서 《신학대전》에 투사된 여성관은 이 두 전통을 충실히 반영하고 있다.

"여성은 첫 번째 창조물로 창조되었느냐"라는 질문에 다음과 같이 답하고 있다. "철학자가 말하기를, 여성은 불완전한 남성이므로 불량품, 혹은 손상된 것이, 처음 창조물이 될 수 없다."60)

물론 아퀴나스는 여성이 남성의 머리나 발이 아닌 갈비뼈로 지음 받은 것은 높음도 낮음도 아닌 적절한 중간 위치를 택하였다는 기독교적 해석을 곁들이고는 있으나, 중세에서도 다시금 여성이 신체적으로 열등하다는 사상이 내재하였음을 확인할 수 있다.

근대로 넘어오면서 여성의 신체 자체가 불완전하다는 직접적인 주장은 그리 보이지 않는다. 대신에 신체적인 차이에서 파생된 남녀 사이의 심리적인 차이는 본질적이며, 여성성은 남성성보다 열등하다는 생각은 당시 많은 지성인들의 공통된 견해였다. 여성은 이성을 결여했다는 해

---

59) Elshtain(1981), p.47.

60) Martha Lee Osborne(1979), *Woman in Western Thought*, New York: Random House, p.68.

묵은 신념은 이 시기에도 퇴색하지 않았다.

이러한 맥락에서 루소는 여성성이 부드럽고 섬세하므로 여성이 바깥
일보다 가정을 돌보는 일에 더 적합하며, 가정을 지키는 것이 본분이라
고 강조하였다.61) 이 시대의 많은 지성들, 마키아벨리·칸트·니체 등
은 정도의 차이가 있을지언정 한결같이 여성성은 열등하며, 그리고 여
성의 본분은 가정을 지키는 일이라고 역설하였다.

근대 후기에 이르러 프로이트(Sigmund Freud)는 다시금 여성의 신체
자체를 문제 삼는 조짐을 보인다. "해부학이 운명이다"라는 그의 유명
한 언명은 여성의 생물학적 열등성 때문에 차별은 필연적이라는 함의
를 암암리에 시사한다. 프로이트의 이른바 정신분석학 이론은 여성이
신체적으로 불완전하며 손상되었다62)는 서양의 지적 전통에 바탕을 둔
것임을 곧 알 수 있다.

다음의 인용문은 여자 아이가 어머니의 애착으로부터 벗어나 아버지
한테로 향하는 과정을 거세 콤플렉스와 남근 선망으로 설명하는 프로
이트의 이론인데, 여성이 생물학적으로 열등하다는 전통과 얼마나 합
치되는가를 잘 보여주고 있다.

> 여자 아이의 거세 콤플렉스 또한 남자 아이의 음경을 봄으로써 시작된
> 다. 여자 아이는 즉시 그 차이점을 깨닫고 또한 그 차이점의 의의를 깨닫
> 게 된다. 여자 아이는 자신이 매우 손상되었다고 느끼며 종종 "나도 저런
> 것을 가졌으면" 하고 말하고 '음경 선망'에 빠지기도 하는데, 음경 선망은
> 여자 아이의 발달과 성격 형성에 지울 수 없는 흔적을 남기고…… 그의

---

61) Ellen Kennedy · Susan Mendus(1987), *Woman in Western Political Philosophy*, New York: St.
Martin's Press.

62) Hymowitz · Weiseman(1978), p.299.

어머니가 거세되었다는 것을 발견하는 것과 동시에 어머니를 사랑의 대상에서 제외시키는 것이 가능하게 되고, 그 결과 오랫동안 축적되어온 적개심의 동기가 우세를 점하게 된다.[63]

지금까지 살펴본바 파이어스톤은 바로 여성의 신체 자체가 열등하다는 서양의 지적 전통을 이어받았음이 확연해졌다. 이 점이 곧 그녀가 남성 우월주의자들과 손을 맞잡았다는 비판을 면하기 어렵게 하는 것이다. 여성의 신체 자체가 열등하다는 전제는 필연적으로 여성의 생물학적 기능인 출산을 부정적으로 보기 위한 절차에 불과하다. 출산의 부정성(不淨性)은 기독교 문화권의 특성이며, 이를 파이어스톤이 그대로 수용하여 여성 억압의 원인을 출산에 두었고, 이에 대한 대안으로 시험관 아기를 제시하였다.

경제적 계급과는 달리 성적 계급은 생물학적 현실로부터 직접적으로 발생했다. 남성과 여성은 다르게 만들어졌고, 평등하게 특권을 누리도록 창조되지 않았다. 드 보봐르가 지적한 대로, 차이 그 자체가 계급체계의 발전을 필연적인 것으로 만들지는 않지만 출산 기능의 차이가 그렇게 만든 것이다.(p.19)

꼴사납고 비효율적이고 고통스러운 것이라고 인식되는 임신은(p.199), 종의 이익을 위하여 개인의 육체가 임시로 불구가 되는 것이다(p.199).

자연은 인류의 반이 전 인류의 아이를 낳아야 하고 길러야 한다[64]는 근본적인 불평등을 생산했는데(p.203), 인공생식[65]의 완전한 발전에 대한

---

63) 신인령 역/앨리슨 재거 · 폴라 스트럴(1983), p.167.

64) 양육이 여성의 사회적 구실임에도 불구하고 파이어스톤은 이를 생물학적 구실로 규정하고 있는 오류를 범하고 있다.

65) 파이어스톤의 인공생식은 레즈비언 여성들에게는 더욱 빛을 발한다. 오스트레일리

요구는 생물학적 가족의 억압에 대안을 제시할 것이다(p.202).

남자는 이마의 땀으로 땅을 갈고 여자는 고통과 수고로 출산을 해야 하는 천벌은 처음으로 인간적 삶을 가능하게 하는 테크놀로지66)를 통하여 해소될 것이다.(p.202)

위의 인용문에서 드러나듯이, 파이어스톤은 임신과 출산을 고통, 수고, 꼴사납고, 비효율적, 불구, 저주, 천벌 등 부정적인 언어로 묘사함으로써 〈창세기〉 2장 4절 하반절 이하 J문서67)의 타락신화 내용을 그대로 원용하고 있다. 또한 J문서는 하나님이 아담을 창조한 후에 아담이 홀로 사는 것이 보기에 언짢아서 아담의 갈빗대를 취하여 이브를 만들었기에, 인간이지만 여자는 남자의 일부에 지나지 않는다는 신념이 조장될 수도 있다.68) 그러나 〈창세기〉 1장 1절에서 2장 4절 상반절, P문서69)의 창조 순서는 하등동물에서 고등동물로 차례 지워졌기에 설혹

아의 한 레즈비언은 미지의 기증자의 정자를 인공수정하여 딸을 출산하였다. 레즈비언 여성학자인 퍼거슨도 시험관 아기의 성공을 촉구하였다.[Ann Ferguson(1990), *Sexual Democracy*, Boulder: Westview Press] 마리아 미즈는 현대 인공출산을 경험한 서양의 산모들의 사망률이 증가하였으며 기술의 발전이 오히려 여성들을 억압한다고 비판하였다.[Maria Mies(1989), "What Unites, What Divides Women from the South and from the North in the Field of Reproductive Technologies?", Paper presented at FINRRAGE Inter- national Conference held at Dacca, Bangladesh from March 10th to March 16th.]

66) 테크놀로지가 여성을 해방시킬 것이라는 그녀의 전망을 서양 여성학자들은 과거와 현재의 사례를 들어서 비판하였다. 근대화 과정에서 의료기술의 발전은 서양 전근대 사회에서 여성의 출산을 전담하는 여성 조산원을 축출하고 남성 산부인과 의사들로 대체되었기에 오히려 여성의 지위저하를 지적하였다.

67) J문서의 창조신화는 유대인들의 전승 신화의 내용으로 하나님의 명령을 어기고 금단의 열매를 따서 먹었기 때문에 아담에게는 이마에 땀을 흘려야하는 벌을, 이브에게는 출산의 고통이 따르는 천벌을 하나님으로부터 받는 내용이다.

68) 이민재 역/아이작 아시모프(1987), 《태초에—창세기와 과학의 대조》, 탐구당.

69) P문서는 이스라엘이 바빌로니아에 정복되어 포로생활을 할 때에, 바빌로니아 신화의 영향을 받은 창조신화이다.

여성이 뒤에 지음을 받았으므로 더 완전한 창조물이라고 할 수 있으나, J문서는 역순인 고등동물에서 하등동물로 지음을 받았기에 나중에 창조된 여성을 더욱 세련된 완성품이라고 하기에는 어려움이 따른다.[70]

출산이 천벌의 대가이기에 출산을 한 산모가 산후조리를 마친 다음에 맨 먼저 해야 할 과제는 교회에 가서 속죄 의식을 치르는 일이다. 이러한 산후 결례(潔禮, churching)의 풍습은 바로 죄를 씻기 위한 속죄의 의미라고 루이스(Jane Lewis)는 지적하였다.[71] 이 산후 결례의 풍습역시 《구약성서》 〈레위기〉 12장에서 그 근거를 찾을 수 있다.

> 여인이 잉태하여 남자를 낳으면 그는 7일 동안 부정하리니 곧 경도할 때와 같이 부정할 것이며…… 여인은 오히려 33일을 지나야 산혈이 깨끗하리니…… 성물을 만지지도 말며 성소에 들어가지도 말 것이며, 여자를 낳으면 그는 이칠일 동안 부정하리니…… 66일을 지나야 하리라. 자녀간 정결케 되는 기한이 차거든 그 여인은 번제를 위하여 일 년 된 어린 양을 취하고 속죄제를 위하여 집비둘기 새끼나 산비둘기를 취하여 회막문 제사장에게로 가져갈 것이요, 제사장은 그것을 여호와 앞에 드려서 여인을 위하여 속죄할지니 그리하면 산혈이 깨끗하리라. 이는 자녀간 생산한 여인에게 대한 규례이니라. 그 여인의 힘이 어린 양에 미치지 못하거든 산비둘기 둘이나 집비둘기 새끼 둘을 가져다가 하나는 번제물로 하나는 속죄제물로 삼을 것이요, 제사장은 그를 위하여 속죄할지니 그가 정결하리라.

위의 내용을 보면 산모가 아들을 낳은 경우는 33일, 딸을 낳은 경우

---

70) 창조의 순서에 대한 여성 신학자들의 논의는 다음을 참조할 것. 장상(1985), 〈기독교 여성관의 재발견〉, 《한국여성학》 창간호, 한국여성학회.

71) Jane Lewis(1981), "Woman, Lost and Found: The Impact of Feminism on History", Dale Spender(ed.), *Men's Studies Modified*, Oxford: Pergamon Press, p.157.

에는 66일 동안 신성한 물건에 손을 대서도 안 되며 외출도 허용되지 않는, 마치 감금 상태를 연상케 한다. 영어에 산후조리를 'confinement'로 지칭하는 것에 주목해 볼 필요가 있다. 'confinement'는 원래 '감금'이란 뜻인데 산후조리와 같은 뜻으로 쓰인다면, 이는 부정한 여인을 감금한다는 상징의 다른 한 측면일 수도 있다.[72]

주디스 밀뱅크 부인은 1775년 자기 여동생이 태어날 때 겨우 다섯 살이었음에도 산실의 분위기가 음침하여 '출산은 무언가 잘못된 일이구나'라고 느꼈다는 회고에서,[73] 산후조리가 감금과 흡사하다는 풍습을 이해할 수가 있다. 속죄의 의미인 산후 결례의 관습은 원래의 의미가 상당히 변질되었으나 18세기 후반 프랑스와 빅토리아시대 영국에서도 그대로 이어져 왔다.[74]

출산이 천벌의 대가인 만큼, 서양 기독교 문화권에서 천벌인 출산을 자연스럽게 피할 수 있는 유일한 방법은 수녀가 되거나[75] 독신을 고수하는 길이었다. 실상 기독교는 결혼보다 독신에 더 높은 가치를 부여한다. 사도 바울은 고린도교회 교인들에게 독신을 권면하였다.

---

72) 19세기 영국의 귀족부인들은 산달이 가까워 오면 한적한 시골의 집을 빌려서 산실을 마련한다. 산실은 바깥으로부터 빛을 차단하려고 커튼과 블라인드로 이중으로 창을 막으며, 열쇠 구멍으로 들어오는 빛을 막으려고 양초로 밀랍을 한다. 이는 일상생활에서 산모를 격리시키는 의미를 지닌다.

73) Judith Schneid Lewis(1986), *In the Family Way: Childbearing in the British Aristocracy 1760-1860*, New Brunswick: Rutgers Univ. Press, p.157.

74) 루이 16세의 아내인 마리 앙투아네트 왕비가 산후 결례(churching)의 관습을 치렀다. 왕비가 노트르담 사원으로 지나갈 때 도로가에 많은 군중들이 나와서 환호하였다. 또한 빅토리아시대 영국 귀족 부인은 산후 결례에서 신부가 태어난 아기를 위하여 기도를 하였다고 회고하였다.

75) 타락 이후의 속세에서 여성의 선택은 첫 번째가 동정녀로서의 종교적 삶이며, 두 번째가 독신이고, 마지막이 결혼이다. Eleanor Commo McLaughlin(1979), "The Impact of Christianity", *Woman in Western Thought*, New York: Random House.

나는 모든 사람이 나와 같기를 원하노라. 그러나 각각 하나님께 받은 자기의 은사가 있으니 하나는 이러하고 하나는 저러하니라. 내가 혼인하지 아니한 자들과 과부들에게 이르노니, 나와 같이 그냥 지내는 것이 좋으니라. 만일 절제할 수 없거든 혼인하라. 정욕이 불같이 타는 것보다 혼인하는 것이 나으리라.[76]

독신에 더 큰 가치를 부여한 기독교 문화권에서 유명한 지성인들이 여생을 독신으로 보낸 배경을 쉽사리 이해할 수가 있다. 데카르트·스피노자·라이프니츠·로크·흄·칸트·비트겐슈타인 등 철학자들이 독신으로 일생을 마감하였다.[77]

파이어스톤의 부정적인 임신·출산관은 그녀가 책을 헌정했던 보봐르의 영향을 상당히 받은 것이었다. 보봐르야말로 여성의 생리와 임신·출산을 부정적으로 본 최초의 여성 이론가일 뿐만 아니라, 몸소 일생을 마감할 때까지 제도결혼을 거부하고 계약결혼을 실천함으로써 저주스런 출산을 피해간 이론과 실천을 겸비한 여성운동가였다.

그녀는 앵글로 색슨인들이 생리를 '저주'라고 여긴다는 점을 강조하면서, 남성들의 삶은 정자의 사출을 통하여 초월(transcendence)을 경험하는 것으로 본 반면, 여성의 임신과 출산을 소외(alienation)로 간주하였다. 뿐만 아니라 여성의 수유현상도 유선의 분비(mammary gland)로 비하하였다.[78] 그리고 남성 철학자 니체는 출산을 질병으로 간주하였으며, 생물학이 여성의 열등성을 담보한다고 하였다.[79]

---

76) 〈고린도전서〉 7장 7-9절.
77) 정대현(1991), 〈사랑의 미신〉, 《새로 쓰는 사랑이야기》, 또하나의문화.
78) Simone de Beauvoir(1949), *The Second Sex*, H. M. Parshley(tr.), New York: Bantam Books.
79) Kennedy · Mendus(1987), pp.179-201.

이와 같은 그리스·로마·유대교·기독교 전통이 파이어스톤의 급진이론을 형성하게 한 토양이라고 하겠다. 다음은 섹슈얼리티 논의의 중심에 있는 레즈비언 여성해방론을 살펴보기로 한다.

2) 레즈비언이즘 _ 이성애 · 결혼제도

'레즈비언(lesbian)'이란 단어가 처음 등장한 것은 1890년이며, 여성 동성애와 연관하여 '레즈비언이즘(Lesbianism)'이란 명사의 출현은 이보다 앞서 1870년에 대문자로 씌어진 것이다. 이는 기원전 600년 무렵에 여류 시인 사포(Sappho)가 살았던 그리스의 레스보스(Lesbos) 섬에서 유래한 단어인데, 이 섬에는 사포를 비롯하여 많은 여성 동성애자들이 살았다고 전해지기 때문에 자연히 여성 동성애의 어원을 그 섬의 이름에서 차용한 것이다.

그런데 최근에 사포가 현대적 의미의 여성 동성애자가 아니라 남성 동성애의 기원과 마찬가지로 성인 여성과 어린 소녀들 사이에서 벌어지는 성인식의 일종으로 해석해야 한다[80]는 주장이 제기되어 주목을 끈다. 즉 사포는 어린 소녀들에게 노래와 춤을 가르치는 여교사였다. 소녀들이 성인이 되어서나 결혼을 앞두고, 선생님과 이별할 때 소녀들을 향한 그녀의 애틋한 정을 시로 남긴 것이므로, 최근의 성인 여성들 사이의 동성애와는 분명한 선을 그어야 할 것이다. 그러나, 기원전 4세기 이후에 레스보스 섬의 여성들 가운데 '여성의 몸을 가진 남성의 영

---

80) Andre Lardinois(1989), "Lesbian Sappho and Sappho of Lesbos", Jan Bremmer(eds.), *From Sappho to De Sade*, London: Routledge, pp.15-35. 사포에 대한 내용은 오로지 이 논문에 의존하였다.

혼(a male soul enclosed in a female body)'들이 전설로 또는 기록으로 전해져 온 것 또한 사실이라 하겠다. 그리고 레즈비언주의는 1970년대 초 남성 동성애자들의 게이 퍼레이드[81]에 용기를 얻어서 드러내기를 시도하였다.

급진주의 여성이론은 1960년대 후반 미국 사회, 특히 뉴욕과 보스턴에서 민권운동과 반전(反戰)운동에 참가했던 일부 여학생 운동가들이 전체 '좌파' 운동권으로부터 받은 모멸적인 대우에 결별을 선언함으로써 출발하였다는 것은 앞에서 설명한 바 있다. 1969년 워싱턴에서 개최된 반전대회에서 여성운동가들이 연설하려고 연단에 올랐을 때, 남성 참가자들이 입에 담을 수 없는 심한 욕설과 야유를 보인 것이 결정적인 발단이었다.[82]

이로써 급진주의 운동가들은 좌파 학생운동권에서 다루는 거대한 문제들—사회정의라든가 세계평화—보다는 자신들의 '개인적'이고 주관적인 문제를 거론하기 시작했다. 즉 '사적인 것이 정치적인 것이다(the personal is the political)'라는 구호가 등장하고, 여성 억압의 뿌리를 자본주의 체제가 아닌 가부장제(patriarchy), 즉 남성은 지배계급으로 여성은 억압된 피지배계급(caste)으로 범주화하면서, 남성을 타도의 대상으로 삼았다. 무엇보다 이들은 여성해방과 성 해방은 동의어가 아님을 분명히 하면서, 구체적으로 이성애(heterosexuality)를 기반으로 한 결혼제도와 낭만적인 사랑, 그리고 생물학적 가족을 가부장제의 산물로서

---

81) 남성 동성애 억압의 역사는 다음을 참조. Jan Bremmer(ed., 1989), *From Sappho to De Sade*, London: Routledge; George L. Mosse(1985), *Nationalism and Sexuality*, Madison: The University of Wisconsin Press.

82) Josephine Donovan(1985), *Feminist Theory*, New York: Frederick Ungar Book, p.141.

비판하였다.

레즈비언 여성해방론자들은 결혼을, 강요된 모성과 성적 노예제를 가장 강력하게 확산시키는 것으로서, 중요한 억압제도로 간주한다. 따라서 이들 여성해방론자들은 결혼을 하지 말거나, 그들의 남편으로부터 떠날 것을 권고한다.

> 내가 결혼했을 때 나는 팔려졌다는 사실을 알았다. 나는 경제적 안정과 사회적 인정을 그 대가로 받으면서 굴욕적인 성적 대상이 됨을 받아들이고 그의 가정의 파수꾼이 되는 것을 받아들였다. 나는 규칙적으로 주어지는 옥수수를 얻기 위해 자유를 포기한 살찐 암탉이 되었다.[83]

이들에게서 결혼보다 더 부정적인 것은 이성애라는 제도이다.

> 이성애는 여성들을 서로 분리하게 한다. 이성애는 각 여성을 한 남성에게 결합시킨다. 이성애는 여성들에게 다른 일을 할 만한 힘을 거의 남기지 않을 정도로 그들의 남자와 싸우도록 하여 여성의 힘을 소진시킨다.[84]

> 이성애가 정상적이라고 봄으로써 여성은 그들을 억압하고 있는 카스트 성원들과의 관계에 대해 성적으로 그리고 정서적으로 그들 자신을 제한하고 있으며, 이와 함께 다른 여성들과 의미 있는 관계를 맺을 가능성을 부정한다. 이러한 맥락에서 본다면 성적 규범은 공정한 규범이라기보다는 남성과 여성 사이의 권력관계가 침투되어 있는 강력한 지배도구이다.[85]

---

83) Coletta Reid, "Coming Out in the Women's Movement", Myron and Bunch(eds.), *Lesbianism and the Woman's Movement*, p.96; Jagger(1983), p.271에서 재인용.

84) Rita Mae Brown, "The Shape of Things to Come", Myron and Bunch(eds.), *Lesbianism and the Woman's Movement*, p.71; Jagger(1983), pp.271-272에서 재인용.

85) The Purple September Staff, "The Normative Status of Heterosexuality", p.83; Jagger(1983),

이성애가 가부장제를 지탱하고 있기 때문에 진정한 여성해방론자들은 모두 레즈비언이 되어야 한다고 역설한다. 이성애야말로 남성 우월주의의 초석이며 여성 억압의 근원적인 요소[86]이며, 이성애는 여성들 사이를 영원히 갈라놓는 명령이기 때문에 여성들은 남성지배에 대항하여 싸우기 위해 이성애의 결속을 깨뜨리고 레즈비언 여성들과 동맹해야 하며,[87] 레즈비언이 아닌 자들은 모두 양성결합을 바라는 남성의 예속물[88]이라고 선언하였다.

이것이 바로 레즈비언 분리주의의 논리이다.[89] 레즈비언 여성해방론자들 가운데서 여성들과 성 관계를 갖지는 않지만 레즈비언 이론과 운동에 헌신하는 여성들을 정치적 레즈비언으로 구분하였다.

이 운동 안에서 다른 여성들과 성적 관계를 맺고 있는 여성들이 있지만, 그들 가운데 남성과 결혼한 사람들도 있다. 이러한 여성들은 실제의 의미에서 레즈비언이라고 할 수 없다. 이러한 여성들은 사적 생활을 영위할 권리를 주장하는데, 그들은 협력자들이다. 다른 여성들과 성적 관계를 절대로 가지지는 않지만 이 운동에 헌신하고 그 모든 임무를 수행하면서 사는 여성들, 이들은 정치적인 의미에서 레즈비언이라고 할 수 있다.[90]

정치적 레즈비언과 같은 맥락에서 여성들 사이의 성 관계를 뛰어넘

---

p.272에서 재인용.

86) Charlotte Bunch(1987), *Passionate Politics*, New York: St. Martin's Press, p.176.

87) Donovan(1985), p.142.

88) Mary Daly(1978), *Gyn/Ecoloty: The Metaethics of Radical Feminism*, Boston: Beacon Press.

89) Sarah Lucia Hoagland(1998), *Lesbian Ethics*, Palo Alto: The Institute of Lesbian Studies 참조.

90) Ti-Grace Atkinson(1973), "Lesbianism and Feminism", Phyllis Birkby, Bertha Harris, Jill Johnson, Esther Newton, Jane O'Wyatt(eds.), *Amazon Expedition: a lesbianfeminist anthology*, Washington: Times Change Press, p.12: Jagger(1983), p.272에서 재인용. 도노반은 급진적 레즈비언으로, 재거는 정치적 레즈비언으로 표현하였다.

는 레즈비언 연속체[91]가 제기되기도 했다. 그러나 레즈비언이라는 의미를 크게 훼손시키고 그들의 성적 요소를 과소평가하기 때문에 반대하는 주장도 만만치 않았다. 레즈비언이즘의 성적 성향만으로도 가부장제에 직접 저항하는 것이 된다.

> 레즈비언이즘은 남성적 패권의 이데올로기적 정치적 인간적 경제적 기반에 대한 위협이다. 레즈비언은 여성의 열등성, 약함, 수동성에 관한 허위와 거짓을 분쇄함으로써, 그리고 여성의 '본능적인' 남성 필요 욕구를 부정함으로써 남성 우월이라는 이데올로기를 위협한다.[92]

레즈비언 여성해방론자들은 남성들이 규정한 여성 정체성을 거부하고 여성이 규정한 여성 정체성을 수용한다. 여성이 규정한 여성 정체성(woman-identified woman)은 '오직 여성만이 서로 자아의 새로운 감각을 줄 수 있으며, 남성과 관계에서가 아닌 여성 자신들과 관계에서 개발된 정체성'인[93] 것이다. 이들은 성(sexuality)뿐만 아니라, 여성의 몸(body), 성 역할, 남성다움과 여성다움을 분석의 대상으로 삼는다.

레즈비언 여성해방론자들 대부분은 이성애가 본질이 아닌 사회적 구성물이라고 보기 때문에 여성성 또한 사회적으로 형성된 것이라는 주장을 한다. 그러나 이와는 반대로 여성성이 본성이며 여성성이 남성성보다 더 우월하다는 관점을 가진 급진주의자들이 상당수에 이르기에, 이들 내부에서조차 통일된 관점을 제시하지 못하고 있다. 이들은 생물

---

91) Jagger(1983), p.272.

92) Charlotte Bunch, "Lesbians in Revolt", Myron and Bunch(eds.), *Lesbianism and the Women's Movement*, p.33; Jagger(1983), p.273에서 재인용.

93) Donovan(1985), p.162.

학적 결정론을 역이용하여, 남성이야말로 여성보다 신체적으로도 열등
하다고 주장한다.

최초로 남성은 아마 질병이나 태양으로부터 방사선 충격에 따라 유전
자가 일부 손상되어 생겨난 돌연변이이자 기형이었다. 남성에게는 남성인
자와 연계되어 있는 색맹과 혈우병 같은 열등한 유전적 속성이 남아 있다.
남성인자가 비정상적이며, Y염색체가 가계에 좋지 못한 징조를 보이는 우
연적인 돌연변이가 아닌가 하는 의구심은, 지금까지 살인자들과 범죄자들
이 염색체를 하나도 아니고 둘씩이나 가지고 있다는, 말하자면 유전학적
으로 바람직하지 못한 유전인자를 두 배로 가지고 있다는 사실을 최근 유
전학자들이 발견해냄으로써 더욱 강력하게 뒷받침되고 있다. 만약 Y염색
체가 X염색체의 퇴화 형태이고 불구라고 한다면, 남성은 퇴화된 여성, 불
구인 여성을 나타낸 것이다.94)

또한 이들은 이제까지 남성들이 열등한 것으로 여겼던 여성들의 속
성 — 즉 여성의 모성적 특성(maternal traits) — 타인에 대한 배려, 유연
성, 비경쟁성, 협동심이야말로 새로운 사회를 건설하는 데 도덕적 기초
가 되어야 한다고 주장하였다.95)

사적(personal) 분야를 정치 쟁점화하는 만큼, 가정 안에서 일어나는
일들, 즉 아내 구타, 여성의 성적 대상화, 강간, 가사결정권, 성 역할(성
별 분업)96)은 이들에게서 비판의 대상이 된다. 따라서 레즈비언 여성해
방론이 대안으로 제시하는 이상향은 양성성의 유토피아(androgenous

---

94) Lynda M. Glennon(1979), *Women and Dualism*, New York: Longman.
95) Adrienne Rich, "Compulsory Heterosexuality and Lesbian Existence", *Signs: Journal of Women in Culture and Society* 5, No. 4(Summer 1980), pp.648-649; Jagger(1983), p.272에서 재인용.
96) Jagger(1983).

utopia),[97] 즉 성 역할이 없는 레즈비언 공동체[98]를 꿈꾼다.

> 나선적(spiral) 여성 농업협동체는 남동부의 켄터키 주에 있는 농촌 레즈비언 공동체를 창조하거나 창건하려는 광범한 레즈비언 집단이다. 우리들은 협동과정 및 합의적 의사결정 방식을 배워야만 한다. 그리고 우리 자신들과 우리의 공동체를 상호 협동적으로 구축하고 유지하기 위한 결정을 하는 방식도 배워야만 한다.[99]

그러나 이들이 강력하게 호소하였음에도 왜 많은 여성들은 아직도 이성애 결합의 고리를 끊지 못하고 레즈비언 공동체로 들어가지 않는지,[100] 그리고 왜 많은 이혼한 여성들이 다시 이성애 결합(재혼)으로[101] 남성과 유대를 지속하는지에 대한 해명을 레즈비언들은 분명히 해야 할 것이다.

1990년대 이후의 레즈비언들(lesbians who are feminists)은 레즈비언 여성해방론(lesbian feminism)의 강령에서 벗어나, 1960년대 이전의 시기로 돌아간 듯 그들 대다수는 그들 집단 안에서 맡겨진(?) 성 역할(butch/femme)에 충실하고 있다.[102] 또한 제도로서의 결혼으로 인정받아서 국가의 가족정책에 포함되어 복지 혜택을 누리고 자녀의 입양과 양육권

---

97) Whelehan(1995), p.94.

98) 장정순(1986), 〈생활공동체에 대한 여성학적 고찰〉, 이화여대 대학원(여성학과) 석사학위논문.

99) *Advertisement in Matrices: Lesbian-Feminist Research Newsletter* 4, No. 3(June 1981), p.10; Jagger (1983), p.278에서 재인용.

100) Elshtein(1981)

101) Faith Robertson Elliot(1986), *The Family: Change or Continuity?*, Atlantic Highlands: Humanities Press.

102) Whelehan(1995).

도 부여받기를 원한다.

티-그레이스 앳킨슨의 유명한 말—페미니즘은 이론이며, 레즈비언이즘은 실천이다(Feminism is the theory, Lesbianism is the practice)—이 시사하듯이, 이 부분은 이성애 여성해방론자들이 그들과 물러설 수 없는 한판 승부를 가려야만 하는 것이다. 레즈비언들은 애초부터 그들 모임의 회원 자격을 이성애자에게는 제한을 두어서 전체 회원의 3분의 1을 넘지 않도록 하였고, 이성애 여성해방론자들을 가부장제에 기생하여 가부장제를 영속시키는 공범자로 간주하였다.

이성애 성 관계가 사회적 구성물이며, 동성애 성 관계가 규범이라고 강변하는 레즈비언 여성해방론자들에게 성적 엑스터시가 질(vaginal orgasm)이 아닌 음핵(clitoris orgasm)에 있다는 주장[103]은 너무나 당연한 것이 된다. 즉 남성 성기를 필요로 하는 질 오르가즘을 비판하고, 남성의 삽입(penetration) 행위를 여성의 몸을 지배하는 원초적인 것으로 간주하기 때문이다. 이런 연유에서 질 오르가즘을 주창한 프로이트가 여성도 성욕을 가진 개체라는 연구 결과로 여성해방론에 빛나는 공헌을 하였음에도 결국에는 이들 급진주의자들의 공격으로부터 벗어날 길이 없게 된 것이다.[104] 이러한 의미에서 '여성이 주체가 되는 성 관계'는 레즈비언 성 행위뿐인 것이다.

레즈비언 여성해방론은 그들의 이론 체계가 정교하지 않음에도,[105] 가정폭력, 성폭력, 성담론 등 사적인 영역의 문제를 정치적인 공론의

---

103) Anne Koedt(1973), "The Myth of the Vaginal Orgasm", A. Koedt · Levine and A. Rapone(eds), *Radical Feminism*, New York: Quadrangle Books.

104) Lucy Freeman and Herbert S. Strean(1987), *Freud and Women*, New York: Continuum.

105) Bunch(1987).

마당으로 이끌어내었다는 점에 대해 긍정적인 평가를 내리는 데 인색
할 필요는 없을 것이다.

5. 포스트모던주의_ 이원론의 해체

1980년대 구미 여성학계의 최대쟁점인 계급과 성 문제를 대체하고,
1990년대에 논쟁의 초점인 포스트모던 페미니즘을 이해하기 위해서
는,[106] 먼저 포스트모더니즘의 인식론을 살펴본 뒤에 페미니스트의 관
점과 비교하는 것이 순서다. 포스트모던주의 안에서도 철학적 전망, 정
치적 감성 등에서 다양한 편차들이 존재하지만, 그럼에도 이들은 해체
주의, 정신분석학, 실존주의 등의 사상적 조류와 관련성을 지닌다. 근본
적으로 포스트모던주의의 윤리는 근대적 가치와 판단 — 보편성과 합리
성 — 에 문제를 제기하고, 근대가 간과한 차이, 이질성, 타자성을 복원
하는 것[107]이라 하겠다. 특히 여성주의자들은 정신과 육체, 합리성(이
성)과 감성으로 이원화하고 타자와의 관계성 등을 부인하는 데카르트
적 사유가 여성적인 특질들을 더욱 평가 절하하였다[108]고 믿는다.

포스트모던주의[109] 담론이 가장 활발한 곳은 프랑스이다. 대표적인

---

106) 포스트모던 사회의 특징은 첫째, 경제 부문에서 제조업, 농업, 광업의 비중이 약화되
고, 서비스업의 증대이며, 둘째, 컴퓨터를 활용한 자동화의 정착이며, 셋째는 가부장제
도의 위상 저하와 단선적 생활주기의 붕괴를 들 수 있다. 또한 여성인력이 임금노동력
으로 대거 바뀌면서 사회적 성별 불평등에 문제가 제기되고 여성 역할에 뚜렷한 변화를
가져오게 된 것이다.[최은봉 역/프레드 블록(1994), 《포스트 산업사회》, 법문사, p.12]

107) Sara Ahmed(1998), *Differences that Matter, Feminist Theory and Postmodernism*, Cambridge: Cambridge
University Press, p.45.

108) Sara Ahmed(1998), p.53.

포스트모던 페미니스트로는 엘렌 식수(Helene Cixous), 루스 이리가레이(Luce Irigaray), 줄리아 크리스테바(Julia Kristeva) 등이 있다. 포스트모던주의자들은 여성 억압에 대한 포괄적인 하나의 설명과 해결책을 전개하기를 거부한다. 이러한 거부는 복수성(plurality), 다원성, 차이를 부각시키며, 이들은 자신들의 글을 읽는 각각의 여성에게 각자 자신이 원하는 페미니스트가 될 것을 유도하고 있다. 엘렌 식수, 루스 이리가레이, 줄리아 크리스테바 등은 실존주의자 시몬느 드 보봐르, 해체주의자 자크 데리다, 정신분석가 자크 라캉으로부터 많은 지적 단서들을 빌려왔다. 예컨대 보봐르의 여성의 '타자성', 데리다의 '작가의식, 정체성, 자아의식'에 대한 비판, 라캉의 프로이트적 사상을 인습타파적으로 해석하는 일 등이 그것이다.

포스트모던주의는 실존주의자인 보봐르의 '제2의 성'(타자) 개념을 수용하였다. 그러나 이들은 여성의 '타자성'을 초월해야 할 어떤 것으로 해석하는 대신 여성의 타자성을 선호한다. 타자성은 비록 억압·열등감과 관련이 있다 할지라도, 타자성은 관대함, 다원성, 다양성, 차이를 담보하는 표현방식이기에 그러하다. '타자'성은 지배문화가 모든 사람에게 부과하는 규범, 가치, 관습을 비판할 수 있게 하는 긍정적 구실을 하며 이 경우 '타자'라는 것은 억압, 열등감 이상을 의미하게 된다.

해체론은 사회에서 혜택받지 못한 사람 — 배제되고, 기피되고, 쫓겨나고, 불리한 조건 아래에서, 특전이 없고, 거부당하고, 요구되지 않으며, 버림받고, 전이되며, 주변화되는 것 — 의 이면을 볼 수 있다는 것이 주요 주제이다. 해체론자들은 서구의 '이원론적' 사고, 언어표현 및 글

---

109) 포스트모던주의 이론은 다음을 참조. Rosemarie Tong(1989), *Feminist Thought*, Boulder: Westview Press.

쓰기에 대한 편애 경향이 완전히 잘못된 것이라고 간주하며 비판한다. 해체론자들의 반 본질주의는 서구 사상에서 두 개의 가장 기본적 가설들, 즉 자아 정체성이라는 시공을 초월한 본질적 자아의 통일체가 있다는 것과, 진리라고 명명된 언어와 실재 사이의 본질적 관계가 있다는 것에 강한 의구심을 나타낸다. 자아정체성도 진리도 없다는 해체론자의 이러한 생각, 즉 우리의 생활과 우리의 언어 속의 질서는 부과된 구조라는 생각은 식수, 이리가레이, 크리스테바와 같은 작가/이론가들의 관심을 사로잡았다. 이들 작가들은 무엇보다 '억압된 사고로부터 자유'를 여성이 쟁취해야 한다고 주장하며, 이들을 일컬어 포스트모던 페미니스트라고 한다.

엘렌 식수는 문체를 가지고 분석하는 소설가이다. 그녀는 데리다의 차연의 개념을 글쓰기에 적용하면서 남성적 글쓰기와 여성적 글쓰기를 대조하였다. 식수는 남성적 글쓰기와 남성적 사고가 이원적 대립물로 구성되어 있기 때문에 그것들을 반대했다. 남성은 대립되는 쌍의 개념과 용어들—그들 가운데 하나는 항상 다른 하나 위에 군림한다—을 연결하면서 불필요하게 실재를 분리해왔다고 주장한다. 예를 들면 activity/passivity, sun/moon, culture/nature 등이며, 식수는 이 모든 이분법의 근원을 이분법적 한 쌍인 남성—여성에게서 찾는다. 즉 첫 번째 용어 남성은 기준이며, 두 번째 용어인 여성은 남성이 일탈하거나 벗어날 때에 쓰이는 용어다. 남성은 자아(주체)이고 여성은 타자이다. 따라서 여성은 남성의 세계에서 남성의 언어로 존재한다. 식수는 남성이 구축해 놓은 세상에서 벗어나 여성들은 자신들을 자신들의 글로 표현할 것을 요구하였다. 식수가 규정한 여성적 글쓰기는 새기기, 갈겨쓰기, 메모하기, 긁기 등이다. 그녀는 여성들에게 그들 자신들을, 즉 생각할 수 없는 것/생각되어지지 않는 것을 글로 표현할 것을 촉구했다. 식수의 여성적 글쓰기는 단순히 새로운 글쓰기 형식이 아니라 "변화의 유일한 가능성이며, 사회적 문화적 규범들의 변형을 위한 선구적인 운동이고, 파괴적 전복적인 사고를 위한 도약대 구실을 할 수 있는 공간"이다. 여성은 여성적 글쓰기를 개발함으로써 서구 세계의 사고방식, 말하는 방식, 그리고 행동방식을 변화시킬 수 있다고 식수는 주장하였다. 식수의 글쓰기는 말씀중심주의의 데리다와 남근 지배를 받는 라캉 모두에게 결핍된 낙관주의와 환희가 흐른다. 식수는 이드(id)가 모든 욕망의 근원임을 암시했다. 식수의 이성이 아닌 욕망은 전통적 서구 사고의 제한적인 개념들로부터 벗어나는 수단인 것이다.

루스 이리가레이는 여성적 섹슈얼리티와 여성의 육체가 여성적 글쓰기의 원천이라는 식수의 견해에 동의했지만, 식수와는 달리 좀더 정신분석학적인 측면에 관심을 가진다. 이리가레이의 목적은 글쓰기와 심리치료를 통하여 프로이트와 라캉의 남성적인 철학적 사고로부터 여성적인 것을 해방시키는 것이다. 라캉과 마찬가지로 이리가레이는 상상계와 상징계를 서로 대조시킨다. 그러나 라캉과는 달리, 이리가레이는 상상계 내부에 남성의 상상과 여성의 상상이 다르다고 주장한다. 그녀는 현재 우리가 상상계나 여성의 욕망을 포함하여 여성에 대하여 알고 있는 것은 남성의 관점에서 본 것임을 지적했다. 바꾸어 말하면 우리가 알고 있는 유일한 여성은 남성이 생각하는 여성, 즉 '남성적 여성성', 팰러스적 여성성인 것이다. 그러나 이리가레이는 우리가 알아야 하는 또 다른 여성, 즉 여성이 생각하는 여성, '여성적 여성성'이 있다고 주장한다. 이리가레이는 '반사경'이라는 단어를 사용하여, 남성적 담론은 자기도취적인 철학적 '거울화' 때문에 여성 또는 여성적인 것을 남성 또는 남성적인 것의 반사물 정도로 이해하였다고 항변하였다. 이리가레이는 앞으로 여성들이 취할 수 있는 행동노선 세 가지를 제시하였다. 첫째, 여성들은 남성 언어 대신에 여성 언어를 창출해야 하며, 둘째, 여성은 자신의 섹슈얼리티를 창조할 수 있으며, 셋째, 여성들은 남성들이 여성들에게 부과한 마임들을 실제로 흉내를 내고, 그 흉내를 통하여 여성들은 "남근적 담화의 결과들을 과장함으로써 그 결과들을 취소"시킬 수 있다는 것이다. 예를 들자면, 만일 남성들이 여성들을 성적 대상물로 간주하고, 특히 여성의 가슴을 물신화하면, 여성들은 그들의 가슴을 가능한 한 크게 부풀려서 마치 보란 듯이 자랑스럽게 드러내어야 한다는 것이다.

이리가레이의 저작 전체를 통하여 우리는 궁극적으로 명칭화와 범주화 과정의 끝장을 보아야 한다는 확신과, 할 수 없이 우리는 이 과정에 참여할 수밖에 없다는 대립적인 확신 사이에 긴장이 있음을 알 수 있다. 비판자들은 이것을 자기 모순적이라고 묘사한다. 그러나 이리가레이는 자신의 글에 보이는 모호성과 이중의식에 대하여 당혹감 대신에, 오히려 즐거움을 느끼고 있으며, 그녀의 자기 모순은 남근중심주의가 요구하는 논리적 일관성에 대한 하나의 저항 형태인 것이다.

줄리아 크리스테바는 라캉의 정신분석적 틀의 '기호학' 또는 '상징적' 용어를 차용하였다. 크리스테바는 모성적인 '기호학'이 상징적 질서와 대립되는 것이 아니라 상징적 질서의 일부이며, 그것은 상징적 질서의 외부는 물론 내부에도 존재한다고 간주하였다. 해방된 사람이란 한편으로 모성적이고 기호학적이며, 오이디푸스 이전 영역과 가부장적 오이디푸스 영역 사이에서 '놀이'를 할 수 있는 사람이며, 다른 한편으로는 상징적 질서의 내부에서 의미 만들기의 기호학적 양상과 상징적인 양상 사이에서 변증법적 놀이를 할 수 있는 사람이라고 크리스테바는 믿었다. 그녀는 여성성과 남성성을 생물학적 성과 동일시하지 않으며, 해방된 사람은 '여성적인 것'과 '남성적인 것', 무질서와 질서, 혁명과 현상유지 사이에서 자유롭게 이동할 수 있는 것으로 파악하였다. 만약 아이들에게 공평한 동일시의 기회를 준다면, 소년이 어머니와, 소녀가 아버지와 동일시할 수도 있다는 것이다. 언어를 생물학적으로 몰아넣는 것은 남자와 여자를 가부장제의 굴레에 묶어두기 위한 것이라고 하였다.

그러나 크리스테바는 두 개의 이원적인 남녀라는 성, 두 개의 대립된 성별 정체성에 대한 전통적인 설명들을 거부하면서도 남성과 여성의 성적 차이들이 있다는 사실을 인정했다. 그녀는 '여성'이라는 개념이 존재론적 수준에서가 아니라 단지 정치적 수준에서만이 의미가 있다고 주장했다. 크리스테바는 궁극적으로 페미니즘 운동에서 단지 애매모호한 정체성, 특히 성적 정체성을 파괴하거나 포기하는 양상들만을 지지하였다.

포스트모던이라는 말은 양가성(ambivalence)을 지닌다. 차이를 해방시키는 측면과, 오히려 모든 것을 포스트모던화함으로써 차이를 규제할 수 있는 가능성을 모두 가지고 있다.[110] 이러한 이유로 많은 보통 여성들은 그들의 메시지를 잘 수용하지 못하는 측면이 있다. 포스트모던주의자들에게 가해지는 가장 큰 비판은 이들이 현실세계와는 분리된 채 상아탑 속에서만 존재한다는 점이다. 그리고 여성의 가치를 남성 우위에 둠으로써 파시스트적인 가부장제 자리에 파시스트적 여가장제로 대

---

110) Barbara Johnson(1998), *The Feminist Difference*, Boston: Harvard University Press, p.183.

체하려는 시도가 아닌가 하는 비판, 다양한 차이를 인정하면서도 특정 공동체(예컨대 여성 공동체)를 이루어 나갈 수 있는지에 대한 철학적 비판 등에 직면하고 있다.

또 한 가지 짚어야 할 것은 '해방적인 가치'를 논할 때에, 누가 무엇을 위해 무엇으로부터 해방이 되는지를 구체화하고 정확히 할 필요가 있기 때문에 가치 결정은 항상 부분적이고 불완전할 수밖에 없게 된다. 남성적이고 근대적인 보편성은 비판받아야 하지만, '어떤 형태로든지, 여성에 대한 억압이 도덕적으로 옳지 않다는 판단'의 보편성까지 간과해서는 안 된다. 특히 여성 억압의 경우 문화적인 상대주의로 정당화하는 경우도 있다.

예컨대 이슬람 문화의 일부다처주의는 유목민 사회에서 오히려 여성의 생존을 위한 사회보장적 성격을 갖는다. 이슬람 초기 전투에서 많은 남성들이 사망하게 되자 과부들과 고아들이 생겨나 이들을 보호하는 차원에서 능력 있는 남성은 4명까지도 아내를 맞이할 수 있었다. 그렇지만 모든 아내들을 공평하게 대해야 하며 편애해서는 안 된다고 코란은 가르친다. 그리고 여성들이 히잡(베일)을 쓰는 것은 억압의 굴레가 아닌 여성을 보호하는 상징이며, 또한 여성의 공간인 하렘(harem)은 억압의 장소가 아닌 역동적인 여성의 삶의 공간이라는 것이다.[111]

이러한 문화상대주의가 페미니즘의 윤리적 보편성과 마주할 때 문제는 더욱 복잡해진다. 이 점이 바로 서구 페미니즘의 패러독스가 아닌가. 문화상대주의 대 보편주의의 틀 역시 서구 여성의 관점에서 이루어진 것이라면, 비서구 여성들의 문제는 이 틀에 포함될 수 없다. 서구 페미

---

111) Haideh Moghissi(1999), *Feminism and Islamic Fundamentalism*, London: ZED Books.

니즘이 비서구 여성을 '타자화'하는 점 역시 역설적이다. 결국 특정한 문화상대주의로 기울지 않으면서도 문화·사회적 맥락에서 여성 억압의 문제를 다루는 것이 필요하다[112]고 하겠다.

이러한 여러 비판이 있음에도 포스트모던주의는 배제와 이로 말미암은 황폐화를 극복하기 위하여 다양성이라는 개념을 부각시킨 측면을 인정받아야 한다. 물론 다양성 속의 통일성이라는 문제는 여전히 해결되지 않은 채 남아 있는 것은 사실이다.

6. 여성성에 대한 갈래 _ 여성해방론의 쟁점

여성해방론이 진정 여성을 해방시키는 정치적 이념이 되기 위해서는 여성의 본성을 규명하는 일로부터 출발하여야 한다는 것은[113] 논란의 여지가 없다고 하겠다. 지금까지 살펴본 갈래 여성해방론은 모두 여성의 본성에 대한 주장을 뚜렷이 밝히고 있다. 따라서 그 결과는 여성에게 본성이 내재하며 여성성은 본성이라는 본질주의(essentialism), 여성성은 교육과 환경에 따라 형성된 것이라는 사회구성주의(social construction-ism)의 두 주장으로 갈라진다.

여성해방론자들 대다수는 사회적 구성물이라는 편에 서 있다. 자유주의, 정통 마르크스주의, 사회주의 그리고 일부를 제외한 급진주의자들이 이에 속하는데, 이들은 남녀 사이에 성 차이가 없다는 결론을 이끌어낸다. 반대로 여성성은 본성이며 남녀 사이에 다름을 강조하는 여성

---

112) Sara Ahmed(1998), p.57.
113) 양승태(1990) 참조.

해방론자들은 1980년대 후반에 등장한 포스트모던주의와 일부 급진주
의자들이다. 따라서 18세기 말부터 오늘에 이르기까지 여성성은 후천
적이라는 주장이 200년 이상[114] 주류를 이루어 왔다. 특히 존 스튜어트
밀(J. S. Mill)은 심리학의 방법론을 원용하여 여성성을 심도 있게 논증하
려 한 최초의 여성해방이론가인 만큼, 그의 노력은 후배 여성해방론자
들에게 상당한 영향을 미쳤다. 다윈(Charles Dawin)이 《종의 기원》을 발
표함으로써 18세기 말과 19세기의 서양 사회는 각 분야에서 이에 대한
영향을 받았으며, 변화에 대한 기운이 충만하였다. 이러한 때에 인간에
게는 고유한 본유의 성질이 있다는 지금까지의 선천론(nativism)에 도전
하여 인간의 본성은 조형 가능한 것(malleability)이라는 새로운 사상이
싹트게 되었고,[115] 밀도 이러한 조류에 예외가 될 수는 없었다. 특히 밀
은 영국의 경험주의 철학자인 존 로크(John Lock)의 이론을 직접 수용하
였다.

　인간은 자신이 몸담고 있는 사회와는 독립된, 누구에게도 양도할 수
없는 자연적 권리를 갖는다는 것이 자유주의 철학의 핵심이라면, 따라
서 그러한 인간은 사회 환경에 영향 받지 않는 본래의 자연적인 성품
(humanity), 즉 본성이 있다는 주장이 또한 자유주의 철학의 기본일 터이
다. 그런데 자유주의 철학자인 밀은 여성성이 후천적이라는 주장을 한
점에서 자유주의 전통을 벗어나고 말았다.[116] 남성성은 우등하고 여성
성은 열등하다는 통념과, 남성의 일은 가치가 있고 여성의 일은 가치가

---

114) 매리 월스톤크래프트가 1792년 《여권옹호》를 발표한 이후 200년 이상 여성성에 대한
　　논의가 이어져왔다.

115) Maurice Mandelbaum(1971), *History, Man & Reason: A Study in Nineteenth-Century Thought*,
　　Baltimore: The Johns Hopkins Univ. Press, pp.141-162.

116) Whelehan(1995).

없다는 통념은 남성들이 만들어 놓은 가치체계인데, 그러한 남성 우월주의적 체계를 깨뜨려야 함에도, 소수의 여성운동가들 스스로가 오히려 남성들의 가치관을 동조 강화하는 모순된 행위를 자초하였다는 비난을 면할 길이 없다.[117]

고전 마르크스주의 역시 인간의 본성은 사회적 소산이라는 주장이나, 그럼에도 여성성(여성 역할)은 초역사적으로 통문화적으로 자연적인 것으로 암시하면서 여성의 본성에 대하여는 정작 분석을 하지 않았다는 점에서 비판을 받을 수밖에 없다. 여성의 성(性)이 사회적 문화적 산물이라는 견해는 여성학 연구에 변화를 가져왔다. 생물학적 성인 'women's study'가 아닌 'gender study'로 새롭게 대체된 것은, 한마디로 여성성은 문화적으로 사회적으로 구성된 것이라는 입론에서이다. 더욱이 여성의 몸 자체도 사회적 구성물이라는 파이어스톤에 이어서 생물학도 사회적 구성물[118]이라는 주장이 가세하면서 젠더(gender) 연구는 절정을 이루게 된다.

한편, 심리학자들은 좀 색다른 시각으로 접근해서 남녀 사이의 본원적인 성 차이는 없으며, 있다고 하더라도 동성 사이의 개인 차이에 견주면 미미한 것으로 평가 절하하였다. 산드라 벰(Sandra Bem)은 이의 연장선에서 양성성(androgyne)을 바람직한 인간상으로 제시하였다.[119]

이와 같은 거대한 주류를 거스르며 다른 목소리가 울려 나왔다. 여성성은 선천적이며 여성성이 가치가 있다는 목소리는 1980년대 후반에 다양성과 다름을 강조하는 포스트모던 여성해방론자들에게는 당연한

---

117) Elshtain(1981).
118) Lynda Birke(1986), *Women, Feminism and Biology: the feminist challenge*, Sussex: Wheatsheaf Books.
119) 정진경(1986), 〈심리적 성차와 양성성〉, 《남녀평등과 인간화》, 연세대 여학생처.

일이며, 여성문화(the other culture)를 강조하는 일부 급진주의 여성해방
론자들에게도 순리적인 것이었다.

지금까지 살펴본바 여성 이론의 갈래에 따라 성 차이에 대한 견해도
다양함을 알게 되었다. 이처럼 팽팽한 쟁점들에다 마침내 마침표를 찍
은 한 여성 철학자의 견해가 매우 주목을 끈다. 매리 미드글리(Mary
Midgley)는 남녀 사이에 생래적인 차이가 있다면 이것을 문제 삼아서는
안 되며, 이러한 차이가 차별화로 이어지는 점만을 문제 삼아야 한다고
주장하였다. 성 차이가 없다고 주장하는 이들은 교육과 환경에 오로지
책임을 돌리고 있으나, 여건이 같은 교육환경에서도 그 성과가 다양하
게 나타나는 점을 어떻게 설명해야 하는가를 그녀는 되묻고 있다. 만약
남녀의 속성에 아무런 차이가 없이 획일적이며, 단지 개인 차이만 존재
한다면, 여성운동에서 여성의 연대를 강조하는 자매애(sisterhood)는 그
존립기반이 침식당하는 이율배반에 직면하게 됨을 경고하였다.[120]

이보다 시기적으로 뒤지기는 하나 한국 학계에서도 동일한 문제점이
지적되었다. 남녀 사이에 성 차이가 없다면 여성운동의 근거가 소멸된
다는 것이다.

> (남녀간의) 차이성이 존재하지 않는다면 남성과 여성이라는 말 자체가
> 무의미해지며, 따라서 남녀평등의 문제도 처음부터 잘못 설정된 문제가
> 된다고 할 것이다.[121]

> 본성상의 차이가 없는 것이라면, 단순히 여성에게만 그러한 직업, 직능
> 에의 참여 기회가 제한되어 있다는 것이 문제가 되는 것이 아니라, 남성·

---

120) Mary Midgley(1988), "On Not Being Afraid of Natural Sex Difference", M. Griffiths & M.
    Whiteford(eds.), *Feminist Perspectives in Philosophy*, Indianapolis: Indiana Univ. Press, pp.29-41.
121) 양승태(1990), p.238.

여성을 불문하고 다수의 인간들에게 그러한 기회가 제한되어 있다는 사실을 처음부터 문제 삼아야 하는 것이며, 이 경우에도 물론, 여성의 자유·평등의 문제는 무의미해지며 인간들 사이의 일반적인 평등의 문제로 환원되는 것이다.[122]

최근에는 사회적으로 구성된 성인 젠더에 문제가 있다는 논의가 제기되었다.

여성이 함께 사는 야만적 남성으로부터 구타당했을 때 이것은 그녀의 외양에 여성성의 성별을 수용했기 때문인가? 그녀가 남성성의 성별을 수용해서 낮에 작업복을 걸치고 가죽 바지를 입고서 거들먹거리며 다니는 것이 해결책이 될 것인가?[123]

여성성이 사회적으로 구성된 것이라면, 그렇다면 모든 여성들이 사회적으로 구성된 남성성을 수용하기만 하면 여성 문제는 간단하고도 쉽게 사라지게 된다는 논리에 이른다.

젠더가 2차적인 사회적 문화적 구성물일진대, 이러한 2차적인 구성물에 의존하여 여성운동을 전개한다는 것은 불안정하다. 예컨대 게이해방운동은 게이네스(gayness)로, 여성해방운동은 피메일네스(femaleness)라는 공통된 정체성으로 뭉쳐야 하는데, 근원적인 공통된 핵심은 간 곳 없이 사라지고 대신 2차적인 사회·문화적 구성물인 허약하기 이를 데 없는 여성의 젠더에 의존하여 여성운동을 전개한다는 자체가, 1980년대 후반 이후 구미 여성운동의 침체를 자초한 원인이 아닌가 한다. 여성

---

122) 양승태(1990), p.249.
123) Whelehan(1995), p.207.

운동의 정체성 위기(identity crisis)124)는 여성해방이론가들의 위기일 수
밖에 없다.

1990년대 이후 여성성이 사회적 구성물이라는 관점을 버리고 인간에
게는 보편적인 본성이 존재한다는 자유주의적 전통으로 회귀하는 여성
학자들이 늘어나고 있다.125)

---

124) Susan Hekman(ed., 1999), *Feminism, Identity and Difference*, London: Frank Cass & Co. Ltd.;
    Denise Thompson(2001), *Radical Feminism Today*, London: Sage Publications.
125) 미셸 바렛(Michele Barret)은 정통 마르크스주의 여성학자로서 그녀의 공저 《가족은
    반사회적인가》는 한국에서 번역된 바 있다. 최근 그녀는 인간에게는 보편의 본성이
    존재한다는 자유주의 전통으로 회귀하였다.[Whelehan(1995), p.66]

3장 한국 전통사상에 나타난 여성에 대한 이해

한국 여성해방 이념은 무엇보다 먼저 여성의 본성에 대한 해명이 전제되어야 한다고 앞에서 말하였다. 인간(여성)의 본성에 대한 한국 사상의 시원은, 건국신화로서 '인간을 널리 이롭게 한다'는 홍익인간 이념을 담고 있는 단군신화에서 먼저 찾아봄이 옳을 듯하다.[1]

한국의 신화는 대개 탄생(출산)과 결혼에 관한 이야기로 크게 나눌 수 있다.[2] 단군신화는 국조(國肇)의 탄생신화로 볼 수 있는 한편, 여성의 시각에서 보면 최초의 여성인 웅녀가 출현하여 지모신(地母神 — Earth Mother Goddess)으로서 하늘에서 내려온 남성신 환웅과 결혼하여 출산하는 이야기로도 풀이할 수 있다. 제도결혼과 출산을 서양 급진주의 이론가들이 강도 높이 비판하고 있는 만큼, 단군신화를 세밀히 검토하는 것은 한국 여성의 원초적인 무의식과 경험을 알 수 있는 단초가

---

1) 신복룡(2002), 〈《한국정치사상사》 집필을 위한 예비적 담론〉, 한국동양정치사상사학회, 《동양정치사상사》 제1권 2호.
2) 김대숙(1997), 〈한국신화와 문화의 기원〉, 이은순·이배용 외, 《한국사회사상사》, 지식산업사.

될 뿐 아니라, 단군신화에 등장하는 최초의 여성과 남성의 속성을 살펴봄으로써 여성성이 본질인가 아닌가를 해명하는 데 중요한 실마리를 찾을 수 있을 것이다.

또한 음양론은 초창기뿐만 아니라 지금까지도 한국 여성학 연구자 가운데 상당수가 여성 억압의 원류로 지목하는 것을 주저하지 않기 때문에, 유교 음양론의 해명이야말로 한국 여성을 위한 해방이론에서 첫걸음을 내딛는 작업이 될 것이다. 따라서 이 장에서는 여러 한국 사상 가운데에서 앞의 두 사상에 국한하여 살펴보고자 한다.

1. 단군신화의 분별론

단군신화의 자료는 여럿 있으나,[3] 이 책에서는 《삼국유사》를 바탕으로 삼았다. 아래는 단군신화 가운데 이 책에서 필요한 여성과 관련한 부분만 인용해 본 것이다.

옛날에 환인(桓因)의 서자 환웅(桓雄)이 천하에 자주 뜻을 두고 인간 세상을 탐하여 구하였다. 아버지가 아들의 뜻을 알고, 삼위태백(三危太伯)을 내려다보니 인간 세상을 널리 이롭게 할 만하여, 이에 아들에게 천부인(天符印) 3개를 주어 [그곳에] 가서 다스리게 하였다. 환웅은 무리 3천명을 거느리고 태백산 정상의 신단수(神壇樹) 아래로 내려와 이곳을 신시(神市)라 이르고 이분을 환웅천왕으로 불렀다. [그는] 풍백(風伯)·우사(雨師)·

---

3) ① 《삼국유사(三國遺事)》 유형, ② 《제왕운기(帝王韻紀)》 유형, ③ 《응제시(應製詩)》 유형, ④ 《규원사화(揆園史話)》 유형으로 나누어 볼 수 있다.[서영대(2000), 〈단군신화의 의미와 기능〉, 《단군과 고조선사》, 사계절, p.118]

운사(雲師)를 거느리고, 곡식·생명·질병·형벌·선악을 맡아서 관장하고, 인간 세상에 관한 3백 60여 가지 일을 관장하면서 세상에 머물러 다스리며 교화하였다.

이때 곰 한 마리와 범 한 마리가 같은 굴에서 살았는데, 늘 신령스러운 환웅에게 변하여 사람이 되게 해달라고 빌었다. 이때에 환웅신이 영험한 쑥 한 줌과 마늘 20쪽을 주면서 이르기를, "너희들이 이것을 먹고, 1백일 동안 햇빛을 보지 않으면 곧 사람의 모양이 될 수 있을 것이다"라고 하였다.

곰과 범은 이것을 받아서 먹고 금기한 지 21일 만에 곰은 여자의 몸이 되었으나, 범은 금기하지 못해서 사람의 몸이 되지 못하였다. 여자가 된 곰은 더불어 혼인할 상대가 없었으므로 매번 단수(壇樹) 아래에서 아이를 잉태하게 해달라고 빌었다. 환웅은 이에 잠시 [사람으로] 변하여 웅녀와 혼인하여 [웅녀가] 잉태하여 아들을 낳으니 이름을 단군왕검이라고 하였다.……4)

이 이야기는 국조 단군을 신의 아들로 자리매김하려는 의도를 엿볼 수 있으나, 사실 환웅신과 웅녀의 혼인과 출산이 중심을 이루고 있다. 천신(天神)인 환인의 아들 환웅은 삼부인을 아버지로부터 받아서 인간 세상을 합법적으로 지배할 권한을 부여받고, 신단수를 통하여 태백산 꼭대기로 내려와 신단수 아래에 신시를 건설한 신격의 존재다. 단군의 어머니 웅녀는 전신이 곰이었으나, 인간이 되기 위하여 마늘과 쑥을 먹고 삼칠일(21일) 동안 금기하고 100일 동안 굴에서 햇빛을 보지 못하는 시련을 극복한 끝에 여성이 되었으며, 금기에 실패한 호랑이5)는 인간이

---

4) 한국정신문화연구원(2002), 《譯註 三國遺事》, 이회문화사, pp.143-145.
5) 호랑이는 이로부터 항상 인간과 적대관계에 놓이게 된다. 해와 달이 된 오누이의 이야기에서도 호랑이는 오누이의 어머니를 잡아먹고 난 다음 또 오누이를 잡아먹으려고 하는 적대적 관계다.[김헌선(1998), 〈단군신화의 신화학적 연구 — 창세신화의 관점에서〉, 《한국민속학》 30집, 민속학회]

되지 못하였다.

　이 신화에 나타난 웅녀의 속성은 웅녀 개인의 속성이 아닌 한국 여성들의 보편적인 속성을 상징하는 것이며, 웅녀가 시련을 이긴 것은 한국 여성의 끈기와 인내심이 본질임을 보여주는 것이라 하겠다.[6]

　곰은 인간의 형체를 입는데, 호랑이는 왜 실패하였는가? 이에 대한 해석은 동북아에 널리 퍼져 있었던 곰 토테미즘을 반영한 것이라는 견해[7]도 있으나, 이 책에서는 지모신으로서 풍요와 다산의 신으로 보는 견해를 따르겠다.[8] 또한 곰은 인간처럼 곡류를 먹는 데 견주어 호랑이는 날 고기를 먹기 때문에 곰이 더욱 인간과 친화적이라는 설명도 있다. 어떻든 곰이 지상을 대표하는 신성한 존재임은[9] 누구도 부인할 수는 없겠다.

　그렇다면 최초의 여성인 웅녀가 처음으로 한 행위는 무엇이었을까?

熊女者 無與爲婚 故每於檀樹下 呪願有孕
雄乃假化而婚之 孕生子 號曰 檀君王儉

　웅녀는 같이 결혼할 사람이 없는데도 매일 신단수 아래에서 '잉태하게 해주소서'라고 빌었다. 환웅신은 이에 잠시 육신을 입고 그녀와 혼인하여 잉태해서 아들을 낳았는데 단군왕검이라고 불렀다는 내용이다.

---

6) 김성탁(1976), 〈개국신화에 관한 고찰—단군신화의 상징적 성격을 중심으로〉, 고려대 박사학위논문, p.33.
7) 곰을 토템으로 보는 견해는 崔南善, 〈檀君及其研究〉, 《別乾坤》 3-2, 1928, p.29까지 거슬러 올라갈 수 있다.[서영대(2000), p.131]
8) 황패강(1972), 〈단군신화시고(試考)〉, 《한국서사문학연구》, 단국대출판부, p.116.
9) 서영대(2000), p.131.

환웅이 신성을 지닌 신이며, 웅녀 또한 신성성을 지닌 지모신이라면, 웅녀 자신이 임신하고자 하는 마음만 있었다면, 스스로 신령(성령)으로 임신할 수도 있었을 터이다. 그리고 환웅도 신이기에 웅녀의 임신하고자 하는 마음을 알아차렸다면, 그의 주술(신령 혹은 성령)로 웅녀 혼자서도 임신하게 할 수도 있었을 터인데, 왜 굳이 환웅 자신이 잠시 인간으로 변신하여야만 하였을까.

물론 이 구조는 국조 단군의 출생이 필요한 모든 절차를 거친 환웅과 웅녀의 합법적인 혼인의 결과임을 말하는 데 있다[10]고 하겠다. 즉 단군은 하늘과 땅을 대표하는 환웅과 웅녀라는 신성한 존재들의 신성결혼의 결과이므로, 단군 자신 또한 신성한 존재이기에 우리의 국조가 되는 데 아무 결함이 없다는 뜻일 것이다.

왜 최초의 여성인 대모(代母, Great Mother) 웅녀는 동물의 속성[11]을 가지는가? 이에 대한 해답으로 에리히 노이만(Erich Neumann)은 이렇게 말하고 있다.

　　대모여신(代母女神)의 동물 형태는 초기 인간들의 토템적 심리의 표현이다. 대모여신은 모든 종류의 동물적 속성들을 갖추어야 하므로 동물로 표현되거나 혹은 동물과 동반하는 것은 아주 자연스런 일이다.[12]

그리고 최초의 인간은 남자건 여자건 둘 가운데 한 명이 동물이어야

---

10) 서영대(2000), p.132.

11) 단재 신채호는 이러한 사항에 대해 아주 날카롭게 비판한다. 그는 단군 기록에 남자는 신(神)과 동격으로 보고, 여자는 짐승과 동격으로 볼 정도로 여자를 깎아 내리는데, 이것은 우리 민족 고유사상이 아니라고 확언한다.[이만열 주석/신채호(1988), 《조선상고사》, 단재신채호선생기념사업회, p.108]

12) Erich Neumann(1963), *The Great Mother*, Princeton : Princeton Univ. Press, p.272.

84

하는 이유를 근친상간 금기와 연결해서 해석해 볼 수도 있다.

근친상간 금기의 도덕적 원리에 입각하면, 최초의 남자는 자매가 아닌 여자를 아내로 맞이해야 한다. 그러나 최초의 여자와 최초의 남자에 관한 신화는 이러한 입장에서 볼 때 근원적인 모순을 내포하지 않을 수 없다. 그것은 태초의 근친상간을 전제하지 않을 수 없기 때문이다. 만약 최초의 남자가 별개체로 창조되었다면 남자든 여자든 어느 한쪽은 인간이 아니어야 한다. 이러한 모순을 신화는 신화적 사유로 특징지워지는 자기논리의 전개에 의하여 극복한다.13)

그러므로 곰이 우리의 시조모가 되었다는 것은 황당무계한 이야기가 아니라 신화적 사유에 따른 신화의 구조임을 파악할 수 있다.14) 단군신화에서 곰과 여성, 즉 동물과 인간은 상호 적대감이 없는 친화적인 관계다. 다시 말하면 반(反)자연적이지 않다. 뿐만 아니라 하늘에서 내려온 남성신 환웅은 지상의 시조모인 웅녀를 해치는 것이 아니라 결혼으로써 화합한다. 이것은 환웅－남성원리－하늘－밝음을 표현하고, 웅녀－여성원리－땅－검음을 상징하며, 이 두 원리가 상생하며 우리 문화를 형성시켜 왔다. 이러한 점에서 서양 여러 나라나 중국의 신화 구조와는 거리가 있다.

서양의 남성신들은 하늘에서 내려오면서 지상의 여성신들을 죽이고 등장한다. 바빌론의 남성신인 말둑(Marduk)은 여성신 티아맛(Tiamat)을 죽이

---

13) 정진홍(1986), 〈신화의 구조적 분석〉, 이은봉 엮음, 《단군신화연구》, 온누리, p.132.
14) 그러나 김헌선은 동물과 인간이라는 기본적 설정에서 서로 출자가 다른 웅녀와 환웅이 결합했다고 함으로써 근친상간의 문제를 색다르게 인지한다고 하더라도 근친상간의 문제가 본질적으로 거세된 것은 아니라고 주장하였다.[김헌선(1998), p.209]

고,[15] 희랍의 제우스(Zeus)는 대지의 신 타이폰(Typhon)을 죽이고, 히브리의 엘로힘은 레비아단을 치고 등장한다.……[16]

서양의 남성신이 여성신을 치는 신화의 구조는 서양적 대립을 나타내는 것으로서, 이 대립은 서양문화를 관통하는 정서라 하겠다. 즉 신과 인간, 인간과 자연, 남성과 여성, 정신과 육체, 이성과 감성 등이 모두 대립관계로 존재하는 것이다. 이러한 대립관계의 설정은 중국의 자료에서도 찾을 수 있어서 매우 흥미를 끈다.

일찍이 김재원은 중국 산둥성(山東省)에 있는 무씨사석실(武氏祠石室)의 벽화 내용이 단군신화와 8~9할이나 부합된다고 하였다. 부합되지 않는 1할은 후석실 2층의 그림인데, 이 그림은 쌍수룡 안에 한 사람이 망치와 끌을 가지고 엎드려 있는 사람의 목을 따려는 장면이라 하였다.[17] 이는 하늘에서 내려온 천상족과 지상족의 싸움으로 해석되며,[18] 이 또한 서양의 대립과 괘를 같이한다고 하겠다.

이와는 달리 단군신화에서는 신과 인간, 하늘과 땅, 남성과 여성, 인간과 자연이 모두 상생의 관계다. 인간으로 변한 시조모 웅녀가 혼인할 상대가 없음에도 매일 신단수 아래에서 임신하기를 빌었다는 대목에서, 단군신화가 상징하는 출산의 의미는 바람의 대상으로 해석할 수 있다.

---

15) 티아맛의 몸을 나누어 하늘과 땅을 창조하고, 두 눈은 해와 달, 피는 하수와 바다가 된다. 〈창세기〉 1장의 창조신화는 이 바빌로니아 신화의 영향을 받았다.

16) 김상일(1988), 《한밝문명론》, 지식산업사, p.148.

17) 김재원(1947), 《단군신화의 신연구》, 탐구당.

18) 김상일(1990), 〈무씨사석실의 화상석에 나타난 중국 마음과 한국 마음〉, 《한사상의 이론과 실제》, 지식산업사, p.105. 일상언어에서도 한국은 여성 원리를, 중국은 남성 원리를 앞세운다. '밤낮'을 '주야(晝夜)'로, '오간다'를 '왕래(往來)'로, '들락날락'을 '출입(出入)', '연놈'을 '남녀(男女)'로 한다.

그리고 출산과 연관한 여성학의 논의는, 여성이 출산을 할 것인가 아닌가, 또는 언제 할 것인가를 여성 자신의 자율적인 의사에 따라 결정해야 한다는 점이다.[19] 이러한 시각에서 웅녀의 출산은 벌의 대가로 주어진 것이 아닌 웅녀 자신의 자율에 따른 것이라 하겠다.

한편 오늘날까지도 이어지는 출산의 풍습은 대부분 단군신화에서 유래한다.

집에 잉부(孕婦)가 있을 경우에 달이 차오면 곧 짚자리와 기저귀·쌀·미역을 장만하여 놓고 기다렸다가, 분만과 세아(洗兒)가 끝나면 곧 백반과 미역국을 낸다. 방의 서남쪽 구석을 정갈히 하고 상 위에 백반 세 종지와 미역국 세 종지를 차려 삼신(三神)께 제경(祭敬)한다. 사흘째 되는 날, 이레째 되는 날 및 이칠일, 삼칠일 그리고 백일에도 이와 같이 한다.[20]

출산에 대한 감사, 유아와 산모의 건강을 기원하면서 출산을 관장하는 삼신(三神)께 간단한 제사를 드리는 의례다. 삼신이란 바로 환인(桓因), 환웅(桓雄) 그리고 단군왕검(檀君王儉)을 가리킨다. 출산을 한 집의 대문 위에 금줄을 치는 유래도 출산의 신성성을 상징한다.

집에 산사(産事)가 있으면 곧 새끼를 외로 꼬아서 문 위에 가로 거는 습속이 있다. 이를 검승(儉繩)이라 한다. 만약 남자아기면 새끼 눈에 붉은 고추와 푸른 소나무 가지를 사이사이 엇먹이어 끼우고, 여자아기면 소나무 가지와 숯덩이를 사이사이 엇먹이어 끼운다.……우리 습속에 제천제산(祭天祭山)할 때도 역시 검승을 하는데, 거기에 동아줄을 드리워 제단을

---

19) Okin(1979), pp.197-232.
20) 김상억 역/이능화(1973), 《조선여속고》, 대양서적, p.282.

표별한다. 이 검승의 풍속은 아마도 고조선 환인, 단군 신대(神代)로부터 고유하게 있어 온 제신(祭神) 의식인 듯하다. 더구나 환인·환웅·왕검을 삼신이라 일컬었으니 호산(護産)의 삼신과도 부회된다.[21]

단군신화에 나오는 숫자들 — 삼칠일·백일·360여사(餘事) — 은 모두 유아의 성장과정과 관계되는 기념 의례일과 일치한다. 출산 뒤 삼칠일이 되면 대문에 내건 금줄을 거두어들인다. 이때쯤이면 산모는 질의 상처가 거의 아물어서 건강을 회복하므로 가사를 돌보는 일상으로 돌아가고, 아기는 젖살도 오른다. 백일과 돌에는 지금도 성대하게 잔치를 벌이고 있으며, 생일날 미역국을 먹는 풍습 또한 여전하다.

지금까지 단군신화에 나타난 출산의 의미와 신성성을 짚어보았다. 이 가운데 무엇보다 한국 여성들의 원형인 시조모 웅녀는 결혼할 상대가 없는데도 신단수 아래에서 임신하기를 빌었던 점에서, 한국 여성들에게는 출산을 바라는 원초의식이 잠재한다고 할 수 있겠다.

출산을 관장하는 삼신— 즉 환인, 환웅, 단군왕검—가운데 단군왕검이 아들이 아니라 딸이라는 새로운 해석이 제기되어 주목된다. 원문 잉생자(孕生子)에서 '자'를 아들이 아닌 자식으로 해석해야 하며, 그렇게 되면 딸을 출산한 것이 되고, 따라서 단군 할아버지가 아닌 단군 할머니가 되어야 한다는 것이다.[22]

이 문제제기는 여성 연구자들에게 짜릿한 전율을 느끼게 하기에 충분하다. 왜냐하면 한국의 어머니들이 흔히 갓 태어난 영아 엉덩이의 퍼런 반점(몽골리언 반점: 왜 몽골리언에게만 이런 반점이 있을까!)을 가

---

21) 김상억 역/이능화(1973), p.282.
22) 안천(1996), 《단군할머니론》, 민족문화사.

리켜서 '삼신할머니가 빨리 세상에 나가라며 엉덩이를 때렸기 때문에 멍이 든 흔적'이라고 굳게 믿고 있기 때문이다. 환인과 환웅 그리고 단군왕검, 즉 삼신이 할머니라면, 지고신(至高神)이자 천신인 환인 또한 할머니라는 뜻이 된다. 환인이 여성이라면, 일본의 태양신이 여성이라는 데에 일본 여성학자들이 자부심을 갖는 수준으로 한국 여성 연구자들도 자부심을 갖게 될 것이 확실하다. 이 부분에 대한 좀더 자세한 연구가 앞으로의 과제라 할 것이다.

단군신화에서 환웅과 웅녀는 지배와 복종의 관계가 아닌 둘이면서 하나(二而一)인 합일의 상호평등 관계다. 따라서 단군사상은 평등이 내재된 '한사상' 또는 '하나사상'이라 이을호가 일찍이 이름 지었다. 유일성·포괄성·창조성으로 집약되는 '한'[23]사상은, 단군에서부터 신라의 화랑도와 원효의 화쟁(和諍)의 불교를 거쳐 동학·천도교로 이어지는 사상사적 맥락이 있다고 보는 것이다.

그리고 한사상은 외래종교를 포용해서 우리의 것으로 되게 하는 특성을 지녔다. 신라의 원효[24]는 외래불교를 화쟁이라는 한국식 불교로 정립하였고, 조선왕조 유학자들 가운데에도 둘이면서 하나인 묘합(妙合)을 강조한 기대승 → 이이 → 윤휴 → 정약용 → 이제마로 이어지는 맥이 존재한다. '하나'사상은 더 완벽한 평등사상을 갖추었을 뿐만 아니라 여성과 남성이 상생하는 원리이기에, 여성 문제 해결에 많은 시사점을 던져주고 있다.

---

23) 이을호(1986), 《한사상의 묘맥》, 사사연, p.27.
24) 김성철(2003), 《원효의 판비량론 기초연구》, 지식산업사.

2. 유교사상의 성선설과 음양론

한국 사상의 시원이 단군사상에서 비롯한다면, 아직까지도 한국인들의 행동양식과 무의식에 크게 영향을 미치고 있는 것은 다름 아닌 유교사상이라 하겠다. 유교사상은 중국 고대 춘추전국시대에 공자와 맹자를 중심으로 해서 개화한 사상이다.[25] 이 사상은 무엇보다 한국 여성 문제와 관련하여 논쟁이 끊이지 않고 이어져 오는 점을 고려할 때, 유교사상의 인성론과 본체론, 나아가서 여성관을 천착하는 것은 한국 여성 운동의 방향을 정립하는 데에 무엇보다도 중요한 과제라 하겠다.

그것은 다름 아닌 여성 연구에서, 인간에게는 선천적인 본성이 있는지 아니면 후천적인 것인지, 그리고 여성의 특성은 본성인지 아닌지를 규명하는 일과, 남녀 사이에 본질적인 차이가 있는지 없는지가 200여년에 걸친 구미의 여성 연구에서 논쟁의 중심이 되어 왔기에 특히 그러하다. 또한 여성의 본성을 구명한 연후에야 무엇이 여성의 차별이며 불평등인지를 밝히고, 그에 따르는 남녀 평등한 법적 제도적 장치나 대안을 마련할 수가 있기 때문이다.

이런 맥락에서, 유교사상의 인성론을 살피기 전에 여성의 삶에 영향을 미친 유교 경전은 어떤 것이며, 한국에서 유교사상을 수용한 과정은 어떠했는지 개략적으로 살펴보려 한다.

유교의 경전이란 사서 오경을 말한다. 사서는 《논어》, 《맹자》, 《대학》과 《중용》을, 오경은 《시경》, 《서경》, 《주역》, 《예기》, 《춘추》를

---

25) 박충석(1980), 《조선조의 정치사상》, 평화출판사, p.10.

이름이다. 사서 가운데 《대학》과 《중용》은 원래 《예기(禮記)》의 한 편이었으나 독립된 경전으로 다루고, 《논어》, 《맹자》와 대등하게 대우하여 '사서(四書)'의 지위를 부여한 것이 정이(程頤) 등 성리학자들이었다.26) 이 사서의 내용들이 명·청대의 과거시험에서 주로 출제가 되자, 이에 대한 학습과 연구가 성행하여 성리학은 유교사회 윤리 형성의 기초가 되었다.27)

한국에서 유교사상, 특히 신유학인 성리학을 수용한 것은 13세기 고려 말 안향(安珦)이며, 그의 제자 백이정(白頤正) 또한 중국에 가서 성리학을 접하고 나서 주자의 《사서집주(四書集註)》와 《주자대전(朱子大典)》을 가져와서 전파한 것이 통설로 되어 있다. 그러나 이들보다 앞서 11세기에 활약한 최충(崔沖)은 사설 학당인 구재학당(九齋學堂)을 세워 제자들을 교육하였다. 여기서 구재란 낙성(樂聖), 대중(大中), 성명(誠明), 경업(敬業), 조도(造道), 솔성(率性), 진덕(進德), 태화(太和), 대빙(待聘)을 말하며, 이는 《중용》, 《대학》, 《역경》에 나오는 용어들이다.28) 이로 미루어보건대 이미 최충 시대에도 유학의 경전들을 가르쳐왔던 것으로 추측된다.

고려시대의 유학 연구는 태학과 사학 12도(私學十二徒)를 중심으로 이루어졌지만, 궁중 전각인 청연각에서 행하여지던 강론은 널리 알려져 있다. 예종 11년(1116) 8월에 축조된 청연각에서는, 오경을 바탕으로 삼강오상(三綱五常)뿐만 아니라 그 도덕의 근거인 성명지리(性命之理)까지 탐구한, 즉 성리학이 강론되었기에,29) 성리학은 이미 고려 말 관학

---

26) 윤사순(1992), 《한국유학사상론》, 민음사, p.13.
27) 박용옥(1985), 〈유교적 여성관의 재조명〉, 《한국여성학》 창간호, 한국여성학회, p.8.
28) 윤사순(1992), p.12.

의 성격을 띠게 되었다.

성리학을 탐구하고 그 사상으로 무장한 고려 말의 신진 사대부 관료층은 고려를 무너뜨리고 조선왕조를 건국하면서 (개신)유학을 통치이념으로 삼고, 불교를 대체하여 유교를 국교로 하였다. 새로운 왕조 교체기에 '충성스런 신하는 두 임금을 섬기지 않는다(忠臣 不事二君)'는 유교의 절의를 내세우고 정몽주가 순교한 것은 이미 성리학이 수용 단계를 넘어서 그 사상을 체득하여 실천에 옮긴 좋은 본보기라 하겠다.

물론 고려의 체제가 쉽게 무너진 것은 불교의 세속화가 한 원인을 제공하였다. 고려 공민왕 때에 조준이 올린 상소에서 알 수 있듯이, 불교 사찰들이 대토지를 소유하여 민생은 날로 피폐해 갔다. 이에 조준과 정도전 등이 중심이 되어 전제(田制)개혁운동을 벌여서 권문세족의 경제기반인 전시과[30] 체제를 무너뜨리고, 신흥 사대부 중심의 경제적 신질서를 뜻하는 과전법의 성립을 보게 되었다.[31] 이들은 또한 척불숭유를 지향하여 불교를 배척하였다.[32]

고려 후기의 불교는 교종에서 라마교의 영향을 받은 밀교사상을 받아들였고, 라마교는 고려의 상류사회에 침투하여 그들을 퇴폐적인 환락에 빠져들게 하였다. 교종의 밀교적 퇴폐성을 극복하려는 선종과 갈등하면서 불교계는 스스로 약화되었고, 이 틈에 경건주의를 표방하는 성리학 이론으로 무장한 신진 유자층은 불교계 전반을 부정하는 과격

---

29) 윤사순(1992), p.16.

30) 전시과 체제에 대하여는 다음을 참조 바람. 강진철(1980), 《고려토지제도사연구》, 고려대출판부.

31) 민현구(1987), 〈권문세족과 신흥사대부〉, 한국사연구회 편, 《한국사연구입문》 제2판, 지식산업사, p.241.

32) 정도전, 《삼봉집》 참조.

한 척불론의 선봉에 서게 되었다.[33]

이들 신진 집권세력은 신유학을 통치이념으로 내세웠기에, 일반인의 생활풍습도 불교에서 유교로 점차 바꾸려고 하였다. 이 한 예가 가묘(家廟)를 세우고, 불사(佛事)와 음사(淫事)를 폐지하거나 축소하는 일이었다. 태조 1년 9월 도평의사사에서 올린 계언은 이를 증명한다.

> 전조(前朝)는 음사(淫祀)를 떠받들어 혹은 하나의 신을 수처에서 분사(分祀)하기도 하고, 혹은 하루에 수제(數祭)를 행하여 사전(祀典)을 독란(瀆亂)케 하여 드디어 망하게 되었다. 일대(一代)의 정치를 새롭게 하는 바에 전조의 폐를 다시 되풀이하지 말고 예조로 하여금 상정, 시행해 줄 것.[34]

음사란 무격(巫覡)이 치제하는 사당을 의미한다. 그러면 왜 음사를 신진 유학자들이 반대하는가? 그것은 천자라야만 천지에 제사지내고 제후는 산천에 제사하는 법인데,[35] 당시 나라 풍속으로는 서인(庶人)까지도 모두 산천에 제사지내기 때문에 유가의 법도에 어긋난다는 논리였다. 이들 신진 집권세력은 음사를 금하는 대신에 가묘(家廟), 종묘(宗廟)를 세울 것과, 토지신과 곡물신에게 제사지내는 사직(社稷)을 각 향리마다 세우는 이사(里社)를 국가 제전[祀典]의 대종(大宗)으로 삼아서 이사제(里社制)를 실시하였다.[36] 그러나 이사제는 향리에까지는 미치지 못하였고, 성종조에 이르러서도 벼슬아치의 부녀까지도 피방(避方)이라

---

33) 허흥식(1987), 〈유학과 과거〉, 한국사연구회 편, 《한국사연구입문》 제2판, 지식산업사, p.202.
34) 《조선왕조실록》 태조 1년 11월 갑오조.
35) 한우근(2001), 《조선시대사상사연구논고》, 한국학술정보, p.6.
36) 《조선왕조실록》 태종 7년 5월 을해조.

하여 무가에 출입하는 풍습이 그치지 않았다.

신진 집권세력의 불교 배척은 사찰의 수를 제한하고, 도첩제를 실시하여 불승이 되는 자격을 엄격히 제한하고, 상제(喪祭)의식을 불교식에서 가묘(家廟)를 세워 유교식으로 전환하고자 하였다. 태조 즉위 해에 배극겸·조준 등은 공경(公卿)으로부터 하사(下士)에 이르기까지 모두 가묘를 세워서 선대를 제사하고, 서인은 그 침소에서 제사하게 건의하였다.37) 그러나 그 뒤에도 사실상 상제(喪祭)를 불교예식으로 행하였기에, 태종 5년 9월에는 부모 추천(追薦)시에 유복지친 외에는 사찰에 가서 부처에 절하는 것을 금하도록 했다.38) 그러나 세종대에도 불교식 상례가 그치지 않았으며, 세조는 불교를 믿었고, 성종도 불도를 숭신하지 않으면서도 참찬관 손비장이 공불과 반승(飯僧) 혁파를 건의하자 불도를 허용하는 듯한 답을 하였다.

> 불도의 잘못은 나 역시 분명히 안다. 내가 이미 믿지 않으므로 비록 공불이 있다 해도 무슨 치도에 해로울 것이 있겠는가.39)

새로운 사상이 기존의 사상을 대체하려면 오랜 시간이 걸린다. 조선조 중기까지 사상사 측면에서 본다면 불교와 유교가 혼합된, 즉 사상의 신크레틱(syncretic)한 성격을 드러내고 있었다.40) 이러한 단적인 예는 조선초 척불론자들의 조상숭배에서 볼 수 있다. 이들은 조상의 분묘에 사원을 재사(齋寺)로 사용하였고, 조선조 중기 무렵에도 개성의 문묘에는

---

37) 한우근(2001), p.11.
38) 《조선왕조실록》 권 10, 태종 5년 9월 을유조.
39) 《조선왕조실록》 권 79, 성종 8년 4월 무오조.
40) 박충석(1980), p.24.

공자와 십철(十哲)을 위패(位牌)로 숭배하지 않고 주상(鑄像), 소상(塑像)으로 만들어 불상을 숭배하던 우상숭배의 잔재를 보였던[41] 데서 잘 드러난다고 하겠다.

다음에서는 유교사상에서 인간의 본성을 어떻게 이해하였는지를 살펴보려 한다.

1) 유교사상의 성선설

공자는 인간의 본성에 대하여 구체적으로 언급한 바는 없으나[42] 공자도 인간의 본성이 착하다[善]는 견해를 지녔던 것으로 보인다. 《논어》 팔일(八佾) 편에 공자가 제자 자하(子夏)와 주고받은 문답에서 공자의 생각을 읽을 수가 있다.

자하가 "하얀 바탕에 고운 색 입혔네(素以爲絢兮)"란 무슨 뜻인지 스승에게 물었을 때, 공자는 "흰 바탕이 있은 뒤에 그림을 그린다(繪事後素)"고 대답하였다. 이는 인간에게 흰(선한) 바탕(본성)이 있음을 시사한 것으로서, 이 흰 바탕은 도덕적 의식 또는 도덕적 정감[43]으로 해석이 가능하기에, 공자도 인간에게는 도덕적으로 선한 본성이 있다고 믿었음을 미루어 짐작할 수 있겠다.

본성에 대한 또 다른 언급은 《논어》 양화 편에서 찾을 수 있다. "품수 받은 성품은 서로 비슷하나 습관에 따라 차이가 난다(性相近 習相

---

41) 허흥식(1987), p.204.

42) 공자의 제자 자공도 선생님의 성(性)과 천도(天道)에 대하여는 들은 바가 드물다고 하였다. 《논어》 公治. "子貢曰 '夫子之文章, 可得而聞也. 夫子之言性與天道, 不可得而聞也.'"

43) 유권종(1992), 〈공자의 禮思想〉, 윤사순 편, 《공자사상의 발견》, 민음사, p.118.

遠)"는 것은 본성은 선하지만 습관에 따라 나쁜 쪽으로 바뀔 수 있다는 해석과 맥을 같이한다고 하겠다.

맹자는 인간의 본성이 선하다고 분명히 지적하였다. 맹자는 현상학적 방법으로 사람의 마음을 직관함으로써 성(性)을 선하다고 했다. 즉 어린 아이가 우물에 빠지려는 것을 보았을 때는 누구라도 달려가 구출할 것이다. 이때 사람의 심정을 현상학적으로 관찰하면, 어린 아이의 위급을 구출했다는 명예를 얻으려는 것도 아니고, 그 부모와 교제하여 무슨 이익을 얻으려는 것도 아니며, 또는 향당 붕우의 악평이 두려워서 그런 것도 아니다. 다만 순수한 동기로 말미암아 그렇게 구하려는 것이다. 이것이 사람에게는 '차마 하지 못하는 마음(不忍之心)'으로서, 사람은 누구나 다 이런 측은지심(惻隱之心)을 가지고 있는데,44) 이것이 어짐[仁]의 싹이요, 수오지심(羞惡之心)은 의로움[義]의 싹이요, 사양지심(辭讓之心)은 예(禮)의 싹이요, 시비지심(是非之心)은 슬기[智]의 싹45)으로서, 인·의·예·지는 누구에게나 모두 갖추어 있다고 하였다. 그렇다고 해서 맹자는 인간의 생리적인 욕망을 전연 무시하지는 않았다. 예컨대 맛·색·육체의 편안함을 인간의 욕망임을 인정하였다.

> 입이 맛에 대한 것, 눈이 색에 대한 것, 귀가 소리에 대한 것, 코에 대한 좋은 냄새, 팔 다리의 편안함에 대한 것은 본성이나, 목숨이 있은즉 군자가 성이라고 이르지 아니하니라.46)

---

44) 배종호(1996), 〈동양 인성론의 의의〉, 《동양철학의 본체론과 인성론》, 연세대출판부, p.345.

45) 《맹자》公孫丑 上.

46) 《맹자》盡心 下. "孟子曰 口之於味也 目之於色也 耳之於聲也 鼻之於臭也 四肢之於安佚也 性也 有命焉 君子 不謂性也."

그리고 "어여쁜 여성을 좋아하는 것은 인간의 욕망(好色 人之所欲)"[47)]
이지만, 그러나 맹자는 이러한 생리적인 욕망이 아닌 심리적인 측면의
인·의·예·지를 인간의 본성으로 한정하였다. 이러한 선한 본성은 물
이 위에서 아래로 흐르듯이 자연스러운 것[48)]이기에, 인간의 심리적인
본성은 학습에 따라서 획득되는 것이 아니라 선험적으로 부여받은 것이
라고 맹자는 주장하였다.

> 인의예지의 덕은 외부로부터 가져다가 인간의 본성에 도금하여 붙인
> 것이 아니라, 인간이 본래부터 가지고 있는 것이다. 단지 발휘하려고 하지
> 않고 있을 뿐이다.[49)]

인간의 본성이 선하다는 원리는 《주역》 계사전의 다음 내용에서 비
롯한다.

> 한 번 음하고, 한 번 양하는 것을 일러 도라고 한다. 이것(道)을 이어받
> 은 것은 선이고, 이것(善)을 이룬 것은 성(性)이다.[50)]

음양의 두 작용이 주거니 받거니 하여 만물을 화생(化生)하는 것을
도라 하고, 이 도가 계속하여 단절되지 않고 생생(生生)하면 선을 이루
고, 이 생의 작용이 선하다면 생이 만든 성 또한 저절로 선성(善性)일
것이다.[51)] 그렇지만 인간은 누구나 선한 본성을 품수받았으나 자연상

---

47) 《맹자》 萬章 上.
48) 《맹자》 告子章 上. "人性之善 猶水之就下也."
49) 《맹자》 告子章 上.
50) "一陰一陽之謂道, 繼之者善也, 成之者性也."
51) 정병석 역/高懷民(1995), 《주역철학의 이해》, 문예출판사, p.198.

태에서 발휘하지 못하면 나쁜 습관에 빠질 수도 있다.

따라서 유덕자 군주가 부자·군신·부부·장유·붕우 관계의 오륜을 가르쳐서 각기 자신의 맡은 바 도리를 다 감당하게 했을 때, 그 사회는 예적 질서가 확립된 이상사회라고 보았다. 이를 정명(正名)사상이라고 한다.[52] 이 정명사상은 공자의 핵심 정치사상이라고 할 수 있다. 이것은 그가 제자 자로와 나눈 대화에서 잘 나타난다.

> "선생님께서 정치를 하신다면 제일 먼저 무엇을 하시겠습니까?" 자로가 물었을 때, "반드시 정명을 먼저 하겠다(必也正名乎!)"고 공자가 대답하자 "선생님의 우원함이여! 어찌 이름을 바로잡겠다는 말씀인가요?"라고 자로가 재차 물었다. "거칠도다 자로여, ……이름이 바르지 않으면 말에 순서가 없게 되고, 말에 순서가 없어지면 일이 이루어지지 않는다. 일이 이루어지지 않으면 예악이 일어나지 못하며, 예악이 실행되지 못하면 형벌이 적절하게 시행되지 않는다. 형벌이 적절하게 시행되지 않으면 백성들은 손과 발을 둘 곳이 없게 될 것이다. 그러므로 군자는 이름을 바로하면 말을 순서 있게 할 수 있고, 말을 순서 있게 하면 반드시 시행할 수 있을 것이다. 군자는 그 말에 구차한 바가 없을 뿐이다."[53]

이름을 바르게 하는 것이 곧 예를 실천하게 하는 정치의 근본임을 공자는 밝히고 있다.

공자와 맹자의 사상을 철학적으로 더욱 심화시킨 주자(朱子) 또한 인간의 본성이 선하다는 것을 분명히 드러냈다. 《논어》 학이 편 첫 구절(子曰 學而時習之 不亦說乎)에 대한 그의 주석에서 잘 드러난다.

---

52) 박충석(1980), p.12.
53) 《논어》 子路.

배움이라는 것은 본받는 것[效]이다. 사람의 성품이 다 착하지만 깨닫는 것을 먼저 하고 뒤에 하는 자가 있어서, 뒤에 깨닫는 자는 반드시 먼저 깨닫는 자를 본받아야, 이에 착한 것을 밝혀서 그 처음으로 돌아갈 것이다.54)

명나라 문황제의 원비이며 《내훈》의 저자이기도 한 인효문황후 역시 인간에게는 본연의 선한 품성이 있음을 주장하였다.

덕성이란 품수 받은 것이지만 갈고 닦아서 습관화한 것으로, 밖으로부터 주어진 것이 아니라 본래부터 자신에게 있는 것이다.55)

중국의 유가들은 한결같이 인간의 본성이 선험적으로 선하다는 관점을 유지하였다. 그렇다면 조선조 유가들의 생각은 어떠하였을까. 이에 대해서는 주자의 사상을 철저하게 수용하여 조선에서 주자학56)을 사상적으로 체계화한 대표적인 유학자 퇴계 이황의 인성론을 살펴봄이 도움이 될 것이다.

퇴계 역시 인간의 본성은 선하다는 중국 유가들의 사상을 계승하고 있다. 이선기후설(理先氣後說)을 주장하는 퇴계는 "이(理)는 만물에 깃들어서 성(性)이 되나, 이는 사물에 선행한다는 의미에서 '본연의 성'이라고도 한다. 본연의 성은 또 인의예지신(仁義禮智信)의 오상(五常)57)이

---

54) 朱注 : 學之爲言, 效也, 人性皆善, 而覺有先後, 後覺者, 必效先覺之所爲, 乃可以明善, 而復基初也.

55) 《내훈》德性章. "夫德性原於所稟 而化成於習, 匪由外至, 實本於身."

56) 박충석(2002), 〈조선주자학〉, 《국가이념과 대외인식》, 아연출판부.

57) 맹자는 인의예지의 사단을 말하였는데, 퇴계는 인의예지신의 오상을 말하였다. 이 오상은 후한대 반고(班固)의 《백호통》에서 제시된 것으로서, 그의 영향을 받은 것이

며, '이' 그것 자체를 가리키고 있으니까 순선무악(純善無惡)하다"[58]고 보았다.

이 본연의 성은 미발(未發)의 상태에서는 순선무악하지만, 일단 외계와 접촉하여 이미 드러났을 경우에 정(情)으로 나타나며, 중정을 잃으면 악(惡)으로 흐른다는 것이다. 중정을 잃게 되는 것은 혼탁한 기(氣)가 순선무악한 본연의 성을 가리기 때문이다. 따라서 선한 본연의 성을 유지하기 위하여 '사람의 욕심을 버리고 하늘의 이치를 갖추기(滅人慾 存天理)'를 몸소 실천해야 한다. 그렇다면 이 순선무악한 본연의 성은 학문을 탐구하는 군자들에게만 품부된 것인가 하는 물음을 제기할 수가 있다. 이 물음에 대한 해명은 고민할 필요도 없이 맹자, 주자, 인효문황후 모두 한결같이 내재적 선한 본성을 강조하였고, 최근 한 선학에 의해서도 해명된 바가 있다.

> 본연의 성은 성인에게도 범인(凡人)에게도 똑같이 구비되어 있는데, 단지 혼탁한 기품이 이것을 가리고 있으니까 악이 생긴다. 가리고 있는 것을 제거하기만 하면 원래 존재하고 있는 선성이 드러난다.[59]

유가 사상가들이 왜 그토록 교육의 중요성을 강조하는가는 위의 인용문에서 해명이 된다. 선한 본성을 가리고 있는 혼탁한 기품을 제거하기 위한 수단은 수신(修身)과 교육의 방법이 아닌가. 인간이 짐승과 구별되며 만물의 영장이라 부를 만한 것은 바로 인간에게는 하늘로부터

아닌가 한다.
58) 박충석(1982), 《한국정치사상사》, 삼영사, p.35.
59) 박충석(1982), p.36에서 丸山眞男의 《日本政治思想研究》의 내용을 재인용하였다.

부여받은 선한 본성, 즉 양지(良知), 양능(良能)을 타고났기 때문이다. 따라서 이를 보존[存養]하는 것이 곧 하늘을 섬기는 일이다. "자기의 본심을 간직하고 자기의 본성을 기르는 것이 바로 하늘을 섬기는 것이다"[60]고 맹자가 강조한 데서 교육의 중요성을 알게 된다.

지금까지 살펴본바, 유교사상은 인간에게는 보편의 선한 본성이 내재한다는 주장임을 알게 되었다. 더욱이 《중용》첫 머리에 "하늘이 명한 바를 성이라 한다(天命之謂性)"는 절목에서 이 선한 본성은 타고난 것이라는 것을 분명히 하고 있다. 그러면 다음에는 유교사상에서 여성과 남성의 본질에서 다름이 있는지, 있다면 그 다름은 선험적인가에 대하여 살펴볼 것이다.

2) 유교사상의 음양론

유교사상에서 남녀 사이의 품성을 독립적으로 다루고 있는 바는 없으며, 유가사상의 음양론에서 언급하고 있어서 이를 간략하게 살펴보려 한다.

아름다운 환경에서 우주는 어디서 왔는가, 또는 무엇으로 되어 있는가 하는 호기심으로 철학을 한 그리스인들은 형이상학적 본체론을 철학의 주제로 하여 사변적인 인식론을 발달시켰다면, 중국을 중심으로 한 동양철학은 척박한 삶 자체에 골몰하여, 우선 그들의 농경에 영향을 주는 자연현상의 질서와 작용에 관심을 기울여서 '우리가 삶을 기탁하고 있는 이 세계는 어떻게 있으며(天道)', '우리는 자연에 어떻게 적응하

---

60) 《맹자》盡心. "存其心 養其性 所以事天也."

고 어떻게 이용하면서 삶을 영위해야 하는가(人道)' 하는 절실한 삶의 문제를 철학을 통해서 해결하려고 하였다.[61]

따라서 유교사상은 천도론과 인성론을 각기 분리해서 다룰 수 없는 연관성을 갖는다. 앞서 언급한 공자의 제자 자공이 한 말, 즉 '성과 천도에 대한 선생님의 말씀(夫子之言性與天道)'[62]이란 표현에서 볼 때, 당시의 제자들도 성과 천도를 한 체계로 묶어서 파악하였음을 알 수 있다.

우선 우주 발생의 원인에 대한 생각은 《역경》[63]의 다음 글에서 찾아볼 수 있다.

易有太極, 是生兩儀, 兩儀生四象, 四象生八卦.

위 문장은 우주·자연의 생성·변화의 원리는 태극이며, 이 태극이 양의인 음(陰)과 양(陽)을 낳았고, 그 양의가 사상(四象)을 낳았고, 사상이 팔괘(八卦)를 낳았다는 것이다. 즉 태극은 우주·자연의 근원자이며, 이 근원자로부터 파생된 양의인 음과 양이 작용하여 도(道)를 낳으며(一陰一陽之謂道), 이 선한 도가 바로 인의(仁義)임을 제시하였다.

> 옛날 성인이 《역경》을 지을 때 성명의 이치에 따랐기 때문에 하늘의 도를 세워서 음과 양이라 하고, 땅의 도를 세월서 유와 강이라 하고, 사람의 도를 세워서 인과 의라고 한다.[64]

---

61) 김충열(1982), 〈동양 인성론의 서설〉, 한국동양철학회 편, 《동양철학의 본체론과 인성론》, p.169.
62) 각주 42번 참조.
63) 《주역》은 《역경(易經)》과 《역전(易傳)》을 포괄한 명칭이며, 경(經)은 점서(占筮)의 책이며, 전(傳) 부분은 철학서로 분류된다. '전'은 춘추전국시대에 꽃핀 중국적 사유의 정수를 체계화한 것이다.

이 양의인 음양은 곧 건과 곤으로 대비되어 자연계와 인간계에 적용된다. '설괘전(說卦傳)'과 '계사 상(繫辭上)'에, 하늘은 건, 땅은 곤에, 건은 남성(아버지), 곤은 여성(어머니)으로 대비하였다.[65] 건과 곤의 작용(구실)은 각기 다르다.

"위대하도다 건원이여, 만물이 이에서 시작하여 하늘을 거느리고 있다."[66]

"지극하도다 곤원이여, 만물이 모두 이곳에서 생긴다. 이에 하늘의 뜻을 순종하여 받든다. 곤은 두터워서 만물을 싣고……[67]

위의 두 건과 곤의 구실은 건은 만물을 조형하는 시작이요 곤은 이 시작을 계승하여 조형의 완성을 이룬다. 곤의 조형이 있어야 만물은 형태를 드러내면서 생하기 때문에 '만물자생(萬物資生)'[68]이라고 하였고, 똑같이 원을 붙여서 곤원으로 이름하였다. 즉 건과 곤은 상호 의존적으로 만물을 조형하므로 독립된 개체로서는 존재의 의의가 없게 된다. '음양의 도에서 홀로 된 양은 살 수 없고 홀로 된 음은 자랄 수 없다', 또는 '사물에 음양이 없으면 하늘과 어긋나고 본원에 배치된다'[69]는 뜻은 건곤 또는 남녀는 상대적인 존재가 필요하다는 것이며, 여기에서는 개체 사이에 우열 관념은 찾을 수 없다.[70] 뿐만 아니라 건곤과 남녀는

---

64) 《周易》 說卦傳. "是以立天之道, 曰陰與陽, 立地之道, 曰柔與剛, 立人之道. 曰仁與義."
65) 《周易》 說卦傳. "乾, 天也, 故稱乎父. 坤, 地也, 故稱乎母…….";《周易》 繫辭 上. "乾道成男, 坤道成女."
66) 《周易》 乾卦 象傳. "大哉乾元, 萬物資始, 乃統天."
67) 《周易》 坤卦 단전. "至哉坤元, 萬物資生, 乃順承天. 坤厚載物……."
68) 정병석 역/高懷民(1995), p.189.
69) 《周易》 參同契. "陰陽之道, 孤陽不生, 獨陰不長……." "物無陰陽, 違天背原."
70) 이숙인(1996), 〈중국 고대의 여성윤리사상 형성에 관한 연구〉, 성균관대 동양철학과

기능은 다르더라도 상호 대등한 가치를 지니는 것을 규괘(睽卦) 단전에서 분명히 밝히고 있다.

> "하늘(天)과 땅(地)은 비록 위치는 달라도 힘쓰는 일은 같고, 남자와 여자는 비록 구별은 있어도 그 뜻은 서로 통한다. 만물은 각각 달라도 각각 사용되는 이치는 비슷한 것이다. 규의 시용은 정말 위대하도다!71)"

위의 설명은 공자의 해석으로서,72) 공자는 남녀의 구별은 있으되 동등한 가치를 부여하였다. 여기에서 건곤은 바로 성격의 다름과도 직결된다. 양은 굳세고(剛) 음은 부드러움(柔)에 대비된다. 이처럼 자연계와 우주의 시원을 설명하는 《역경》에 철학적 해석을 가한 《역전》이 오랜 기간 동안 남녀 양성관계에 비유되면서 양존·음비(陽尊陰卑)로 고착되었다.

무형 무상한 두 가지 대대적인 성질과 상호 관계성을 중시하던 공자 시대의 음양이론이 양존·음비로 격하되는 것은, 전한 시기의 동중서(董仲舒) 이후부터다. 동중서는 모든 만물의 근원을 하늘로 귀착시켜서(道之大原出於天) 땅에 대한 하늘의 우위를 논단하였다. 주자 또한 《주역본의(周易本義)》에서 건과 곤을 차별하여 설명하였다.

> "건곤은 음양이며 상대적으로 말한 것이니, 진실로 이것은 일반론이다. 그러나 나누어 말하면, 건은 존귀하고 곤은 비천하니, 양은 존귀하고 음은 비천하여 서로 짝할 수 없다. 한 집안으로 비유하여 말하면, 아버지와 어

박사학위논문(미간행), p.99.
71) "天地睽而其事同也, 男女睽而其志通也, 萬物睽而其事類也, 睽之時用大矣哉!"
72) 정병석 역/高懷民(1995), p.206.

머니는 두 분 모두 존귀하지만 어머니는 아버지의 권위만 못하다.……73)

송대의 주자 학설을 수용한 조선조 회재(晦齋) 이언적 역시 음과 그 속성을 낮추어 보았다.

대체로 여자의 음유(陰柔)한 천성은 투기하고 간사 아첨하지 않는 이가 적으니……74)

정자는 말했다. "남녀는 존비(尊卑)의 질서가 있고 부부는 창수(唱隨)의 예(禮)가 있으니 이는 상리(常理)라…… 대체 음양의 배합과 남녀의 교구(交媾)는 이(理)의 정상(正常)인 것이다. 그러나 정욕을 따라 유방(流放)하고 의리를 유행하지 않으면 음사(淫邪)에 이르지 않은 데가 없게 되어 몸을 상해하고 덕을 패괴(敗壞)할 것이니 어찌 인리(人理)이겠는가.……"75)

이언적은 음의 부드러운 성질을 투기와 간사한 것으로 규정하였으며, 정자의 말을 인용하여 남녀 사이에 존비의 관계를 설정하였다. 그러나 음양의 배합은 이(理)의 정상으로서 상보적인 측면을 인정한 것으로 보이며, 남녀 사이의 성관계는 욕망추구가 아닌 절제를 강조하였다.

맹자 이래 인성론 일변도의 유가사상은 도가와 불가의 철학사상에 견주어 열세를 면치 못하다가, 노(老), 불(佛)보다 우수한 철학이론을 갖추기 위해 천도론과 인성론을 종적으로 연결시킨 주렴계의 《태극도

---

73) 백은기 역주/朱子(1999), 《譯註 周易本義》, 여강, p.16.

74) 《晦齋全書》〈中庸九經衍義〉卷一總論. "夫女子陰柔之性 鮮不妬忌而險詖……."

75) 《晦齋全書》卷十六. "程子曰 男女有尊卑之序 夫婦有唱隨之禮 此常理也.……夫陰陽之配合 男女之交媾 理之常也 然 從欲而流放 不由義理 則淫邪無所不至 傷身敗德 豈人理哉."

설》에 와서 우주론이 이론체계를 갖추었다. 이 《태극도설》은 조선조 유학자들에게도 직접적인 영향을 미쳤다.

《태극도설》은 《역경》의 음양론을 수용하여 우주생성과 만물 화생의 원리를 설명하였을 뿐만 아니라, 천지 이전의 상상(象狀)과 유래, 이유를 탐색하였다는 데 의의가 있다.[76]

《태극도설》의 전반부 천도론에서는 음·양, 동·정, 건·곤은 어느 한 편에 중심을 두지 않았고 균형을 이루고 있으며, 특히 건과 곤은 서로 교감하여야만 만물이 화생한다는 원리를 강조하였다. 따라서 이는 초기 《역경》의 대대성과 상보성의 원리를 계승하였다고 하겠다. 《태극도설》에서도 양은 움직임(動)으로 음은 고요함(靜)으로 분별하여서 남녀 사이에 본질상의 다름이 있음을 인정하였다.

주렴계의 《태극도설》을 주자가 수용하여 이선기후설(理先氣後說)로 발전시켰고, 이를 수용한 조선조의 대표적 유학자인 퇴계도 그의 이론을 따랐으나,[77] 이기설[78]에 대한 자세한 논급은 이 책의 범위를 벗어나기에 생략하려 한다.

지금까지 살펴본바, 유가사상에서는 남녀 사이에 강함과 부드러움, 그리고 움직임과 고요함이라는 본질에서 다름이 있음을 알게 되었다. 이러한 원리가 실제 생활에서 어떻게 반영되었는지는 다음에서 살펴보려 한다.

---

76) 김충열(1982), 〈송대 태극론의 제문제〉, 한국동양철학회 편, 《동양철학의 본체론과 인성론》, p.81.
77) 퇴계의 이기이원론에 대한 자세한 내용은 다음을 참조. 박충석(1982), pp.29-47.
78) 주리적(主理的) 우주발생설의 대표적 인물은 주회암(朱晦庵), 이퇴계(李退溪)이며, 주기적(主氣的) 우주발생설 주장자는 장횡거(張橫渠), 서화담(徐花潭)을 꼽는다.

3. 유교의 여성관

유교의 여성관을 논하려면 삼강(三綱)과 오륜(五倫)으로부터 시작하는 것이 순서일 것이다. 삼강은 군위신강(君爲臣綱)·부위자강(父爲子綱)·부위부강(夫爲婦綱)이며, 이 삼강은 공자와 맹자가 직접 언급한 사례를 찾을 수 없다.

그럼에도 삼강이 오륜과 짝해서 어떻게 고려 말 이래 조선왕조 사회에서 일상적으로 쓰이게 되었는지는 나중에 말하기로 하고, 본원유교의 오륜을 먼저 살펴보기로 한다. 왜냐하면 이 오륜의 내용 가운데, 부부유별이 여성 차별이냐 아니면 남녀 구별이냐가 여성운동가들과 정통유학자들 사이에 오랜 논쟁이 되어왔기 때문이다.

이러한 만큼 필자는 차별이냐 구별이냐 하는 쟁점은 물론, 여기서 한 걸음 더 나아가 최근 여성학계에서 제기되는 여성의 몸, 여성의 성적 대상화, 아내 구타와 여성의 일에 대한 유교사상의 입론이 어떠한지를 부부유별에서 살피고자 한다.

1) 부부유별 _ 삼강오륜

① 여성의 일

부부유별은 남편과 아내의 관계를 정립한 것으로 맹자가 오륜(五倫)에서 밝히고 있다. 공자는 임금과 신하, 아버지와 아들, 형과 아우, 친구 사이의 관계는 어떠해야 하는지를 가르쳤으나[79] 부부관계에 대하여는 언급이 없었다. 그러나 맹자는 부부관계를 오륜에 포함시켰다. 오륜은 부자유친(父子有親)・군신유의(君臣有義)・부부유별(夫婦有別)・장유유서(長幼有序)・붕우유신(朋友有信)이며(《孟子》藤文公 上), 이 가운데 부부유별이 여성 문제와 연관하여 그 해석이 분분하다. 즉 오륜은 평등의 윤리이기에 부부유별 또한 차별이 아닌 구별이라고 정통 유학자들은 주장하며,[80] 반대로 과거 가족법 개정을 주도했던 여성계 지도자들은 부부유별을 차별이라는 시각에 무게를 두어왔다.

부부유별은 다름 아닌 내외법을 이름이다. 즉 남편과 아내는 거처와 직분에서 각각 구별을 지운다. 아내는 안채에서 남편은 사랑채에서 기거하며[81] 아내는 집안일[內事]을, 남편은 바깥일[外事]을 각기 분담하며, 서로 상대방의 일에 간섭해서는 안 되는 것이다.[82] 여성의 내사인 부공(婦功)은 후한시대 반소(班昭)가 지은 《여계(女誡)》[83]에 잘 나타나 있다.

재주나 일이 반드시 남보다 뛰어날 필요는 없다; 길쌈 일에 온 힘을 쏟으며 히히덕거리지 않고, 정결하게 술과 음식을 장만하여 정성스레 손님을 대접하는, 이것이 바로 부공(婦功)이다.[84]

---

79) 《논어》 안연. "齊景公問政于孔子, 孔子對曰, 君君, 臣臣, 父父, 子子"; 《논어》 자로. "子曰, 朋友切切思思, 兄弟怡怡".

80) 이을호(1975), 《다산학의 이해》, 현암사, pp.292-310; 금장태(2000), 《한국의 선비와 선비정신》, 서울대출판부, p.61.

81) 《易》 家人. "女正位乎內, 男正位乎外".

82) 《禮記》 內則. "男不言內, 女不言外, 內言不出, 外言不入".

83) 후한대에 반소가 지은 《여계(女誡)》는 당의 송약소가 지은 《여논어》, 명나라 인효문황후의 《내훈》과 청의 왕절부유씨가 지은 《여범첩록》과 더불어 여사서(女四書)로 일컫는데, 청나라 왕상이 이 네 책을 주해한 것을 영조 때 출간, 조선 후기 여성 교육서로 활용하였다.[이숙인 역주(2003), 《여사서》, 여이연 참조]

84) "婦功不必工巧過人也, 專心紡績, 不好戲笑, 潔齊酒食, 以奉賓客, 是謂婦功". 후한 때 반소가 지은 《여계》에서 인용.

전근대 신분제 사회에서 양반 남성의 외사는 학문과 정치참여다. 여성을 정치활동에서 배제한 것은 서주(西周) 초기부터다. 서주의 여성정책인 '여성은 정치에 참여할 수 없다'고 한 '여불간정(女不干政)'은 은왕조를 정복한 주나라 무왕의 정책이었다. 무왕은 은왕조 멸망의 원인을 주왕(紂王)의 비(妃) 달기(妲己)[85]가 정치에 간여함으로써 파생된 문제로 파악하였다.[86] 서주 말 유왕(幽王)이 나라를 잃은 것도 유왕의 비인 포사(褒姒) 때문이었다[87]고 여겼기에, 정치활동에서 여성을 배제하려는 의도가 여러 기록에서 나타난다.

> 암탉이 새벽에 울게 하지 말라. 암탉이 새벽에 울면 집안이 망한다. 지금 상나라 주왕(紂王)은 오로지 부인의 말을 따라 그대로 일을 행하였다. 제사를 제대로 지내지 않아 신에게 감사드리는 일도 없애버리고……[88]

> 지혜로운 남자는 성(城)을 만들고 지혜로운 여자는 성을 기울게 한다. 아아. 그 지혜로운 여자는 올빼미같이 부엉이같이 간악한 사람이다.…… 부인은 공사(公事)에 힘쓰지 말고 누에치는 일 하는 것을 아름답게 여기라.[89]

---

85) 달기에 대한 악평은 조선왕조 이빙허각에게도 이어졌다. 원래 여우의 정기가 화한 달기는 발의 본형을 변화시키지 못하기 때문에 비단으로 발을 쌌는데 여자들이 부러워하여 흉내를 내어 저마다 발을 싸니, 이것이 중국 여성들의 풍속이 되었다고 기록하였다.[이민수 역/이빙허각, p.212]

86) 이숙인(1996), p.34.

87) 《詩經》 小雅 정월 편에 서주 멸망의 원인이 유왕의 비 포사 때문이라고 기록되었다. "…… 詩曰, 赫赫宗周, 褒姒滅之".

88) 《書經》 周書 牧誓.

89) 《詩經》 大雅 瞻卬.

여성이 정치에 간여하지 않아야 한다는 주나라 정책은 한나라 유희 (劉熙)에게도 그대로 이어졌다.

> 천자의 비를 후(后)라 한다. 후는 뒤를 의미한다. 즉 뒤에서는 감히 정사 (政事)에 관련된 말을 할 수 없다는 뜻이다. 제후의 비를 부인(夫人)이라 한다. 부인의 부(夫)는 돕는다는 뜻이다. 그 남편을 보조하는 존재이다. 경 (卿)의 비를 내자(內子)라 한다. 집안에서 가정을 다스리는 사람이라는 뜻 이다. 대부(大夫)의 비를 명부(命婦)라 한다. 명부의 부(婦)는 복무한다는 뜻이다. 가정사에 복무하는 자를 말한다. 남편은 조정에서 명령을 받고 처 는 가정에서 명령을 받는다. 사(士)와 서인(庶人)의 배우자를 처(妻)라 한 다.90)

여성은 정치참여를 해서는 안 된다는 주대의 정책인 여불간정(女不 干政)은 조선 초 세종에게도 깊은 영향을 미쳤다. 세종은 경연에서《시 경》〈지혜로운 남자는 성을 만들고 지혜로운 여자는 성을 기울게 한다 (哲夫成城 哲婦傾城)〉장의 강론을 들으며 여성의 유식함과 그로 말미암 은 정치의 폐해를 염려하였다.

> 중국 부녀는 문자를 아는 까닭에 혹 정사에 참견하는 자 있어 나라를 그르치는 수가 있는데…… 우리 동방에서는 부녀가 문자에 밝지 못해 부 인이 참정하지 못한 것이 분명하다.…… 그러나 군심(君心)을 미혹하여 나 라를 그르칠 수도 있으니 우려할 바라.91)

---

90) 이숙인(1996), p.150.
91) 《조선왕조실록》 세종 19년 11월 12일.

세종의 언급에서, 학문에서 여성 배제가 곧 정치 참여의 제한을 의미함을 알게 된다. 10년 또는 20년 동안 경서를 공부해야 현실적으로 관직에 나아갈 수 있는 과거시험을 치를 실력이 되기 때문이었다. 조선왕조 후기 실학자인 성호 이익 역시 "독서강의(학문)는 대장부의 일이므로 부녀자가 이를 힘쓰면 폐해가 무궁하다"고 하였다.[92] 이덕무 또한 그의 저서 《사소절(士小節)》에서 "여자는 서(書), 사(史), 모시(毛詩), 소학(小學), 여사서(女四書)나 읽어 그 뜻을 통하면 되고 제가성씨(諸家姓氏)와 역대 국호와 성현명자(聖賢名字)를 아는 정도로 족하다.…… 여자가 시사(詩詞)를 지어 밖에 퍼지는 것을 수치로 알았다"(〈婦儀〉)고 하였다. 주나라 이후 근대에 이르기까지 학문과 정치는 동·서양을 막론하고 소수의 귀족, 양반 남성들의 전유물이었음은 주지의 사실이라고 하겠다. 여성의 일을 가사에 국한시킨 것은 학문과 정치라는 정신노동에 견줄 때 가치 면에서 동등할 수는 없을 것이다. 다음은 여성의 몸에 대한 유교사상을 살펴볼 것이다.

② 여성의 몸

요즈음 여성 연구에서 쟁점이 되고 있는 여성의 몸에 대한 언급이 이미 한대(漢代)의 기록에서 보인다. 한대의 유학자 반고(班固)는 "아내는 남편과 몸을 나란히 하는 자"로서 아내를 동등한 존재로 이해하였다. 다시 말해서 여성의 몸은 남성의 몸과 동등하다는 것이다. 그 원문을 소개하면 다음과 같다.

---

92) 李瀷, 《星湖僿說》 卷三 人事篇. "婦女之敎 讀書講義 是丈夫事,.奚暇對卷諷誦哉 多見 婦人 通古今說禮義者 未必躬行 而樊害無窮".

아내는 남편과 몸을 가지런히 하는 동등한 자이다. 황제로부터 서인에 이르기까지 그 뜻은 동일하다. 아내의 말도 동등하다.[93]

반고는 아내의 몸도 남편의 몸과 같이 동등한 존재라고 강조하였다. 영혼(정신)에 견주어 몸(육신)을 천하게 보는 구미 사상과 차별성은 몸을 중요하게 여긴 공자의 사상에서 더욱 확연히 비교된다고 하겠다. 특히 자신의 몸을 존중하는 것이 곧 효의 근본임을 《효경》의 첫 머리에서 공자가 제자들에게 가르치고 있다.

사람의 몸과 머리카락과 피부는 모두 부모에게서 물려받은 것이니, 감히 이것을 손상시키지 않음이 바로 효의 시작이니라. 몸을 바르게 세우고 도를 행하여 후세에 이름을 날리고, 이로써 어버이를 드러나게 함이 효도의 마지막이니라.[94]

유교사상의 핵심이 바로 효라고 한다면, 효를 실천하는 근본적인 방법이 바로 자신의 몸을 존중하고 몸가짐을 바르게 하는 것이기에, 몸은 남녀 누구에게나 모두 중요한 근본이요, 동등하다고 기록되어 있다. 몸을 존중하라는 《효경》의 내용을 율곡 이이(李珥)는 그의 《성학집요》 정가 편에 그대로 인용한 뒤 다음과 같이 주석을 붙였다.

사람 된 자녀의 몸은 부모가 남긴 것이니 스스로 아껴 훼손시키지 않는 것이 효의 시작이 되는 까닭이다.[95]

---

93) 班固, 《白虎通》嫁娶. "妻者 齊也, 與夫齊體. 自天子下至庶人 其意一也. 妻之言齊也".
94) 《孝經》開宗明誼章. "……身體髮膚 受之父母 不敢毀傷 孝之始也 立身行道 揚名於後 世 以顯父母 孝之終也".

'내 몸이 나의 것이 아니고 부모님 것이기 때문에 소중히 보존하였다가 돌려 드리는 것이 효의 출발점이다'라는 주장에서 율곡은 단순한 형이하학적인 육신만을 가리킨 것이 아니라, 인간은 부모로부터 몸과 아울러 선한 성명(性命)을 물려받았다는 사실을 전제로 그의 효 사상을 전개하였다.[96] 이와 같이 유교사상에서 몸은 정신을 배제한 형이하학적인 육체가 아니라 성(性)과 명(命)의 담지자로서 몸을 의미하며, 이 몸은 남성이나 여성이나 동등히 존중받는 사실에 유의해야 할 것이다.

그러나 여성의 몸은 남성과 동등하지만, 여성의 나머지 다른 지위는 낮게 평가하는 내용이 담긴 《예기(禮記)》가 정비되는 시기 또한 한대라는 사실을 유념해야 할 것이다. 부부가 대문을 나설 때 '남자는 여자를 끌어주고 여자는 남자를 따라가는 형상이 바로 부부의 도를 실현하는 출발'[97]이라는 이른바 부창부수(夫唱婦隨)라든가, 또한 여성학 연구자들에게 수없이 회자되는 삼종지도론의 출처도 바로 《예기》이다.

> 부인은 남자에게 복종하는 자이다. 주체적으로 일을 할 수 없으므로 삼종의 도가 있다. 결혼 전에는 아버지를 따르고 결혼 후에는 남편을 따르고 남편이 죽으면 자식을 따르니 감히 스스로는 이룰 것이 없다. 그러므로 말은 집안에 한정되고 일은 식사를 준비하는 것일 뿐이다.[98]

이 《예기》의 인용문에서 보면 여성은 아예 평생토록 독립적인 인격

---

95) "人子之身 父母之所遺 自愛而不敢毁 所以爲孝之始也".
96) 최영진(2002), 《유교사상의 본질과 현재성》, 유교문화연구소, p.74.
97) 《禮記》郊特牲. "男師女, 女從男, 夫婦之義由此始也".
98) 《禮記》本命解. "婦人伏于人也, 是故無專制之義, 有三從之道, 在家從父, 適人從夫, 夫死從子. 無所敢自遂也, 故令不出閨門, 事在饋食之間而已矣".

체가 되지 못한다고 못 박고 있으며, 여성의 일을 음식 준비에만 국한한 것도 눈여겨볼 대목이다. 그러나《예기》의 한 편명이었던《중용(中庸)》에서는 군자의 도는 부부로부터 출발한다[99]고 하여 부부관계가 인륜의 시작임을 밝히고 있다. 이 부부조단설은 맹자의 부부유별과 맥락이 서로 통하는 바가 있는 듯하다.

그렇다면 어느 시기에 원시유교의 상보적 수평적 윤리였던 오륜의 부부유별이 삼강의 부위부강이라는 상하 관계로 강화되었는가 하는 점이다. 그것은 한대에 이르러서이다. 한대의 유가 사상가인 동중서(董仲舒)가 바로 삼강과 육기(六紀)를 인간 사회의 가장 기본이 되는 질서체계로 제시하였다.

> ‘三綱者, 何謂也. 謂君臣, 父子, 夫婦也, …… 君爲臣綱, 父爲子綱, 夫爲婦綱.’
>
> ‘六紀者, 謂諸父, 兄弟, 族人, 諸舅, 師長, 朋友也.’[100]

삼강에서 강은 벼리(중심줄)로서 신하에 대한 임금, 아들에 대한 아버지, 아내에 대한 남편의 상하 위계질서를 담보하는 것이기에 아내의 지위는 한대에 이르러 더욱 낮아졌다. 동중서의 삼강을 이어받아서 반고는 삼강오상론[101]을 폈다. 따라서 한대에 체계화되고 편집된《예기》의 삼종지도론 등의 여성 비하적인 내용은, 한대 유가들의 편협한 여성관의 반영일 수도 있다는 추론은 매우 매력적이다. 왜냐하면 진시황의 분

---

99)《中庸》. “君子之道 造端乎夫婦. 及其至也, 察乎天地”.

100) 이숙인(1996), p.28에서 재인용.

101) 삼강은 군신 · 부자 · 부부의 도를 말하고 오상은 인 · 의 · 예 · 지 · 신을 말한다.

114

서갱유(焚書坑儒)로 말미암아 선진(先秦)시대의 유가서(儒家書)들이 거의 소멸되었을 수도 있기 때문이다. 어찌되었건 원시유교에 기록이 없었던 삼강이 체계화된 시기가 한대임에는 분명하다.

그런데 흔히들 공자의 '소인과 여자는 다루기가 어렵다'는 말에서 공자 자신의 여성관이 애초에 잘못되었다는 견해를 제시하기도 한다. 소인에 대칭되는 것이 군자라면, 군자는 의에 빗대며(喩於義), 소인은 이에 빗댈진대(喩於利), 의를 추구하는 학문에 종사하지 않은 여성들이기에 공자는 여성을 소인과 같은 동류로 파악한 것이리라. 공자시대에 여성은 정치뿐 아니라 학문 탐구에서도 배제된 것은 무시할 수 없는 사실이 아닌가. 그러나 공자는 여성을 성적 대상으로 간주하지는 않았던 듯하다. 이를 좀더 자세히 살펴보기로 하자.

③ 여성의 성적 대상화

공자는 비록 직접 언급한 바는 없으나, 《논어》 학이(學而) 편에서 그의 제자 자하가 한 말 속에 그의 뜻이 잘 드러나 있다고 하겠다.

> 자하가 말했다. "아내의 현덕을 높이되 용모를 중시하지 않으며, 부모를 섬기되 그의 힘을 다 기울일 수 있으며, 임금을 섬기되 그의 몸을 바칠 수 있으며, 벗을 사귀되 말에 신용이 있으면, 비록 배우지 않았다 할지라도 나는 반드시 그를 배운 사람이라고 말할 것이다."[102]

자하가 누구인가? 스승 공자의 마음을 꿰뚫고 있던 수제자가 아닌가.

---

102) "子夏曰: 賢賢易色, 事父母, 能竭其力; 事君, 能致其身; 與朋友交, 言而有信. 雖曰未學, 吾必謂之學矣".

이미 언급한 바 있는 《논어》 팔일(八佾) 편에서 '회사후소(繪事後素)'의 담론 말미에 "나를 일깨워 주는 사람은 상(자하)이로구나! 비로소 너와 더불어 시를 말할 만하구나!"라는 칭찬을 받았던 자하였다. 그러한 자하가 말한 《논어》 학이 편의 내용을, 주자(朱子)는 그가 찬집한 《소학》 입교(立敎) 편 13절에 그대로 소개하고 있다.

위의 원문에서 자식이 부모를 섬길 때 그 힘을 다하고, 신하가 임금을 섬길 때 그 몸을 다하고, 친구와 교제를 할 때는 말을 신중히 해야 한다면, 부자·군신·붕우관계의 윤리를 제시한 것이다. 그렇다면 '현현이색(賢賢易色)'은 마땅히 부부관계의 도리를 말한 것이라 하겠으며, 위 내용의 행위 주체가 남성이므로 남편이 아내를 대할 때 어진 것을 높이고 외모를 가볍게 여기라는 해석이 타당할 것이다.

"군자의 도는 부부로부터 시작한다"는 《중용》의 '부부조단설'에 바탕을 두어 부부관계를 가장 첫 머리에 언급했다는 해석이 설득력을 얻게 된다. 어떤 이는 '현현이색'을 "색을 좋아하듯이 어진 것을 높이라"는 해석[103]을 따르기도 한다. 그러나 이러한 해석은 사리에 맞지 않다. 유교가 지향하는 도덕군자의 제일 덕목이 수신(修身)이며, 수신의 시작이 바로 색을 멀리하라는 것이고 보면, 공자의 수제자인 자하가 마치 색을 좋아하는 것이 보편의 현상인양 우스갯소리의 속된 표현을 사용하여 교육하지는 않았을 터였기 때문이다.

물론 맹자도 맛·색(色)·편안함 등이 인간의 원초적 욕망임을 부정

---

103) 왕념손(王念孫)의 해석이며, 공안국(孔安國)은 호색(好色)하는 마음으로써 현자(賢者)를 좋아하는 것을 선하게 여긴다는 뜻으로 해석하며, 주희는 이 설을 따르나 필자는 안사고(顏師古)의 설을 따랐다. 후술하겠지만 정약용과 창암 김씨도 외모보다는 어진 마음이 중요하다고 강조하였다.

한 것은 아니지만, 인·의 등 도덕성을 인간이 선험적으로 지니고 있다
는 의미에서 이것만을 성이라고 하였다.104) 따라서 자하의 가르침인
'현현이색'은 아내의 외모보다는 어진 마음을 높게 평가하라는 해석이
올바르다. 비록 공자는 부부관계에 대하여 언급한 바는 없으나 제자 자
하의 말을 그대로 신임한 것에서 '현현이색'은 공자의 견해라고 해도
무방할 것이다.

여성 연구에서 제기되는 여러 문제들은 주로 주자가 찬집한 《소학》
에 담긴 내용들이다. 《소학》은 조선시대 유학의 입문서로서 남녀 모두
에게 영향을 미쳤으므로 《소학》에 담긴 여성에 관한 내용을 우선 살펴
보아야 할 것이다. 《소학》은 아마도 안향이 《주자전서》를 가지고 올
때 함께 들여온 것으로 보이며, 조선조 초기부터 4학(四學), 향교, 성균
관에서 강론되었고, 세종 때만 해도 여러 차례 간행 반포되었다.105) 뿐
만 아니라 《소학》은 경연에서 자주 강론되었는데, 이는 《구결소학(口
訣小學)》, 《언해소학(諺解小學)》, 《소학편몽(小學便蒙)》 등이 이어 나
와 보급된 사실에서 입증된다. 《소학》 제3장 명부부지별(明夫婦之別)
장에 《예기》 내칙(內則)의 내외법을 소개하고 있다.

안채와 바깥채 사이에 중문을 두고 내시로 하여금 지켜서 남녀가 서
로 출입하지 않도록 하며, 여자가 규문을 나설 때는 얼굴을 가려야 한다
고 가르치며, 《예기》의 삼종지도론을 《소학》에서는 직접 공자가 한 말
이라고 적고 있다.

---

104) 《孟子》 盡心 下. "口之於味也, 目之於色也…… 四肢之於安也 性也有命焉 君子不謂
之性也……". 《孟子》는 萬章 上에서도 "好色 人之所欲"이라고 말한다. 맹자는 인간이
하고자 하는 바와 본성을 구분하였다.

105) 《조선왕조실록》 세종 원년 12월 7일. 세종 원년에 사은사로 중국에 갔던 경녕군이
명나라 황제의 답례품으로 《사서대전》, 《오경대전》, 《성리대전》을 가지고 왔다.

10세가 넘은 여성의 활동공간을 규문 안으로 한정하고, 여성의 일은 "삼베 길쌈을 하며, 누에를 쳐서 실을 뽑으며, 비단·명주를 직조하고 실을 땋아서 여자의 일을 배움으로써 의복을 제공하며, 제사에 참관하여…… 어른을 도와 제례를 올리는 것을 돕는 것"이었다.106) 또한 《안씨가훈(顔氏家訓)》의 "주부는 집안의 음식공궤를 주관한다. 오직 술·밥·의복의 예도를 일삼을 뿐이니, 나라에서는 정치에 간여시키지 말아야 하며…… 암탉이 새벽에 우는 것처럼 여자가 자기의 직분을 초월하여 난을 초래하는 일이 없게 할 것이다"는 내용을 인용해서, 정치에서 여성을 배제시켜야 함을 《소학》에서도 분명하게 언급하였다.

따라서 주자는 맹자의 상보적 수평적 오륜의 부부유별을, 《예기》의 삼종론에 따라서 수직적 부부관계로 설명하였다. 그러나 특이한 것은 삼강의 부위부강을 어디에서고 논하지 않았다는 점이다. 대신에 주자는 부부가 왜 수직적인 관계여야 하는지를 음양론에서 원용, 설명하고 있다.

> "남자가 아내를 친히 맞아서 남자가 여자보다 먼저 하는 것은 강한 것이 부드러운 것보다 먼저 한다는 뜻이니, 하늘이 땅보다 먼저 하며, 임금이 신하보다 먼저 하는 것과 뜻이 같은 것이다."(男女親迎, 男先於女, 剛柔之義也. 天先乎地, 君先乎臣, 其義一也)

그렇다면 주자가 《소학》에서도 언급하지 않은 삼강이, 어떻게 해서 고려 말부터 청연각에서 '강상지교(綱常之敎)'로서 이미 강론되었는지 알아보아야 한다.

---

106) 《小學》立敎 2편.

118

성리학을 도입한 안향과 백이정의 제자들이 여럿 있었으나,107) 이제현의 문하생 이색에 이르러서야 성리학의 사상적 이해 체계가 그 분수령을 이룬 것으로 평가된다.

이색은 중국에 유학하면서 성리학을 제대로 배워왔다. 그는 재상으로서 성균관을 이끌었고, 그의 제자였거나 학문적 영향을 받은 이들로서 정몽주·이숭인·정도전·권근과 같은 걸출한 인재들을 배출한 것에서도 그러하다. 그는 역학(易學)에서 정이천(程伊川)의 영향을 받았고, 역(易)의 음양변화를 말할 때는 주렴계의 《태극도설》과 연결하여 논하기도 하나, 그의 천(天)·인(人)·물(物) 일체관은 동중서를 비롯한 한대의 기론(氣論)을 바탕으로 하였다. 그는 특히 동중서의 〈도지대원출어천(道之大原出於天)〉을 굳게 믿어서 '양(陽)은 군자요 음(陰)은 소인'이라고까지 비유하였다.108)

이렇듯 동중서의 학문적 영향을 간접적으로 받은 이색이 성균관에서 학생들을 가르칠 때 동중서가 체계화한 삼강을 그대로 전수받아 가르쳤음은 너무나 당연한 논리일 터이다. 이는 그의 제자이자 그가 추천하여 성균관의 대사성이 된 정몽주가 삼강오륜을 강조한 것에서 입증이 된다 하겠다.

정몽주는 일찍이 훼불소(毁佛疏)로 말미암아 탄핵을 받은 젊은 유생들을 구하기 위해 공양왕에게 올린 진언소에서 "삼강오륜에 위배되는 불교를 반대하는 유자를 임금이 반대하면 그것은 임금 자신이 스스로를 훼멸하는 것"109)이라고 역설하여서 왕으로 하여금 탄핵을 철회하게

---

107) 신천, 권보, 우탁, 이제현, 박충좌를 열거할 수 있다.
108) 김충열(1983), pp.182-186.
109) 김충열(1983), p.200.

만든 사실에서도 잘 드러난다. 이미 삼강은 오륜과 짝하여 고려 말 신진 사대부들에게 금과옥조가 되었음을 짐작할 수 있겠다. 선학도 선진(先秦)시대의 수평적 상보적 윤리였던 오륜이 한대에 와서 굴절되었음을 지적하지 않았던가.110)

그러함에도 주자는 《소학》에서 부부 사이에는 상호 공경하라는 내용을 구체적 사례를 들어서 강조한 것에 주목해야 한다. 계고(稽古) 편 명륜(明倫) 장에, 진(晉)나라 대부 구계(臼季)가 기(冀) 마을을 지나가다가 김을 매고 있던 '극결(郤缺)'에게 그의 아내가 점심을 가져다주면서 공경하여 서로 대접하기를 손님같이 하는 것을 보고, 극결을 진문공(晉文公)에게 데리고 가서 천거한 고사를 소개하고 있다. "공경한다는 것은 덕이 모이는 것이니, 이 덕 있는 자를 등용하여 백성을 다스리게 하소서. 공경한다는 것은 인(仁)의 법칙입니다"라는 구계의 천거에 진문공이 극결을 하군대부(下軍大夫)로 삼았다는 내용이다. 즉 극결은 아내에게 손님을 대하듯 공경하였기 때문에 농부에서 일약 하군대부가 되었으며, 이 고사를 소개하는 뜻은 바로 《소학》에서도 부부 사이에는 상호 공경할 것을 가르치고 있음을 말하려는 것이다.

또한 주자는 《논어》 학이 편에서 자하가 말한 내용을 그대로 《소학》 입교 장에서 계승하고 있다. 《소학》에 소개된 위의 두 사례에서 주자의 생각을 읽을 수 있다. 아내의 외모보다는 아내의 덕성을 높이 평가하라는 뜻은, 즉 여성을 성적 대상으로 삼지 말라는 것이며, 한걸음 더 나아가 손님을 접대하는 마음으로 아내를 공경하라고 주자는 가르치고 있다.

---

110) 이을호와 금장태를 말한다.

이러한 주자의 가르침을 철저하게 내면화한 조선시대 유학자들 역시 아내 공경을 몸소 실천하였거나, 또는 자식들에게 상호 공경하는 부부 관계를 교육하였다. 이황, 송시열, 안정복 등을 들 수 있다. 퇴계 이황은 손자 안도에게 주는 편지글에서 부부 사이의 윤리를 다음과 같이 권면하였다.

> 부부는 비록 지친(至親)·지밀(至密)하지만, 또한 지정(至正)·지근(至謹)해야 한다. 그래서 군자의 도는 부부로부터 단서가 열린다. 세인들은 예경을 전혀 잊어버리고, 갑자기 너무 가까이하여 드디어는 부인을 모욕·능멸하는 등 못하는 것이 없다. 이것은 서로 빈(賓)으로서 존경하지 않는 데서 생기는 까닭이다.[111]

이 부부윤리를 퇴계가 몸소 실천하였음을 훗날 그 제자들이 증언하였다.

> 선생은 21세 때에 부인 허씨를 맞이하여, 마치 귀한 손님처럼 서로 공경하였다.[112]

송시열 또한 시집가는 딸에게 부부 사이는 손님에게 대하듯 상호 공경해야 한다고 가르쳤다.

> 남편과 아내 사이는 극진히 친밀하게 공경하는 것이 지극한 도리이

---

111) 이황, 《퇴계전서》, 〈李子粹語〉 권3, 거가; 한영우(1983), p.66.
112) 장기권 역/이황(1994), p.358.

니,…… 귀한 손님을 대접하는 듯이 하라. 이렇게 하면 남편도 대접이 한 결같을 것이니 부디 뜻을 어기지 말라.113)

부부관계는 귀한 손님을 대하듯 상호 공경해야 함을 순암 안정복 역시 아들 학(塦)에게 가르쳤다.

부부의 관계는 온갖 복의 근원이니 만큼 처음부터 근신하는 도리를 신중히 하지 않을 수 없다. 서로가 예의로 존경하는 것을 잊어버리고 갑자기 서로 친밀해질 경우 곧바로 짐승(금수)이 되고 말 것이다.…… 《중용》에 말하기를 "군자의 도리는 부부로부터 시작된다"고 하였다.…… 허관설(許觀雪)이 그의 아내와 서로 손님처럼 대하여 늙을수록 더욱 지극히 하였는데 지금까지 사람들이 입이 닳도록 일컫고 있으니, 가장 법받을 만하다.114)

《소학》이 유학의 입문서로 조선왕조 초기부터 남성 유생들에게 영향력을 미쳤다면, 여성을 가르치기 위한 교육서로서는 성종의 어머니 소혜왕후가 찬집한 《내훈(內訓)》이 그 첫 번째이다. 《내훈》은 궁중의 비빈과 부녀자들의 교육을 위하여 《열녀(烈女)》, 《여교(女教)》, 《명감(明鑑)》, 《소학(小學)》의 네 책에서 필요한 것을 가려서 3권 7장으로 편집하여 국문으로 풀이한 책이다.

이 책은 한대 이후에 나온 중국의 여성 교육서들과 《소학》을 참조하였기에 《소학》과 중복되는 내용이 많다. 《내훈》에서도 맹자의 오륜(五倫)을 가르치고 있으나 삼강(三綱)의 내용은 언급되지 않았다. 대신 삼

---

113) 송시열, 《戒女書》 〈남편을 섬기는 도리〉.
114) 송수경 · 김동주 역/안정복(1997), pp.161-162.

종지도론과 《안씨가훈(顔氏家訓)》의 "여성을 나라의 정사에 참여하게
해서는 안 되며, 오직 술과 밥과 의복에 관한 예절을 일삼으며, 암탉이
새벽에 울어서 화를 불러오게 해서는 안 된다"고 한 내용을 《내훈》에
서도 되풀이하였다.

또한 "여자 일곱 살에는 《효경》과 《논어》를 외우게 하고 아홉 살에
는 《효경》, 《논어》, 《여계(女戒)》의 전체의 뜻을 똑똑히 알게 해야 하
지만, 노래와 시를 짓거나 속된 음악을 배우게 해서는 안 된다"115)고
규정하였다. 역시 《내훈》에서도 남성의 일은 학문과 정치요, 여성은 예
절을 깨우치는 한도 안에서 예절교육이 필요할 뿐이며, 여성의 일은 오
직 가사에 국한하였다. 그러나 《내훈》에서도 역시 부부는 상호 공경해
야 함을 강조하였다. 《내훈》은 북송대의 성리학자 정이·정호 형제 부
모들이 상호 공경하는 사례를 들어서 가르치고 있다.

> 정태중의 부인 후씨는 효성과 근신으로써 시부모를 섬기고 (남편)태중
> 과는 서로 빈객에게 하듯 대하였다.116)

부부는 상호 공경하는 사이였기에 남편은 아내를 성적 대상으로 간
주하지 않았다. 이러한 예를 《내훈》은 송나라 때 학자인 여형공의 사례
를 들어서 밝히고 있다.

> 呂滎公夫人仙源 嘗言 與侍講 爲夫婦 相處六十年 未嘗一日 有面赤 自少

---

115) 《內訓》 母儀章.
116) "程太中夫人侯氏 事舅姑 以孝謹稱, 與太中 相待如賓客……". 정태중은 북송 때 성리
    학자 정호·정이의 아버지이며, 후씨 부인은 이들 형제의 어머니이다.

至老 雖衽席之上 未嘗戲笑……

여형공은 부인과 60평생을 살면서도 잠자리에서조차 희롱하는 말을 하지 않았다는 것은, 남편은 아내를 성적 대상으로서가 아닌 인격체로서 대우하였다는 것을 뜻한다. 아마도 원시유교의 수평적 부부유별의 뜻이 남아 있는 부분이 아닌가 한다.

이와 같이 상호 공경하는 부부관을 가르친 《내훈》이 어찌해서 오늘날 많은 여성학자들이 아내 구타를 조선왕조 가부장제의 산물로서 그 연원을 《내훈》에서 찾고 있는지 살펴보도록 하겠다.

④ 아내 구타

아내 구타를 유교사회에서 규범으로 허용했느냐 아니냐 하는 것은 여성 연구에서 매우 중요한 주제가 된다. 지금까지의 연구들은, 아내 구타의 연원이 유교사회 남존여비 문화의 잔재로 보는 경향이 우세하며, 무엇보다 그 근거가 《내훈》에서 정당화하고 있다고 주장해 왔다. 즉 《내훈》 부부 장에 "남편을 업신여기는 마음을 절제하지 않으면 꾸짖음이 뒤따를 것이요, 분노가 그치지 않으면 매질이 뒤따를 것이다(侮夫不節 譴呵從之 忿怒不止 楚撻從之……)"는 것과 "(남편이) 혹시 때리고 꾸짖더라도 당연한 일이거니 하고 생각할 것이지……"라는 표현이 종종 인용되었다.

이 내용을 자세히 살펴보면 상호 공경하라는 부부의 예를 어기고 남편을 모욕하는 경우에는 꾸짖음이 있을 것이요, 도가 지나칠 경우에는 매가 뒤따른다는 것이다. 그렇지만 그 다음의 구절을 보면 일방적인 아내 구타는 이혼 사유가 된다는 가능성을 열어놓고 있다.

夫爲夫婦者 義以和親 恩以好合 楚撻旣行 何義之有 譴呵旣宣 何恩之有
恩義俱廢 夫婦離矣.

"부부관계는 의로써 화친하고 은혜로써 합한 것인데, 구타가 이루어
질 지경이면 이미 은덕과 의리가 없어진 상태이기에 부부는 헤어지게
된다"는, 다시 말해서 남편의 폭력은 이혼 사유가 될 수 있다는 의미까
지도 함축한다고 하겠다. 실제로 조선왕조 전기에 아내 구타가 이혼으
로 이어졌던 사례가 있었음이 이를 입증한다.[117] 뿐만 아니라 '부부 사
이의 구타는 처벌한다'는 규범으로 현실화되었다.《이륜행실도(二倫行
實圖)》경민(警民) 편 제2 부처(夫妻) 편에 다음과 같은 글이 있다.

"法에 妻 毆打 其夫則 杖一百, 重傷則絞…… 夫毆打其妻 致死則絞 重傷
則亦皆有罪……."

물론 구타가 부부에게 평등한 처벌이 가해지는 것이 아니라 아내가
남편을 구타한 경우가 한 등급 중한 처벌을 받기는 하지만, 그러나 남편
의 일방적인 구타를 규범이나 법이 허용한 것이 아님을 알 수가 있다.
남편과 아내가 서로 욕하고 때리고 싸우는 경우에 중벌에 처한다고 마
을 공동체의 규례인 향약에 명기된 사실에서도, 유교사회가 아내 구타
를 허용하지 않았음을 잘 드러내 준다고 하겠다. 퇴계가 지은 〈예안향
약〉[118]이 대표적인 예증이 될 것이다. 조선왕조 후기 연암 박지원의 소
설 〈양반전〉에서도, 아내를 구타하는 자는 양반이 될 자격이 없음을 밝

---

117) 장병인(1997),《조선전기 혼인제와 성차별》, 일지사 참조.
118) 〈예안향약〉에는 부모에게 불순하는 경우, 부부가 서로 때리고 욕하고 싸움하는 경우
    와 수절하는 과부를 강간하였을 때 극상벌에 처한다는 규례가 있었다.

혀 논하고 있다.

양반은 손에 돈을 쥐어서도 안 되며 쌀값이 얼마인지 몰라야 한다.……
양반은 아무리 화가 나더라도 결코 아내를 때려서는 안 된다.[119]

한국 전통사회 대가족제도에서 매를 들어서 가르칠 수 있는 사람은
남편이 아니라 (시)어머니였다. 《소학》 모의(母儀) 장에 보면 이렇게 적
고 있다.

아들과 며느리가 잘못하면 처음에는 부드러운 말씨로 타이르고 다음에
또 잘못하면 매를 들어서 가르치라. 그런데도 또 잘못하면 함께 데리고
살지 말고 내어 쫓으라.[120]

앞에서 살펴본바 아내 구타는 조선왕조 양반문화가 지향했던 바가
아니었음을 알 수 있다. 다음 장에서는 조선왕조 사회의 혼인제도와 정
절 관념을 살펴보려 한다.

2) 혼인제도와 정절 관념

구한말 근대화 과정에서 한국 여성들이 제기했던 여성의 굴레는 유
교의 봉건적인 혼인제도에서 비롯된 문제들이 대부분이었다. 따라서
이 절에서는 유교 혼인제도의 문제들 — 중매혼, 첩제, 이혼, 동성동본

---

119) 《燕巖集》 別集 〈兩班傳〉. "……手母執錢 不問米價…… 忿母搏妻……".
120) 朱子, 《소학》.

불혼, 재가금지와 더불어서, 최근 여성학계에서 제기하는 이성애 제도를 포함해서 살펴보려 한다.

① 이성애 · 중매혼

이성애 혼인제도의 중요성은 단군신화에도 드러나 있고, 유교에서도 마찬가지로 남녀의 혼인을 중하게 여겼다. '군자의 도는 부부로부터 시작한다'는 《중용》이나 《주역》 여러 곳에서 남녀 결합의 중요함을 말하고 있다.

> 천지가 있고 난 후에 만물이 존재하고, 만물이 있은 뒤에 남녀가 존재한다. 남녀가 있은 뒤에 부부가 있으며, 부부가 있고 난 뒤에 부자가 있으며 부자가 있은 뒤에 군신이 존재하며, 군신이 있은 뒤에 상하가 존재한다. 상하가 있은 뒤에 예의가 시행되었다.[121]

> 음양의 도에서 홀로 된 양은 살 수 없고, 홀로 된 음은 자랄 수 없다.[122]

> 건(乾)의 강함과 곤(坤)의 부드러움이 합하여 짝을 이루고 서로를 품는다.[123]

> 사물에 음양이 없으면 하늘과 어긋나고 본원에 배치된다.[124]

---

121) 《易》序卦. "有天地然後有萬物, 有萬物然後有男女, 有男女然後有夫婦, 有夫婦然後有父子, 有父子然後有君臣, 有君臣然後有上下, 有上然後禮義有所錯".

122) "陰陽之道, 孤陽不生, 獨陰不長".

123) "乾剛坤柔, 配合相包, 陽稟陰受……".

124) 《周易》參同契. "無物陰陽, 違天背原".

남녀 결합의 중요성은 《소학》과 《내훈》에서도 반복되고 있다.

> 男女有別然後 父子親, 父子親然後 義生, 義生然後 禮作, 禮作然後 萬物安.[125]
>
> 男女有別而後, 夫婦有義, 夫婦有義以後 父子有親, 父子有親而後 君臣有正.[126]

남녀가 결합하여 가정을 이루는 혼인의 목적은 《예기》 혼의(婚儀) 장 첫 머리에 분명하게 밝히고 있다. "혼인의 예는 두 성씨의 남성과 여성이 즐겨 결합하여 위로는 조상의 사당을 섬기고, 아래로는 자녀를 낳아 후세를 이어나가는 일"[127]이었다. 이 목적은 《내훈》 혼례 장에도 그대로 이어져서 유교문화권의 결혼문화를 형성하였다.

혼인의 목적이 이러한 만큼 자유결혼은 허용될 소지가 희박하였다. 공자시대에는 자유결혼이 없지는 않았던 듯하다. 공자의 아버지 숙양흘이 공자의 어머니와 야합으로 공자가 탄생하였다. 그러나 맹자는 부모의 명령과 중매자의 중재가 없는, 말하자면 자유결혼을 비판하였다.

> 부모의 명령과 중매쟁이의 말을 기다리지 않고, 구멍과 틈을 뚫어서 서로 엿보며, 담을 넘어서 서로 상종하면, 곧 부모와 나라 사람이 모두 천하게 여긴다.[128]

---

125) 《小學》 明倫. 夫婦之別.

126) 《內訓》 昏禮章.

127) "昏禮者 將合二姓之好 上以事宗廟 而下以繼後世也".

128) 《孟子》 藤文公 下. "不待父母之命, 媒妁之言, 鑽穴隙相窺, 逾墻相從, 則父母國人,皆賤之".

128

그러나 맹자도 예외를 인정한 사례가 있다. "《시경》에 이르기를, 아내를 얻는 데 '반드시 부모에게 아뢰어라'고 하였는데, 순임금은 아뢰지 아니하고 장가를 들었으니 어떠합니까?"라고 제자 만장이 물었을 때 맹자는 다음과 같이 대답하였다.

> "아뢰면 장가갈 수 없었기 때문인데, 남녀가 혼인을 하는 것은 인간의 큰 윤리이니, 만일 보고하면 인간의 큰 윤리를 폐지하여 부모를 원망하게 되는지라. 그래서 보고하지 않으셨다."129)

앞의 맹자의 부연 설명으로 보아 하·은·주를 지나서 공자시대까지는 자유결혼이 있었던 듯하다. 그러나 한대에 편집된 《예기》 곡례(曲禮) 편에 '중매가 없이는 남녀 교제를 하지 못한다(男女無媒不交)'고 못박았다. 주자 역시 그가 찬집한 《소학》에서 《예기》를 인용하면서 중매혼이 아닌 자유결혼을 불허하였다(曲禮曰 男女非有行媒, 不桐知名, 非受幣 不交不親).

조선왕조 사회에서는 중매혼이 보편적 현상이었던지 소혜왕후가 찬집한 《내훈》에서 중매혼이 아닌 자유결혼을 비난하는 여러 사료를 접할 수 있다. 다음은 친영과 동성동본 금혼제를 살펴보기로 한다.

② 친영 · 동성동본금혼

《내훈》은 《예기》 혼의 장에 소개된 혼인의 절차인 육례(六禮)130)를

---

129) 《孟子》 萬章 上.
130) 육례(六禮)란 납채(納采), 문명(問名), 납길(納吉), 납징(納徵), 청기(請期), 친영(親迎)을 말한다.

설명하고, 그 가운데 친영(親迎)의 예가 가장 중요하며, 그 이유를 《소학》에서와 같은 내용으로 인용하고 있다.

> 남자가 친영하는 것은 남자가 여자보다 먼저이며 강유의 뜻이다. 하늘이 땅보다 먼저이며 임금이 신하보다 먼저인 것과 그 뜻이 같다.[131]

이처럼 유교사상의 원리를 함축한 친영의 예는 조선 초기 왕조의 기틀을 잡는 시기에 이미 정도전이 그 중요성을 강조한 바 있었다.[132] 고려시대의 혼인은 남자가 여자 쪽 집으로 장가드는 남귀여가혼(男歸女家婚)이 풍습이었기에,[133] 유학을 통치이념으로 내세운 조선왕조에서 중국의 육례를 수용하고 친영의 실시를 강조한 것은 너무도 당연한 일이었다.

그렇지만 수백 년 동안 이어오던 풍습을 하루아침에 고치는 것은 현실적으로 불가능하여서, 세종대에 왕실 혼례에서부터 실천하도록 하였다.[134] 그러나 제대로 시행되지 않아서 반친영(半親迎)의 절충형을 내세웠으나 그것마저도 구한말까지 제대로 된 시행을 보기가 어려웠다. 이에 대한 자세한 내용은 장을 달리하여 후술할 것이다.

혼인제도에서 동성동본 금혼의 연원을 밝히는 것은 여성 연구에서 빼놓을 수 없는 일이다. 1960년대 이후 한국 여성운동은 동성동본 혼인제의 철폐를 줄기차게 요구해 왔기 때문에서다. 동성 금혼제는 종법제도가 확립되는 서주시대의 산물이다. 동성불혼의 법칙은 주왕실의 정

---

131) "男子親迎 男先於女 剛柔之義也 天先乎地 君先乎臣 其義一也".
132) 정도전, 《삼봉집》.
133) 권순형(1997), 〈고려시대혼인제도연구〉, 이화여대 대학원 박사학위논문(미간행) 참조.
134) 《조선왕조실록》 세종 17년 3월 4일.

치적 전략으로 배태되었다.

기원전 1122년 무렵 목야의 전투에서 은나라 군사를 격파하여 승리를 거두고 새로이 건국된 주왕실은 효과적인 통치의 일환으로 봉건제도를 수립하였다. 주왕실은 왕과 100에서 180여에 이르는 봉건 제후들과의 관계를 본가와 분가의 관계로 정립하고, 이성(異姓)제후는 동성불혼의 법칙을 통하여 주왕실 일가로 포섭하여 주실일가(周室一家)의 천하를 만들었다.[135] 그리하여 "동성수백세이혼인부득통(同姓雖百世而婚姻不得通)"의 《예기》 대전(大傳) 편의 원리가 주나라 이후부터 유교문화권에서 오랜 전통으로 자리잡게 되었다. 《내훈》 혼례 장에서도 동성금혼을 강조하였다.

> 혼인의 예절은 천만대를 이어가는 인생의 시작으로서 짝을 다른 성씨에서 취하는 까닭은 먼 것을 가까이 붙여서 구별을 두터이하기 때문이다. (……取於異姓 所以附遠厚別也)

그러나 동성불혼은 조선왕조 유교사회에서 동성동관 불혼으로 정착하였고, 동성이관(同姓異貫)은 통혼이 가능하였다. 이러한 사실은 이중환(李重煥)이 언급한 사실에서 알 수 있다. 이중환은 그의 《택리지(擇里志)》에 다음과 같이 기술하였다.

> 파족(派族)은 달라도 관향만 같으면 동성으로 쳤고, 성은 같아도 관향이 다르면 동족으로 치지 않았다. 곧 혼인이 금지되지 않는 이는 모두 조상이 같지 않은 자들이라고 일컬어졌다.[136]

---

135) 이춘식(2002), 《춘추전국시대의 법치사상과 勢·術》, 아카넷, p.2.

그러나 조선의 이와 같은 동성이관 통혼을 보고 중국 사람들은 예에 어긋난다고 여겼다. 이수광은 《지봉유설(芝峯類說)》에서 "성은 같아도 관향이 다르면 동성이 아니라 하여 꺼리지 않았는데, 중국 사람은 이를 보고 비웃었다"고 하였다. 동성불혼의 중국 사람들은 관향이 틀리더라도 이씨와 이씨, 김씨와 김씨의 동성 혼인을 예에 어긋난다고 여겼던 것이다. 문제제기가 자연히 뒤따랐다. 현종 10년 을유(1667)에 송시열이 왕께 이를 상언하였다.

> 처를 취함에 동성을 삼가는 것이 고금의 예이온바, 나라 풍속에 관향이 다르다 하여 동성들끼리 혼인을 꺼리지 않음은 말도 아니오니, 상께서는 이제부터 금단하시옵소서.[137]

왕이 이를 재가하여 현종 10년에 동성이관자의 혼취(婚娶)를 금하였다는 기록이 있으며, 《속대전(續大典)》 혼가(婚嫁) 조에도 "향관(鄕貫)이 다르더라도 성이 같으면 혼취할 수 없다"고 하였다.

정약용 역시 《여유당집(與猶堂集)》〈경둔록(鏡鈍錄)〉 '동성불혼'에서 "백세동성불통혼(百世同姓不通婚)은 주대의 예요……우리나라의 김·이씨는 대성(大姓)으로, 본관만 다르면 다 동성혼인을 하니 크게 예에 어긋난다"고 하였다.[138]

그러나 이 이관동성 금혼은 잘 지켜지지 않았다. 한말 정승 김병시의 아들이 관향이 다르다 하여 김영수의 손녀를 아내로 삼았던 일에서도

---

136) 김상억 역/이능화(1973), p.95.
137) 송시열, 《宋子大典》 36.
138) 김상억 역/이능화(1973), p.97.

잘 드러난다.[139] 이관동성의 금혼을 현실적으로 제제하기가 어려워서 인지, 광무 7년(1903)에 제정된 구한말 마지막 《형법대전》에서는 이관동성의 혼인을 허용하였다. 즉 "씨관(氏貫)이 다 같은 사람이 서로 혼인하거나 혹 첩을 삼은 자는 태(笞) 1백에 처하고 이리(離異)함"이라고 규정하여 결국에는 동성동본혼만 금지하기에 이른 것이다.

③ 첩제와 이혼

혼인의 목적이 개인의 행복 추구에 바탕을 둔 것이 아니라 '자녀를 낳아서 위로는 조상의 사당을 섬기고 아래로는 후세를 잇기 위함'이고 보면, 전통사회에서도 불임부부가 있을 수 있기에 그 보완책으로 첩제가 필연적으로 대두하게 된다.

태종 2년 정월에 하륜(河倫)과 권근 등 예조에서 "경대부는 일처이첩을, 사(士)는 일처일첩을 두어 널리 후사를 잇게 하소서"라고 진언하여 왕이 이를 윤허하였다는 기록에서, 조선조 초기에 첩제가 제도화했음을 알 수 있다. 그러나 서인은 이 제도에서 제외되었다.

《내훈》 혼례 장에 "사람은 귀한 사람과 천한 사람의 차등이 있으니, 한 남편에 한 아내를 맞는 것은 서민들의 직분이다"[140]고 기록하여, 서인은 첩을 둘 수 없음을 시사하였다. 《내훈》에서 투기를 금하고 투기가 이혼의 사유가 되는 것은 첩제로 말미암은 처·첩 사이의 갈등을 예방하려는 제도적 장치로 이해된다.

조선왕조 사회에서 이혼은 칠출·삼불거(七出·三不去)로 집약된다.

---

139) 김상억 역/이능화(1973), p.99.
140) "且貴賤有等 一夫一婦 庶人之職也".

이 칠출·삼불거는 《예기》 내칙에 적혀 있으며, 《소학》과 《내훈》에서도 강조하고 있다. 아내를 내칠 수 있는 이른바 칠거지악은 '불순부모·무자·음란·투기·유악질·다언·절도(不順父母·無子·淫亂·妬忌·有惡疾·多言·竊盜)'이다. 시부모의 명령에 거역하는 것이 이혼의 제일 큰 사유로 꼽힌다. 이것은 부모에 대한 효를 최우선하는 유교사회이기에 너무나 당연한 처사이다. 《내훈》은 이러한 당연지사를 잘 설명해 준다.

> 아들이 그 아내를 몹시 사랑하더라도 부모가 기뻐하지 않으면 내보내고, 아들이 그 아내를 마땅하지 않게 여기더라도 부모가 '그는 나를 잘 섬긴다'고 말하면 아들은 부부의 예절을 잘 실행하여 죽을 때까지 쇠진하게 하지 않을 것이다.[141]

혼인의 목적이 조상을 섬기고 자녀를 낳아 후세를 이어가는 것이라면, 후사가 없는 무자가 이혼의 조건이 되는 것 또한 마땅한 이치다. 일찍이 맹자도 '후사를 잇지 못하는 것이 가장 큰 불효(不孝有三 無後爲大)'라고 하였다.

후사를 잇지 못하는 것이 불효면, 여성의 임신과 출산은 곧 바로 조상과 부모에게 효도하는 일이 된다. 때문에 임신한 여성의 태아를 위한 교육이 절실하게 요구된다. 《소학》과 《내훈》에서는 임산부의 태교법을 자세하게 가르쳤다.[142]

후사를 잇지 못하는 것이 큰 불효이기는 하나 전근대사회에서 이혼

---

141) "子甚宜其妻 父母不說出 子不宜其妻 父母曰 是善事我 子行夫婦之禮焉 沒身不衰".
142) "婦人妊子 寢不側 坐不邊 立不驛 不食邪味 割不正不食 席不正不坐 目不視邪色 耳不聽淫聲 夜則令瞽誦詩 道政事 如此則生子 形容端正 才德必過人矣……".

이 현실적으로 쉽지 않았기 때문에, 앞서 언급한 첩제의 도입과 양자를 들이는 보완책이 마련되어 있었다.

여성의 음란행위는 전근대사회 동·서양 어디에서나 모두 이혼 사유가 되었으며, 심한 경우에는 극형에 처해지기까지 하였다. 흔히 송나라 휘종이 고려에 파견했던 사신 서긍이 쓴 《고려도경》[143]에 기록된 내용으로, 고려시대의 여성들은 성의 자유를 누린 것으로 오해를 한다. 그러나 고려시대에도 간통한 남녀에게는 형법(당률)에 따라 처벌했기에[144] 결혼제도 밖에서의 성관계는 허용되지 않았다.

말 많음[多言]이 이혼의 조건이 되는 것 또한 유교사회에서 그만큼 여성들에게 말을 삼가라고 가르친 데서도 드러난다. 《내훈》의 첫 번째 장이 바로 언행 장이 아니던가. 말을 삼가는 것은 대가족 제도에서 여성들의 화목과 시부모에 대한 순종을 최우선한 장치로 해석될 여지도 많으나, 원래 말 많음을 경계하는 것은 여성의 정치 참여를 배제하려는 의도에서 비롯된 것이었다. 다음은 그 사례다.

> 부인에게 말 잘하는 혀가 있다면 그것은 곧 환란을 일으키는 실마리가 될 것이…….[145]

중국의 인효문황후 또한 《내훈》 신언(愼言) 장에서 다음과 같이 가르

---

143) ……분별없이 사랑하고…… 남자와 여자의 혼인에도 경솔히 합치고 헤어지기를 쉽게 하여…… 고려인은 중국인의 때가 많은 것을 비웃는다.…… 그들은 여름에는 하루에 두 번씩 목욕하는데…… 남자 여자 분별없이 의관을 언덕에 놓고 시내 가운데서 몸을 벌거벗되, 괴상하게 여기지 않는다.(徐兢, 《高麗圖經》 雜俗 二)

144) 권순형(1997) 참조.

145) 《詩經》 大雅·瞻卬. "婦有長舌, 維厲之階". 이 시에서 말 잘하는 여성은 유왕의 부인 포사를 가리킨다.

쳤다.

> 말을 하되 절도에 맞으면 후회를 면할 수 있고, 말이 이치를 벗어나면 반드시 화가 따라오게 된다.

> 말이 많으면 잃는 것이 많으니 말을 적게 하는 것만 못하다. 그러므로 《서경》에서는 부인의 말 많음을 암탉이 새벽에 우는 것에 비유하여 배척하였고…….146)

《서경》에서 암탉에 비유되는 여성은 은나라를 멸망시킨 주왕의 비 달기를 가리키며, 말 잘하는 혀로서 환난을 불러일으킨 《시경》 대아 편 첨앙에서 비유되는 여성은 서주 유왕의 비 포사다. 이렇듯이 말 많음을 경계한 것은 여성의 정치참여를 막으려 한 의도에서 비롯되었으나, 일반 가정에서는 가족의 화목을 저해하는 원인으로서 말 많음을 경계한 것이었다.

한편 악질(惡疾)이 칠거의 하나인 것은 후사를 잇지 못하는 연유에서 일 것이며, 절도는 유교가 지향하는 인간의 윤리에 비추어볼 때 큰 도덕적 허물로 여긴 것이 아닌가 한다.

그렇지만 여성에 대한 일방적인 칠출(七出)을 무조건적으로 방임한 것이 아니라, 이를 제어하는 장치인 삼불거 또한 갖추어졌다. 즉 "세 가지 내칠 수 없는 경우로는, 갈 데가 없거나, 함께 부모의 3년상을 치렀거나, 가난할 때 만나서 뒤에 부귀를 누리게 되었을 때(有三不去 有所取 無所歸 不去 與更三年喪 不去 前貧賤後富貴 不去)"를 말한다. 이 칠

---

146) 이숙인 역주(2003), pp.125-126.

출·삼불거가 실제 삶에서는 어떻게 투사되었는지는 다음 장에서 후술할 것이다.

④ 재가금지

재가금지는 유교문화권 여성들에게 특별한 경험이었다. 공자시대에는 재가를 엄격하게 금하지는 않았던 듯하다. 공자의 아들 백어의 이혼한 아내가 재혼을 하였는데, 그 재혼한 어머니의 상복을 입어야 하는지에 대한 문제로 공자의 손자 자사가 문의한 사실에서 짐작할 수 있듯이 당시에 재혼은 별 문제가 없었던 것 같다.

《내훈》 혼례 장에서 재가금지의 당위성을 찾을 수 있다. "한 번 더불어 혼례를 갖추면 몸이 다하도록 고치지 않나니, 그러므로 남편이 죽어도 개가하지 않는다(一與之齊 終身不改 故 夫死不嫁)"고 하였다. 개가하지 않는다는 것은 과부로서의 평범한 삶을 산다는 단순한 의미가 아니라, 유교의 절의 관념을 덧붙여서 열녀라는 종교적 차원으로 승화시켰다. 《소학》에 소개되는 제나라 왕촉의 이야기에서 절의가 무엇인지를 읽을 수가 있다.

> 왕촉이 말하기를 충신은 두 임금을 섬기지 않고 열녀는 두 남편을 섬기지 않는다고 하였다.(王蠋曰 忠臣 不事二君 烈女 不更二夫)

왕촉은 전국시대 제나라 사람으로서 제나라가 연나라에 패하자, 연나라 악의가 왕촉의 어진 명성을 듣고 초빙했으나 가지 않고, 위와 같은 유명한 말을 남기고 목을 매어 자살했다는 고사의 주인공이다. 왕촉은 열녀를 두 임금을 섬기지 않는 충신과 동등한 반열에서 논의하였다.

왕측에 의해 형성된 열녀관은 송대의 정이천으로 이어지면서, 정이천 역시 개가를 곧 실절(失節)과 같은 의미로 단정하였다. 재가에 대한 문제제기에 정이천은 다음과 같이 단호하게 자신의 견해를 밝혔다.

> 或 問 孀婦於理 似不可取 如何 伊川先生曰 然 凡取 以配身也 若取失節者 以配身 是 失節也 又問 或有孤孀 貧窮無託者 可再嫁否 曰 只是後世 怕寒餓死 故 有是設 然 餓死事 極小 失節事 極大.[147]

정이천은 과부를 아내로 취하는 남성도 실절한 것으로 간주하며, 비록 가난하여 의탁할 데가 없는 외로운 과부라 할지라도 굶어 죽을지언정 절개를 지켜야 한다고 강조하였다. 굶어죽는 것은 아주 사소한 일이나 실절은 매우 큰 일이라고 보기 때문에서다. 이처럼 엄격한 절개 관념이 어떻게 조선사회에 수용되는지 살펴보자.

사실 고려 말에서 조선왕조 초기에는 재가가 흔히 있을 수 있는 일이었다. 뿐만 아니라 기혼 여성들의 성적 일탈행위도 사료에 심심치 않게 보인다.[148]

앞에서 언급한 바 있지만, 고려 말의 불교는 밀교 성격의 라마교를 수용하였기에, 퇴폐적인 불사를 신진 유학자들이 배척하였다. 따라서 중과의 간통사건은 자연히 부녀들의 산사 나들이를 일찍이 법으로 금

---

147) 《小學》 嘉言 44.

148) 《조선왕조실록》 정종 1년 6월 갑인. 참찬문하부사 김인찬의 처 이씨, 검교 중추원부사 이원경의 처 이씨, 고 찬성사 정희계의 처 신씨, 중추 조화의 처 김씨 등의 간통사건이 조정을 시끄럽게 하였다. 김인찬의 처 이씨는 재가를 하였으며 또한 3명의 남성과 간통하였고, 이원경의 처 권씨는 삼가(三嫁)를 한 경우인데, 일반인은 물론 중 지경과 상문 등과도 간통하였다.

하기에 이르렀다.149) 말하자면 음풍이 극에 달해 사회문제로 떠오르자, 유교를 통치이념으로 내세운 집권층에서 유교의 정절 관념을 강조한 것은 아주 자연스러운 일이라 하겠다. '남녀칠세부동석', '내외법', '열녀', '정절' 등 유교적 여성화를 위한 내용의 《소학》과, 열녀 이야기가 실린 《삼강행실도(三綱行實圖)》가 세종대에 간행, 반포된 것은 사회적 물의를 빚은 위 사건들과 무관하지 않을 것이다.

말하자면 유교국가를 지향하는 첫 번째 행정적인 장치가 부녀의 산사(山寺) 나들이 금지로 구체화했고, 그리고 열녀의 형식적인 요건이 개가를 하지 않는 것이고 보면, 그 다음 순서의 법적 장치가 바로 재가금지를 법제화하는 것이 된다. 그러나 조선왕조 초기에는 재가금지가 현실적으로 불가능하였던지 삼가녀 문제만 거론되었다. 태종 6년 6월에 대사헌 허응 등이 올린 시무 7조에 다음과 같은 내용이 있다.

부부는 인륜의 근본이다. 그러므로 부인에게는 삼종지의가 있어 재가할 수 없는 이치이다. 지금 사대부의 정처(正妻)로 지아비[夫]가 죽은 자나 기별(棄別)당한 자 가운데 부모가 억지로 재가하게 하거나 혹은 스스로 중매하여 지아비를 두 번 세 번 가는 일까지 있으며 실절하고 부끄러워함이 없어 풍속을 더럽히고 있다. 원하건대 대소 양반의 정처가 삼가하는 자는 전조의 법에 따라 자녀안(恣女案)에 올리어 부도(婦道)를 바르게 하여야 한다.

---

149) 《조선왕조실록》 태종 4년 12월. "나라에서 애초에 법령을 엄히 하여 부녀자로서 절에 가는 자의 통행을 금지하였는데 근래에 법령이 해이해져 부녀자로서 절에 가는 사람이 끊이지 않습니다. 원컨대…… 일체 금지하여 풍속을 바로 잡으소서"라 하여 왕의 윤허를 받았다.

즉 고려왕조에서는 세 번 혼인한 여성을 '행실이 나쁜 여성'으로 기록하였으나 태종 자신은 여성의 삼가를 별로 개의치 않았던지, 당시 자신의 시위를 맡고 있었던 상진무(上鎭撫) 김정경의 두 번째 부인으로 삼가녀인 왕씨와 혼인하도록, 안원군을 주혼자로 내세워 성사시킨 일이 있었다.[150] 김정경과 왕씨 부인 사이에서 태어난 김개가 후일 삼가녀 자손의 관직 제수 불허라는 유신들의 논란의 중심에 서게 된 것이다.

《경국대전》 체제가 완성된 세조 연간에는 재가녀 자손 금고의 내용은 보이지 않는다. 이때에 문제는 삼가녀를 실절한 여성으로 규정하였기에, 앞서 논급한 삼가녀 왕씨의 아들 김개의 관직을 몰수할 것을 여러 유신들이 세조에게 상소를 올려 진언하였다. 세조 13년 7월 30일, 사헌부지평 정효항이 "좌참찬 김개의 어미 왕씨가 세 번 시집간 실절이 있는데, 김개가 묘당의 직책에 있는 것이 부당합니다"라는 진언에 이어, 8월 2일 헌납(獻納) 조간(曺幹)의 상소와 8월 5일 대사헌 양성지의 상소가 잇달았으나 세조는 가납하지 아니하였다. 조간이 올린 상소 일부의 내용은 다음과 같다.

> 《주역》에 이르기를 '부부가 있은 뒤에 부자가 있고, 부자가 있은 뒤에 군신이 있고, 군신이 있은 뒤에 상하가 있고, 상하가 있은 다음에 예의가 있게 된다'고 하였으니, 부부는 인륜의 근본이요, 풍화의 근원입니다. 이 때문에 그 나라를 다스리려고 하는 자는 먼저 그 집을 가지런히 해야 하며…… 삼가녀를 문안(文案)에 기록하게 하고, 그 후손을 현직(顯職)에 등용하지 못하게 하는 까닭은 기왕에 죽은 해골을 죄 주려는 것이 아니라, 장래에 풍속교화를 권려하는 방도에 유의하고자 함입니다.[151]

---

150) 박용옥(1976), 《이조여성사》, 한국일보사, p.94.
151) 《조선왕조실록》 세조 13년 8월 2일 을미.

절의를 숭상하는 풍속을 장려하고자 하는 의도는, 양성지 역시 찬성하였다.

> 어미의 더러운 행실이 저와 같고 아들의 재덕이 저와 같은데, 오히려 참찬을 얻으니, 절의는 족히 숭상할 것 없고…… 어미가 자녀(恣女)의 문안에 있는데, 아들이 참찬의 자리에 있으니, 이러한 문화가 한번 열리면, 뒤에는 장차 막기가 어려울 것입니다.[152]

세조가 삼가녀 실절조차 받아들이지 않아서인지 최초의 《대전》 기록에는 재가녀 실절 문제는 보이지 않았다. 다만 재가한 여성에게는 봉작을 하지 않는다는 기록만 있었다. 성종 초기의 실절 기록으로는 부녀자들이 절에 올라간 일을 죄 주자는 주장이 보인다.[153] 그 뒤에 재가녀 문제가 본격적으로 거론된 것은 신료들로부터가 아니라 성종 자신이 정승을 지낸 원로대신과 의정부·육조·사헌부·사간원·한성부·돈녕부 2품 이상과 충훈부 1품 이상을 불러서, 관제개혁, 부녀 재가금지, 조전장의 파견, 잡직이 수반하는 것 등의 일을 논의하라고 명한 데서[154] 비롯되었다. 대신들의 다수 의견은 이미 당상관의 수가 지나치게 많은 것을 인정하였으나 그 해법에서는 의견이 분분하였다.

> 당상관이 너무 많은 까닭이나, 관제를 개혁하기는 어려우니, 당상의 수

---

152) 《조선왕조실록》 세조 13년 8월 5일 무술.
153) 《조선왕조실록》 성종 4년 7월 21일 경술. "정인사 주지 설준은 음란한 중인데, 여승과 부녀자를 맞아 들여서, 주야로 뒤섞여 거처케 하며, 승인들로 하여금 문을 지키게 하여 비록 그 노복이라 할지라도 그 하는 짓을 엿보지 못하게 하여 그 종적을 괴이하고 비밀스럽게 하기에, 그 중간의 일은 가히 다 알기가 어렵습니다……"
154) 《조선왕조실록》 성종 8년 7월 17일 임오.

효를 줄여서 서로 바꾸어가며 제수하고……

　행직 당상으로, 노병으로 위임한 일을 감당하지 못하는 자는 실직(實職)을 차수하든가……

　이제는 당상관이 거의 3백 명이나 이르니…… 관직은 유한하고 과궐(窠闕) 또한 적으니 그 형세가 이에 이르지 않을 수가 없습니다.……

앞의 논의들을 살펴보면 이 당시에는 이미 당상관의 숫자가 300명이 넘게 되어 그 가운데에는 직사(職事)가 없는 자도 상당수여서 늠록(廩祿)만 허비할 뿐 아니라, 재간이 있는 자조차 시취(試取)하지 못하는 폐단이 있었음을 알 수 있으나, 신료들은 논의만 분분하였을 뿐 뚜렷한 결론을 내리지 못하였다.

한편 재가녀 문제에서는 46명의 신료 가운데 42명이나 되는 다수 의견은 재가녀 자손의 청현직 금고를 반대하였다.

　부인의 의리는 이부(二夫)를 섬길 수 없습니다. 그러나 혹 불행히 일찍 과부가 되었는데,…… 의탁할 곳이 없는 데다 자존할 수가 없어서 재가한 자도 있으니, 이것은 부득이한 데서 나온 것이라 죄 줄 수 없습니다. 그런 까닭으로 《대전》에 '재가는 단지 봉작만 하지 말 것이나, 삼가하여 실행(失行)한 자는 자손을 녹안하여 현관의 제수와 거(擧)함을 허락하지 않는다'고 이미 법령으로 나타나 있으니, 이것의 경중을 짐작하여서 제도를 삼으시고, 이제 증손(增損)함은 불가합니다.

즉 '불경이부(不更二夫)'가 부인의 의리이지만, 과부로서 의탁할 데가 없고 경제능력이 없어서 재가를 한 여성을 죄줄 수 없다는 현실론으로 맞섰다. 다만 봉작만 하지 않고, 삼가녀부터 실절로 인정하여 그 자손이 과거 응시를 하지 못하게끔 이미 제정된 《경국대전》[155]에 법제화되었으니, 사안에 따라 정상 참작하여 그 범위에서 시행하면 될 것이며, 더 이상 개정을 해서는 안 된다는 요지였다. 그러나 4명의 소수 의견은 다음과 같이 강경하였다.

> 예전에 정자(程子)가 말하기를, '재가하는 것은 단지 후세에 추위에 주려 죽을까 두려워하여 한 것이다. 그러나 실절하는 일은 지극히 크고, 굶어죽는 일은 지극히 적다'고 하였고, 장횡거는 말하기를, '남자가 실절한 자를 취하여 자기의 짝을 삼으면, 이것도 또한 실절한 것이다'고 하였으니, 대개 한번 더불어 초례를 치렀으면, 종신토록 고치지 않는 것이 부인의 도입니다. 만약 두 지아비를 고쳐 산다면, 이것을 금수와 더불어 어찌 가리겠습니까? 세속이 절의를 돌아보지 아니하고 비록 자재가 풍부하여 주리고 추위를 근심하지 않는 자라도 또한 모두 재가하되, 국가에서 또한 금령이 없으며, 실절한 자의 자손으로 하여금 또한 청현(淸顯)의 직에 열위하게 하는 습관이 풍속을 이루었는데, 평범하게 여겨 괴이하게 여기지 않으니, 비록 혼인을 주관하는 자가 없더라도 스스로 중매하여 지아비를 구하는 자까지 있습니다. 만약 이를 금하지 않는다면, 어느 곳이든 이르지 않음이 없을 것이니, 금후로는 재가한 자를 한결같이 모두 금단하고, 만일 금령을 무릅쓰고 재가한 자가 있으면 아울러 실행한 것으로 치죄하며, 그 자손도 또한 벼슬길에 오름(入仕)을 허락하지 말게 하여 절의를 가다듬게

---

155) 윤국일(1986), 《경국대전 연구》, 신서원 참조. 《경국대전》이라는 이름으로 육전체제를 갖춘 최초의 법전은 세조 12년(1466)에 편찬된 병술대전이다. 그러나 누락, 중복된 부분, 통일성의 결여로 여러 차례 수정을 거듭한다. 첫 수정판은 예조 원년(1469) 기축대전이며, 다음에 성종 5년(1474) 갑오대전이며, 최종적인 완성본은 성종 16년(1485)부터 시행된 을사대전이다. 즉 병술대전, 기축대전, 갑오대전까지도 재가한 여성에게는 작첩만 봉하지 않았고, 삼가녀의 자손부터 과거 시험 응시자격을 제한하였였는데, 1477년 성종의 전교로 재가녀 자손까지 금고하고 마지막 을사대전에 편입, 명문화된 것이다.

함이 옳은 일입니다.

위에서 드러난 소수의 강경론자들은 재가뿐만 아니라 특별히 '스스로 중매하는' 자유결혼까지도 비난의 대상으로 삼았다. 조선왕조 사회에서도 중매혼이 원칙임을 말해주는 사례이다. 성종은 강경한 4명의 소수 의견을 좇아서 다음날 예조에 전교를 내렸다.

> 부인이 종신 불개(不改)함은 삼종의 의가 있음이니 예에 조금도 어긋남이 없는 것이다. 사족(士族)의 부녀가 예의를 돌아보지 아니하고 부모의 허락 없이 개가하거나 스스로 주선하여 개가하기도 하여 자못 가풍을 어그러뜨리고 있으니, 이것은 실로 밝은 가르침[明敎]을 더럽힘이다. 만일 엄하게 금하지 않으면 음벽한 행실을 막기 어렵게 될 것이다. 지금부터 재가녀의 자손은 사판(仕版)에 열치(列齒)하지 못하게 하여 풍속을 바로잡아야 한다.

성종의 전교로서 입법화된 것은 성종 8년 1479년의 일이나, 또 한번의 개정 작업을 거쳐서 《경국대전》에 편입되어 명문화된 것은 성종 16년(1485)이다. 《경국대전》 예전 제과조에 '재가실행 부녀의 자손 및 서얼자손은 문과·생원·진사과 시험에 응거(應擧)할 수 없다'고 금고하였다. 왕의 전교가 있고 난 뒤에도 집의(執義) 이경동이 "재가한 자의 자손을 사판(仕版)에 함께 하지 말라 하셨으니 방애됨이 있을까 두렵습니다"고 했을 때도 성종은 "굶주려 죽는 일은 적은 것이고, 실절하는 일은 큰 것이다. 나라가 법을 세운 것은 마땅히 이와 같아야만 한다"는 유교의 절의관을 내세워서 뜻을 관철하였다. 일견 성종이 지조와 절개라는 유교의 명분을 좇아서 재가녀 자손 금고법을 제정한 것으로 판단되나, 그 내용을 자세히 살펴보면 정작 실절(재가)한 여성에게는 아무런 직접적인 벌을 가하지 않고, 다만 그 자손을 사판에 열위케 하지 못하도록 한 것이었다. 이것은 아마도 양반의 숫자를 줄이고자 한 성종의 복합적인 정치적 결단이 아닌가 한다.

재가금지 법제화에 찬성 4, 반대 42의 대다수 의견을 성종이 묵살할 만큼 당시 관료의 적체현상이 심각했던 것이다. 앞에서도 언급하였지만, 재가녀 문제만 독립적으로 논의한 것이 아니라 재가녀 문제가 관제개혁, 조전장의 파견, 잡직이 수반하는 문제와 더불어서 논의된 것에 유의해야 할 것이다. 이미 당상관의 수는 300이 넘었고 관직은 모자라서 직사도 없이 늠록만 축내는 것이 당시 현실이었다. 그러나 신료들은 섣부른 관제 개혁에는 반대를 하니, 성종으로서는 재가녀 자손 금고 외에 별 뾰족한 묘책이 있을 수 없었다.

또한 앞서 언급한 네 가지 문제를 성종 자신이 제기한 것에서, 신료들의 의견을 들은 다음날 바로 재가녀 자손 금고법을 전교한 것으로 미루어보건대, 성종은 대신들에게 문제를 던질 때부터 대신들의 의견과는 상관없이 이미 재가녀 자손 금고를 법제화할 결심을 굳힌 것으로 판단된다.

이러한 판단은, 재가녀 자손 금고가 《경국대전》에 편입되어 시행된 지 십수 년이 지난 연산군 대에도 재가금지가 논란이 된 것이 정석견이 올린 진언에서 확인된다. 정석견의 진언은 송헌동이 상소를 올린 일에서부터 시작한다. 연산군 3년 12월 12일 기묘조에 단성 훈도 송헌동이 올린 과부 재가 허용에 대한 상소가 재론의 단초를 마련하였다. 송헌동의 상소 내용은 다음과 같다.

상부(孀婦)의 개가에 대한 금지는 절의를 존숭하고 예의를 숭상하자는 것입니다. 그러나 음식과 남녀는 사람의 욕구이므로, 남자는 장가가기를 원하고 여자는 시집가기를 원하니, 이것은 생(生)이 있는 처음부터 인정의 고유한 바이오니, 능히 금지하지 못하는 것입니다. 비록 삼종지의가 《예경》의 가르침이기는 하나, 시집간 지 4일 만에, 혹은 1년 만에 홀어미가 된 자가 있으며, 혹은 나이 20, 30에 홀어미가 된 자가 있는데, 이들이 정절을 지켜서 공강(共姜)·조씨(曹氏)[156]처럼 나간다면 말할 나위없거니와…… 혹은 담장을 넘어든 자에게 협박을 받는 바가 되어 마침내 절행을 잃고 말게 됩니다. 청컨대 부녀의 나이 20세 이하로 자녀가 없이 홀어미가 된 자는 개가를 허하여 살아가는 재미를 붙이도록 하여주시옵소서.

연산군은 의정부·육조 대신들에게 재가문제를 의논하도록 하였는데, 상당수가 "조종조(祖宗朝)의 구전(舊典, 마지막 개정판인 을사대전 이전의 경국대전을 말함)에 따라 재가녀 자손에게 청환과 요직을 제수한 벼슬길은 통하도록 허하옵소서"라는 동정론을 폈다. 그러나 "성종의 교훈이 쟁쟁하게 귀에 남아 있사오니, 신은 감히 천단하지 못하겠습니다"는 윤필상의 의견을 좇아서 그대로 존속시켰다.

당시에 홍귀달과 조익정이 "이 법은 조종조에 없었던 것인데, 성종께서 자의로 결단하여 세우신 것……"이라 말한 것에서 병술·기축·갑오년의 《경국대전》에 없던 내용을 뒤에 성종이 독단으로 결정하여 (을사)《대전》에 편입하였음을 알 수 있다. 또한 정석견의 진언에서도 이를 확인할 수가 있다.

---

156) 공강은 중국 위(衛)나라 태자 공백(共伯)의 아내로서 태자와 일찍 사별하였지만 절의를 지켜서 재가하지 않았다.(《詩經》鄘風 栢舟序) 조씨는 오대(五代)의 당(唐)나라 태원 사람이며, 이극용(李克用)의 둘째 왕비[次妃]로서 장종(莊宗)을 낳았다. 성질이 사나운 이극용에게 조씨가 종용(從容)하게 간언하매 가끔 따랐다.(《五代史》)

우리 성종대왕께서 특별히 인륜을 밝히는 것을 중히 여겨 자의로 결단하여 재가한 자손은 서용하지 말라는 법을 아울러 《대전》에 기록하였던 것입니다.…… (많은 대신들이 반대하였으나) 성종께서 윤허하지 아니하시고 말씀하시기를 "뒷 임금이 혹시 고칠지라도 나는 불가불 세워야 하겠다" 하였습니다. 지금 송헌동의 말이 비록 세고(世故)에는 노련하지만 그러나 주회의 정이의 광명정대한 언론이 이미 저러할 뿐 아니라, 《대전》에는 단지 '자손을 동·서반의 직에 서용하지 말라'고만 일렀고, 재가에 대한 금지는 없으니 그 실절하는 것을 중대하게 여기지 않는 자는 스스로 처리(개가)할 터이오니, 어찌 정사를 해치는 큰 것이 되오리까.…… (성종의) 삼년상을 지난 지 얼마 되지 않아 갑자기 한 서생의 말로 말미암아 성헌(成憲)의 개정 여부를 하의(下議)하신 것은 신은 불가하게 여기는 바입니다.

위의 '뒷 임금이 혹시 고칠지라도 나는 불가불 세워야 하겠다(後王雖或改之 予不可不立)'는 표현에서, 성종은 뒷날 고칠 수도 있다는 개연성을 상정할 만큼 재가금지는 현실적으로 어렵다는 것을 절감하면서도 무리수를 두면서까지 재가녀 자손 금고를 법제화한 것은, 양반의 수를 제한하기 위한 그의 고뇌에 찬 정치적 결단이었음을 엿볼 수가 있는 대목이라고 하겠다.

이 법이 시행된 이후에도 당시 사회의 실정과 맞지 않는 사례가 잇달아서 새로 제수받은 감찰사 정은동과 춘추관 기주관 박시행의 어머니가 재가한 사실로 해서 논의가 분분하였으나, 결국에는 1485년《대전》반포 이전에 재가한 사례는 문제삼지 않고 이후에 재가한 경우에만 그 자손을 동·서반직에 서용하지 않는다는 타협점을 찾았다.[157]

---

157) 이상백(1947), 《한국문화사연구논고》, 을유문화사, pp.257-259.

이와 같이 적지 않은 논란을 거친 끝에 명문화된 재가녀 자손 금고법이 조선시대 여성들에게 어떤 영향을 미쳤는지는 후술할 것이다.

3) 한국 전통사회 여성의 삶

앞에서 살펴본 바와 연결하여, 이 절에서는 전통사회 여성의 삶을 혼인제도, 정절 관념, 여성의 일, 부부관계 등을 중심으로 자세히 살펴보고자 한다.

① 친영 · 중매혼

개신유학을 통치이념으로 내세운 조선왕조는 초기부터 《주자가례》에 따른 혼인제도를 정착시키려고 노력하였다. 혼인이 인륜의 대사임은 《중용》의 '부부조단설'에 근거하는 것이며, 혼인의 목적이 개인의 행복 추구에 있는 것이 아니라 위로는 조상의 사당을 모시고 아래로는 후사를 잇기 위함이었다.

《주자가례》에 따른 혼인제도라면 육례를 말하는데, 육례 가운데에는 친영의 예가 가장 중요하였다. 친영은 남자가 친히 처가에 가서 아내를 맞이하여 데리고 시집에 와서 혼인식을 올리는 것을 말한다. 남자가 먼저 하는 이 친영은 강유(剛柔)의 뜻이며, 임금이 신하보다 우선하며 남편이 아내보다 우선한다는 뜻이다. 《주자가례》의 도입 이전 고려시기의 혼인의식은 남자가 여자 쪽 집으로 '장가드는' 남귀여가(男歸女家) 혼속이 일반적이었다.158) 따라서 친영의 예를 갖추는 것이 무엇보다 유

---

158) 김상억 역/이능화(1973), p.120. 《동국통감》에 고려 충혜왕 4년 때 원나라 어사대에

교의 명분에 충실하는 일이 된다. 친영의 예를 따라야 한다고 제일 먼저 주장한 사람은 조선왕조 개국공신 정도전이었다.

> 친영의 예를 행하지 않고 남귀여가하니, 아내 된 이가 제 부모를 의지하여 지아비를 가볍게 여기지 아니한 자가 없고 교투의 마음이 날로 자라서 졸지에 반목하게 되어 가도에 능체가 생겼다.[159]

친영의 예를 갖출 것을 정도전이 강력히 주장하였으나 수백년 동안 내려오는 남귀여가 혼속을 하루아침에 바꾸기는 어려웠다. 세종대에 왕실혼에서부터 친영의 예를 갖추려는 노력이 있었다. 세종은 다음과 같은 전교를 내렸다.

> 혼례는 삼강의 본이요, 정시(正始)의 도이다. 그러므로 성인이 혼인의 예를 중히 여기시어 친영의 예의를 제정하였도다. 남귀여가하는 나라 풍속은 그 유래가 퍽 오래되므로, 창졸간에 바꾸지 못할 것이나, 이제부터의 왕자·왕녀의 혼인은 하나같이 옛 제도대로 백성에 앞서 행하라.[160]

세종대에 전교를 내린 이후 다시 친영의 예가 거론된 것은 중종대의 일이다. 중종은 다음과 같은 전교를 내렸다.

> 본국 풍속에 남귀여가하여 그 유래가 오래인지라 창졸간에 바꾸지 못

보낸 청파구동녀의 소에 "아마도 그 풍속은 신랑으로 하여금 신부를 데려가게 하여야 할 터인데도, 신부를 내어 놓지 않으니 마치 진의 데릴사위 풍습과 같아서……."
159) 정도전, 《삼봉집》.
160) 《조선왕조실록》 세종 16년 4월 12일. 세종 17년 3월 4일에 처음으로 친영례를 치룬 숙신옹주의 혼인에 이어, 8명의 왕자 혼인에도 친영례를 치루었다.

하나, 이제부터 왕자·왕녀 혼인은 한가지로 옛 제도대로 백성에 앞서 친
영의 예로 행하고, 금후의 경대부가의 혼인에도 친영을 행하며, 사서가(士
庶家)에서도 이를 본받게 될 것이니 이 일을 의논하여 계로써 올려라.[161]

중종대에 처음으로 유학 김치운이 친영을 행하여 드디어 정례되었으
나, 기묘년에 조광조 등이 화를 입자 이 예도 따라 폐기되었다.[162] 이
뒤 남명 조식은 관혼상제를 《주자가례》대로 행하되, 친영의 예는 실행
에 어려움이 있는지라 신부집에서 초혼교배상견(初婚交拜相見)의 예를
주장하여 이 예가 행해지게 되었다. 친영의 예가 제대로 실천되지 않음
을 반계 유형원 역시 그의 저서에서 지적하고 있다.

> 지금 왕자의 혼인에는 다 친영의 예를 행하나, 사대부가에서는 누습에
> 따라 사위를 신부집에 머물게 하므로 취처(娶妻)라 하지 않고, 입장가(入
> 丈家)라 하니, 이것은 양이 음을 따르는 일로서, 남녀의 의를 심히 잃게
> 함이다. 마땅히 예법을 옳게 밝히어 인륜의 도를 정명케 하여야 한다.[163]

영조대왕도 친영의 예가 행해지고 있지 않음을 한탄한[164] 사료에서
짐작할 수 있듯이 친영은 사실상 조선왕조 오백년 동안 제대로 실천되
지 않았다. 마침내 조정에서는 신부가에서 교배·합근례를 치루고 이
틀 밤을 신부집에서 묶고 사흘째 되는 날 신랑이 신부를 데리고 시집가

---

161) 《조선왕조실록》 중종 7년 10월 갑신.
162) 김상억 역/이능화(1973), p.122.
163) 유형원, 《반계수록》〈申明親迎之禮〉.
164) 《조선왕조실록》 영조 40년 갑신. "……근자에 와서 이 예가 어찌된 연고인지 행하여
　　지지 않으므로 하교하는 바이니라…… 슬프다. 옛날에 선정(先正) 조광조가 한번 대사
　　헌에 오르자 남녀의 구분이 섰건만……".

는 반친영(半親迎)이라는 절충형, 즉 삼일우귀(三日于歸)를 따르도록 하였으나, 이 삼일우귀마저 식민지시기 끝 무렵과 1950년대에 이르러서 실천되었다. 1942년 작품인 오영진의 《맹진사댁 경사》에서 삼일우귀의 풍습을 보게 된다.

조선 사회에서 배우자 선택권은 물론 부모에게 있었고 자유결혼은 허용되지 않았다. 《구운몽》의 저자 김만중의 어머니 해평 윤씨는 자신의 아버지와 친구 사이인 시아버지가 한 언약에 따라 16세에 동갑인 남편 김익겸과 혼인하였다. 양가에서 자녀들이 태어나자 두 아버지들은 "우리 훗날 서로 사돈이 되자"고 약조를 하였고, 드디어 그 약조가 이루어진 것이다.

《경국대전》 예전 혼례조에 남자 15세 여자 14세를 혼인 연령으로 정한 것에서 전통사회에서는 조혼제가 보편적이었다. 어린 나이에 부모 곁을 떠나서 시집살이하는 며느리의 설움이 흔히 조선 사회의 여성 억압으로 인식되고 있다. 부모에게 효도하는 것을 제일 원칙으로 삼는 유교사회에서, 부모 혹은 시부모에게 거역하는 언사는 곧 불효에 해당하는 것이다. 효라는 것은 윗세대에 대한 아랫세대의 무조건적인 순종이 전제되는 것이다.

그리고 오륜의 장유유서 또한 유교의 엄격한 윤리가 아니던가. 퇴계 이황은 관직에 나아가 벼슬한 자라도 예외를 두지 않고 향리의 향당에서는 연치(年齒) 순서대로 상석에서부터 말석으로 자리를 배치하여 앉아야 한다165)고 하였다. 반계 유형원 역시 연치의 순서를 강조하였다.166) 이러한 만큼 유교문화권에서 세대 사이의 차별은 정당화되었기

---

165) 이황, 《퇴계집》 〈예안향약〉 참조.
166) 유형원의 국가제도개혁론은 다음을 참조. 김석준(2003), 《조선후기정치사상사연구》,

에 며느리의 시집살이는 문자 그대로 고달프기 그지없었다.

그러나 그러한 시집살이는 한 10여 년을 지나면 끝이 나게 된다. 15세에 혼인한 한 여성이 있다고 가정해 보자. 행운이 따라서 그 여성은 이듬해에 첫 아들을 낳아서 15년 동안 고이 잘 길러서 혼인을 시키면 그 여성은 30대 초반에 시어머니의 권좌에 오른다. 매운 시집살이는 15,6여 년 만에 종지부를 찍는 것이다. 전통사회에서 세대 사이의 간격은 20여 년 남짓이었다.

② 여성의 일·학문

내외법에 따라 남편과 아내는 사랑채와 안채로 거처를 달리하는 것이 법도였다. 안채와 사랑채가 구분되어 있는 대표적인 본보기로 안동 하회마을에 남아 있는 서애 유성룡가의 가옥구조를 들 수 있다.

남성의 바깥일은 학문과 정치 참여이며, 여성의 집안일은 길쌈과 봉제사(奉祭祀)·접빈객(接賓客)임은 알려진 바이다. 앞서 언급한 해평 윤씨는 "남성의 일은 글 읽는 것이요, 여성의 일은 방적이라"[167]고 하여, 남편 김익겸을 병자호란에 잃고서 두 아들 — 김만기와 김만중(그는 유복자였다.) — 을 길쌈으로 훌륭하게 키워냈다.

여성의 집안일인 방적과 길쌈의 육체노동이 남성의 정신노동인 학문에 견주어 얼마나 힘들고 고달팠는지는 허난설헌의 다음 시에 잘 드러나 있다.

지식산업사, pp.93-223.
167)《해평윤씨행장기》.

가난한 여인을 읊음(貧女吟)[168]

어찌 용모인들 남에게 빠지리오. 바느질 길쌈솜씨 그 역시 좋은데
가난한 집에 나서 자라난 탓에 중매할미 모두 나를 몰라준다오.

추위도 주려도 내색도 없고 온종일 창가에서 홀로 베만 짜
오직 아버님 계셔서 가련타 생각하나 이웃의 남들은 어찌 이를 알리오.

밤새도록 쉬지 않고 베를 짜는데 삐걱삐걱 베틀소리 차갑게 울리네.
베틀에는 한 필 베가 짜여졌는데 뉘집 아씨 시집갈 때 옷감 되려나.

손으로 싹둑싹둑 가위질하면 추운 밤 열 손가락 곱아 오는데
남 위해 시집갈 옷 짜고 있건만 자기는 해마다 홀로 산다오.

이 시의 주인공은 집이 가난하기 때문에 혼기를 놓친 것으로 보인다.
그러나 결혼은 인륜의 대사이므로 집이 가난하여서 결혼비용을 마련하
지 못한 경우에 나라에서 비용을 부담하고 혼인시킨 사례가 영조와 정
조대 사료에 보인다. 《경국대전》 예전 혜휼조에 '사족의 딸로서 30세가
되도록 혼인을 못하면 그 책임을 가장에게 묻는다'는 조항에서도 알 수
있듯이, 전통사회 유교문화권에서 자녀의 혼인은 부모의 책임에 속하
였다.

학문은 남성의 일이며 여성은 단지 《여사서》, 《소학》 등을 읽고서
여러 집안의 성씨·선대의 족보, 역대의 나라이름, 성현의 이름자나 알
면 될 뿐이지, 함부로 글을 지어 외간에 퍼뜨려서는 안 된다[169]고 하였

---

168) 김지용 편역(1994), 《역대여류한시문선》, 양우당, p.111.
169) 이덕무(1775), 《士小節》 〈婦儀〉.

다. 그러나 실제로 조선시대 양반 여성들의 학문은 '어깨너머로 배운' 수준을 훌쩍 뛰어넘은 훌륭한 여성 유학자들이 수두룩하였다. 임윤지당(任允摯堂)은 주렴계와 주자를 관통하여서 자신의 〈이기심성설(理氣心性說)〉을 주장할 만큼 유가철학에 능하였다.

> 사람과 그 밖의 동물을 비롯한 다른 모든 물체는 그 형색은 비록 다르나 그 도는 마땅히 같아 아무런 다른 점이 없을 것이다. 그런데 사람만이 유독 천지의 도를 행하여 그 덕을 합치는 데 참여할 수 있고 다른 물체는 이에 참여할 수 없는 이유는 무엇이며 또 천지조화의 도란 무엇인지 들려 줄 수 있겠는가?…… 천지란 신묘하여 헤아릴 수 없는 까닭에 공자님의 말씀에도 '성과 천도는 가히 얻어서 듣지 못한다' 하셨으니 즉 스스로 사물의 이치를 연구하고 마음에 고유한 본연의 덕성을 다하여 천명함으로 하늘을 아는 사람이 아니고서는 족히 더불어 의논할 가치가 없다고 하셨지만, 비록 그렇다고는 하나…… 학자는 어찌 가히 신묘해서 헤아릴 수 없다는 이유로 알지 못하는 세계를 그대로 두어 그 이치를 연구할 것을 생각지 않을 수 있겠는가.[170]

임윤지당은 신광유와 혼인하였으나 일찍이 홀로 되어 일생을 수절하면서 학문에 심취하였기에 지금 25편의 문장과 다수의 수필이 전해지고 있다. 강정일당(姜靜一堂)은 남편 윤광연과 함께 공부하며 바느질로 생계를 이으면서 남편을 명문에 수학시키는 동안, 집안일이며 문중의 일, 묘지명, 행장기 발문을 남편 대신 쓴 자료들에서 그녀가 명문장가였음을 엿볼 수 있다. 이빙허각은 가정 백과사전이라 칭할 수 있는 《규합총서》를 저술하여 전해지고 있다.

---

170) 김지용 편역(1994), p.187.

흔히 한국 전통사회 여성의 삶을 한(恨)으로 표현한다. 허난설헌의 경우가 바로 그러하다. 난설헌은 양반 문장가의 집안에서 태어나 안동의 김성립과 결혼하였으나, 전통사회 여성들의 삶이 대부분 그러하듯 남편은 과거시험 준비하러 집을 떠났고,[171] 홀로 규중에 남아서 시집살이하는 설움을 시로 많이 표현하였다.

가을의 한(秋恨)

사창가 저 편에 등잔불이 붉으니
행여나 임이신가 잠깨보니 허사로다.
이 허전함이여 비단이불 한 쪽은 비어 있구나.
서릿발은 차디차고 새초롱에 앵무 우니
뜨락 가득 오동잎은 서풍에 지고
어언간 이내 몸도 가을바람 부누나.

난설헌은 무엇보다도 딸과 아들 두 남매를 모두 잃었고,[172] 더욱이 임신중에 태아를 유산하기까지 하였으니, 그녀의 한은 이루 형용할 수 없었을 것이다. 그러한 마당에 시어머니와 갈등도 만만치 않았을 터였다. 한 천재 여성이 이름 없는 필부로 살아가야 하는 운명을 그녀는 삼한(三恨)으로 표현하였다. 즉 여자로 태어난 것, 김성립의 아내로 태어난 것, 그리고 대국인 중국이 아닌 조선에 태어난 것을 한스럽다고 하였다.[173]

---

171) 김지용 편역(1994), p.143. 〈奇夫江舍讀書〉.
172) 〈哭子〉. "지난해 사랑하는 딸을 여의고 올해는 사랑하는 아들 잃었네."
173) 그녀는 당나라의 시인 두목지(杜牧之)를 흠모하였다.[허미자(1984), 《허난설헌연구》, 성신여대출판부 참조]

김창협의 딸 안동 김씨 또한 총명하여 학문을 좋아하였으나 그렇게 할 수 없는 여성의 한계를 어릴 적에 그 형제들에게 토로하였다.

> 내가 남자가 될 수 있다면 다른 소원은 없다. 다만 깊은 산중에 띠집을 짓고 책을 백 권이고 천 권이고 갖추고선 호젓하게 늙어갈 수 있다면 그만이다.[174)

이와 같이 학문에서 여성 배제는 여성들의 한으로 작용하였음을 알 수 있다. 그러나 이와는 달리 전통의 규범을 수용한 여성들도 많았다. 김삼의당(金三宜堂)은 부덕을 체현한 여성이었다. 혼인 첫날밤에 남편이 지은 시에 다음과 같이 화답하였다.

> 배필이 만날 때에 백성도 시작되고
> 그대가 하시는 일 이처럼 단정하니
> 오로지 경순으로 부덕을 닦아서
> 평생 두고 그대에게 그릇됨이 없으오리.[175)

김삼의당 부부는 18세 동갑나기였으나 남편이 아직 과거에 급제하지 못했기에 입산하여 글공부하기를 2년, 그리고 한양에 과거시험 보러 올라가서 1년 동안 서로 떨어져서 생활해야 했기에, 그녀 또한 이별의 슬픔을 노래하였다.

---

174) 김창협, 《농암집》 권 27의 내용을 정창권(2002), 《한국고전여성소설의 재발견》, 지식산업사, p.46에서 재인용.
175) 김지용 편역(1994), p.268.

서울로 올라간 남편에게(贈上京夫子)

꽃다운 나이 새 색시와 신랑이
몇 번이나 이별의 장을 가졌는가
이 봄에도 장안 길을 향해야 되니
두 뺨에 두 줄기 눈물 금할 길 없네.
지사가 어찌 집을 돌볼 소냐
이 집 문벌에 건고한 재주가 많아
별로(別路)에 서서 옛일을 이르노니
금의환향하는 때 향리가 빛나리…….176)

③ 소실의 한(恨)

전통사회 여성의 한을 설명할 때 첩살이의 설움을 빼놓을 수 없다. 태종 2년에 첩제가 시행되면서 점점 중인계급의 여성들이 양반의 첩으로 혼인한 사례를 흔하게 볼 수 있다. 적서의 구분, 혹은 정실과 소실의 법적 지위는 엄연히 달랐기에, 소실로서 감당해야 했던 아픔이 어찌 없었겠으며, 이 아픔을 글로 표현하지 않았겠는가.

소실로서 명문장가로 이름이 높았던 여성들은 박죽서와 김금원이 대표적인 사례라 하겠다. 이 두 사람은 원주 태생이었고, 서로 동병상련의 정이 깊어서 김금원은 〈죽서시집발문(竹西詩集跋文)〉에서 "후생에 죽서와 같이 남자로 태어나서 서로 창화(唱和)를 했으면 좋겠다"고 할 만큼 우정이 돈독하였다. 박죽서는 박종언의 소실의 딸로서 서울에서 부사를 지낸 서기보의 소실이 되었다. 죽서는 자신의 신세를 새장에 갇힌 한 마리의 새에 비유하였다.

---

176) 김지용 편역(1994), p.292.

밤에 홀로 앉아서(夜座)

밤 깊으니 북두 돌고 달은 지는데
외로운 등불만이 이 맘 비추네
백약이 있다 해도 서러운 맘 못 고치니
이내 인생 한스러운 갇힌 새 신세라네.177)

김금원은 14세에 남자 복장을 하고 금강산 등 명승지를 구경한 호걸
이었으며, 후에 규당학사 김덕희의 소실이 되었다. 금원은 〈호동서락기
(湖東西洛記)〉에서 "여자도 한낱 인간이어늘 심궁고문은 그 어찌 일신
의 유체(幽滯)가 아니며, 번건결대(幡巾結帶)는 그 어찌 사시(四時)의 구
속이 아니리오. 마음대로 출입할 수 없는 것은 그 어찌 죄없는 금고가
아니겠으며……"178)라는 표현으로 여성의 공간적인 제한에 강한 의문
을 제기하였다. 신분제 사회에서 양반의 첩이 되는 여성들은 양반여성
이 아닌179) 양인 또는 천민 출생의 여성들이었기 때문에 자연히 후기에
는 중인계급이 형성되었다. 다음 시는 기생으로서 첩이 된 한을 표현하
고 있다.

옛일이 사무쳐서(憶昔)

……내 나이 여덟에 어머님 따라

---

177) 김지용 편역(1994), p.397.
178) 김지용 편역(1994), p.17에서 재인용.
179) 첩제를 시행한 초기인 문종대에는 양반의 딸이 첩이 된 사료가 보인다. 당시 그 서자는
   어머니가 양반 출신이기 때문에 문과 과거시험을 치르게 되었다. 그러나 그 이후에는
   더 이상 양반 출신의 첩의 기록은 보이지 않는다.[이성무(1980), 《조선초기 양반연구》,
   일조각]

조수물 타고서 남쪽 나루 건넜네.
어찌 잘못 분성관에 발을 디뎌서
기녀로 청루에 든 몸 시들었구나.
……나이 열 다섯에 서방님 맞아들여
기구한 첩의 신세 어찌 견디리
외기러기 짝을 찾듯 그리워 사무치네……180)

조선시대 유가의 윤리는 정실과 소실181)의 엄격한 차별을 정당화하였다. 〈예안향약〉에서도 '정처를 박대하고 첩을 어여삐 여기는 자, 또는 호적대장이나 문중 족보에 서자를 적자의 반열에 기록하는 자'182)는 엄중한 처벌을 받을 만큼 적서의 차별은 냉혹하였다. 이는 조선 사회가 평등한 민주주의 사회가 아닌 신분제 사회였기 때문에 발생하는 결과였다.

④ 과부의 설움

조선시대 여성의 한에서 과부재가 금지로 말미암은 수절 과부들의 애환을 빼놓을 수 없다. 영조 연간의 백화당부인(百花堂夫人)의 한시에 과부의 설움이 잘 나타나 있다.

---

180) 김지용 편역(1994), p.416.
181) 첩제를 국가가 인정했기 때문에 많은 유학자들이 소실을 거느렸다. 서경덕, 이율곡 등과 남구만은 73세의 나이로 소실의 산고에 친히 약을 다렸다.[김지용 편역(1994), p.444]
182) 강정일당이 남편을 대신하여 종중에 올린 글에 "이른바 발간했다는 족보를 뒤늦게 본즉 선조들의 사당 순서 서열이 문란하고 적자와 서자의 구분이 뒤죽박죽되었기에 바로잡을 것"을 청하였다.[김지용 편역(1994), p.333]

봄을 원망하며(春怨)

삼종(三從) 그 어느 것인들 몸을 편케 하리
푸른 하늘 원망하랴 죽은 그를 원망하지.
슬프고 원망스러워 백화정(百花亭)에 섰노라니
버들숲에 꾀꼬리 울어 늦봄이 가려누나.[183]

과부의 설움은 영향당 한씨(影響堂韓氏)의 시에서도 나타난다.

젊어 과부됨을 한탄하노라(哀江上新婦詞)

묻노니 강 위의 저 배야 예부터 변함없이
젊은 신부 아가씨들을 몇몇이나 실어 날랐는가.
아직 붉은 정문에 들어가기도 전에 흰 가마 뒤를 따른 뒤
홍안 신부는 백골 다 된 신랑을 맞았네. 강 위의 배야
더디 가지 마라. 10대 청상과부가 있어
흰당에서 외로운 아기처럼 괴로워한다더라.
강위의 배야 더디 가지 마라. 어린 서방 아이 혼령이
아직도 동쪽 마루에 기대어 있을지 아는가……[184]

위의 시는 10대 청상과부가 어린 서방님을 여의고 애달파하는 모습
이었다. 수절이 얼마나 어려웠던가 하는 것은 조선왕조 후기의 실학자
연암 박지원(朴趾源)의 소설 《열녀 함양박씨전》에 잘 묘사되었다. 수절
과부 박씨는 인간적인 욕망을 억제하기 위하여 매일 밤 동전닢을 허벅

---

183) 김지용 편역(1994), p.449.
184) 김지용 편역(1994), p.451.

지에 문질렀기에 동전의 표면이 닳아서 보이지 않을 지경이었다. 육신의 욕망을 정신력으로 극복한 열녀들에게 조선 사회는 표창과 정문을 세워서 포상하였다. 일찍이 세종은 《삼강행실도》를 간행하여 열녀를 권장하였고, 성종대에 그 언해본이 간행되어 일반 부녀들에게도 쉽게 읽히게 하였으며, 중종대에 《이륜행실도》를 간행하였고, 정조대에 두 책을 합친 《오륜행실도》가 간행 반포된 것에서 조선 사회가 유교의 윤리를 정착시키고자 한 노력의 일단을 엿볼 수 있다.

결혼생활을 하다가 남편이 사망한 과부에게도 절개를 이처럼 강조했다면, 미혼의 여성이나 기혼여성의 정절 또한 유교사회에서 엄격하게 요구하는 것은 자명한 이치였다. '남녀칠세부동석'과 '내외법'이 이러한 제도적 장치들이었다.

그러나 지나친 정절관의 고착화로 말미암은 폐해가 적지 않았다.[185] 단적인 사례가 임진왜란 때 강을 건너려고 배에 오르는 여성의 손목을 뱃사공이 잡았다고 하여 그 여성이 물에 뛰어들어 자살한[186] 것에서 잘 드러난다. 물론 맹자도 남녀가 직접 손으로 주고받는 것은 예가 아니라고 했지만, 예를 지키기 위해서 물에 빠진 형수를 구해내지 않고 그대로 방치하는 것은 시랑(豺狼)과 다름없으며, 손목을 잡아서 건져내는 것을 권도(權道, 임시방편)로서[187] 항상 예외를 인정하였던 것이다.

여성의 정절을 강조하였기에 조선 유교사회에서 당사자의 동의가 없는 성관계, 즉 강간은 엄중한 처벌을 받았다. 조선왕조 전기, 특히 도학

---

185) 다산 정약용은 그의 《목민심서》에서 "열녀 표창은 남편을 따라서 자결하기보다는 살아서 나머지 가족들을 잘 봉양하는 여성에게 해야 한다"고 주장하였다.
186) 이수광, 《지봉유설》.
187) 《孟子》 離婁 上.

자 조광조를 등용한 중종은 흑심을 품고 집 안으로 달려 들어간 행위조차 강간으로 처벌하였으며, 유아강간은 극형에 처하였다.[188] 다음은 이혼에 대한 내용을 살펴보려 한다.

⑤ 이 혼

한국 전통사회에서 이혼의 자유는 부부 쌍방에게 없었다. 내칠 수 있는 권한은 남편이 아니라 시부모에게 있었다. 앞 절에서 이미 언급한 바대로, 아들이 자신의 아내를 무척 사랑하지만 어미가 "이 아이는 나를 잘 섬기지 못하는구나"라고 하면 멀리해야 한다고 가르치는 것에서, 부모에 대한 효를 부부 사이의 애정보다 우선하고 있음을 볼 수 있다. 칠거지악의 첫 번째 사유가 바로 '부모에 대한 불순'이며 조선 유교사회에서는 이러한 제도적 장치를 통하여 윗세대에 대한 아랫세대의 복종을 유도하였다. 때문에 조선 사회 여성의 한은 바로 남편살이가 아닌 시집살이로 요약되지 않는가.

칠출의 또 다른 사유인 무자거(無子去)는 실제로 적용되지 않았다.[189] 물론 후사를 잇지 못하는 것이 불효의 으뜸이었기에, 여성의 임신과 출산은 단군신화에 이어서 조선 사회에서도 여성들의 중요한 통과의례 가운데 하나였다. 《소학》과 《내훈》에서 강조된 바 있는 임신중인 여성의 태교 실천은 이사주당(李師朱堂)이 집필한 《태교신기(胎敎新記)》에 잘 나타나 있다. 태교란 태아가 본성을 품부받는 그 순간부터 교육이 중요하다는, 말하자면 유교문화권의 독특한 수신의 교육방법에

---

188) 장병인(1997), 《조선전기 혼인제와 성차별》, 일지사 참조.
189) 조선 사회는 이혼 판결을 될 수 있는 한 하지 않았다.[김두헌(1969), 《한국가족제도연구》, 서울대출판부 참조]

서 말미암은 것일 터이다.

혹 임신이 되지 않을 경우도 있을 수 있었기에, 후사를 잇기 위해서 첩제가 시행되고, 또한 양자제도로 보완이 되었다. 남구만의 후손으로 성대호에게 출가한 남정일헌은 남편을 일찍 사별하고 일생을 수절하였으며, 양자 들이는 내용을 한시로 표현하였다.

시아버지 양자 구하는 일로 파주 행차(尊舅以求螟事行次坡州)

이 몸에게 아들 없고 남편도 없어
오로지 시부모만 가실세라 두렵더니
시동생 낳은 아기 어린 것을 바라고
어느 하가에 나나니벌같이 제 구실 하리오.
다른 사람 아들 구해 내 양자 삼으려니
병든 시아버님 길가며 눈물인들 오죽하랴.
밤낮으로 기원하되 후사가 있어지라
봉황의 새끼 어디에서 향기를 뿜을꼬.[190]

조선 사회에서 이혼은, 역신으로 몰린 경우에 화를 모면하고자 사돈 가문과 절연하는 방안으로서 성립되거나, 또 아내를 구타한 경우에 허용된 사례가 있다.[191] 그 밖에는 합법적인 이혼이 거의 불가능하였다고 하겠다.

---

190) 김지용 편역(1994), p.401.
191) 이순형(1997), 〈조선조 혼인관계의 유지 원리〉, 《한국사회학》 31집, pp.449-485 참조.

⑥ 부부관계

조선왕조 양반문화에서 부부관계는 귀한 손님을 대하듯 상호 공경해야 함을 순암 안정복, 우암 송시열, 퇴계 이황 등이 강조한 바 있음을 이미 지적하였다. 부부가 상호 공경하는 사이였기에, 다산 정약용은 아내의 외모를 중시하지 않았고 아내의 어진 것을 기렸다.

> 어진 아내 원치 않고　넓은 집 원치 않네.
> 아내가 어질면　곁에만 있고 싶고
> 사는 집이 좋으면　안일하게 마련이라……192)

곁에 있고 싶은 아내는 외모의 출중함 때문이 아니라 바로 어진 마음 때문이라는 것이다. 조선 후기에 살았던 창암(蒼巖) 김씨는 광주 병사(兵使) 김석진의 딸이었는데, 그녀는 면모가 수려치 않아서 스스로 호를 창암이라 하였다. 그녀 또한 여성의 외모는 중요하지 않으며 덕성과 어진 마음이 더 중요함을 강조하였다.

> 덕을 기리며(自警)

> 어진 마음 착한 행실 사람이라오. 예쁜 얼굴 고운 화장 별 수 없으니
> 탐 잘하는 부귀영화 나는 싫다오. 모시고 거느리고 말썽 많아서.193)

아내의 어진 것을 높이고 상호 공경하는 부부관계를 유지하는 데에는, 남편이 내업을 말하지 않고 아내가 외업을 말하지 않는 내외법의

---

192) 송재소 편역(1981), 《다산시선》, 창작과비평사, p.28.
193) 김지용 편역(1994), p.452.

164

불문율이 큰 몫을 했을 터였다. 김삼의당(金三宜堂)의 다음의 시는 조선
왕조 당시의 여성들이 내외법을 실천했음을 보여준다.

<blockquote>

일찍 성인의 글 읽어　　　　　성인의 예의를 알고 있는데
삼천 가지 예의 가운데　　　　남녀 분별이 가장 자세하도다.
남자는 안 일을 말하지 않고　여자는 바깥일을 말하지 않는 법
안과 밖이 분별 있으니　　　　성인의 훈계 따라야 하리라.[194]

</blockquote>

　내외법에 따라서 비록 조선왕조 여성들은 남성의 정신적인 노동인
정치와 제도학문에서 배제되었으므로 그들은 한스런 삶을 살았다고 하
겠다.[195] 그러나 상호 불간섭주의에 따라서 여성은 내업 분야에서 독자
적인 결정권을 행사하였다고 하겠다. 뿐만 아니라 조선왕조 후기로 갈
수록 체제의 모순이 심화되면서 초시에 합격은 하였으나, 관직에 나아
가지 못한, 이른바 재지사족의 가정에서는 생계를 여성이 꾸려나가기
때문에 아내가 남편을 치기까지 한 사례를 볼 수 있다.

　세상에 잔약한 남자로서 사나운 부인에게 눌려서 손발도 놀리지 못하
는 사람이 왕왕 있는데, 이는 인륜의 변괴요, 왕법이 용납하지 않는 것이
다. 이렇게 되면 업신여기고 모욕하고 치고 꾸짖는 등 하지 않는 것이 없
다. 대개 사나운 부인들은 재주와 지혜가 많아서 능히 생리(生利)를 잘 경
영하고, 그 남편은 이것을 의지하여 생활하는 까닭으로, 아내는 남편을 꼼
짝 못하게 지배하고 남편은 아내를 두려워하여 굴복하니, 어찌 슬프지 아
니하랴?[196]

---

194) 김지용 편역(1994), p.265.
195) 허난설헌의 삼한과 규중의 유폐에 문제를 제기한 김금원에게서 알 수 있다.
196) 이덕무, 《士小節》.

물론 이(利)를 탐하는 것은 소인이며, 의(義)를 추구하는 학문 탐구는 군자의 일이기에 내업과 외업에서 차별이 존재함을 보게 된다. 그럼에도 '수염이 석 자라도 먹는 일이 중요하므로' 사랑에서 글만 읽고 생계에 아무런 보탬을 줄 수 없는 무능한 남편의 볼품없는 처지는 가련할 수밖에 없었다.

⑦ 여성의 몸, 아내 구타

마지막으로, 몸과 수신(修身)에 대한 전통사회 여성들의 생각과 아내 구타 문제를 살펴보기로 한다. 정부인(貞夫人) 안동 장씨는 이시명의 부인이며, 이휘일과 이현일의 어머니로서 명문가의 여성답게 유가원리에 철저하였음을 그녀가 남긴 시에서 알 수 있다.

내 몸을 소중히(敬身吟)[197]

이 몸은 부모께서 남기신 몸   감히 어찌 소중치 않을소냐
이 몸에 수치스런 일이 있으면   어버이를 욕되게 하는 것이네.

유교사상에서 내 몸은 개인 나 자신의 것만이 아닌 부모와 연결해서 파악하고 있음을 정부인 안동 장씨[198]도 일깨우고 있다. 이는 《효경》의 첫 머리의 내용을 정부인이 실생활에서 적용하고 있다는 증거라 하겠다.

---

197) 이재호 역(1999), 《貞夫人安東張氏實記》, 국역정부인안동장씨실기간행소.
198) 정부인 안동 장씨는 이문열의 소설 《선택》의 실제 주인공이며, 이 《선택》은 많은 여성 연구자들로부터 비판을 받았다.

한국 전통사회 양반문화에서 아내 구타는 법이나 관습에서 허용되지 않았음을 이미 논증한 바 있다. 또한 국가가 직접 아내 구타자를 처벌한 사례도 있다.

> 사헌부에 전지(傳旨)하기를, "이숭지(李崇之)는…… 폐첩(嬖妾)을 닐애(昵愛)하여 그 처를 소박하고 때리고 침학하는 데까지 이르러 가도(家道)가 실서(失序)하였으니 그 처를 이이(離異)시키는 것이 좋겠다. 고신(告身)을 거두고 외방으로 유배 보내도록 하라" 하였다.199)

> 훈련관 녹사 최명전(崔命全)은 비첩 삼가이(三加伊)를 닐애하여 그 참소를 듣고 칼로 그 처 김씨를 상하게 하였다.…… 왕은 명전이 공신이라 하여 단지 고신을 거두고 먼 지방으로 유배시키고 그 처와 이이하게 하고 삼가이는 장 100하여 극변의 읍비(邑婢)로 영원히 속하게 하도록 명하였다.200)

한국 전통사회 대가족제도에서 매를 들어서 가르칠 수 있는 사람은 남편이 아니라 (시)어머니였다. 한국 전통사회에서 교육은 어머니의 몫이었기 때문에 장성한 아들을 매질할 수 있는 권한은 어머니에게 있었다. 구미의 핵가족제도에서 가부장제는 남편이 아내를 직접 지배하는 반면 한국 전통사회 대가족제 유교문화권에서 가부장제의 내용은 윗세대에 대한 아랫세대의 무조건적인 복종201)을 의미하기에, 남녀차별보

---

199) 《조선왕조실록》 세조 3년 8월 을사.
200) 《조선왕조실록》 세조 5년 11월 임오.
201) 칠거지악에도 부모에게 불순하는 것이 내칠 수 있는 첫째 항목이다. 인수대비가 찬집한 《내훈》에도 "아내가 아무리 예쁘고 사랑스러워도 이 아이(며느리)는 나를 잘 섬기지 못하는구나 하면 멀리하라"고 가르치고, 향약에도 부모에게 불순한 것은 가장 큰 벌로 다스린다고 기록되었다.

다는 세대 사이(연령)의 차별이 우선했다고 하겠다.

이와 같이 아내 구타는 한국 전통사회 양반문화의 정수가 아니었는데, 신분제 타파와 더불어 식민지화와 급격한 근대화를 거치면서 반봉건 즉 민주주의=신분제 철폐=양반문화 말살로 등식화하면서, 양반문화가 깡그리 말살되고 모두 상민문화로 하향 평등화를 이룬, 즉 천민민주주의[202]가 고착화된 것에 말미암은 바 크다고 하겠다.

4. 소 결 _ 다름과 동등

지금까지 한국 전통사상인 단군사상의 분별론과 유교사상의 성선설과 음양론을 제일 먼저 살펴보았다. 그것은 여성학 연구에서 무엇보다 인간의 품성이 본질적인지 아니면 후천적으로 구성된 것인지를 밝히는 작업이 우선되어야 하기 때문이다. 본성에 대한 구명 없이는 여성 문제 해결을 위한 올바른 여성정책과 전략을 세울 수 없다.

2장에서 살펴보았듯이, 서양 여성해방론에서도 인간의 본성 또는 여성성이 본질적인지 후천적인지를 두고 200여 년에 걸쳐 끈질기게 논쟁해 온 것은, 바로 여성 연구에서 인간의 본성 또는 여성성을 밝히는 작업이 제일차적 선결과제임을 증명하는 것이다.

한국 사상의 시원인 단군사상은 환웅과 웅녀, 하늘과 땅, 밝음과 어두움의 분별은 있지만 남성신과 지모신이 대립과 갈등을 빚지 않는 남녀상생의 원리임을 알게 되었다. "서양 철학사가 플라톤의 각주에 불과하

---

202) 천민민주주의는 진덕규(2000), 《한국현대정치사서설》, 지식산업사, p.115에서 차용하였다.

다"203)면, 동양철학사는 《주역》 해석의 역사204)로 대비될 만큼 음양론이 동양사상에서 차지하는 비중이 크다 할 것이다. 특히 여성 연구에서 음양론은 여성의 본성과 접목되어 일차적으로 주목을 받고 있다.

공자·맹자를 중심으로 꽃핀 유교사상은, 인간에게는 착한 본성이 내재한다고 보고 있다. 그리고 자연계와 인간계의 시원을 밝히는 《주역》의 음양론은 원래 대대성(待對性)·상보성(相補性)의 원리이나, 한나라에 들어서 굴절되었고, 송나라 때 주희에 이르러 양존음비(陽尊陰卑)의 가치 개념으로 고착화했다.

우리나라에서는 한나라 때의 동중서에게 매료된 고려 말 이색이 양존음비를 주장했으며, 특히 주자학을 수용한 조선조 유학자 이언적 역시 양존음비를 수용하였다. 그러나 원시유학은 음양의 속성인 강(剛)·유(柔)와 동(動)·정(靜)을 단지 다름으로만 이해하였고, 이 다름은 본유적이라는 함의를 갖는다. 그러므로 동양의 사유방식에서는 강함과 부드러움, 움직임과 고요함 두 종류의 다름만 구별할 따름이다.

따라서 서양 여성해방론에서 제기하는 남성성과 여성성의 이분법적 우열관, 즉 이성·합리성 대 감성 또는 직관, 공격성 대 수동성, 객관성 대 주관성, 독립성 대 의존성, 문화 대 자연, 영혼 대 육체, 남성 대 여성, 신에 대한 인간, 이와 같은 이원론은 서양 남성우월주의자들의 사유방식에 지나지 않아 결코 동양적 사유방식은 아닌 것이다. 다름은 인정하나 동등한 가치로 인식하는 원시유학사상이야말로, 오히려 레즈비언 여성들을 수용하는 데에 친화적일 수 있다.

---

203) 과정철학자 화이트헤드가 언급한 것으로 알려져 있으나, 그의 저서를 다 찾아보았지만 그런 언급은 없었기에, 수잔 M. 오킨은 아마도 강의 시간에 한 내용으로 이해하였다.
204) 김용옥(1985), 《동양학 어떻게 할 것인가》, 민음사.

남녀 사이에 본질적인 다름이 없다면, 그리고 여성은 단지 페티코트를 입은 남성에 불과하다면, 여성 문제는 분자화한 개인의 일로 환원될 것이며, 애초에 집단운동으로서 여성해방운동이라는 설정 자체가 잘못된 것205)이 된다. 그렇다고 해서 여성은 의존적이며, 변덕스럽고, 도덕성에서 치명적이며206) 간접적이라는, 이른바 남성성에 견주어 열등한 가치로 매김되는 여성의 특성이 여성의 본질이라고 주장하려는 바는 아니다. 이러한 것들은 모두 서양의 남성 우월주의자들이 덧씌운 그야말로 후천적으로 길들여진 것이며, 그렇다고 해서 이러한 잘못된 이분법을 해체하고 본성이 아니라는 주장은 자칫 여성의 생래적인 동질성마저 무차별적으로 무시하는 잘못을 저지르기 쉽다.

영국의 자유주의 철학자인 존 스튜어트 밀은 이와 같은 잘못을 미처 피해가지 못했기 때문에 비판의 과녁에서 벗어나지 못한 것이다. 부드러움과 고요함은 최소한 여성을 결속시키는 동질성이며, 남성과 다름의 준거가 된다. 그렇지만 이 부드러움과 고요함이 왜 가치가 없다는 말인가. 합리성과 이성은 높은 가치이며, 감성과 직관은 낮은 가치로 여기는 것은 서양의 데카르트적 사유방식의 한계가 아니고 무엇인가.

동양의 학문은 수신(修身)으로 도통(道通)하여 직관에 이르고자 함이 아니던가. ‘지경정좌(持敬靜座)’ ‘거경궁리(居敬窮理)’ 등이 이를 잘 설명해 준다. 근대 서양적 가치가 표준이며 동양적 가치를 낮게 보는 것은 자칫 문화제국주의로 이어지기 쉬운 만큼, 이는 마땅히 경계해야 할 것

---

205) 양승태(1990).

206) 에덴동산 한가운데에 있는 금단의 열매인 지혜의 열매를, 서양 여성의 원형인 이브가 먼저 뱀의 유혹에 넘어가서 따서 먹은 뒤에 아담에게도 권유한 신화의 내용에서, 여성은 유혹에 잘 빠지는 도덕적 결함이 있는 것으로 유비된다.

이다. 또한 서양인들도 늦게나마 깨달음을 거쳐서 동양적 가치 또는 여성적 가치인 감성과 직관을 재평가하고 있지 아니한가.

전통사회 여성의 한은, 지금까지 살펴본바, 유교의 근본 가르침인 효를 날줄로 하고 장유유서의 연령의 위계구조를 씨줄로 한 세대 사이의 차별에서 오는 며느리의 설움이었다. 그리고 전근대 혼인제도에서 오는 여러 가지 문제들—즉 첩제에서 파생된 정처와 첩의 차별에서 오는 첩살이의 한이며(그러나 첩제도는 《내훈》에서 지적하였듯이 상민과는 무관한 제도였다), 과부재가 금지로 말미암은 청상 수절과부들의 한이었다.

또한 내외법에 따라 남성의 일은 학문과 정치이며, 여성의 일은 방적과 길쌈, 가사로 구분한 것 역시 양반 여성들에게는 억압으로 작용하였다. 많은 실력 있는 여성들이 제도교육에서 배제되고, 과거응시의 길이 봉쇄되어서, 제도적으로 여성은 관직에 나아갈 수 없었던 현실을 허난설헌은 삼한(三恨)으로 표현하였다.

그렇지만 학문과 정치 참여의 배제는 조선왕조 여성들만의 문제가 아니라 전 세계사적으로 보편되는 여성 차별이었다. 그렇다고 해서 모든 남성들에게 교육과 학문과 정치참여의 문호가 평등하게 열려 있었던 것은 아니었다. 교육과 학문과 정치는 서양에서도 소수 엘리트 귀족 남성들의 전유물이었으며, 동양사회 역시 소수 양반 남성들의 전유물이었기 때문에, 교육과 학문과 정치참여에서도 신분의 차별이 우선했고, 그 다음이 남녀차별이라고 말할 수 있다.

또 다른 차별 문제는 바로 김금원이 제기한 규문 밖 출입을 자유롭게 할 수 없는 것이었다. 한편으로, 규문 밖 출입의 제한은 이렇게 해석할 수도 있다. 송시열이 시집가는 그의 딸에게 당부한 것은 친정의 대소사

외에는 출입을 삼갈 것과 가마를 타고 외출을 할 때라도, 가마 안 깊숙이 앉아서 밖을 내다보지 말라는 것이었다. 이것은 바로 양반 여성들은 출입을 할 때에 가마를 타고 외출을 하는 것이 법도라는 것을 말해주며, 따라서 가마를 메는 가마꾼들의 노고를 생각할 때 만부득한 경우가 아니면 외출을 삼가는 것이 옳은 일이었다. 내외법의 법도는 양반 여성들에게 국한된 것이었으며 상민 여성들에게는 해당사항이 아니었다.

정약용이 1794년 경기도 암행어사의 명을 받아 연천 지방을 순찰하고 쓴 시 〈적성촌(積城村)〉에서 서술한 참담한 농민들의 생활은, 내외법과는 거리가 한참 먼 것이었다.

> ……꾀고리 같은 조이삭 세 줄기와
> 닭 창자같이 비틀어진 고추 한 꿰미
> 깨진 항아리 새는 곳은 헝겊으로 때웠으며
> 무너앉은 선반대는 새끼줄로 얽었도다
> 구리수저 里正에게 빼앗긴 지 오래인데
> 엊그제 옆집 부자 무쇠솥 앗아갔네
> 닳아 헤진 무명이불 오직 한 채 뿐이라서
> 부부유별 이 집엔 가당치 않네
> 어린 것 헤진 옷은 어깨 팔뚝 다 나왔고
> 날 때부터 바지 버선 걸쳐보지 못하였네
> 큰 아이 다섯 살에 기병으로 등록되고
> 세 살 난 작은 놈은 군적에 올라 있어
> 두 아들 歲貢으로 오백 푼을 물고 나니
> 빨리 죽기 바라는데 옷이 다 무엇이랴
> 강아지 세 마리가 새로 태어나
> 아이들과 한방에서 잠을 자는데

> 호랑이는 밤마다 울 밖에서 울어댄다
> 남편은 나무하러 산으로 가고
> 아내는 이웃에 방아 품 팔러가
> 대낮에도 사립 닫힌 그 모습 참담하다
> 점심밥은 거르고 밤에 와서 밥을 짓고
> 여름에는 갓 옷 한 벌 겨울엔 삼베 저산
> 땅이나 녹아야 들 냉이 싹 날 테고
> 이웃집 술 익어야 찌끼라도 얻어먹지
> 지난봄 꾸어온 還子米가 닷 말인데
> 금년도 이 꼴이니 무슨 수로 산단 말가
> 나졸 놈들 오는 것만 겁날 뿐이지
> 관가 곤장 맞을 일 두려워 않네……207)

가난한 농부들은 초가삼간 누옥에서 생활하면서 안채와 사랑채로 거처를 달리 한다는 것은 해당 사항이 아니며, 더욱이 '닳아 헤진 무명 이불 오직 한 채뿐이라서 이 집에 부부유별 가당치 않네'라는 표현에서 부부유별 또는 내외법은 양반들의 법도였음을 알게 된다. 농민 여성들은 규문 안이란 제한을 받았던 것이 아니라 생계를 위해서 밖으로 어디로든 나다녀야만 하였다.

사실 서양에서는 왕족, 귀족, 노예 모든 계급이 기독교 문화로 통일되어 있지만, 조선 유교사회에서는 양반문화와 기층문화로 분리되어 있었다. 그러나 한편 유교 양반문화에서는 아내에게 손님을 대하듯 존경하였으며, 아내를 성적 대상으로서가 아닌 인격체로 예우하였고, 아내의 외모보다는 어진 마음을 기렸다. 또 남녀를 불문하고 몸(身)을 존중

---

207) 송재소 역/정약용(1981), pp.62-63.

하고 '남편은 집안일에 대해 말하지 않는다(男不言內)'는 내외법의 불문율에 따라, 여성은 비록 교육과 학문과 정치참여라는 바깥일[外業]에서는 배제되었으나 내업 주장자로서 독자적인 가사결정권을 행사하였다고 하겠다.

이러한 양반 중심의 문화는 조선 후기 체제모순의 심화로 여성 의식의 변화를 가져올 수밖에 없었다. 이런 변화는 다음 장에서 서술하기로 한다.

4장 한국 근대사상에 나타난 여성 인식과 여성운동의 태동

한국 근대사상의 태동을 대다수의 학자들은 실학에서 그 실마리를 찾고 있다. 이 장에서는 실학사상의 대두와 실학자들의 여성관 및 근대사상으로서의 개화사상에 나타난 여성 문제 인식을 차례로 살피도록 하겠다.

1. 실학사상의 대두와 천주교의 전래

실학이 무엇인가는 여러 학자들의 논의를 거쳐서 우선 다음과 같이 정의되고 있다. 실학은 다름 아닌 실사구시(實事求是)의 학문이요, 이용후생(利用厚生)의 학문이며, 경세치용(經世致用)의 학문[1]이다. 실학이 배태되었던 17, 18세기 한국 사회는 양반 지배의 전통사회 구조가 점차 무너져 내리는 시기였다. 유교적인 왕도정치는 양반들의 세력균형을

---

[1] 전해종(1979), 〈실학의 개념〉, 《한국과 중국》, 지식산업사, pp.147-178.

기반으로 해야만 안정을 기할 수 있으나, 왕조 창건 후 2, 3세기를 거치는 동안 신분세습에 따른 양반신분층의 수적 증가와 고정된 정치기구로 말미암은 인재등용의 한계성은 양반관료 사이의 파당과 대립을 격화시켰다. 거기에다 점점 더 일당전제(一黨專制)의 방향으로 나아가 대부분의 양반들은 정권에서 배제·소외되었기에 특별한 생업이 없는 한 몰락의 길을 밟을 수밖에 없었다.

한편 토지경제를 중심으로 한 조선왕조는 이미 17, 18세기에 전·세제(田·稅制)가 문란하고 소수가 대토지를 점유하여 국가 재정은 날로 궁핍해져서 봉건적인 농민 수탈은 가중되었다. 다른 한편 농업기술의 보급·발달에 따라 이른바 경영형 부농이 일부 출현하였고,[2] 서울에서는 난전(亂廛: 자유상인)과 사상도고(私商都賈)가 등장하고, 지방 장시가 발달하고 대동법의 실시에 따른 공인(貢人)의 출현은 조선 후기의 화폐경제 발달을 촉진시켰다. 자연히 양반과 농민층에서 신분의 분해가 진전되었다.[3]

이제 주자학적인 이념과 사회규범은 변화하는 사회와 부합될 수 없었다. 일부 학자들 사이에 이론적 추상적 비실용적인 학풍에 대한 반성과 비판이 일면서, 현실에 더 알맞은 인생관·신분관·직업관·경제사상을 품은 '탈주자학적' 학풍, 말하자면 원시유학 또는 본원유학[洙泗學][4]으로 돌아가자는 학풍이 일어나게 되는데, 바로 실학이라 하겠다.

이러한 학통은 윤휴-허목-이익-정약용으로 이어진다. 실학자들

---

2) 김용섭(1995), 《증보판 조선후기농업사연구》, 지식산업사.
3) 한우근(2001), 《조선시대사상사연구논고》, 한국학술정보, p.380.
4) 수사(洙泗)는 산동성 곡부현에 있는 강 이름이며, 공자가 이 근처에서 제자들에게 도를 가르쳤기 때문에 일명 공자학을 말한다.

의 《주역》 음양론의 해석은 대대성과 상보성을 강조한다. 서자 출신의 실학자 이덕무는 그의 저서 《사소절(士小節)》에서 음양론을 다음과 같이 해석하였다.

> 남편과 아내의 화목하지 못한 원인은, 다만 남편은 하늘은 높고 땅은 낮다는 말을 지켜 스스로 높고 큰 체하여 아내를 억눌러 그 뜻을 용납하지 않고, 아내는 다만 동등하다는 도리를 지켜 나는 그와 같다고 생각하는 데 연유하는 것이니, 이러고서야 어찌 서로 굴복하는 일이 있겠는가?…… 하늘과 땅이 비록 높고 낮더라도 그 만물을 길러내는 공(功)은 한가지임을 모르기 때문이다. 남편과 아내는 비록 동등하다고 하더라도 강하고 부드러운 분수를 어겨서는 안 된다.[5]

하늘과 땅은 물리적인 위치가 높고 낮다는 것이며, 그 만물을 길러내는 공은 평등하기에 남편과 아내는 동등하다고 이덕무는 해석하였다. 정약용은 주자의 음양오행설[6]을 비판하고, 오행설은 받아들이지 않고 음양설만을 자연현상으로 이해하였다. 이것은 음양을 상징적 대대관계(待對關係)로 이해하여 양의(兩儀)의 둘로 해석하였다. 양의란 결코 음양의 각각 독립된 존재가 아니라, 태극(太極)이라는 하나의 양의에 지나지 않으며, 독음(獨陰)과 독양(獨陽)은 존재할 수 없음을 의미한다. 다음의 내용이 이를 설명하고 있다.

> "太極者 太一之形 兩儀者 兩合之儀"
>
> "天地之間 不可一刻而無陰 亦不可一刻而無陽 故 純陽則直變爲陰純陰則直變爲陽"[7]

---

5) 김종건 역/이덕무(1775), 《士小節》, 양현각, p.111.

6) "天以陰陽五行 化生萬物 氣以成形而理亦賦焉". 주자의 《中庸章句註》.

  독음과 독양은 존재할 수 없다는 위의 음양론의 상보적 원리는 따라서 서구의 자율적 개인을 강조하는 개인주의와는 상당히 갈등관계에 놓이게 되는 것이다. 이론적인 차원에서 남녀의 상보적 대대성을 강조한 실학자들도 여성을 학문 분야에서 배제하는 데에는 주저치 않았다. 이덕무가 그러하고 이익 또한 그러하였다.[8] 그러나 이 점은 실학자들의 시대적인 한계점으로 인정할 수밖에 없겠다.

  한편 정약용은 집안일도 부부가 서로 의논해서 결정한다는 민주적인 방법을 제시하였다.

자식들이 이미 분가를 하면 　　부모도 자식들에 맡겨두는 법
사치와 절약은 자기들 맘인데 　　죽먹어라 밥먹어라 어이 할 건가
모든 일 부부가 의논해서 결정하니 지나친 부모간섭 원하지 않네[9]

  이 당시 실학사상은 외부로부터 적지 않은 영향을 받았음을 간과할 수 없다. 임진왜란 뒤 여진족에 의한 명나라의 멸망과 청조의 성립. 양대 호란의 수난은 북벌론의 대두와 민족적 자각을 새롭게 하였으며, 그 뒤 청대 강희·건륭기의 문화의 융흥은 이들 지식인들에게 북벌론에서 청대 문화 수용으로 의식을 전환시켰다. 이것은 곧 전통적인 화이관(華夷觀)의 탈피이며, 민족문화에 대한 새로운 인식을 의미한다.

  또한 중국으로부터 전래·수용된 서학사상, 즉 천주교와 서양 과학사상의 영향도 과소평가할 수는 없다. 천주교는 물론 중국을 거쳐 조선

---

  7) 다산 정약용의 《주역사찬(周易四纂)》의 내용을 이을호(1986), 《한사상의 묘맥》, p.297에서 재인용.

  8) 김석준(2003), 《조선후기정치사상사연구》, 지식산업사 참조.

  9) 송재소 편역(1981), 《다산시선》, 창작과비평사, p.256.

에 전래되었다.[10] 최초의 전래자는 선조조에 사신으로 연경(燕京)에 갔다가 돌아온 허균으로 알려졌다.[11] 중국에는 이탈리아인 선교사 마테오리치가 1583년 광둥(廣東)에 상륙하여 전도활동을 하다가 1601년 연경에 들어가 전도를 공식으로 허가받았다. 조선에 전해진 천주교 서적은 마테오리치의 《천주실의》였으며, 주로 허균·이수광·이익·안정복·정약용 등 남인계열 실학자들에게 널리 읽혔다. 천주학에 대한 호기심은 이승훈이 중국에서 세례를 받고 귀국한 뒤에는 신앙으로 발전하였다. 영조대에는 해서지방의 남녀 민간에 천주교가 유포되어 관동지방에까지 전파되었다.[12]

특히 '부녀자들은 지상의 사생(死生)을 버리고 만세(萬世)의 천당·지옥설에 빠져서 한번 투입한 뒤에는 그 미혹을 벗어날 길이 없다'[13]는 표현에서 보이듯, 천주교가 여성들에게 널리 전파되었음을 시사하고 있다. 초기에 천주교가 여성들에게 호소력이 있었던 것은 신분의 차별에서 오는 지상(현실)의 비참한 생활로부터 해방되어 천국(내세)의 복락을 평등하게 누리려는 소망이 담겨 있었다. 천주교는 서양 중세사회에서 신분의 차별을 정당화했던 교리[14]로 적용되었으나, 조선에서는 신분의 억압에서 허덕이는 민중들에게 복음의 씨앗으로 전파되었다.

---

10) 어떤 이는 임진왜란 때 경남 왜군 진지에 와 있던 선교사 세르페데스가 조선에 천주교를 전래한 것으로 암시하나 《조선교회사》의 저자 달레는 이를 부인하였다.[한우근(2001), p.238]

11) 유몽인, 박지원, 안정복이 모두 천주교 전래의 시작을 허균이라고 하였다.[한우근(2001), pp.238-239]

12) "先朝戊寅(영조 34년) 해서지방에 邪學이 있어 거의 家家人人이 사당을 허물고 祀를 폐하여 해서로부터 관동에까지 그 무리가 실로 성하여 자못 현혹되고 있다."(정조 15년 11월 丁丑조)

13) 李晩采, 《闢衛編》 권 2 洪注書上蔡左相書.

14) 이태진(1985), 《조선시대 정치사의 재조명》, 범조사.

영조를 이어 52년 동안 재위한 정조는 그 첫해에 노론 벽파에 의해 비명횡사한 부친 장헌세자(속칭 뒤주대왕)에 대한 원한으로 벽파의 김 귀주[15])를 흑산도로 유배하였다가 사사(賜死)하였다. 정조는 노론세력을 견제하는 한편 왕권강화책으로 채제공·이가환·정약용·이승훈 등 남인을 등용하였다. 정조 17년에는 남인의 영수 채제공을 영의정에 제수하였으나 노론 벽파의 거센 반발 때문에 영의정 발탁은 9일 정도(5월 25일~6월 4일)로 짧게 끝나고 말았다. 이러한 상황에서 이가환·이승훈 등이 천주교를 통해 서양 선박의 지원을 거듭 요청한 사실에서, 이는 노론을 견제하려는 정조 임금의 묵인 아래에 이루어졌으리라는 견해도 있으나,[16] 상세한 논구는 이 책의 범위를 벗어나기에 간단하게 언급하려 한다.

어쨌든 1799년에 채제공이 사망하고 이듬해(1800년)에 정조가 승하하자 정국이 바뀌었다. 어린 왕세자 대신 영조의 계비 정순왕후 김씨가 대왕대비로 수렴청정을 시작한 것은 노론 벽파의 정치적 등장을 의미하며, 1801년의 신유사옥[17])은 노론에게는 천주교와 연루된 남인세력을 일망타진하는 절호의 기회였던 것이다. 신유사옥 때에 천주교 여신도 대표도 체포되어 국문(鞠問)을 받았으며, 여신도들 대다수는 하층 출신이었기에 이들은 현세의 신분차별을 극복하는 길로서 기꺼이 천당을

---

15) 영조의 계비 김씨의 오빠인 김한구의 아들이다.

16) 정석종(1994), 〈정약용과 정조·순조 연간의 정국〉, 《조선후기의 정치와 사상》, 한길사, pp.329-331.

17) 신유년 정순왕후 사학(邪學) 금압 하교는 이러하다: "오늘날 사학은 아비도 없고 인군도 없으며 인륜을 훼회하고 교화에 배반하여 이적금수에 돌아가니 저 어리석은 백성들이 패설에 점염되는 것이 마치 어린 아이[赤子]가 우물에 빠지는 것과 같다.……엄금한 후에도 그치지 않는 무리가 있게 되면 마땅히 역률에 따라 처리하여야 할 것이다."

선택할 만큼 조금도 흔들림이 없었다. 당시 천주교 신도는 1만여 명에 육박하였고, 특히 여신도 윤점혜와 정순매는 동정을 지키기 위하여 혼인을 거부하였다.[18] 혼인을 거부하는 것은 곧 유교윤리에 반하는 것으로 해석할 수 있으나 계속적인 조정의 천주교 탄압으로 말미암아 근대적인 천주교 여성운동으로 승화되지는 못했다.

2. 동학사상에 나타난 여성평등관

천주교의 전파를 견제하기 위해서 동학이 창도된 것은 1860년 경상도 몰락양반의 후예인 최제우에 의해서였다. 동학 창도의 시대 상황은 유교적 지배체제의 모순이 절정에 달하였고, 이른바 '서세동점(西勢東漸)'의 외세 위협에 노출되어 있었다. 정치적으로는 왕실외척의 세도정치로 이어져 정권에서 소외된 대부분의 양반은 몰락의 길을 걸을 수밖에 없었다. 과거제가 극도로 문란해져서 매관매직이 자행되었고, 삼정(三政)의 문란은 그 절정에 달하여 궁반(窮班)과 천민만이 봉건적 징렴(徵歛)의 대상이 되었으며, 한발·기근·괴질의 유행[19]과 화척과 도적 등이 출몰하는 등 그야말로 백성은 도탄에 빠져 민심은 흉흉하기 이를 데 없었던 시기였다.

이 시기에 여러 종교와 사상이 혼재하여 백가쟁명 시대를 방불케 하

---

18) 박용옥(1984), 《한국근대여성운동사연구》, 한국정신문화연구원, p.24.
19) 조선조 후기 17~19세기 동안 평균 2.5년마다 천재지변이 있었고, 이때 사망자 수는 5만, 10만 명이 보통이며 최고 15만 명의 사망자 기록도 있었다.[조광(1982), 〈19세기 민란의 사회적 배경〉, 진덕규 외, 《19세기 한국전통사회의 변모와 민중의식》, 고려대 민족문화연구소]

였다. 이미 관학인 성리학은 껍데기만 남은 채 지배 이데올로기 구실을 상실한 지 오래되어 재야 실학자들로부터 비판을 받았으며, 하층민들은 자신들을 도탄에서 구해줄 구세주와 이상향을 꿈꾸었다. 그 구세주는 미륵신앙과 정감록 사상이었다.

《정감록》의 정진인(鄭眞人)은 조선 후기 일반 민중이 갈망하는 평등한 사회를 실현시켜주는 해방자이며 민중의 우상이었다. 그들은 언제나 섬에서 민중을 봉건적 억압에서 해방시키기 위하여 그가 오고 있다고 믿었으며, 때문에 그가 살고 있는 섬은 평등한 이상향인 것이다.[20] 조선 후기 모든 민란[21]에서 확인되는 것은 정진인을 영입하는 문제였기에 정감록은 사라질 줄 몰랐다.

한편 조선 초기에 음사를 폐지하면서 무녀들을 도성 밖으로 내몰았으나 민간에서는 여전히 무녀들에게 음복을 비는 일들이 그치지 않았다. 따라서 조정에서는 무녀들에게 무세를 징수한 것에서 알 수 있듯이 여전히 귀신신앙도 무시할 수 없었다. 불교 또한 조선 초기의 억불숭유 정책으로 불사(佛事)가 엄금되었으나, 현존하는 전국의 사찰 가운데에서 고려시대의 사찰인 영주 부석사와 안동의 봉정사를 제외한 사찰들이 조선조에 건축되었음을 보면 민간신앙으로 불교가 명맥을 유지해왔다는 사실을 확인시켜 준다.

그리고 천주교는 신유사옥 이후에 교세가 오히려 번성하여 고종 2년

---

20) 정석종(1994), p.67.

21) 1629년 명화적 집단의 난에서는 이미 평등을 원칙으로 하는 15개조의 사회개혁안이 마련되었다. 즉, 노비를 양인으로 할 것, 궁방 등 권세가의 농장은 몰수하고 이를 상급할 것, 원부세 이외 각종 잡역을 금지할 것, 노비노동 대신 고공제를 시행할 것, 형벌제도를 완화할 것, 유학(幼學), 교생(校生), 무학(武學) 등에게 군역을 부과할 것, 3정승 6판서도 양・천민 가운데에서 골고루 담당할 것 등이었다.[정석종(1994), p.121]

에 사규(四規) 고해자 1만 4433명, 재고해자 3,493명, 영세를 받은 성인 907명, 약식세례를 받은 어린이 1,116명이었다.[22] 또한 1860년 영-프 연합군이 텐진과 베이징을 점령한 사건은 조선 내에 양이(洋夷)에 대한 공포를 야기시켰다.

이러한 때에 최제우는 양이, 곧 서학에 맞서기 위해 유·불·도를 포괄한 동학을 창도한 것이다. 동학은, 천당과 지옥을 말하고 조상제례를 무시하는 서학의 비윤리성을 배격할 뿐만 아니라, 서양세력의 중국 침범이 바로 조선을 위협하는 것으로 해석하였는데, 이러한 위기감과 저항의식은 〈권학가(勸學歌)〉에 잘 나타나 있다.

下元甲 庚申年에	전해오는 세상 말이
요망한 서양 賊이	중국에 침범해서
천주당 높이 세워	거 소위 하는 도를
천하에 편만하니	가소절양 아닐런가
……	
成群聚黨 극성중에	허송세월 하단 말을
보는 듯이 들어오니	무단히 한울님께
晝宵間 비는 말이	三十三天 玉京臺에
나 죽거던 가게 하소	우습다 저 사람은
저의 부모 죽은 후에	신도 없다 이름하고
제사조차 안 지내며	오륜에 벗어나서
惟願速死 무슨 일고	부모없는 魂靈魂魄
저는 어찌 惟獨있어	상천하여 무엇할고

---

22) 한우근(2001), p.290.

위의 《용담유사》〈권학가〉에서 보면 동학은 제사와 오륜이라는 유교적 가치로서 천주교의 사후 천국설을 비난하고 있다.[23] 이것은 천주교를 무부(無父) 무군(無君)의 사교(邪敎)로 금압한 조정의 논리와 흡사하다. 그리고 동학의 보국(輔國) 사상에는 서양에 대한 경계심뿐만 아니라 임진왜란의 국난으로 말미암아 일본에 대한 강렬한 적개심도 깃들어 있다. 그것은 주로 부녀들을 상대로 한 〈안심가〉에서 나타난다.

<blockquote>

가련하다 가련하다   我國運數 가련하다
前歲壬辰 몇해런고   二百四十 아닐런가
…………
개 같은 倭賊놈아   너희 신명 돌아보라
너희 역시 下陸해서   무슨 恩德 있었던고
…………
한울님께 조화받아   一夜間에 멸하고서
大報壇에 맹서하고   漢夷원수 갚아보세

</blockquote>

위의 〈안심가〉에서는 임진왜란에 대한 원수 갚음과 아울러 병자호란 때에 청의 침략으로 말미암아 수난과 치욕에 대한 복수의식도 포함되었다. 이러한 동학의 반외세는 전통적인 화이관에서도 벗어나고 있음에 주목을 요한다. "유도(儒道) 불도(佛道) 누천년에 운이 역시 다했던가" "아서라 이 세상은 요순지치 부족치요 공맹지덕(孔孟之德) 부족언이라"고 한 것은 중화적 전통을 거부하고 조선에 발상지를 구하는 동학을 창교한 사실에서 잘 나타나 있다.[24] 또한 동학은 당시의 《정감록》

---

23) 김영작(1989), 《한말 내셔널리즘 연구》, 청계연구소, p.194.
24) 김영작(1989), p.196.

사상도 '동국참서(東國讖書)'로 지목하고 괴이한 것으로 부정하였고[25] 현실의 윤리적 부패상을 극복하는 길은 오로지 '한울님'에게 귀의하는 것이라 여겼다.

> 나는 도시 믿지 말고   한울님만 믿어서라
> 내 몸에 모셨으니   捨近取遠 하단말가
> ……
> 入道한 세상사람   그날부터 군자되어
> 無爲而化되어   地上神仙 되리라.(敎訓歌)

사람이 곧 하늘이라는 동학의 '인내천(人乃天)' 사상은 인간 평등관을 바탕으로 하기에 신분질서에 도전하는 현실 부정의 반봉건[26] 이념을 담고 있다. 이는 동학이 순수한 종교사상에 머물지 않고 혁명사상으로까지 승화할 수 있는 길을 열어놓은 것이다.

이러한 동학사상에서 여성평등관을 찾아내기란 그리 어려운 일이 아니다. 동학에 입도한 사람은 남녀를 불문하고 그날부터 군자가 되기 때문에 반상의 차별뿐만 아니라 남녀의 차별도 제거되는 것이다. 더욱이 동학 신도들은 모두 한울님을 내 몸에 모시기 때문에 여신도들 또한 한울님이 된다.

> 老妻의 거동 보소, 묻는 말은 대답잖고, 무릎 안고 입다시며,
> 세상 소리 서네 마디, 근근히 끌어내어, 천장만 살피면서,

---

25) 〈夢中老少問答歌〉에 표현되어 있다.[한우근(2001), p.322]
26) 동학의 반봉건적 성격의 내용은 정통 주자학에 대한 도전과, 조선왕조의 계층적 신분질서를 거부하는 만민 평등사상이었다.[김영작(1989), pp.198-210 참조]

꿈일런가 잠일런가, 허허 세상 허허 세상, 다 같이 세상 사람,

우리 복이 이러할가, 하늘님도 하늘님도 이리될 우리 신명,

어찌 앞날 지낸 고생, 그다지 시기신고, 오늘사 참말인지,

여광여취 저 양반을, 간 곳마다 따라가서, 지띨한 그 고생을,

눌노 대해 그 말이며, 그 중의 집에 들면, 장담가치 하는 말이,

그 사람도 그 사람도, 고생이 무엇인고, 이내 팔자 조흘진댄,

희락은 벗을 삼고, 고생은 희락이라.[27]

앞의 내용은 하늘님과 영적 소통을 하는 무아경의 기쁨을 남성도 여성[老妻]도 똑같이 누릴 수 있음을 예시하였다. 최제우는 '가도화순(家道和順)'을 권장하였고, 2대 교주 최시형은 '부화부순(夫和婦順)'을 주장하였다. 부화부순은 "부인이 화를 내어도 마음과 정성을 다하여 절하고 절하면서 온순한 말로 대화하면 마침내 화(化; 入道)하게 된다"[28]는 것이다.

이러한 동학의 남녀평등을 포괄한 만민평등사상은 1894년 갑오농민전쟁에서 혁명의 이념으로 작용하였다. 이 당시 동학 농민군이 제시한 12대 폐정개혁안[29] 가운데서 '청상과부의 재가허용조'가 포함되었다. 최제우를 비롯한 동학 지도자들 가운데 재가모(再嫁母) 출신이 적잖게 있어서 동학군들이 과부재가론을 제기하는 것은 자연스러운 일이었다. 그리고 민중에 의한 여성의 문제 제기가 바로 과부재가 허용 주창이라는 점에서 과부재가 금지가 조선조 여성들에게 억압으로 인식되었음을 반증한다고 하겠다. 이 과부재가 금지는 물론 개화사상가, 특히 박영효

---

27) 윤석산(1987), 《龍潭遺詞 硏究》, 민족문화사, p.226.
28) "부인이 혹 남편의 말을 좇지 아니하거던 정성을 다하여 拜하라. 溫言順辭로서 一拜 二拜하면 비록 도척의 악이라도 감화되나니라."[박용옥(1984), p.27에서 재인용]
29) 동학농민군의 12대 폐정개혁안은 김영작(1989), pp.233-234 참조.

의 영향에도 힘입은 바 크지만, 동학농민군들이 밑에서부터 요구한 개
혁을 수렴하여 1895년 갑오개혁에서 철폐되었다.

3. 개화사상에 나타난 여성 인식

앞 절에서 언급한 실학의 근대 지향은 노론의 등장에 따른 봉건적
반동 속에서 잠적상태에 있다가, 제국주의 침략 앞에서 지루한 성장을
기다릴 것 없이[30] 박규수·유대치·김옥균 등의 개화론으로 대체되어
갔다. 박규수는 실사구시의 실학 학풍을 이어 받아 개화사상을 꽃피우
게 한 선구자였다. 그가 실학을 이어받았다는 것은 다음의 사료에서 알
수 있다.

> 크게는 경야지리를 견고히 함이며, 작게는 금석, 고고, 의기, 잡복 등사
> 에 걸쳐 연구가 정확하지 않은 것이 없다. 실사구시라. 규모는 넓고 종리
> 는 치밀하다.[31]

박규수는 청대의 학자 위원(魏源)의 《해국도지》[32]를 읽고 깊은 영향
을 받았으며, 그가 직접 지도한 김옥균, 박영효, 박영교, 홍영식, 서광범

---

30) 조동걸(1989), 《한국근대사의 시련과 반성》, 지식산업사.
31) 김영작(1989), p.83.
32) 위원의 《해국도지》는 아편전쟁 당시 사대부들의 해방론(海防論)을 종합하여 집약한
　　것으로서 '이이공이(以夷攻夷)', '이이관이(以夷款夷)', '사이장기(師夷長技)'를 강조하
　　였다. 그러나 위원의 경제사상은 위기에 빠진 청조의 '대일통'적 성세를 유지하는 것
　　이었다.[조병한(1989), 〈청대의 사상〉, 서울대 동양사학연구실 편, 《강좌 중국사 Ⅳ》,
　　지식산업사, pp.287-289]

등은 갑신정변의 중심 인물들이었다.[33] 갑신정변에서 제시된 14개조의 갑신정강은 최초로 구체화한 근대적 개혁의 요목으로서 의미가 있었다. 그 내용을 성격에 따라 재분류 정리하면 다음과 같이 요약할 수 있다.

1. 사대외교의 폐지와 민족적 자주 독립권의 확립
2. 군사-경찰제도의 개혁
3. 국가재정의 충실과 군비확충
4. 근대적 교육의 충실과 유학생의 파견
5. 근대적 내각제도의 수립과 군주의 권한 제한
6. 인민 평등권의 확립과 인재 등용
7. 봉건적 경제수탈과 폭정의 제거에 의한 민중생활의 개선[34]

근대 개혁의 요체라고 알려진 갑신정강에는 사실 여성을 위한 근대적 조처는 마련되지 않았다. 개화사상가 가운데서 여성의 문제를 구체적으로 제기하고 제도개혁을 주장한 사람은 갑신정변에 실패하고 일본으로 망명한 박영효였다. 그는 망명지 일본에서 1888년 1월 13일에 장문의 〈개화상소문〉을 고종에게 올렸다.

이 상소문은 갑신정변이 있고 3년이 흐른 뒤이기에 갑신정변의 개혁사상보다 진일보한 측면이 있었으며, 이것은 바로 여성의 인권을 제기한 것에서 찾을 수 있다. 물론 박영효는 일본에서 1860년부터 7년 사이에 미국을 2회, 유럽을 1회, 세 차례에 걸쳐 해외 견학을 한 일본의 근대화론자인 후쿠자와 유키치(福澤諭吉)[35]와 교유[36]를 하였기에 여성에

---

33) 실학에서 개화파로 이어지는 사상적 계보는 김영작(1989), p.97 참조.
34) 김영작(1989), p.139.
35) 후쿠자와 유키치의 양면성 즉 근대화론 뒤에 숨겨진 정한론에 대하여는 정일성

대한 문제의식은 그로부터 영향을 받은 것이 아닌가 한다.[37]

그는 이 상소문에서 반상제도와 양반의 특권의식을 통렬히 비판하고 인간의 생존권·자유권·행복추구권은 천부적 권리이므로 억조 백성이 모두 평등권을 누려야 함은 "움직일 수 없는(不可動) 통의(通義)"라고 주장하였다.[38] 말하자면 천부인권설에 바탕을 둔 사회계약론을 전개하였다.[39]

이러한 인권관을 지닌 박영효는 귀천의 신분 차별은 물론 남녀 차별제도도 철폐되어야 한다고 역설하였다. "남녀든 부부든, 그 권리는 같다(男女·夫婦 均其權也)"는 관점에서 "남녀 사이의 질투심은 같은 것"이니 남자에게만 유처취첩(有妻娶妾)·소처(疎妻)·출처(黜妻)·재취(再娶)의 특권을 부여하면서 부녀는 개가도 이혼[離緣]도 할 수 없는 것은 법률의 불평등성 때문이라고 지적하였다.[40]

박영효의 남녀평등사상은 19세기 후반기에 참정권운동의 선구적 구실을 한 영국의 자유주의 철학자 밀이 그의 저서 《여성의 예속》에서 이미 지적한, 여성 차별을 법적 불평등에서 찾았던 것과 맥락을 같이한다고 하겠다. 박영효는 한걸음 더 나아가 유년가취(幼年嫁娶), 즉 조혼제의 폐습까지도 철폐할 것을 주장하였다. 이들은 모두 봉건적인 혼인

(2001), 《후쿠자와 유키치》, 지식산업사 참조.

36) 문중섭(1998), 《한말의 서양정치사상 수용》, 경성대학출판부 참조.

37) 박용옥(1984), p.33.

38) "天降生民 億兆皆同一 而稟有所不可動之通義 其通義者 人之自保生命 求自由希幸福 是也 此他人之所不可如何也." 박영효의 개화 상소문은 1966년 1월호 《신동아》 별책부록 〈近代韓國名論說集〉, pp.12-23 참조.

39) 김영작(1989), p.152.

40) "凡男女嫉妒之心一也 而男能有妻娶妾 或疎其妻 或黜其妻 而婦不能改嫁 亦不能離緣 此於法律……且男喪其妻 可以再娶 女喪其夫 雖未經合졸 不得再嫁 此爲家族親類所制也."

제도 — 조혼제·첩제·재가금지·이혼불가 — 에서 오는 문제들이며, 특히 여성에게도 이혼의 권리가 있어야 한다는 것은 시대를 뛰어넘는 놀라운 탁견이라고 할 만하다.

그는 또한 "소·중학교를 세워서 6세 이상 된 남녀 모두를 학교에 보내 가르칠 것(設小中學校 使男女六歲以上 皆就校受學事)"을 주장하여 남녀 사이에 교육의 기회균등을 강조하였다. 전근대 사회 동·서양 어디에서나 여성의 제도교육은 전무하였기에, 이미 서양 여성들은 19세기 중엽부터 제도교육의 혜택을 누리고 있었음을 감안한다면, 남녀의 교육 기회균등은 너무나 당연한 요구라고 하겠다.

그러나 박영효의 개화 상소의 결실은 그가 정변의 실패자로서 정권에서 소외되어 있었기에, 그가 다시 귀국하여 정권에 참여하는 1895년까지 기다려야만 했다. 물론 14개조의 갑신정강은 동학농민군의 12대 폐정개혁안과 함께 걸러져서, 그리고 일본의 강압적인 내정개혁안[41]에 따라 1895년 갑오개혁으로 일부 결실을 보게 되었다.

이 갑오개혁은 자율 반, 타율 반으로 시행되었지만 여성의 문제는 순수한 자율 그것이었다고 하겠다. 왜냐하면 일본은 조선 여성의 지위향상에는 관심이 없었고 오로지 일본의 제국주의적 야심을 드러내지 않고 달성시키려는 목적만 있었기에, 일본의 내정개혁안에는 여성의 문제는 한 문구도 언급되지 않았다. 갑오개혁은 반상·귀천·노비제 철폐와 과거제 외에 인재등용과 사법제도 개선 등이 있었다.[42] 이 가운데

---

41) "중앙정부의 제도 및 지방제도를 개정하고, 인재를 채용할 것. 재정을 정리하고 부원을 개발할 것. 법률을 정돈하고 재판법을 개정할 것. 국내의 민란을 진정시키고 안정에 필요한 병비를 갖출 것. 교육제도를 확립할 것"이다.[김영작(1989), p.282]
42) 갑오개혁의 자세한 내용은 김영작(1989), pp.304-305 참조.

서 여성 문제의 개혁이 포함되었으니, 바로 "7. 남녀의 조혼을 금지하고 남자는 20세, 여자는 16세 이후에 허혼할 것, 8. 과부의 재혼은 귀천에 관계없이 자유의사에 위임할 것"이었다.

과부재가 금지는 동학 농민군이 12대 폐정개혁안에서 그리고 박영효의 〈개화상소문〉에서도 제기되었던 문제이며, 조선조 사회 여성들에게 가장 무거운 질고였다. 그 질고로부터 해방은 말하자면 외압과는 무관하게 밑으로부터의 개혁 요구와 위로부터의 개혁이 접합점을 찾아서 실현된 것으로 보아야 한다.

조혼 금지는 박영효가 상소문에서 건의한 것으로서, 조혼제로 말미암은 여러 가지 질병의 예방을 방지하고자 한 의도로 해석되기에, 박영효는 부모의 동의를 필요로 하지 않는 자유결혼까지를 염두에 둔 것은 아니었다. 그리고 첩제는 갑오개혁에서도 그대로 온존시켰다. 즉 제6항의 '적·첩 어느 쪽에도 생자가 없을 경우에 한하여 양자를 허가할 것'은 적·서 차별을 완화한 측면에서 진일보했다고 평가할 수 있으나, 첩제를 폐지하지 않은 점에서는 미흡하다고 하겠다.

남녀의 교육에서 기회균등은 갑오개혁에 정부가 소학교령을 반포하여 '심상(尋常)·고등(高等) 2과로 편제하여 남녀를 나란히 취학'하게 하였다. 이것은 남녀에게 동등한 교육 기회를 부여하는 데 뜻이 있었다.[43] 그러나 여자는 문밖 출입도 자유롭지 않았던 당시에 어느 집에서 딸을 남녀공학에 내보내겠는가. 자연히 여학교의 설립이 실제로 요구되었다. 당시에 남자 관(공)립 학교는 몇몇 세워졌지만[44] 관립 여학교는 설립되지 않았다.

---

43) 박용옥(1984), p.43.
44) 이만규(1947), 《조선교육사》 上, 한국진흥원.

192

그러나 여성의 제도교육은 사립학교에서 시작되었다. 1886년 5월 말에 미국 감리교 선교사로 조선에 파송된 스크랜톤 부인이 왕비 민씨의 통역을 희망하는 한 기혼여성에게 영어를 가르친 일이 사립 교육기관인 이화학당의 시초였다. 1890년에는 이화학당이 정식 인가를 받아 1901년에는 재학생 수가 76명으로 증가하였다. 1905년에는 신입생이 의복문제를 각자가 해결하였고, 1907년에는 모든 신입생들에게 1원의 입학금을 부과하여[45] 명실상부한 사립 여성 교육기관의 구실을 하였다. 1895년에 정신여학교도 사립학교로 출발하여[46] 조선의 여성교육의 선구적 구실을 하였다.

여성에게 제도교육의 기회가 주어진 것은 전통사회의 내외법을 탈피하는 획기적인 전환이었다. 글 읽는 것은 남성의 일이요, 방적은 여성의 일이라는 외업과 내업의 엄격한 구분을 철폐하는 것이었다. 실제로 전통사회 여성들이 여성으로 태어난 것을 한으로 여기며 남성으로 태어날 것을 염원한 것은, 상당 부분 여성이 제도교육의 소외에서 말미암았음을 고려한다면, 여성 제도교육의 실시는 여러 가지 여건을 감안한다고 하더라도 역사의 진보라 할 것이다.

여성을 위한 관립 여학교의 설립 요구는 서재필이 발간한 《독립신문》에서 여러 차례 반복되었다. 서재필은 개화당 정부에서 병조참판 겸 정령관을 맡았던 1884년 갑신정변의 주역의 한 사람으로서 정변 실패 뒤 일본을 거쳐 미국으로 망명하였다가 1895년 12월에 귀국하였다.

귀국 후 서재필은 김홍집 내각에 참여하는 대신 1897년 4월 7일 《독립신문》[47]을 창간하였고, 이어서 7월 2일에는 독립협회를 창립하였

---

45) 이화백년사편찬위원회(1994), 《이화 100년사》, 이화여자대학교, p.66.
46) 이만규(1947).

다.[48] 서재필은 미국에 망명해 있는 동안 해리 힐맨 고등학교(Harry Hillman Academy)에서 3년간 수학하였기에, 그의 사상은 그때에 접한 서양 사상가들의 영향을 상당히 받았음을 알 수 있다. 아리스토텔레스, 스피노자를 비롯하여 영국의 공리주의자 벤담이나 로크, 프랑스의 루소나 몽테스키외 등의 영향을 받아서 자연법 사상, 진보의 관념을 익힌 것으로 보인다.

그러나 서양 계몽주의 사상가들의 대다수가 공자의 민본주의 사상에 얼마간 영향을 받았던 사실에 주목해야 하며, 특히 몽테스키외는 공자의 초상화를 그의 응접실에 걸어 놓고 아침저녁으로 경배하였다고 전해진다.[49] 서재필은 1897년 3월 9일자 《독립신문》 국문판의 논설에서 다음과 같이 천부인권설을 역설하였다.

> 나라이 진보되야 가는지 안 가는지 첫째 보이는 것은 그 나라 사람들이 자기들이 백성된 권리를 차지랴고 하는 거시라.…… 백성마다 얼마큼 하느님이 주신 권리가 잇는데 그 권리는 아모라도 뺏지 못하는 권리요 그 권리를 가지고 백성 노릇을 잘 하여야 그 나라 님군의 권리가 높아지고 전국 지체가 높아지는 법이라.[50]

위의 내용 가운데 사람이 태어날 때 하늘로부터 받은 권리를 가지고

---

47) 《독립신문》은 매주 3회(화, 목, 토) 발간하며, 총 4면으로 1·2면은 한국 문제, 3면은 광고의 한글판이며 4면은 영문판이었다. 1897년 1월 5일부터 한글판과 영문판이 분리되어 두 개의 신문이 간행되었다.

48) 신용하(1990), 〈서재필의 민주주의사상〉, 현종민 편, 《서재필과 한국민주주의》, 대한교과서주식회사, p.17.

49) 금장태(1978), 〈동서교섭과 근대한국사상의 추이에 관한 연구〉, 성균관대 대학원 박사학위논문(미간행).

50) 이광린(1990), 〈서재필의 사상〉, 현종민 편, 《서재필과 한국민주주의》, p.13.

있다는, 이른바 천부인권설과 진보를 말하는 것에서 18세기 유럽의 계
몽주의 사상의 영향을 받았으리라 짐작된다. 그의 천부인권설은 바로
남녀동등권으로 발전한다.

> 세상에 불쌍한 인생은 조선 여편네며…… 여편네가 사나이보다 조금도
> 낮은 인생이 아닌데 사나이들이 천대하는 것은…… 사나이들이 문명 개
> 화가 못되어…… 다만 자기의 팔심만 믿고 압제할랴는 것이니 어찌 야만
> 에서 다름이 있으리오.…… 자기 아내가 못 미더워 문밖에 임의로 나가지
> 못하게 하고, 내외하는 풍속을 마련하여 죄인같이 집에 가두고…….51)

위 사설은 내외법의 철폐가 바로 남녀동등권으로 이어진다고 시사하
였다. 그는 남녀동등권이 실현되면 국가에 세 가지 도움이 있다고 하였
다. 즉 '1) 지혜 있는 부인들도 국사를 의논하여 정치를 진보케 할 수
있다, 2) 혼인 후 부부간에 가사를 서로 의논하여 가도를 흥왕케 할 수
있다, 3) 10세 이전의 자녀교육을 담당하는 것은 어머니이므로 어머니
가 학문으로 자녀를 가르칠 수 있으므로 자녀의 어머니요 스승이 된
다'52)는 것이다. 그는 이미 여성의 정치참여를 예견하였으며 남편과 아
내가 가사를 상호 민주적인 방법으로 의논하여 결정해야 한다는 것을
시사하였다. 그리고 서재필은 갑오개혁에서 제외된 축첩문제를 강력하
게 비판하였다.

> 사나희들이 풍속 만들기를 저희는 음행하며 장가든 후 첩을 두어도 부
> 끄럼이 업고…… 조선 사나희 중에 음행을 하든지, 첩 두는 자는 음행있는

---

51) 1896년 4월 21일자 《독립신문》 사설.
52) 《독립신문》 1899년 5월 26일자 논설.

녀편네 다스리는 법률로 다스리는 것이 마땅하니라…… 우리 생각에는
계집이 되야 남의 첩이 된다든지 남의 사나희를 음행을 범하게 하는 인생
들은 다만 이 세상에만 천할뿐 아니라 후생에 그 사나희와 가치 지옥에
갈 터이요…… 옳은 사람이 되랴거든 첫째 자기 몸부터 옳고 정결케 가지
고 내게 딸린 아내와 자식들을 실상으로 사랑하고 다시 음행하던지 첩을
엇는다던지 첩이 된다던지 하는 일이 없게 하며 만일 첩을 얻는 사람이던
지 첩이되는 계집들은 세계에서 제일 천한 사람으로 대접을 하여야 마땅
하더라.53)

첩제가 여성에게 억압적이었음은 첩살이의 설움을 한탄한 김금원,
박죽서 등의 앞에서 본 한시의 내용에서 잘 드러냈음을 알고 있다. 그런
데 서재필은 첩제도를 비판했다기보다는, 첩을 들이는 남성과 첩이 되
는 여성을 품행이 옳지 못한 것으로 간주한 것에서, 즉 개인의 도덕성
문제로 환원시켰다는 점에서, 그의 계몽주의 사상의 한계점을 드러내
었다.

박죽서가 서녀 출신으로서 첩이 된 신세를 새장에 갇힌 한 마리의
새에 비유한 것은 신분의 차별에 따른 굴레가 그녀에게는 곧 새장이
아니었던가. 그러함에도 서재필의 여성 교육사상은 구한말 조선 여성
들에게 큰 영향을 미쳤다. 다음의 논설 내용은 교육의 권리에서 남녀동
등권을 주장하였다.

정부에서 학교를 지어 인민을 교육하는 거시 정부에 제일 소중한 직무
요, 다른 일은 아즉 못하드라도 정부에서 인민교육은 하여야 할거시
라…… 정부에서 학교 몇을 지금 시작하야 아희들은 가르치나 계집아희

---

53)《독립신문》1896년 4월 21일자 논설.

가르치는 학교는 없으니 정부에서 백성의 자식들을 교육할 때 엇지 남녀
가 층등잇게 하리요…… 오라비는 정부 학교에 가서 공부하는 권(權)이
있으되 불쌍한 계집 아희는 집에 가두어 놓고 가르치는 것은 다만 사나이
에게 종노릇할 직무만 가르치니 우리는 그 계집 아희들을 위하야 분히 넉
이로라. 정부에서 사나희 아희들을 위하야 학교를 하나 짓거드면 계집 아
희들을 위해서 또 하나 짖는 것이 마땅한 일이다. 원컨대 정부에서 먼저
조선인민 생각하기를 공평하게 하고 남녀노소 상하 빈부 분간 없이 한 법
률로만 다스리기를 바라노라.54)

당시에 남자 공립학교는 세우면서 여자 공립학교를 세우지 않는 정
부를 향하여 서재필은 교육에서 남녀동등권을 촉구하였다. 그는 한걸
음 더 발전하여 법 앞에서 만민평등을 주창하였다. 그러나 정부가 추진
하는 여학교 건립은 어떤 조짐도 보이지 않자 그는 몇 개월 뒤에 다시
여성의 교육기관 설립을 환기시켰다.

조선 정부에서…… 계집아희들을 교육할 생각을 하여야 할 터인데……
교육들을 안 시키니 전국 인구중에 반은 그만 버렸는지라 어찌 아깝지 않
으리요…… 조선 유지각한 녀인네들은 당당한 권리를 뺏기지 말고 아무
쪼록 학문을 배워 사나희들과 동등이 되며 사나희들이 못하는 사업을 할
도리를 하여보기 바라노라55)

위의 논설에서 알 수 있듯이 서재필은 남녀동등의 지름길을 교육의
평등에서 찾고 있다. 이는 영국에서 밀이 여성교육의 중요성을 주장한
내용과 맥락을 같이한다고 하겠다. 교육과 정치참여에서 여성 배제는

---

54)《독립신문》 1896년 5월 12일자 논설.
55)《독립신문》 1896년 9월 5일자.

전 세계사적인 여성의 문제였기에, 조선의 근대화 여명기에 교육의 권리를 제일 먼저 제기한 것은 당연한 순서가 된다. 서재필의 열정적인 여성교육권의 문제제기는, 잠자고 있던 조선 여성들에게 각성제로 작용하였기에 조선 최초의 여성단체의 조직을 태동시키기에 이른다. 최초의 여성단체의 활약은 다음 절에서 살피기로 한다.

4. 조선 여성의 근대의식과 여성운동의 태동

여성단체의 태동에 앞서 조선 후기의 여성의식을 간단히 살펴보기로 하자. 16세기의 허난설헌과 중종대의 황진이의 시문 가운데 중국 당나라 시인 두목지를 거론하고 흠모하였다는 사실은 이미 양반계층이나 식자층 여성들에게 중국의 작품들이 수입·소개되어 읽혔음을 뜻한다. 임진왜란 중이나 직후에는 거의 대부분의 중국 소설이 전래되어 식자층을 중심으로 급속히 확산되었다. 또 17세기에는 국문으로 번역되어 언문(한글)을 익힌 여성들이 두터운 독자층을 형성하였다.56)

세종대왕의 한글창제는 여성의 의식을 고양하는 데에 큰 밑받침이 되어서, 18세기에는 서책가(서점)가 번성하여 "부녀자들이 비녀나 팔찌를 팔거나 혹은 동전을 빚내어 서로 다투어 빌려다가 지루한 시간을 보내려 한다"57)는 표현에서 소설의 두터운 독자층이 여성이었음을 알

---

56) 〈설공찬전〉, 〈왕시전〉, 〈왕시봉전〉, 〈비군전〉, 〈주생전〉의 소설이 번역되었으며, 김만중이 《삼국지연의》에 대해 "임진년 이후에 우리나라에 성행하여 부녀자나 어린 애들까지 다같이 외워서 말할 수 있다"는 언급에서 이를 증명한다.[정창권(2002), 《한국고전여성소설의 재발견》, 지식산업사, p.48]

57) 채제공, 《樊巖先生文集》 권 33; 정창권(2002), p.60에서 재인용.

게 한다.

더욱이 여성 전문작가들이 출현하고 있음은 놀라운 일이었다. 《완월회맹연》을 지은 이씨부인이 있고, 《옥원재합기연》 또한 이름이 전해지지 않는 여성작가였다.[58] 또한 양반 여성들의 한문시에 대비되는 규방가사[59]가 널리 퍼진 것도 18세기 이후에 일이다. 규방가사는 남녀의 사랑과 애정을 담은 내용이 주조를 이루고 있으나, 간혹 남성의 일(학문)을 할 수 없는 신세타령을 읊은 것도 있어서 눈길을 끈다. 〈운수답가〉의 내용이 바로 그러하다.

> 불행여자 우리여자 환생남자 되어나서 평생뜻줄 다할진대
> 사서삼경 통달하여 춘하추동 모여앉아 고금성현 강논하며
> 효자충신 벗을삼고 인이예지 수신하여 장기두며 바둑두며..
> 옥가비러 장안 대로상에 국마를 빗게타고 벽주 어사화로……[60]

위의 〈운수답가〉는 사서삼경 통달하여 과거시험에 합격하여 금의환향하는 남성들을 여성도 부러워하였다. 19세기 말이나 20세기 초로 추정되는 〈여자탄식가〉는 여성들의 육체노동의 고달픔을 탄식하였다.

> 여자된 이내마음 암암사지 생각하니 남자의 죠흔팔자 애달코도 부럽드라……
> 무용한 여자들은 주야장창 놀다하고 가는 허리 부러지고 열손가락 다

---

58) 정창권(2002), p.68.
59) 18세기 이후의 규방가사에 대한 것은 조동일(1994), 《한국문학통사 3》, 지식산업사, pp.375-387 참조.
60) 최숙경(1980), 〈한국여성해방사상의 성립〉, 《한국사학 1》, 한국정신문화연구원, p.204에서 인용.

파여서

　청명하고 조심하야 굴나라고 하건만은 치하는 고사하고 애쓴공덕 바이
없다……

　여성의 육체노동과 남성의 학문이 동등하지 않다는 것은 위의 〈여자
탄식가〉에서 재확인시켜준다. 비록 가사는 사료의 가치에서 좀 기울기
는 하지만 많은 여성들에게 구전되었다는 측면에서 보면 낮게 평가할
수는 없다. 19세기 말에 오면 여성의 의식은 한층 근대적인 것으로 발전
하였다. 오소파의 다음 한시, 〈아홉 살에 입학하여 11개월 만에 시를
짓다(九歲入學後十一月詩作)〉가 이를 잘 반영하고 있다.

　　　나라의 나쁜 풍속 어느 때부터던고
　　　남자만 중히 하고 여자를 경멸함을.
　　　내 비록 여자지만 한 편의 천자문을
　　　아홉 살에 입학하여 바로 익혔네.

　　　군·사·부가 한가지임을
　　　글 속에서 읽고서 바로 알았네.
　　　함장이 엄하기 장수 같으니
　　　오로지 그 명을 어기지 못하노라.

　오소파는 영남 의성에서 태어나 그곳 사숙에 입학하여 천자문을 배
운지 1년 만에 시를 지었을 만큼 총명하였으며, 14세에 의성에서 열린
한시문 백일장에 장원하여 당시 영남 유림들을 놀라게 했다고 한다. 그
뒤 상경하여 기독교 계통의 여학교에서 수학하고 동경유학까지 다녀온
신여성으로서 후에 신명여학교를 창설하였다.[61]

이처럼 여성들의 의식이 고양되어 있을 때에 한글로 발행된 《독립신문》이 여성들의 권리의식을 일깨우고 남녀동등을 요구하게끔 하는 일에 추동이 되었으리라는 것은 쉽사리 짐작이 간다. 1898년 9월 1일에 북촌에 거주하는 양반부인들이 주축이 되어 직접 여학교를 운영하기 위한 기금을 모으고자 〈여권 통문〉을 돌렸다. 그 내용은 다음과 같다.

대저 물이 극하면 반드시 번하고 법이 극하면 반드시 고침은 고금의 상리라. 이 동방 삼천여리 구역과 열성조 오백여년 기업으로 승평일월에 취포 무사터니 우리 성상 폐하의 외외탕탕하신 덕업으로 임어하옵신 후 국운이 더욱 성왕하여 이미 대황제 폐하 위에 어하옵시고 문명한 개화정치로 만기를 총찰하시니 이제 우리 이천만 동포 형제가 성의를 효순하여 전일 해태하던 구습을 영영 버리고 각각 개명한 신식을 좇아 행할새 사사이 취서되어 일신 우일신함은 영영한 소아라도 저마다 아는 배어늘 어찌하여 우리 여인들은 일향 귀먹고 눈 어두운 병신 모양으로 구규만 지키고 있는지 모를 일이로다. 혹자 신체와 수족과 이목이 남녀가 다름이 있는가. 어찌하여 병신 모양으로 사나이의 벌어 주는 것만 먹고 평생을 심규에 처하여 그 절제만 받으리오. 이왕에 먼저 문명 개화한 나라를 보면 남녀가 일반 사람이라. 어려서부터 각각 학교에 다니며 각항 재조를 바 배우고 이목을 넓혀 장성한 후에 사나이와 부부지의를 정하여 평생을 살드래도 그 사나이의 일호 절제를 받지 아니하고 도로혀 극히 공경함을 받음은 다름아니라 그 재조와 권리와 신의가 사나히와 일반인 연고라. 어찌 아름답지 아니하리요……. 여자는 거내이불언외하며 유주식시의라 하니 어찌하여 신체 수족 이목이 남자와 다름없는 한가지 사람으로 심규에 처하여 다만 밥과 술이나 지으리오. 도금에 구규를 진폐하고 신식을 시행함에 우리

---

61) 김지용 편역(1994), 《역대여류한시문선》, 양우당, p.440. 〈입교수세례(入敎受洗禮)〉의 한시가 세례교인임을 시사한다.

도 혁구종신하여 타국과 같이 여학교를 설시하고 각각 여아들을 보내어 각항 재조와 규칙과 행세하는 도리를 배와 일후에 남녀가 일반 사람이 되게 하올 차 방장 여학교를 설시하오니 유지한 우리 동포 형제 여러 부녀 중 영웅 호걸님네들은 각각 분발한 마음을 내어 우리학교 회원에 드시려 하시거던 곧 착명하시기를 바라옵나이다.[62]

위 〈여권 통문〉의 내용에는 분명 남녀동등 사상이 기조를 이루고 있다. 즉 '신체 수족 이목이 남자와 다름없는 한가지 사람'이기에 '그 재조와 권리와 신의가 사나이와 한가지'로 되기 위하여 여성도 교육을 받을 권리가 있다고 역설하였다. 여성이 학문에서 제외되고 그들의 일이 '밥과 술과 의복을 짓는 일'에만 국한된 것을 분명하게 문제제기하였다.

위의 통문에서 지칭한 '타국'은 아마도 미국을 뜻한 것으로 해석된다. 양반 부인들도 미국의 여선교사들이 당시 조선에서 활약하고 있었던 사실을 알았을 것이며, 또한 《독립신문》의 애독자였을 수도 있었을 개연성이 크다고 하겠다. 이와는 달리 이 당시에 남녀평등의 원리를 전통의 음양론에서 구한 내용도 볼 수 있다.

> 땅이 만물을 생성하는 효력이 어찌 하늘이 자강하는 공력보다 못하다 하며…… 대저 건곤은 독생하는 리치가 없고 음양은 상배하는 의무가 있는즉 남녀가 비록 다를지언정 교육이야 어찌 다르다 하리오.[63]

당시 조선 여성들의 남녀평등사상은 개화사상가들의 영향을 받았으

---

62) 박용옥(1984), p.58 참조.
63) 최숙경(1983), 〈한말여성해방이론의 전개와 그 한계점〉, 《논총》 43집, 이화여대 한국문화연구원, p.218.

면서도 다른 한편으로는 전통적 음양론의 평등사상을 원용한 것은 한 마디로 사상의 혼유를 그대로 드러내고 있었다.

조선 여성에 의한 여학교의 설립취지를 담은 〈여권 통문〉이 《황성신문》, 《독립신문》에 전문이 실리면서, 일반 서민층 부녀나 기생을 포함해 동조하는 회원수가 400~500여 명으로 증가하였다.[64] 이들 여성들의 일념은 여학교 설립이 목적이었으므로 1898년 9월 12일 무렵 최초의 여성단체인 '찬양회'를 조직하고 관립 여학교 설립운동을 적극적으로 추진하였다. 이들 회원 100여 명은 대궐문 앞에 나아가 관립 여학교 설립 청원 상소문을 고종 황제에게 직접 올렸다. 상소문의 내용은 다음과 같다.

엎디어 써 하되 학교라 하는 것은 인재를 배양하옵고 지식을 확장하옵난지라 그런고로 옛적에 나라에 學이 있고 향당에 庠이 있으며 집에 塾이 있아옴은 홀로 남자만 가르칠 뿐 아니라 비록 여자라도 또한 가르치는 법이 있어 內則과 閨範 등 선훈이 갖추었사오며 구미 각국으로 말씀하와도 여학교를 설립하고 각항 재예를 배워 개명 진보에 이르렀사온즉 어찌 우리나라에만 여학교 명색이 없사오리까. 오직 우리 대황제폐하께옵서 중흥의 운을 응하옵시고 독립의 업을 세우사 백가지 법도를 새롭게 하시며 성택이 겻해로 흐르시와 관립학교를 설립하여 영재를 발월케 하옵시니 의여 성재라 흠송하옵고 발구르고 춤추나이다. 대저 인재는 학문에 있삽고 학문은 교육에 있삽난지라 근일 독립협회의 목적을 듣사온즉 임군에게 충성하고 나라를 사랑하는 마음으로 공평 정직한 의리를 잡아 천폐에 글을 올려 충성을 보좌하고 나라 법강을 부지케 하려 한다 하오니 우리 폐하의 신민된 자이 뉘 아니 흠감하오리까. 심지어 나무장사와 과일장사까지

---

64) 박용옥(1984), p.61. '찬양회'의 성립과정도 같은 책 자료에 따른다.

도 의연금을 내어 나라 사랑하는 정성을 표하옵는데 신첩 등 같사온 분바른 계집인들 어찌 떳떳한 마음이야 없다하오리까. 그러하오나 혹 비방하는 의론과 배척하는 분자가 없지 아니하와 듣기에 현혹되옴이 있사오며 충신과 역적을 분변치 못하는 자이 종종 있사오니 이는 다름아니오라 비록 남자라도 학식이 없사와 사의에 합하고자 하는 주의가 아니오니 그러하오면 도리어 학문있는 여자만도 못하오니 일로써 미루어 보건대 여자라도 또한 충애지심과 문명지학을 힘쓰는 것만 같지 못하온지라 신첩 등이 찬양회를 설시하와 충성충 사랑애 두 글자를 규중으로부터 온 나라가 흥왕케 하려 하오나 학교가 아니면 총혜한 계집 아이들을 가르칠 도리가 없사옵기로 감히 외월함을 피치 않고 실정으로 소리를 가작히하여 천폐의 아래 아뢰오니 엎디어 빌건대 성명을 깊이 통촉하옵소서. 학부에 칙령을 나리오사 특별히 여학교를 설시하여 어린 계집아이들로 하여금 학업을 닦사와 대한도 동양의 문명지국이 되옵고 각국과 평등의 대접을 받게 하옵시기를 엎디어 바라옵나이다.[65]

유교사회에서 부인의 상소는 기존의 관념을 깨뜨린 파격적인 일로서, 교육받을 권리를 위한 여성들의 첫 정치적 시위로 평가할 수 있다. 고종황제는 찬양회의 상소문에 즉각 '학부로 하여금 곧 적절히 조처하겠다'는 비답(批答)을 내렸다. 그러나 조정의 재정이 부족하다는 이유로 대신회의에서 확답을 차일피일 미루자 찬양회는 1899년 2월 26일 서울 어의동(느릿골)에서 여학생 30명으로 순성여학교를 개교하였다.

조선 여성들이 자력으로 세운 사립 여학교라는 점에서 순성여학교는 한국여성운동사의 큰 획을 긋는 이정표를 마련하였다. 순성여학교의 교장은 찬양회의 부회장인 김양현당(金養賢堂)이 맡았고, 고정길당(高

---

65) 박용옥(1984), pp.64-65.

貞吉堂) 외 몇몇 외국 부인들이 교원이 되었다. 순성여학교의 재정은 전적으로 찬양회에 의존하였기에 자연히 재정적 어려움이 많았다.

한편 찬양회의 요구를 받아들여서 학부에서 마련한 〈여학교청의서〉를 의정부 회의에 정식으로 부의한 것은 1900년 1월 23일이었다. 이 날 회의에서 참석한 대신 10명 가운데 4명만 가표를 던져 과반수에 미달하여 결국에는 국가재정이 부족하므로 유족한 뒤에 설립하자는 의견에 밀려서[66] 관립 여학교 건립의 꿈은 물거품이 되었다.

여성들의 푼돈 모금으로만 여학교를 운영하기란 사실상 불가능하여서 찬양회의 활동이 뜸해지고, 교장 김양현당이 1903년 2월 19일[67] 병으로 죽은 뒤 이후 이자현당이 교장으로 취임하였으나, 그해 5월 이후에 재정난으로 폐교된 것으로 보인다. 찬양회 여성들이 열망했던 관립 여학교의 건립은 10년 뒤인 1908년에야 실현되었다.

지금의 경기여고 전신인 한성여학교가 나라에서 세운 최초의 여학교였다. 1900년대에 들어서 국가의 존망이 풍전등화의 위기에 몰렸을 때 애국계몽운동의 일환으로 여성교육을 목적으로 한 여성단체의 설립이 지방으로까지 확대되어 갔다.[68]

비록 짧은 기간이었고 양반 여성들이 주도한 여성운동이었으나 찬양회의 활동은 만민평등 사상을 바탕으로 한 근대 지향의 운동으로 평가받아야 할 것이다. 찬양회는 발족 초기부터 독립협회와 공동보조를 맞

---

66) 가표를 던진 4명은 윤웅렬 · 권재형 · 민상호 · 이윤용이었고, 나머지는 김성근 · 이건하 · 조병직 · 이종건 · 민종묵 · 이재극이었다.[박용옥(1984), p.71]

67) 김양현당은 다음과 같은 유언을 하였다. "我以一個女子로 我韓女子를 外國과 如히 文明敎育하기를 晝夜로 天地神明께 祝禱하였더니 不幸殘命이 不長하여 九泉에 歸하니 至極 冤痛한 恨은 我死後에 學徒를 誰가 敎育할고."

68) 1900년대 여성교육운동은 박용옥(1984), pp.79-120 참조.

추어 독립협회의 자매단체로 오해를 받았을 만큼 독립협회의 민권운동에 적극 참여하였다. 독립협회의 개화사상은 갑신정변과 갑오개혁기의 개화사상과 맥락을 같이 하면서도, 운동의 차원에서는 갑오개혁과는 달리 대중적 기반 위에 선 자유민권운동이며 동시에 국권수호운동이었다[69]는 평가를 받는 만큼, 독립협회 민권운동에 공동보조를 맞춘 찬양회도 똑같은 평가를 받아야 하는 것은 이론의 여지가 없다 할 것이다.

1898년 10월 29일 오후 4시에 개최된 만민공동회 회합인 관민이 합석한 자리에 찬양회 대표도 민간대표로 참석하였다. 조선 역사에서 최초의 의회제도였다고 할 수 있는 중추원 의관에 민선의원 선출문제로 친정부적인 보부상 중심의 황국협회와 독립협회가 서로 갈등을 빚은 나머지 황국협회 회원들이 만민공동회를 기습한 사건이 11월 22일 일어났다. 이때에 맨주먹으로 항거하던 만민공동회 회민 가운데 신기료 장수인 김덕구가 사망하였고, 그의 장례는 12월 2일 만민장으로 거행되었다. 이 날 찬양회 회원들 120여 명이 장례에 참례하고자 사무실로 모여들었으나 대표들만 참석하는 것으로 결정되었다. 장례식에 참례한 찬양회 대표들은 제물을 준비하여 정구소(停柩所)에 나아가 노제를 지냈으며, 영구(靈柩)가 장지를 향할 때에도 대표들이 사인교와 장독교를 타고 그 뒤를 따랐다.[70]

양반 여성들이 천한 직업인 신기료 장수의 장례식에 참석하여 그의 죽음을 애도했다는 것은 이미 갑오개혁에서 제시한 반·상의 차별 철폐를 스스로 실천한 사례로 평가할 수 있다. 이 당시 양반 여성들은 규문을 벗어나기는 했으나 가마를 탔다는 기록에서 아직 예법에서 반·

---

69) 김영작(1989), p.352.
70) 《독립신문》 1898년 12월 2일자 〈의사장례〉; 박용옥(1984), p.77에서 재인용.

상의 구분이 남아 있었던 것으로 해석된다. 찬양회는 정부의 탄압으로 1898년 12월에 독립협회와 만민공동회가 와해되자 함께 단체활동이 중단되었다. 이들의 근대운동은 이때 단절되었다가 나중에 여성 국채보상운동으로 이어진다.

여성 국채보상운동은 1907년 대구에서 시작되었다. 이 당시 일본은 조선 침략의 제1단계 기획으로서 조선에 은행을 최초로 설립하였다. 한편 조정은 재정이 곤란하여 일본은행으로부터 빌린 국채가 1,300만원에 달하였다. 이 국채를 갚기 위하여 1907년 2월 21일 대구의 남성들이 석달간 담배를 피우지 않는 금연운동을 전개하였다. 담배 피우는 것은 주로 남성들에게 해당되는 사안이었기에 여기에서 제외된 대구의 여성들이 이틀 후인 2월 23일에 정운갑 모(母) 서씨를 포함한 7명의 발기로 '패물폐지부인회(佩物廢止婦人會)'를 조직하고 격문을 전국 부녀동포들에게 띄운 것이 여성 국채보상운동의 시발점이었다.[71] 이들의 '경고 아부인 동포라'는 제목의 격문은 남녀평등사상을 담고 있었다.

> 나라 위하는 마음과 백성된 도리에 어찌 남녀가 다르리오…… 대저 여자는 나라 백성이 아니며 化育中一物이 아니오

대구에서 시작된 여성 국채보상운동은 전국 규모로 확대되어서 경상도가 10개 단체로 34퍼센트, 서울·경기 지역이 8개 단체로 17퍼센트, 평안도가 13퍼센트, 함경도가 7퍼센트이며, 황해·충청·전라도는 각각 1개 단체가 설립되었다. 여성 국채보상운동에서도 여전히 양반 여성들이 지도자 구실을 하고 있다. 그러나 이들 단체들에 가입했거나 의연

---

71) 여성 국채보상운동은 박용옥(1984), pp.121-144 참조.

금을 기부한 1,821명의 여성회원들을 분석해보면, 63.6퍼센트가 양반 및 유지 부인층이었고, 부실(副室)이 6.6퍼센트, 기생 및 주희(酒姬) 등이 21.8퍼센트였으며, 여학교 학생 신분이 5.1퍼센트를 차지한 것에서, 신분을 초월하여 각계각층을 망라한 여성들이 함께 참여하였음을 알 수 있다.

이 여성 국채보상운동은 비록 여성의 문제를 제기한 여성운동은 아니었으나 나라의 존망이 위태로웠던 상황에서 여성도 남성과 동등하게 국난극복에 앞장섰다는 점에서 그 역사적 평가를 소홀하게 해서는 아니 될 것이다.

1880년대 후반[72]에 개신(기독)교가 조선 땅에 전파된 이래 개신교가 여성교육에 앞장섰다는 것은 이미 언급한 바 있다. 15여 년이 지난 1900년대의 개신교는 교회 청년회를 통하여 남녀동등권과 여성교육의 정당성을 널리 교육[73]했을 뿐만 아니라, 《그리스도 신문》, 《대한 크리스도인 회보》의 기독교 언론기관을 통해서도 여성교육의 중요성을 강조하였다. 그러나 1897년 12월 31일, 남녀평등을 주제로 한 정동교회 청년회 토론회에서는 기독교 사상과 유교의 음양사상이 혼재하고 있음을 볼 수 있다.

김연근은 '하나님이 시초에 남녀를 음양의 배합으로 만들었으니, 상

---

72) 1832년 귀츨라프(C. Gutslaff)가 충청도 해안에서 전도하였고, 1884년 북장로교 알렌 (H. N. Allen)과 1885년 4월 언더우드(H. G. Underwood)와 북감리교 아펜젤러(H. G. Appenzeller)가 입국하여 선교활동을 하였다.[이만열(1991), 《한국기독교와 민족의식》, 지식산업사, p.257]

73) 1897년 12월 31일 정동예배당 청년회에서 '남녀를 같은 학문으로서 교육하며 동등권을 주는 것이 가하다'는 제목의 토론회에 서재필과 윤치호가 연설하였다.[이만열 (1981), 《한국기독교와 역사의식》, 지식산업사, p.39]

208

호가 필요로 하는 존재'라는 의미에서 평등을 주장하였고, 조한규는 이
와 반대로 '성경에는 남자는 여자의 머리가 된다고 했고, 하나님은 아
담을 먼저 만들고, 아담의 갈비뼈로 여자인 하와를 만들었고, 하와가
먼저 죄를 지었기 때문에 아담과 동등할 수 없다'고 주장하였다.[74]

한국에서 초기 기독교는 교육뿐만 아니라 전근대적인 혼인제도의 문
제점도 제기하였다. 갑오개혁에서 과부재가가 허용되고 조혼의 폐습을
완화하였으나, 1900년대에도 과부들이 재가하지 않는 폐습이 있다고
지적한 것에서 여전히 재혼[75]은 실생활에서 실천되지 않았음을 알 수
있다. 기독교가 특히 첩제를 비판한 것은 구미에서는 일부일처제가 16
세기에 이미 정착되었기 때문이었다. 기독교인들의 축첩행위가 먼저
엄격히 금지되어야 한다고 선교사가 주장하였다.[76]

첩제 폐지를 사회에 제기하고 기독교인들은 앞으로 축첩행위를 하지
않아야 한다고 계몽하는 것은 매우 중요한 일이다. 그러나 이미 첩 생활
을 하고 있는 여성이 복음을 수용하려고 교회에 출석하였는데 세례에
서 제외[77]시킨 것은, 본말이 전도된 그리고 기독교 정신에 반하는 처사
였다. 가장 핍박받고 억눌린 자에게 복음을 전하고 사랑을 베풀었던 예
수의 전범을 외면한 한국 초기 기독교가 범한 잘못이었다.

---

74) 전대웅(1975), 〈한국여성운동의 이념적 근거〉, 《여성문제연구》 4집, 효성여대 여성
  문제연구소, p.247.
75) 재혼은 식민지 시기에도 보편화되지 않았다. 1935년 11월 《조광(朝光)》 창간호에 발
  표된 주요섭의 단편 〈사랑손님과 어머니〉에서, 어린 옥희가 과부인 어머니에게 사랑
  방 아저씨와 결혼했으면 좋겠다고 하자 어머니는 '동네 사람들이 화냥년이라고 손가
  락질한다'고 한 말에서도 나타난다.
76) W. M. Baird의 글 "Should Polygamists be Admitted to the Christian Church?"가 *The Korean
  Repository* 1896년 7, 8, 9월호에 실림.[이만열(1981), p.43에서 재인용]
77) 최숙경(1980), p.221. 물론 축첩자에 대한 세례금지였으나 첩 여성에게도 금지했을
  개연성이 높다.

예수는 가장 천하고 모든 사람들로부터 멸시받는 거리의 여자 막달라 마리아의 집을 친히 방문하고 그녀를 위로하였으며, 간음한 여성도 묵묵히 용서한 바 있다. 누군들 첩이 되고 싶어서 되었겠는가. 이처럼 편협했던 기독교가 예배시간에 남녀 좌석을 비록 휘장으로 가리기는 하였으나 내외법을 완화시킨 점과 그리고 식민지 아래서 민족운동의 구심점 노릇을 한 점은 높이 평가해야 할 것이다.

5. 일제 강점기와 미 군정기의 여성운동

일본은 1875년 운요호사건을 일으키고 이듬해인 1876년 무력적 위협을 가하여 마침내 조선과 불평등한 강화도조약을 맺었다. 1895년에는 명성황후를 시해한 을미사변을 일으켰고, 그 10년 뒤인 1905년 11월의 제2차 한일협약(을사보호조약), 1907년 7월의 제3차 한일협약(정미 7조약)에 따라 조선의 국권은 점차로 기울어지다가 결국 1910년 8월 22일 일본의 식민지로 전락하였다.

일본의 조선 "병합"의 구체안은 이미 1909년 4월 이토, 가쓰라, 고무라 등 3거두회담에서 작성되어 그해 7월 각의의 결정을 거쳐 천황의 재가를 받았던 터였다. "병합"의 의미는 "한국이 전연 폐멸(廢滅)에 귀(歸)하고 제국의 영토의 일부"가 된다[78]는 것이었다. 병합의 마지막 절차는 육군대신을 겸임한 3대 통감 데라우치 마사다케(寺內正毅)와 이완용 사이에 이루어져 8월 22일에 조인하여 29일에 발표했다.

---

78) 강재언(1985), 《한국의 근대사상》, 한길사, p.255.

210

일본 제국주의는 대한제국을 강점하자 '칙령'으로 국호를 조선으로 고치고 조선총독부를 설치하였다. 그리고 회사령을 공포하여 식민지 경제의 틀을 짜고, 조선교육령으로 민족동화교육의 기초를 정비하고, 조선재판소직원령·범죄즉결례·조선태형령·조선민사령·조선형사령·조선감옥령으로 사법체제를 완비하였다.[79]

흔히 초기 식민지 시기(1910~1919)를 무단통치기로 이름하는데, 그 성격은 다음의 인용문에 잘 요약되어 있다.

> 언론의 취체는 비상히 엄중하여 연설 한번 허용치 않고 일체 정치적 집회는 불허했으며, 한인 수인이 모여 무엇인가 협의하고 있으면 당장 당국의 눈이 번뜩이는 식의 단속이었으므로 조선의 정당 정파도 소리를 삼키고…… 한자신문은 물론…… 엄중가혹을 극하여 조금이라도 불온한 논조가 있거나 또는 시국에 관하여 억측의 기사를 게재하면 곧 발행을 정지시켰고…….[80]

뿐만 아니라 데라우치 총독부는 이완용 내각으로부터 경찰권을 박탈하여 헌병경찰제도를 확립하고 다음과 같은 일들을 관장하였다.

> 1) 첩보의 수집 2) 폭도의 토벌 3) 장교 하사의 검사 사무 대리 4) 범죄의 즉결 5) 민사소송 조정 6) 집달리의 업무 7) 국경 세관의 업무 8) 산림감시 9) 민적사무 10) 외국여권 11) 우편호위 12) 여행자 보호 13) 종두 14) 도살 검사 15) 수출 우(牛)의 검역 16) 우량 관측 17) 수위 측량 18) 해적 및 밀어선·밀수입의 경계 취체 19) 해수(인축을 해치는 맹수) 구제 20) 묘지 취체

---

79) 조동걸(2003), 《한국근현대사의 탐구》, 경인문화사, p.44.
80) 강재언(1985), p.256.

21) 노동자 취체 22) 재류 금지자의 취체[81]

총독부는 헌병경찰을 앞세워 국가의 행정 사법권을 장악하고 조선민중의 생사여탈권을 손아귀에 쥐고서 잔학한 방법으로 조선을 약탈하였던 것이다. 조선이 식민지로 전락한 것은 언론·출판·집회·결사의 자유가 봉쇄되었기에 찬양회 이후의 여러 여성 교육운동 단체들의 활동도 자연히 정지되었다.

3·1운동은 이러한 때에 무단통치에 저항하여 일어난 전 민족적 봉기이며 맨주먹으로 일본 군경과 맞선 장엄한 항일독립투쟁이었다. 이 3·1운동은 종래의 사상적 장벽 때문에 합류하지 못했던[82] 반일의병운동의 무력투쟁노선과 애국계몽운동의 문화투쟁노선이 민족주의 사상을 근간으로 민족독립운동으로 합류한 것이었다.

이 시기의 민족주의 사상은 근대 조선의 민중투쟁사의 사상적 저류가 되어 왔던 개화·계몽사상을 바탕으로, 위정척사사상, 동학사상 및 기독교 등의 상호 침투에 의해 형성되었다. 분명 무단통치시기는 운동 면에서는 퇴조기였으나, 사상 면에서는 근대적 민족주의의 형성기였다고 할 수 있다.[83]

천도교·기독교·불교의 교리가 서로 배타적이었음에도 3·1운동에서 3교 연합을 실현시켰던 것은 종교 지도자들이 각 교리에 우선하여

---

81) 강재언(1985), p.257.
82) 1896년의 의병투쟁에서 동학농민과 위정척사론자의 짧은 예외적인 결합 이외에는 위정척사사상, 동학사상, 개화사상은 각각 반침략, 반봉건을 전개하면서도 결합되지 못한 채 역사단계가 요구하는 민족주의의 목표를 위해 통일적으로 결집되지 못했다. [김영작(1990), 〈한국 민족주의의 사상사적 갈등구조〉, 《한국 민족주의와 민주주의의 갈등구조》(한국정치외교사학회 논총 7집), 평민사, p.93]
83) 강재언(1985), p.260.

212

민족주의[84]라고 하는 공통의 사상적 바탕 위에 서 있었기 때문이었다. 천도교와 기독교는 집회·결사의 자유가 말살되었던 이 시기에 대중동원이 가능한 민족적, 정치적 성격이 강한 집회와 결사의 거점이 되었다.

사립학교 역시 민족주의 사상의 중요한 보급처로서 식민지 당국이 '정치와 교육의 혼동'을 핑계 삼아 사립학교를 탄압했던 것도 우연만은 아니었다. 1911년의 각종 사립학교 1,467개교에 학생수는 5만 7532명에 달했으나, 1917년에는 822개교, 4만 3643명으로 감소하였다. 그러나 당시 사립학교의 사상이 어떠했던가는 황해도 은율군 광선학교의 한 학생의 작문 〈반도와 우리들의 관계〉에서 잘 드러난다. 이 작문은 담임교사의 집에서 일본 관헌이 압수한 것이었다.

> 동반구에 위치하는 우리 조선반도는 우리와 어떤 관계에 있는가. 반도가 추우면 우리도 춥고, 반도가 따뜻하면 우리도 따뜻하다. 반도가 망하면 우리도 망하며, 반도가 자유로우면 우리도 자유를 얻게 되고, 반도가 환난을 만나면 우리도 환난을 만날 것이다. 이와 같이 우리와 반도는 밀접한 관계에 있다. 우리의 조상도 모두 이 지하에서 잠들고 있다. 우리가 거주하는 이 반도는 조상으로부터 물려받은 것이다. 연이나 우리의 국가는 지금 어디에 있단 말인가. 자유 없는 속국이 아니던가. 50년 후에는 우리 민족을 절멸시키려는 저 원수를 우리의 강철과 같은 마음으로 살멸(殺滅)시키지 않으면 안 된다.[85]

이와 같이 1919년 3·1운동은 국내의 거의 전 지역에서 농민,[86] 노동

---

84) 민족주의는 자유와 평등과 독립을 포괄하는 이념이다. 진덕규(1983), 《현대민족주의의 이론구조》, 지식산업사 참조
85) 강재언(1985), p.261
86) 3·1독립 만세시위에 농민층이 많이 참가한 것은 일제가 합병 직후인 1910년에 시작

자, 학생, 지식인, 소시민, 민족자본가, 일부 중소지주까지 궐기한 거국적 운동이었으며, 북간도, 연해주, 중국의 동북부 및 베이징, 상하이, 러시아,[87] 일본, 미국[88] 등 모든 지역에 파급된 독립운동이었다. 3·1독립운동에서 천도교와 기독교가[89] 구심점 노릇을 하였다.

그렇지만 초기에 기독교 지도자들은 매우 소극적인 태도를 견지하였고, 더구나 민족의 대사 앞에서도 교리의 다름을 문제삼아 일부가 반대하였던 것은 기독교의 편협한 분리주의에 바탕한 것이었다. 더욱이 3·1운동에 필요한 소요 자금의 염출이 어려워 5천원 상당의 금액을 천도교 측으로부터 대여 혹은 보조를 받았으며, 이 가운데 일부가 기독교 지도자들 가족의 생계비로 지급되었다[90]는 것은 기독교계가 민족과 역사 앞에 참회의 고백을 해야 할 몫이다.

그렇지만 민중운동의 단계에서 기독교 평신도 여성들의 활약은 지도자들과는 정반대였다. 물론 33인의 민족지도자 가운데에 여성이 제외되기는 하였으나 삼엄한 경계를 뚫고 제작된 태극기를 치마폭에 감추어서 운반하고 거리에 나와서 만세를 불렀던 것은 대다수가 여성층이었다. 개성호수돈여자고등보통학교 유치원 교사 권애라와 어윤희, 부산 일신여학교 교사 주경애와 박시연 등이 이에 속한다. 그리고 우리 민족의 가슴에 영원한 우상으로 새겨진 유관순[91]은 이화학당이 배출한 참

하여 1918년에 완료한 토지조사사업에 따라 농민들이 그들의 전통적인 권리 즉 관습상의 경작권, 도지권, 한광지 개간권, 입회권 등을 상실했기 때문이다.[차남희(1997), 《저항과 순응의 역사정치학》, 이화여대출판부, pp.26-27]

87) 조동걸(1995), 《독립군의 길따라 대륙을 가다》, 지식산업사 참조.
88) 윤병석(1994), 《한국독립운동의 해외사적 탐방기》, 지식산업사 참조.
89) 33인의 민족대표 가운데 기독교계 16명, 천도교계 15명, 2명이 불교계 인사였다.[이만열(1981), p.68]
90) 이만열(1981), p.69.

으로 '자랑스런 이화인 상' 수상자 제1호임에 틀림이 없다. 1919년 10월 장로교회측 보고는 체포된 남자 신도 2,125명, 부인 신도는 531명이라고 하였고, 여성에 대한 일경의 성 고문은 이때에 행하여졌다.[92]

3·1운동을 기점으로 여성 지도자층의 세대교체가 이루어졌다. 찬양회와 국채보상운동을 주도했던 것은 양반 여성들이었는데, 3·1운동에 이르러서는 신교육을 받은 신여성들로 여성 지도자층의 세대교체를 이루었다. 3·1운동에 여학생들이 많이 참여한 것은 멀리 인도에까지 소식이 전해졌다. 반영(反英)운동으로 여섯 번째 투옥된 자와허럴 네루가 그의 열여섯 살 난 외딸 인디라에게 보낸 옥중서신은 조선의 3·1운동을 소상히 설명하였다.

> 오랫동안 독립을 위한 항쟁은 계속되어 그것은 여러 번 폭발하였다. 그 중에서도 중요한 것은 1919년의 봉기였다. 코리아의 민중, 특히 청년 남녀들은 우세한 적에 항거하여 용감하게 투쟁했다. 그들은 이렇게 해서 그들의 이상을 위해 순사한 것이다. 일본의 한인 압박의 역사 가운데서도 참으로 비통한 암흑의 一章이다. 코리아에서는 대학을 갓 나온 소녀들이 이 투쟁에서 중요한 구실을 하고 있다는 것을 알면 아마 너도 마음이 끌릴 것으로 안다.[93]

3·1운동 이후 국내외 독립운동을 조직적이고 지속적으로 추진하기

---

91) 이화가 '유관순 상'을 제정한다면 많은 동문들과 여론 및 각계각층의 호응을 받을 것이다.

92) 박용옥(2001), 《한국 여성 근대화의 역사적 맥락》, 지식산업사, pp.486-487. 벌거벗겨 매질을 하고 나체로 짐승처럼 기어 다니게 하는 등 치욕적인 만행을 가한 사실은 당시 서양 선교사들이 목격한 바를 기록, 보고하여 미국 상원의원 회의 제66차 의사록에 기재되어 있다.

93) 박용옥(1975), p.144.

위하여 300여 명의 독립운동가들이 모여 4월 10일 상하이(上海)의 한 임대건물에서 임시정부를 수립하였다. 임시정부는 물론 구 황실을 우대한다는 단서를 달기는 하였으나, 개화파 인사들의 구상인 입헌군주제보다 발전한 민주공화제를 정체로 내세웠다. 상하이 대한민국 임시헌장94)은 아래와 같다.

제1조 대한민국은 민주공화제로 함.
제2조 대한민국은 임시정부가 임시의정원의 결의에 의하여 차를 통치함.
제3조 대한민국의 인민은 남녀귀천 급 빈부의 계급이 무하고 일체 평등함.
제4조 대한민국의 인민은 신교, 언론, 저작, 출판, 결사, 집회, 신서, 주소이전, 신체 급 소유의 자유를 향유함.
제5조 대한민국의 인민으로 공민 자격이 유한 자는 선거권 급 피선거권이 유함.
제6조 대한민국의 인민은 교육, 납세 급 병역의 의무가 유함.
제7조 대한민국은 신의 의사에 의하여 건국한 정신을 세계에 발휘하며 전하여 인류의 문화 급 화평에 공헌하기 위하여 국제연맹에 가입함.
제8조 대한민국은 구황실을 우대함.
제9조 생명형, 신체형 급 공창제를 전폐함.
제10조 임시정부는 국토 회복 후 만 1개년 내에 국회를 소집함.

위의 대한민국 임시헌장은 공화주의와 민주주의의 기본 이념에 바탕

---

94) 이우진(1990), 〈대한민국 임시정부의 입헌주의 정치체제〉, 한국정치외교사학회 편, 《한국민족주의와 민주주의의 갈등구조》, 평민사, p.134.

을 둔 것으로 특히 제3조에서 보이는바 남녀평등권을 명시하였고, 제5조에서는 남녀평등선거권을 보장하였다. 그리고 일본 제국주의의 침탈과 함께 이식된 공창제도를 전폐하겠다는 것은 여성의 인권을 적극적으로 보호하려는 노력으로 평가할 수 있다.

한편 3·1운동은 일제의 조선 식민지 정책을 바꾸어 놓았다. 독립을 위한 정치적 목적이 아니라면 어느 정도의 언론·출판·집회의 자유가 허용되었다. 말하자면 무단통치에서 문화정치로의 이행을 표방한 것이다. 그 일례가 1919년 8월 19일 관제 개편으로 나타나 무관 총독제를 폐지하고 육해군 통수권을 이양하였으나, 1945년까지 문관 총독이 임명된 경우는 단 한차례도 없었다.[95]

3·1운동 이후에 여성단체들이 하나둘 발족되었다. 서울의 혈성단부인회와 대한민국애국부인회, 평양의 대한애국부인회 등이 그것이었다. 이들 단체의 주된 활동은 독립운동의 윤활유인 군자금을 모집하여 상해 임시정부에 송금하는 일이었다. 1919년 6월부터 9월 사이에 모은 회비 747원 가운데 300원을 상하이로 송금하였다. 비록 적은 액수이지만 워낙 보안을 요하는 일이기에 여성 회원들에게는 중차대한 활동으로 평가받아야 한다. 김마리아[96]를 중심으로 재편된 대한민국애국부인회 본부는 결사부·적십자부를 설치하였다. 이는 상하이 임시정부가 추진하고 있던 대일독립전쟁을 원조할 수 있는 조직체로 개편[97]하였음을 의미하며, 따라서 상하이 임시정부가 민주주의를 골간으로 하는 공화제를 천명하였기에 임정을 도운 여성 지도자들도 민주주의 체제를 열

---

95) 조동걸(2003), 《한국근현대사의 탐구》, p.44.
96) 김마리아의 생애와 사상은 다음을 참조. 박용옥(2003). 《김마리아》, 홍성사.
97) 박용옥(1984), p.177.

망한 것이었다. 독립 지향적인 여성단체들은 그러나 일경의 엄중한 감시 때문에 오래 버틸 수가 없었다.

1922년 6월에는 기독교계 여성지도자들인 김활란·유각경·김필례 등이 주축이 되어 조선여자기독교청년회(YWCA)가 조직되었다. 이 YWCA는 전국적인 조직으로 발전시키기 위해 청주, 경성, 대구, 선천 등에 지부를 두었고, 학교회원 조직체로 개성의 호수돈여학교, 마산 의신여학교, 정신여학교, 이화학당, 협성여자성경학원, 신정여학교, 원산여자성경학교 등을 포함하였다.[98] 물론 이 조직의 정회원은 세례교인에 한정하였고, 이들은 주로 농촌계몽활동, 즉 한글강습회, 농촌강연회, 야학활동을 활발하게 전개하였다.

2년 뒤인 1924년에 '여성해방은 계급해방으로부터'라는 캐치프레이즈 아래 정종명·정칠성·박원희·허정숙 등의 주도로 사회주의 계열의 여성단체가 발족하였다. 1917년 러시아의 볼셰비키혁명의 여파로 사회주의 사상이 일본을 거쳐 이미 조선에도 유입되었기에, 조선여성동우회는 계급해방에 주력하였다.

1920년대 중반 조선여성운동은 우파 기독교 계열의 여성단체와 좌파 사회주의 계열의 여성단체로 양대 세력이 중심을 이루었다. 신간회의 탄생을 계기로, 그리고 '분산적에서 통일적으로', '자연발생적에서 목적의식적으로'라는 당시의 표어에 발맞추어 기독교계 여성단체와 사회주의 계열의 여성단체가 통합한 민족 유일당으로 1927년 근우회가 발족하였다.[99] 근우회는 '조선 여자의 공고한 단결을 도모함, 조선 여자의

---

98) 이화백년사편찬위원회 편(1994), p.644.

99) 강숙자(1998), 〈한국여성 근대화의 보편성과 특수성〉, 《한국여성학연구서설》, 지식산업사, p.89.

지위 향상을 도모함'이란 강령을 내걸고 당시의 여성노동자들의 파업을 측면에서 지원하고 식민지 교육에 반대하는 여학생들의 동맹휴학에도 연대를 갖는 등 활발한 여성운동을 전개하였다. 근우회 활동이 가장 활발하였던 1929년 5월 전국대회에서 근우회 '7대행동강령'[100]이 채택되었는데 그 내용은 다음과 같다.

1. 여성에 대한 사회적 법률적 일체 차별 철폐
2. 일체 봉건적 인습과 미신타파
3. 조혼 폐지 및 결혼의 자유
4. 인신매매 및 공창의 폐지
5. 농촌 부인의 경제적 이익 옹호
6. 부인 노동의 임금차별 철폐 및 산전 산후 임금지불
7. 부인 및 소년공의 야업 폐지

위 행동강령에서 일반적인 계몽의 성격을 뺀 나머지 항목들은 식민지 시기 조선 여성의 삶의 실상을 잘 나타내고 있다. 제1항의 여성에 대한 법적 차별 철폐는 식민지 민법에 조선 여성들의 지위가 법률상 행위무능력자(legal non-entity)로 저하된 실상을 제기한 것이다. 근우회의 박호진도 '옛날에 누렸던 재산권을 지금은 행사할 수 없다'고 한 언급은 곧 조선왕조 전통사회에서 (양반) 여성들이 행사했던 재산권[101]이 1922년 일본민법[102]에 따라서 상실했음을 의미한다.

---

100) 근우회에 대한 집중적 연구는 다음을 참조. 박용옥(1996), pp.301-461.
101) 박병호(1985),《한국전통사회의 법》, 서울대출판부.
102) 일본은 메이지유신 이후에 동양 삼국 가운데에서 제일 먼저 서구화를 수용하였다. 근대 민법전을 만들려고 이토 히로부미를 유럽에 파견하여 근대 민법전의 자료를 수집해서 1898년에 민법 초안을 마련했는데, 이는 프랑스 근대 민법전의 영향을 받은 것이

재산권뿐만 아니라 여성은 계약 체결을 할 수 없는 법적 무능력자로 낮추어졌다. 따라서 식민지시기에 많은 가난한 여성들이 일본인이 경영하는 공장에 취업하여 일을 하였으나, 미혼인 경우에 계약은 공장주와 호주인 아버지가 체결하기에, 실제로 강령 4번에서 제기한 인신매매가 가능하였다.

당시에도 공장 간부가 여공을 모집하러 농촌을 방문하였다. 호주와 계약을 할 때 선대금(先貸金) 혹은 전도금(前渡金) 명목으로 상당액의 돈이 호주에게 지불되고 계약기간은 대개 3년 또는 5년으로 정하였다.[103] 말하자면 서울에 와서 취업한 어린 여공은 겨우 목숨을 부지할 정도의 임금을 받고 그 열악한 노동환경에서 일을 해야만 했고, 계약기간에 묶여서 마음대로 그만둘 수도 없었다. 혹 야반도주를 미연에 방지하기 위하여 공장주는 기숙사에 여공들을 기숙시키고 밤 취침시간에는 방문을 밖에서 잠근 사례도 있었다. 여성의 법적 지위가 얼마나 불평등했던가는 다음의 인용문이 잘 밝히고 있다.

> 녀자의 일생은(지금 오늘에 잇서서는) 혼인으로 말미암아 아조 그 방향이 정해지고 마는 것입니다.…… 녀자가 경제적으로 남자에게 매달려 사는 까닭입니다. 녀자가 제손으로 밥벌이를 하도록 제도가 되어 잇지 아니합니다. 경제적으로 그와 같으매 따라서 사회적으로도 녀자의 지위는 매우 위험합니다. 정조라는 관념은 남자에게는 소용이 없고 녀자에게만 요구하는 것이 되엇습니다. 법률상으로 녀자의 지위가 열등한 것도 얼는 알

었다.[강숙자(1998), 〈한국가족법 개정운동의 쟁점 분석과 개선방향〉, 《한국여성학연구서설》, 지식산업사]

103) 안연선(1989), 〈한국 식민지 자본주의화 과정에서 여성노동의 성격에 관한 연구 ― 1930년대 방직공업을 중심으로〉, 이화여대 대학원 석사학위논문.

수 잇슴니다. 안해는 재산을 맘대로 처리할 권리가 없슴니다. 간음죄와 매
음죄는 녀자에게만 벌을 주게 되엇고…….104)

위의 내용에서 '여자가 제 손으로 밥벌이를 하지 못하도록 제도가 되
어 있다'는 것은 근대화·산업화가 진행되면서 가정과 일터가 분리되
어 전근대사회에서 여성은 생산자였으나 산업사회에서는 소비자로 역
할이 축소되어서, 전형적으로 일을 하지 않는 부르주아 여성의 삶의 양
식을 의미하였다. 따라서 (부르주아) 여성은 일을 하지 않기 때문에 부
양의 책임이 법적으로 가장이나 호주에게 오로지 전가되면서 여성은
친정에서 상속받은 재산마저도 마음대로 처분할 수 없는 법적 무능력
자임을 설명한 것이다.105)

1898년의 일본 민법 초안은 프랑스 근대 민법전의 영향을 받은 것이
고, 1908년의 개정 민법은 독일 바이마르공화국 민법의 영향을 받은 것
으로 알려졌으나, 초기 근대 민법전에서 여성의 법적 무능력은 프랑스
나 독일과 대동소이하였다. 따라서 조선 여성들은 조선왕조 사회에서
누렸던 재산권을, 식민지 자본주의 시기 서양 민법전을 모델로 한 일본
민법 아래에서 오히려 빼앗기고, 법적으로 완전히 무인격체가 되었던
것이다. 뿐만 아니라 전통사회에서 간통이나 간음은 쌍벌죄로 남녀 모
두를 처벌하였던106) 것이 식민지시기 민법에서는, 주요한이 지적하였
듯이, 여성에게만 벌을 주는 그야말로 형평에 어긋나는 불평등한 법제
에 조선 여성들이 예속되었다. 따라서 행동강령 1번은 여성의 법적 무

---

104) 주요한(1931), 〈처녀독본 ― 결혼〉, 《신여성》 4월호, 개벽사, p.29.
105) 강숙자(1998), 〈한국여성 근대화의 보편성과 특수성〉 참조.
106) 장병인(2003), 〈조선 중·후기 간통에 대한 규제의 강화〉, 《한국사연구》 122, 한국사
    연구회 참조.

능력과 형법에서 여성차별 조항 철폐를 요구한 것이다.

강령 3번의 조혼 폐지 및 결혼의 자유는 식민지시기 많은 지식인 신여성107)들의 한결같은 바람이었다. 조혼제는 갑오개혁에서 수정을 거쳐서 남자 20세, 여자 16세로 결혼연령이 상향 조정되었기에, 근우회가 주창하는 조혼제 폐지는 자유결혼에 더 큰 비중을 둔 것이다. 가령 10대 중반의 어린 자녀가 자신의 배우자는 스스로 선택하겠다고 감히 부모에게 맞설 수 없기 때문에 조혼제 폐지는 곧 연애결혼·자유결혼과 연결된다. 애정을 바탕으로 한 연애결혼의 주창은 곧 애정이 없는 결혼생활은 해소되어야 마땅한 이혼의 자유로 이어진다. 1922년의 일본 민법에서는 아내도 법적으로 이혼청구가 가능해져서 진일보한 평가를 받을 수 있다.

그러나 나혜석의 경우에서 보듯이, 남편 김우영과 이혼한 1930년부터 1948년 서울 원효로 시립 자제원에서 사망할 때까지, 나혜석은 18년 동안 일정한 직업 없이 유랑생활을 한 가련한 처지로 전락하였다. 이혼에 따른 '이혼고백서'는 친정의 가족이라는 울타리에 치명적인 흠집을 낸 사건이었기에 친정 오빠 나경석은 그녀와 절연하였다. 자신과 애정관계에 있었던 최린과도 재혼을 하지 못하자 그녀는 최린을 상대로 '혼인빙자간음죄'로 고소까지 한 것은 아마도 경제적 이유 때문이었을 것이다.108) 식민지시기에 도쿄(東京)로 유학까지 간 부유층 가정의 딸인 나혜석이 이혼 뒤에 무일푼으로 유랑생활을 한 것은 식민지(일본) 민법

---

107) "결혼에 대해서는 적어도 당사자끼리 면회는 해 보고 책임을 질 자로서 최종 결정은 자기가 한다."[이배용(2003), 〈일제시기 신여성의 역사적 성격〉, 문옥표 외, 《신여성》, 청년사, p.41]

108) 문옥표(2003), 〈조선과 일본의 신여성〉, 《신여성》, p.261.

에서 어머니를 포함한 여성의 재산상속권을 완전히 박탈한 데에 말미암은 것이며,109) 대신 적장자 단독상속체제에서 상속권자인 오빠가 동생에 대한 법적 책임이 있었음에도 절연했기 때문이었다.110) 비록 조선왕조 후기 제사를 모시는 적장자에게 상속분이 더해진 만큼 딸의 상속분이 축소되기는 하였으나 《경국대전》 체제가 지속된 구한말까지 조선의 여성은 상속에서 제외되지 않았다.

자유연애를 실천한 신여성과 지식인 남성들은, 그러나 아직 이혼의 자유가 현실적으로 관철될 수 없었던 과도기 상황에서 결국에는 이중생활, 즉 첩생활로 이어질 수밖에 없었다. 따라서 자연히 신여성에 대한 부정적인 비판이 일어났다. 즉 신여성은 '자유연애와 사랑을 내세워 재산 있는 유부남과 결혼하여 실제로는 첩의 처지의 생활인데도 단지 부르주아식의 안락하고 사치로운 삶에만 탐닉하는'111) 부류들로 비판받았다.

태종 2년에 권근과 하륜 등의 '후사를 널리 잇기 위하여' 첩제를 시행하자는 건의가 받아들여진 이후에 갑오개혁에서도 온존되어 온 첩제는, 한 명의 아내를 등재하도록 한 혼인신고제가 채택되는 1922년 일본 민법에서 폐지되었다. 사실 첩제는 《내훈》에서 지적했듯이 양반을 위한 제도로서 서인(庶人)은 제외되었다. 그러나 신분제의 해체가 촉진된 구한말에 이르러서는 부유한 상민층도 첩을 거느렸음을 보게 된다. 민영환은 다음과 같이 서인의 축첩을 금해야 한다고 주장하였다.

---

109) 강숙자(1998), 〈한국가족법 개정운동의 쟁점분석과 개선방향〉 참조.
110) 나경석은 동생 혜석이 죽은 뒤에 돌봐주지 않은 일을 후회하였다. 나영균(2004), 《일제시대, 우리 가족은》, 황소자리.
111) 박용옥(2003), 〈신여성에 대한 사회적 수용과 비판〉, 《신여성》, p.70.

혼인의 論財는 夷虜의 도이다. 민속이 점차 박하여져 行賂成婚하는 고
로 빈가의 남자는 나이가 반백에 이르러도 曠夫를 면치 못하고 부가의 대
부는 신분이 비록 士庶일지라도 혹 衆妾을 거느리니 마땅히 입법을 세워
빈민 行賂의 風과 서인이 첩을 거느리는 일은 일절 금함이 가하다.[112]

물론 혼사에 예단비용을 지나치게 들이는 것은 오랑캐의 예법으로
비판을 하고 있으나, 위의 내용에서 당시에는 서인도 첩을 두었다는 사
실을 알게 된다. 첩제가 비록 식민지 시기 구민법에서 폐지되었으나
1950년대에도 여전히 첩을 두는 남성들이 많았다. 그러나 첩들은 법의
보호를 받을 수 없었다. 이인(李仁)은 첩생활의 문제점을 아래와 같이
잘 지적하였다.

제2부인이란 법률상으로 전연 처가 아니므로 처 있는 남자와 무르녹은
애정관계나 백년의 굳은 약속이나 일생을 통해서 생활할 비용을 공급하
겠다고 굳은 맹서를 하였다 하드래도 동거나 부양을 요구치 못합니다.[113]

즉 부양의 의무나 동거의 의무는 첩에게는 해당이 되지 않았다. 그렇
지만 해방 이후 1950년대에 국가 공무원들 가운데서도 첩을 둔 사람들
이 많아서 여성들은 '축첩자 공무원을 축출하라'는 피켓을 들고 시위하
였고,[114] 마침내 이승만 정권 말기에 첩을 둔 공무원은 공직에서 축출
되었다.

나머지 행동강령 6과 7번은 여성노동자의 지위 개선에 관한 사항으

---

112) 《閔忠正公遺稿》; 박용옥(1975), 《한국근대여성사》, p.97에서 재인용.
113) 이인(1933), 〈제2부인의 사회적 지위〉, 《신여성》 2월호, p.7.
114) 2003년 12월 12일 KBS 1TV 〈인물현대사 이태영〉 편에 방영된 내용이다.

로, 당시 조선 여공들의 임금차별 실태와 출산휴가제도가 전혀 없었음을 말해준다. 1927년부터 1929년까지 왕성한 활동을 했던 근우회는 일경의 지나친 간섭과 통제[115]로 1930년 신간회의 해체와 더불어 해체되었다.

1930년대 이후 여성운동은 여성노동자들이 그 맥을 이었다. 자본주의 초기 서양과 마찬가지로 식민지 조선에서도 많은 가난한 여성들이 '자아실현'을 위해서가 아니라 돈을 벌기 위해서 일본인이 경영하는 공장에 여공으로 취업하여, 1931년에는 전체 노동자의 30퍼센트가 여성 노동자일 만큼 숫자가 증가하였다. 열악한 환경에서 이들 여공들이 받는 임금은 일본 남성의 1/4, 일본 여성의 1/2, 조선 남성의 1/2이라는 차별임금[116]을 받고서 식민지 구조의 최하단에서 가장 많은 착취를 당하였다. 자연히 여공들의 파업이 빈번할 수밖에 없어, 1929년에는 전국적으로 205건에 달하는 여공들의 파업이 잇따랐다.[117]

이들 여공들은 "남녀차별 철폐하라"는 구호보다 "왜 조선인이라고 차별하느냐" "민족차별 철폐하라"[118]는 구호로서 일제의 차별에 강력히 항거하였다. 조선의 여공들은 조선의 남성들과 연대해서 함께 반(反)제국주의운동을 전개하였다. 비록 조선여성은 조선 남성에 견주어 1/2

---

115) 근우회는 각종 회의와 전국대회를 개최하기 전에 관할 경찰서로부터 사전 집회허가를 받아야 하며, 회의에 회부할 안건도 사전 심의를 받아야만 했다. 막판에 가서 경찰은 토의 안건을 모두 허락하지 않아서 아무런 토의도 하지 못한 채 회원들이 준비해 둔 다과를 드는 '다과회'로 끝나는 사례가 비일비재하였다.
116) 이효재(1977), 〈일제치하 한국여성 노동운동〉, 《한국근대사론 Ⅲ》, 지식산업사와 이은순(1995), 〈일제하 도시와 농촌 여성의 생활실태〉, 《광복50주년 기념논문집》, 한국학술진흥재단 참조.
117) 이효재(1977).
118) 최민지(1979), 〈한국여성운동 소사〉, 이효재 엮음, 《여성해방의 이론과 현실》, 창작과비평사, pp.238-260 참조.

이라는 차별임금으로 해서, 즉 이해관계가 상반되는 데 따른 상호 적대감이 전연 없는 것은 아니지만, 이러한 차별은 더 근원적인 제국주의 차별에 견주면 상대적[119]일 뿐이기에 식민지 조선 남녀는 공동의 적에 공동대처하기 위하여 반제국주의운동에 연대투쟁을 전개하였다.

근대의 여명기에 구미의 여성운동은 대(對)남성 투쟁을 추진한 데 견주어, 식민지를 경험한 제3세계 여성들은 남성들과 동지의 처지에서 반제국주의운동을 함께 펼쳤다. 여공들은 식민지 억압으로부터 '자유'와 식민지 억압으로부터 '평등', 그리고 식민지 억압으로부터 '독립'을 추구한 이른바 민족주의 이념[120]을 실천운동에 접목시킨 것이다.

식민지 시기의 여성을 논하면서 정신대에 강제 차출된 조선 여성들의 억울한 사연을 외면할 수는 없을 것이다. 가난했기 때문에 강제로 끌려가 멀리 이역 땅에서 제국주의 일본 군대의 사기를 높이고 정욕의 갈증을 해소시키는 도구로서 희생된 조선의 여성들이야말로 식민지 치하에서 가장 야비하게 착취당한 여성들이 아닌가 한다. 이들에 대한 자존심과 인권회복이 시급히 해결되어야 할 것이며, 이 부분은 절을 달리하여 논하기로 한다.

1945년 8월 15일 일본 왕 히로히토의 항복 방송[121]으로 한국은 일본 제국주의 식민지 지배로부터 해방되었다. 일본이 항복하기 전에 북쪽에서는 소련군이 진주했고, 20여 일의 공백기를 거쳐 미군이 서울에 도

---

119) Eleanor Leacock(1980), *Women and Colonization*, New York: J. F. Bergin Publishers. Inc. 서문 참조.

120) 3·1운동은 민족주의운동이기보다는 민족운동으로 국한된 한계점을 지녔다. 한국민족주의의 한계성은 다음을 참조. 진덕규(2000), 《한국현대정치사서설》, 지식산업사, pp.353-365.

121) "짐은 제국 정부로 하여금 미·영·소·중 4국에 대하여 그 공동 선언을 수락할 뜻을 통고케 하였다.……"[차남희(1997), p.58]

착하여 총독부와 방송국 등 한국의 주요 시설을 접수한 것은 9월 9일이었다. 한국민은 미군을 해방자로서 만국기를 흔들며 열렬히 환영하였다. 이 날 4시 30분 조선총독부 건물에서 항복 조인식이 끝나자 청사의 깃발은 일장기에서 태극기가 아닌 성조기로 바뀌었다.[122] 이로써 3년 동안의 미 군정이 시작된 것이다. 미 군정은 비록 한국민의 독립국가 수립을 지원하기 위한 일정 기간의 통치양식임을 강조했지만, 또 다른 식민지 통치양식이었으며, 한국 사회에 다음과 같은 영향을 미쳤다.

1. 미국식 민주주의의 제도적 이식
2. 전통적 지배세력의 재강화
3. 이데올로기의 갈등과 분단체제의 고착
4. 전통적 가치의 배제와 미국식 군인문화 만연[123]

한편 해방 이후 미 군정 시기에 여성계도 활발한 움직임을 보였다. 근우회 계열의 여성 지도자들이 주축이 되어 여성의 정치적 사회적 평등권 획득을 위해 8월 17일 종로 YMCA 강당에서 140여 여성들이 모여서 건국부녀동맹 발기총회와 결성식을 가졌다. 이때 구체적인 8개항의 행동강령이 채택되었으며 그 내용은 다음과 같다.[124]

1. 남녀평등의 선거 및 피선거권을 주창한다.
2. 언론·출판·집회·결사의 자유를 찾자.
3. 여성의 자주적 경제생활권을 찾자.

---

122) 차남희(1997), pp.58-70.
123) 진덕규(2000), pp.110-111.
124) 박용옥(2001), p.517.

4. 남녀 임금차별을 철폐하자.

5. 공·사창제 및 인신매매를 철폐하자.

6. 임산부에 대한 사회적 보호시설을 실시하자.

7. 여성대중의 문맹과 미신을 타파하자.

8. 우리는 창조적인 여성이 되자.

건국부녀동맹은 식민지 아래의 근우회와 같이 좌·우 여성 지도자들이 모두 참여하였기에, 위의 8대 행동강령은 식민지 시기 근우회의 계몽적 성격의 7대 행동강령과 비슷하다. 다만 가장 두드러진 강령은 1번의 남녀평등의 선거 및 피선거권을 요구한 것이다. 해방이 되고 가장 먼저 해야 할 여성의 과제는 바로 참정권에서 남녀평등이었음을 시사한 것으로 주목을 필요로 한다.

건국부녀동맹에서 점차로 좌파 여성들이 주도권을 장악하자 우파 여성 지도자들이 동맹을 탈퇴하여 1945년 9월 12일에 한국애국부인회를 조직하고,125) 그 다음해 1월 9일 독립촉성중앙부인단이 결성되었다.126) 1946년 1월 3일 모스크바 삼상회의에서 한국이 자주독립의 능력이 없다는 구실로 미·소·영·중 4대국에 의한 한반도 신탁통치127)를 결정했다. 이 신탁통치안은 국민적 정서에 반하는 것으로 초기에는 좌·우파 모두 반대하였으나 뒤에 좌파가 이탈하였다. 따라서 신탁통치안에 우파 여성들은 강력하게 반대하였으며, 좌파 여성들은 찬성하였다. 우파 계열의 앞의 두 여성단체가 4월 6일 통합하여 대한독립촉성부인회

---

125) 유옥경·박원경·이효덕·김혜경 등이 창립을 주도하였다.

126) 황신덕·박순천·임영신·황기성·박승호·송금선·이숙종 등 20여 명이 발기인이었다.

127) 이 신탁통치안은 루즈벨트 당시의 정책이었고, 루즈벨트 사후 트루먼도 이를 계승하였다.[차상철(1991), 《해방 전후 미국의 한반도정책》, 지식산업사, pp.13-45 참조]

를 조직하였고, 1948년 8월 15일 정부 수립 전에 조직개편을 단행하여 대한애국부인회로 새 출발을 하였다. 한편 건국부녀동맹에 남아서 활동을 했던 좌파 여성들은 조직을 재정비하여 1945년 12월에 조선부녀총동맹을 결성하였다.

이 대회 취지문에서 "부녀의 특수한 모든 문제의 해결(공·사창제도, 문맹, 일방적 정조·도덕을 강요당하는 봉건노예 상태, 차별 임금대우, 차별 교육제도 등)은 전 민족적 절대해방을 기초로 아니 할 수 없으며, 또 이 부녀 문제의 특수한 해결 없이 전 민족적 해방도 이루어질 수 없다"고 밝히고 있다. 이는 곧 "조선의 민족해방운동은 부인해방과 관계없이 승리할 수 없고 부인해방운동은 민족해방운동을 떠나서 성공할 수 없음"을 의미하는 것이었다.[128]

그러나 미 군정과 대립하고 있었던 사회세력이 패배함으로써 남한에서 단독정부가 수립되자, 조선부녀총동맹의 위원장 유영준과 부위원장 정칠성이 1948년 월북함으로써 이 조직은 와해되었다.[129] 이후 이승만 정권 시기에 한국애국부인회 등 친정부적인 여성단체만 남게 되었다.

6. 소 결 _ 다름과 동등

지금까지 한국 근대사상인 실학사상·동학사상·개화사상에 나타난 여성 인식과, 여성운동의 태동 및 일제 강점기와 미 군정 시기의 여성운

---

128) 이승희(1994), 《여성운동과 정치이론》, 녹두, p.253.
129) 박용옥(2001), p.528 이들은 남로당과의 관련 때문에 유영준은 1953년에 정칠성은 1958년에 각각 숙청되었다.

동을 살펴보았다. 실학사상은 유학의 연장선 위에 있으나, 조선 후기에 들어서서 체제 모순이 깊어짐에 따라 공리공론에만 치우친 송대의 주자학이 더 이상 기능을 할 수 없는 시대상황에 맞추어, 주자학을 비판하고 수사학(洙泗學; 공자학)의 수기치인지학(修己治人之學)으로 돌아가자는 뜻에서 출발했다.

이 실학자들은 청대의 고증학과 공양학의 영향을 받았으나, 이미 종래의 화이관에서 벗어난 것이며, 송대의 남존여비관을 벗어나서 음양론을 상보적 대대성으로 해석하였다. 비록 다름은 있으나 가치에서는 동등하다는 주장이기에 남녀평등사상의 이론적 바탕을 열어놓았다고 하겠다. 그렇지만 학문에서 여성 배제를 정당화하고 함구한 점에서 실학자들의 시대적 한계성을 인정할 수밖에 없겠다.

열강의 각축장이 된 구한말 경상도 경주에서 재가모(再嫁母)를 어머니로 둔 몰락 양반인 최제우는 서학에 맞선 동학을 창도하여 보국안민(輔國安民)의 기치를 높이 들었다. 동학사상은 귀천의 신분차별을 넘어서는 반봉건의 근대사상이며, 천주교와 서양뿐만 아니라 일본과 청국 등을 배척한 반외세를 내세운 근대사상으로 발돋움하였다.

동학은 사람이 곧 '한울'(人乃天)이라는 교리에서 인간평등 사상을 담고 있을 뿐만 아니라, 여성도 한울이 될 수 있다는 점에서 남녀평등 사상까지도 포괄한 것이다. 특히 후천개벽의 지상낙원을 건설하고자 한 것은 하나의 종교사상을 뛰어넘는 혁명사상으로까지 승화할 수 있었다.

동학사상을 외피로 한 갑오농민전쟁에서 농민군들이 내세웠던 12대 폐정개혁안에 청상과부의 재가를 허용하라는 여성 문제에 대한 요구가 포함된 것은 결코 우연이 아닌 것이다. 이 12대 폐정개혁안은 14개조

갑신정강과 함께 걸러져서 갑오개혁으로 결실을 맺었다. 그러나 여성교육의 평등권이나 정치참여 등 구체적인 근대 여성정책이 없었던 점은 여전히 종교사상이 갖는 한계점으로 지적될 수 있겠다.

갑신정변의 주역이었던 박영효·서재필 등 개화파 인사들의 개화사상은 여성 문제의 제기에서 진일보한 것으로 평가할 수 있다. 개화사상은 실학사상의 맥을 잇는 박규수로부터 출발하여 그 후배들에게 이어졌다. 개화사상은 실학사상을 잇고, 한편 서양의 계몽주의 사상의 영향을 받아서 천부인권설, 자연법 사상에 바탕을 두고 남녀평등론으로 발전하였다.

갑신정변에 실패하여 일본으로 망명한 박영효는 망명지에서 3년 10개월이 지난 1888년 1월에 고종에게 올린 〈개화상소문〉에서 그의 사상의 진전을 엿볼 수 있다. 그것은 바로 여성개화사상이었다. 동학농민군들이 제기한 청상과부의 재가허용을 그가 먼저 건의하였고, 첩제의 폐지와 보건 위생상의 문제와 연결하여 조혼제의 폐지도 건의하였다. 특히 주목할 것은 여성의 제도교육의 실시를 촉구하였다는 점에서 그의 구체적인 여성사상의 일단을 읽을 수가 있다.

서재필 또한 갑신정변의 주역으로서 미국으로 망명하였다가 다시 귀국한 개화사상가였다. 미국에서 서구의 계몽주의 사상을 섭렵하고 귀국하자 《독립신문》을 창간하여, 사설에서 여러 차례 여학교를 설립하여 여성교육을 실천할 것을 촉구하였다. 이러한 사회 분위기에 힘입어 조선여성들도 남녀동권을 내세워 스스로의 권리를 찾기 위한 최초의 여성단체 찬양회를 1898년에 결성하였다.

서울의 북촌에 사는 양반 여성들이 주축이 된 이 단체는, 고종에게 관립 여학교 설립을 요구하는 상소문을 올리고, 여성들의 힘으로 순성

여학교를 세워서 5년 남짓 운영을 하였으나 재정난으로 결국 1903년에 문을 닫고 말았다. 제도교육과 정치에서 여성을 배제한 것은 세계사에서 보편적인 여성 문제이며, 서양 여성들도 근대화 초기에 여성교육을 요구했던 것과 마찬가지로 조선 여성들도 여성교육의 실시를 제일 먼저 촉구하였다.

이 당시 〈여권 통문〉에 나타난 여성들의 근대의식은 구미의 천부인권설과 음양론의 남녀동등론이 혼합된 형태로 표출되었다. 예컨대 "하늘이 스스로 자강하는 공력이나 땅이 만물을 소생시키는 공력이 어찌 다를소냐!", 또는 "이목구비가 똑같은 인간인데 어찌 여성은 규문에 처하여 사나희들이 벌어다 주는 것만 먹고서 압제만 받으리오"라는 표현에서, 이 당시에는 경제적으로 여성들이 남성에게 의존하며 남성의 압제가 심화되었던 것으로 보인다.

전통문화가 제국주의 문화에 노출될 때 여성 억압은 더욱 심화된다는 이론[130]은 구한말 사회에서도 적실성이 있었다. 리콕(Eleanor Leacock)은 제국주의의 억압구조에 시달린 나머지 남성들은 그 반사작용으로 아내에게 화풀이를 하며, 아내 구타도 빈번하게 발생하였음을 몬타그나스 원주민 사회를 예증으로 설명하였다.

찬양회 회원들은 최초의 민회(民會)의 성격을 띤 만민공동회에 적극적으로 참여하여 민주시민의 역량을 발휘하였으나 정부의 만민공동회 탄압으로 찬양회의 활동도 함께 소멸되었다.

풍전등화와 같은 조국의 운명에 불씨를 살리고자 1907년에 펼친 여성 국채보상운동은 각계각층의 여성들이 전국적인 규모로 참가한 집합

---

130) Eleanor Leacock(1980), *Women and Colonization* 참조.

적인 여성운동의 효시였다. 비록 여성 문제를 직접 제기한 것은 아니었으나 '나라를 구하는 일에 어찌 남녀가 다를 소냐!'라는 남녀평등사상에 바탕을 두고 양반 부인, 주부, 기생, 주희, 학생, 할머니에 이르기까지 신분과 연령을 뛰어넘은 여성들의 결집력을 보여준 운동으로 역사적인 평가를 받을 것이다.

1910년 조선은 일본 제국주의의 식민지로 전락하면서 초기 10년 동안은 언론·출판·집회·결사의 자유가 완전 봉쇄된 무단통치의 암흑기를 맞았다. 이 암흑을 뚫기 위하여 횃불을 높이 든 사건이 바로 3·1운동이었다. 이 3·1운동은 비록 33인의 민족대표에는 여성들이 없었으나 많은 여학생들과 천도교·기독교의 여성들이 실제로 만세운동에서 맹활약을 하였다. 3·1운동을 기점으로 여성 지도자층은 양반 여성에서 신지식인 여성들로 세대교체가 되었다. 3·1운동 이후에 발족된 조선여성애국부인회는 상하이의 임시정부를 돕는 독립자금을 전달하는 일을 하였고 단체 조직에 결사부와 적십자부서를 신설하여 독립전쟁에 대비하였다.

임시정부가 공화제를 표방하였기 때문에 자연히 임시정부를 측면 지원한 여성 지도자들 또한 공화제 시민사회를 지향한 것으로 보아야 한다. 일경의 삼엄한 감시 때문에 항일여성단체는 지하조직으로 스며들었고, 1920년대 여성운동은 우파 기독교 계열의 조선여자기독교청년회와 좌파 사회주의 계열의 조선여성동우회의 양대 세력으로 분화되었다.

이들 좌·우 여성 지도자들은 남성들의 신간회 운동에 발맞추어 근우회를 1927년에 창립하였다. 근우회는 여공들의 파업을 측면 지원하였고, 일본정신 고취에 저항하는 여학교 동맹휴학도 은밀히 지원하는 등 3년 동안 활발한 운동을 전개하였으나, 일경의 혹독한 감시와 탄압으로 1930년에 해체되었다.

근우회 이후 여성운동은 여성노동자들의 파업운동으로 전개되었다. 이때 여공들은 '왜 조선인이라고 차별하느냐! 민족차별 철폐하라'는 구호를 더욱 드높였다. 이 여성노동운동은 식민지 억압으로부터의 자유·평등·독립을 추구한 민족주의 운동으로 평가받기에 손색이 없을 것이다.

1945년 8·15 해방 이후 근우회 계열 좌·우 지도자들이 함께 참여한 건국부녀동맹이 결성되었다. 동맹의 8대 행동강령에 '남녀평등의 선거 및 피선거권을 주창한다'를 첫 번째 항목으로 내세운 것은 시의적절한 것이었다. 서구의 여성들은 19세기 말이나 20세기 초에 참정권을 부여받았으나, 우리의 경우는 근대 여명기에 불행하게도 식민지로 전락하였기 때문에 남녀 모두 참정권을 요구할 형편이 못 되었다. 해방과 더불어 여성계가 참정권에서 남녀동등을 주장한 것은 구미 여성들이 전개한 참정권 운동에서 터득한 지식, 즉 참정권의 확보가 여성의 지위 향상에 제일보라는 사실을 깨달았기 때문이다.

1948년 5월 10일, 남한에서 제헌국회의원을 선출할 때 남녀가 평등하게 투표권을 행사하였다. 건국부녀동맹은 다시 좌·우 여성단체로 갈라져서 찬탁·반탁으로 대립하다가, 좌파 여성 지도자들이 월북하고 남한 단독정부가 수립된 이후에 친정부적인 여성단체만 명맥을 유지하였다.

근대 여명기에 실학의 상보적 대대성의 음양 원리, 동학의 반상과 귀천의 차별 철폐와 남녀동등 사상, 그리고 과부재가 허용, 개화파의 천부인권설에 바탕을 둔 남녀평등사상과 평등교육론을 모두 아우르고, 현대 서양 여성해방 사상에서 유용한 부분은 수용하여서 새공동체주의의 틀로 담아낼 것이다. 그러기 위해서는 1960년대 이후 한국 여성들의 실상을 점검하고 한국 현대 여성운동은 무엇을 목표로 전개되었는지를 살펴보는 작업이 우선일 것이다.

5장 한국 현대 여성운동의 전개

한국 현대 여성운동의 출발과 전개과정을 살피기 전에 먼저 여성들의 실제 현실을 짚어보는 것이 순서에 합당할 것이다. 그것은 또한 서양 급진주의 여성론에서 제기한 출산, 여성의 몸, 여성의 성적 대상화, 동성애, 아내 구타, 강간, 가사결정권 등을 비판적으로 살펴보는 내용이 될 것이다.

1. 현대사회에서 한국 여성의 실상

1) 출산과 여성의 몸

근대 의료체계가 도입되지 않아 사망률이 높았던 전근대 사회에서 출산은 모든 여성들이 바라고 소원했던 바였다. 또한 온전한 출산을 했다고 하더라도 그 아이가 자라 결혼 적령기가 되는 10대 중반까지 살아남는 비율은 전 출생아의 3분의 1밖에 되지 않았다.[1] 그러나 근대 의료

제도가 정착하면서 영아 사망률이 낮아졌고, 평균수명2)이 높아지면서 여성의 출산율은 점점 낮아졌다. 특히 1959년부터 초등학교 6년의 의무교육이 실시되고 여성의 고등교육의 기회가 확대되면서, 2002년 현재 대학교육의 수혜자는 전체 여성의 18퍼센트로 신장되었다.3) 그리고 1970년대 이래 급격한 산업화·근대화 과정을 거쳐서 2002년 현재 여성 경제활동 인구는 49.7퍼센트로 증가하였다.4) 무엇보다 고등학교 이상을 졸업한 여성들이 사무직과 전문직에 진출하는 숫자가 지난 20년 동안 두드러지게 증가하였다. 그런데 이들 사무직과 전문직에 종사하는 여성들이 커리어(career)를 추구하는 데 가장 큰 걸림돌이 임신과 출산이다.

최근에 나온 한 연구는 전문직인 여의사들이 의사사회에서 직업의식이 남자에 견주어 떨어진다거나, 조직 구성원과 융화되기 어려운 여자 전문인이라는 편견을 갖도록 하는 원인 가운데 하나로 임신, 출산 과정이 한 몫을 하였다고 지적하였다.5) 그러나 그들이 자신의 출산과정을 질병6)이라거나 혐오스러운 것으로 부정적인 견해를 갖지는 않았다고

---

1) 조선왕조 후기 17세기에서 19세기에 이르는 200년 동안 평균 2.5년마다 가뭄과 홍수와 같은 천재지변이 있었다. 그 결과 농작물의 피해에 따른 영양실조와 위생의 불철저로 말미암아 전염병이 창궐해서 어느 한 해에는 15만 명의 사망자를 낸 적도 있었다. [조광(1982), 〈19세기 민란의 사회적 배경〉, 진덕규 외, 《19세기 한국전통사회의 변모와 민중의식》, 고려대 민족문화연구소, p.198]

2) 식민지시기에 평균수명은 40세였으나 1999년 현재 남자 71.7세, 여자 79.2세로 높아졌다.(통계청 자료, 1999)

3) 통계청 자료.

4) 통계청 자료.

5) 주경미(1992), 〈전문직에서의 여성배제구조 — 의사사회를 중심으로〉, 이화여대 대학원 석사학위논문.

6) Ellen Kennedy-Susan Mendus(1987), *Woman in Western Political Philosophy*, New York: St. Martin's Press, pp.179-201.

주장하였다. 여성들의 경제활동 참가율이 점증하면서 평균 자녀수가 1.17명[7]으로 낮아져서 대체출산율인 2.1명에도 미치지 못하여 40년 만에 정부는 출산장려책을 채택해야 하는 시점에 이르렀다. 그러나 한국 여성들은 출산이 천벌이라거나 혐오스러운 질병이라는 인식을 하지 않으며, 오히려 불임부부의 경우 시험관을 통하여서라도 출산을 하고 싶어 하는 여성들이 많음을 보게 된다. 따라서 한국 사회는 출산을 신성한 생명창조의 과정으로 인식해 왔기 때문에 최근 일하는 여성들을 위한 3개월의 유급 출산 휴가와 부모 가운데 한 사람이 1년의 육아휴직을 할 수 있는 제도적 장치가 마련되었으나,[8] 아직 서구에 견주면 미흡하다고 하겠다.

보도에 따르면, 최근 인천시는 여성의 출산율을 높이고자 세 번째 자녀부터 5세까지 매월 25만 원의 양육비를 시 재원에서 부담한다는 장려책을 마련하였으나, 차라리 육아휴직 때 매월 육아휴직 수당을 현 20만 원에서 상향조정하여 현실화하는 방안이 더 도움이 되지 않을까 여겨진다. 예컨대 서구사회와 같이, 처음 6개월 동안은 급여의 80퍼센트를 지급하고 나머지 6개월 동안은 50퍼센트를 지원하는 수준까지 고려하는 것이 더욱 효과적일 것이다. 그러나 그 비용은 개별 고용주에게 부담시킬 것이 아니라 사회보험제도를 활용하는 것이 바람직하다고 하겠다. 또한 선진적인 육아휴직제를 도입하는 기업에는 정부가 세제혜택이나 감면을 주어 이것이 모든 기업으로 확산되도록 유도하는 것이 최선책

---

7) 2003년 11월 19일 재정경제부 보고서 〈인구 고령화 현황 및 정책 대응 방향〉, 11월 10일자 《동아일보》 기사 참조.

8) 출산 휴가 3개월 가운데 2개월의 급여는 사용자가 부담하고 나머지 1개월의 급여는 고용보험에서 지원한다. 그리고 나머지 육아휴직 기간에는 매월 20만 원의 보조비가 고용보험에서 지급된다.

이 될 것이다.

사망률이 높았던 전근대 전통사회에서 출산자로서 여성의 성을 강조한 나머지 쾌락 추구의 성을 도외시한 것은 사실이었다. 출산은 인간 생명을 창조하는 엄숙한 과정이기에 쾌락 추구의 성을 입에 올리는 것을 금기시하였다. 그런데 근대화와 더불어 가정과 일터가 분리되면서 많은 여성 인력이 노동시장에 진출하자 여성의 일(work)과 출산·양육이라는 두 가지 구실은 양립하기 어렵게 되었다. 더욱이 교육기회의 증대와 노동시장의 유인으로, 그리고 더 안전한 피임기술의 보급으로 많은 여성들은 출산의 횟수를 조절하게 되었다. 최근 한국 가임여성의 평균 자녀수가 1.17명이라는 통계 수치는 이미 앞에서 지적하였다.

한국의 여성들이 자신의 가임기간 동안 평균 한두 명의 자녀만 갖기에 그 나머지 기간은 쾌락 추구의 성관계가 자연히 중심 화두로 떠오르고 있다. 지금까지 기피해 왔던 쾌락추구의 성 담론이 급물살을 타면서 여성의 몸에 대한 연구가 유행을 타는 것도 이와 궤를 같이 한다.9) 생식 기관을 지닌 여성의 몸은 덜 주목을 받는 대신에 감각적인 성 기관을 가진 여성의 몸이 해부되는 것이다. 이것은 과거에 출산 기능만을 강조했던 성 기능에서, 감각적인 쾌락의 성도 균등하게 조명을 받는 것으로 바람직한 일이다. 그러나 자칫 도를 지나쳐서 쾌락(감각) 위주의 성만 강조하다보면 급진주의자들이 그렇게도 비난하는 여성을 성적 대상화하는 길로 접어들기가 십상이다.

한편 여성의 몸 자체가 열등하다는 인식 내지 전통은 서양의 지적 풍토의 산물일 뿐, 한국의 전통사상에는 여성의 몸이 열등하다는 어떤

---

9) 김애령(1995), 〈지배받는 몸, 자유로운 몸 — 다시 보는 여성의 몸〉, 《여성과 사회》 6.

내용도 없으며, 비록 신체구조가 다르다고 하더라도 가치면에서 동등하게 보아왔음을 밝힌 바 있다.[10] 영혼은 고귀하고 육체는 보잘것없다는 이원론은 서양의 지적 전통이며,[11] 무엇보다 고대 이래 기독교 문화권에서는 여성의 육체를 혐오(mysogynism)의 대상으로 간주해온 것이 사실이었다.

이러한 서양의 남성 우월주의적인 지적 풍토를 한국 사회에도 그대로 대입하여 여성의 몸이 천하다는 관점에서 몸에 대한 연구가 각광받고 있다. 심지어 남존여비라는 말은 여성의 신체 자체가 열등하다는 뜻으로 해석하는 경우도 있었지만, 이 주장이 잘못된 것임을 《효경(孝經)》의 첫 장을 읽어보면 금방 알 수 있다. "몸은 어버이로부터 받은 것이기에 감히 몸을 손상시키지 않음이 효의 시작이라(身體髮膚 受之父母 不敢毀傷 孝之始也)." 인간의 육체는 창조주의 피조물이 아니라 자신의 부모로부터 물려받은 것이기에 부모에게 효도하고 자신의 몸을 가지런히 하라는 것이다. 몸을 소중히 여기고 닦으라는 수신(修身)은 유학이 지향하는 군자가 되는 첫 번째 덕목이다. 몸이 천하다는 편향된 시각에서 출발하는 몸 연구는 그 방향이 잘못된 것이다.

사실 구미의 레즈비언들은 중간자(intermediate)의 처지에 있기에 여성의 성적 이미지나 섹스 어필을 아주 비판한다. 그런데 자본주의화와 더불어 여성을 성적 상징으로 표현하는 것에 도가 지나쳐서 한국 사회에

---

10) 3장 참조.
11) "고대 그리스 이래 서구 지성사는 몸과 정신을 이분법적으로 나누고 후자만 인간학의 대상으로 선언하는 전통을 구축하였다. 몸을 정신을 가두고 있는 감옥으로 파악한 고대 그리스철학의 전통은, 육적인 것을 일시적이고 덧없는 현세와 관련시키고 정신과 영혼을 영원한 구원의 세계로 연관짓는 기독교 사상으로 이어졌으며……"[배은경(1999), 〈여성의 몸과 정체성〉, 《새여성학 강의》, 한국여성연구소, p.140]

서도 그 폐해가 심각하게 드러나고 있다. 텔레비전 광고나 신문·잡지 광고에서 여성의 몸뿐만 아니라 남성의 몸까지도 상품판매에 동원되고 있는 현실이다. 심지어 광고 문안까지도 성관계를 암시하는 내용으로 구성되어서 일상생활이 섹스 어필에 갇혀 지내는 실정이다.

한 술 더 떠서 일반 기업체에서 신입 직원을 모집할 때 조건으로 내세우는 '용모 단정한 자' 때문에 여상 졸업자나 대학 졸업자 여성들이 성형 수술을 받고서 실패의 후유증 때문에 동반 자살을 감행한 사례까지 발생하고 있다. 심지어 한 미국 여성은 유방 실리콘 주입 부작용으로 실리콘 제조회사인 다우코닝사를 상대로 손해배상 청구 소송을 벌였고, 이에 패소한 다우코닝사는 그 결과 파산지경에 이르렀다는 외신 보도는 자본주의 사회에서 쾌락 추구의 성을 지나치게 강조한 여파가 아닌가 한다. 한국에서도 이 다우코닝사 제품의 실리콘을 주입한 여성들이 상당수 있기 때문에 이들에게도 부작용이 일어날 개연성은 얼마든지 있다.

2) 이성애 _ 동성애

한국 현대사회에서 여성 동성애자들이 드러내기(coming out)를 시도한 것은 가장 최근의 일이다. 조선왕조 세종 때 폐세자빈이었던 봉씨가 어느 궁녀와 육체적 친밀감을 표시한 단 한 건의 기록을 가지고 여성 동성애의 흔적을 찾으려 하나, 앞에서도 언급했듯이 기원전 700년 무렵 그리스의 사포가 여제자들과 관계에서 동성애의 발단이 시작되었기에, 세종 때의 봉씨와 비교한다는 것은 거리감이 있다.

현대사회에 들어와서 동성애의 흔적은 1970년대의 '여운회'에서 비롯된다.[12] 여운회는 여성 택시기사들의 모임이었지만, 실제로 자신들의 성적 성향을 알게 된 레즈비언 모임으로서, 그들 사이에는 '바지씨(butch)', '치마씨(femm)'로 성 역할이 뚜렷한 제도 밖의 또 다른 이성애였다. 1980년대에는 새로운 여성 동성애자 모임이 이태원을 중심으로 활성화했으나, 이들은 소비문화에 치우친, 공동체에 대한 고민과 노력의 흔적이 없었다. 1990년대에 여성 동성애자들은 구미의 페미니즘과 레즈비언이즘을 접하면서 자신들의 경험을 정치화하고 확장 발전시켰다. 그러나 이들은 성 지향성(sexual orientation), butch, femm, heterosexism, 성적 레즈비언과 정치적 레즈비언, 급진주의, 분리주의 등 레즈비언에 관한 여러 이론과 실천양식을 접하면서 고민하고 또 이론적 혼란과 갈등을 겪었다. 이 갈등은 한국의 순수한 레즈비언들이 구미의 정치적 레즈비언 이론을 타의적으로 수용해야 하는 결과로 빚어진 현상들일 것이다.

1990년대 중반, 한국 레즈비언 커뮤니티가 형성된 배경에는 주한 외국인 레즈비언과 양성애자(bisexual) 모임인 '사포(Sappho)'가 촉매제 노릇을 하였다. 이 모임에 참여했던 3명의 한국 레즈비언들이 뒤에 여성주의자(feminist)들을 만나게 되어 대학가나 여성단체의 소모임 토론회에 참여하게 되었고, 이후 1993년 레즈비언 3명과 게이 3명으로 구성된 '초동회'가 탄생되었다. 그러나 이어서 1994년 1월 남성 동성애자 인권모임 '친구사이'가, 같은 해 11월에 여성 동성애자 인권모임 '끼리끼리'가 분리되었다. 처음 5명의 회원으로 시작하였으나 여러 차례의 언론

---

12) 한국 여성 동성애자 모임이 형성된 과정은 이해솔의 논문에 크게 의존하였다. 이해솔 (1999), 〈한국 레즈비언 인권운동사〉, 한국여성의전화연합 엮음, 《한국여성인권운동사》, 한울.

공개로 2년 뒤에는 '끼리끼리'의 회원수가 200여 명에 이르게 되었다. 주로 20대가 대다수인 현재 이들 회원들은 여성운동가들이 아니고, 또 여성운동가들은 레즈비언들이 아니기 때문에 한국 사회에서 레즈비언들은 주로 성적 소수자로서 그들의 인권운동에 초점이 맞추어졌고, 여성운동과 연대를 하거나 여성운동 속에 포함된 전례가 이제까지는 없었다. 특이한 것은 여성운동가들과 직접적인 만남은 없었던 반면에 여성주의 이론가들과의 접촉으로 그 어려운 구미의 레즈비언 페미니즘을 소개받았으나 그들의 삶의 방식과 거리가 있어서 갈등과 혼란을 겪었음은 이미 언급한 바이다.

이들도 앨리슨 재거의 정의에 따라, 레즈비언을 '자신의 감정적, 심리적, 성적, 사회적, 정치적 관심이 여성을 향해 있는 여성'이라고 정의한다. 감정적, 심리적, 성적 관심이 여성을 향한 레즈비언은 순수한 성애적 레즈비언이며, 성관계는 갖지 않으나 사회적 정치적 관심이 여성에게 향한 여성은 정치적 레즈비언으로 나눌 수 있다. 이렇게 레즈비언의 범위를 너무 포괄적으로 정의했기 때문에 '끼리끼리' 진영도 그 지향하는 문제에 따라 세 부류로 나뉜다. 노동운동 활동가는 사회주의 연대를, 또 일부는 여성주의 경향을, 활동 경험이 없었던 대다수는 1990년대 중반에 제기된 동성애 담론과 성 정치학의 영향을 받아서 퀴어 운동13)의 경향을 따르고 있다.

이들 세 경향은 서로 충돌하며 분쟁을 일으키기도 하나 다양성을 존중하자는 암묵적 합의를 가지고 있다. 이로 미루어보건대 실제로 이 모임 안에서도 성관계는 없지만 사회적 정치적 관심이 여성에게 향해 있

---

13) 김지혜(1998), 〈레즈비언/페미니스트 관점에서 본 서구 레즈비언 이론의 발전과정과 역사적 의의에 대한 연구〉, 이화여대 대학원(여성학과) 석사학위논문.

는 정치적 레즈비언이 있는 듯하다. 문제는 이들이 성애적인 순수한 레즈비언들에게 거부감을 갖고 있다는 점이다. 그렇다면 레즈비언 여성해방론(lesbian feminism)은 누구를 위한 이론인가라는 의문을 제기할 수가 있다. 남성(남편)의 역할과 여성(아내)의 역할을 없애야 한다고 주장하지만 '끼리끼리' 안에서도 남편과 아내의 역할을 수행하는 레즈비언 커플이 있음을 알 수 있다.14) 동성애자들은 그들의 감정적 성적 성향이 자연스러운 것임을 고백한다. 그들의 자연적인 성향을 인정하고 성적 소수자로서 그들의 인권이 보장되어야 하는 것은 다원주의 사회에서 너무나 당연한 일이다.

그러나 인권을 넘어서서 이성애(heterosexuality) 제도가 여성 억압의 원인이므로 동성애(homosexuality)가 규범이 되어야 여성해방이 실현될 것이라는 주장은 설득력을 잃을 것이다. 많은 이성애자들도 그들의 성적 성향이 자연적이므로 이성애를 선택하려 하고, 또 이성애를 선택했기 때문이다. 성적 소수자들의 인권이 소중하고 존중되어야 한다면, 똑같은 논리로 이들 대다수 이성애자들의 선택과 인권 또한 소중하기에 존중되어야 마땅하다 할 것이다.

한국의 레즈비언운동은 미국과는 달리 애초부터 여성운동에서 파생된 것이 아니다. 1990년대 중반, 소수의 레즈비언들이 구미의 레즈비언 여성해방론을 접하고서 그 이론을 접목시켜서 한 목소리를 내보려 한 시도는 설익은 풋과일을 추수하려는 것과 같은 일이다. 서양, 특히 미국에서는 1960년대에 여성운동을 함께 했던 여성운동가들 가운데, 게이 퍼레이드의 영향을 받아서 1970년대 초 여성운동 진영에서 분리되어

---

14) 박민선(1999), 〈한국 레즈비언의 성과 삶〉, 성폭력상담소 엮음, 《섹슈얼리티 강의》, 동녘, pp.242-275.

244

독자적인 레즈비언운동을 전개했다. 이러한 과정에서 두 진영이 서로 반목과 갈등을 거쳐서 연대로 이어졌다.15) 1980년대 초반 미국에서 레즈비언의 숫자는 전 여성의 10퍼센트를 넘었고,16) 레즈비언 여성해방론을 주창한 대다수의 이론가들은 1960년대 후반 대학생들이 주도한 학생운동에 가담했던 지식인 여성들이었다. 1990년대에 이들 가운데 상당수는 대학에서 여성학을 가르치는 상아탑의 교수가 되었다.17) 그리고 1990년에 필자가 만난 뉴욕 헌터대학의 한 영문학 여교수는 자신이 레즈비언임을 말하고, 레즈비언들의 성관계를 자신의 경험을 바탕으로 솔직히 드러냈다.

그런데 한국의 여성 동성애자들은 어떤가. 물론 자신들이 여성 동성애자임을 드러내는(coming out) 일도 정치적인 행위이다. 그러나 자신들의 순수한 경험에 바탕을 둔 이론을 개발해야 하며, 구미 이론에 무리하게 자신들의 경험을 끼워 맞추려는 시도는 자칫 자신들의 모임을 분열로 이끌고 실패할 염려 또한 적지 않다. 몇몇 활동가에 따른 위로부터 주어지는 이론에 기대어 자기 합리화를 꾀하기보다는, 대다수 여성 동성애자들의 실제 경험을 바탕으로 한 이론이 구축되어야만 이들에게 진정한 해방이 올 것이다. 그렇지 않고서 몇 안 되는 활동가가 자신이 슈퍼 스타(super star)가 되기 위한 디딤돌 밑에, 성 역할을 수행하는 이들 다수 여성 동성애자들의 목소리를 침묵으로 가두어 버린다면, 레즈비

---

15) 1970년대 초 NOW(National Organization of Women)의 초대 회장이었던 베티 프리단은 레즈비언들을 lavender menace라고 비난하였다. 그 후 이 lavender menace는 레즈비언들의 상징(trade mark)이 되었고, 오히려 레즈비언들은 이 용어를 애용하고 좋아한다.

16) Cruikshank, Margret(1982), *A Lesbian Studies*, New York: Feminist Press 참조.

17) 연구자가 1990년 미국 럿거스 대학에서 열린 여성역사학자 연차대회에 참석했을 당시, 샤롯 번치는 럿거스 대학의 여성학 센터 소장직을 맡고 있었다.

언 여성해방론은 독단(dogma) 그 이상도 그 이하도 아닌 것이다.

다양성을 인정하는 것은 서로 다름이 있지만 상호 충돌을 빚거나 갈등하지 않아야 하는 것이다. 서로 충돌하고 갈등을 빚는 이론을 한 바구니에 담으려는 시도는 무모하기 그지없다. 레즈비언 여성해방론은 이성애 여성운동가들을 가부장제에 기생하여 이득을 얻으면서 가부장제를 영속화하는 데 기여하는, 그들의 적으로 간주하는 이상 여성을 해방시키는 메타 이론(meta-theory)이 될 수는 없다. 또한 레즈비언 여성해방론이 순수한 레즈비언들(lesbians who are feminists)의 욕구를 도외시하는 한 레즈비언들을 위한 해방이론도 될 수 없는, 그야말로 이론을 위한 이론 차원에서 머물 수밖에 없을 것이다. 1990년대 후반 서양, 특히 영국에서 레즈비언들이 1960년대 이전 그들의 선배들처럼 성 역할을 수행하는 삶으로 되돌아갔다는 보고가 있음을 유의해야 할 것이다.

3) 이성애 결혼 _ 가족

현재 한국 사회에서 이성애 결혼은 어떤 여성운동 단체로부터도 아직 공식적인 도전을 받지 않았다. 과거 어느 여성 이론가는 이성애가 여성 억압의 근원이라는 구미 급진주의 이론을 소개하는 수준에서 문제제기를 한 적은 있었다. '끼리끼리'도 풀뿌리 수준에서는 아직 구미의 급진주의 이론을 완전하게 수용하지 못한 단계에 있는 듯 보인다.

그런데 결혼율은 1970년대보다 더 낮아졌다. 1970년대에 35세 이상 인구 가운데 결혼을 하지 않은 비율은 1퍼센트 미만이었는데, 최근의 통계는 산업화로 말미암아 여성들의 경제활동 참가와 전문직 여성의 숫자가 늘어나면서 결혼연령이 높아졌고, 독신 인구가 상당수 증가하

246

였음을 보여준다. 남성 35세에서 39세의 미혼 인구는 10.64퍼센트, 40~44세의 미혼율은 4.87퍼센트, 45~49세는 2.39퍼센트, 50~54세는 1.27퍼센트이며, 여성 35세에서 39세의 미혼율은 4.27퍼센트, 40~44세의 미혼율은 2.59퍼센트, 45~49세는 1.74퍼센트, 50~54세는 1.06퍼센트다.

한편 이혼율이 급격히 상승하여, 배우자 있는 여성의 30퍼센트(?)가 이혼을 한다. 이것은 1991년 가족법의 개정으로 이혼의 자유가 명실상부하게 확보된 것에서 일부 이유를 찾을 수 있다. 즉 여성의 가사노동 가치를 인정하여서 전업 주부도 이혼할 때 재산분할 청구를 할 수 있게 되었다. 이혼 사유로는 아직은 배우자의 부정행위, 성격 차이가 가장 크지만, 아내 구타에 따른 이혼도 비중이 높아졌다. 그런데 이혼한 여성들 상당수가 다시 결혼하는 비율 또한 높다. 재혼할 때 여성이 데리고 간 자녀는 전 남편의 성을 쓰기 때문에 이번 국회에 제출한 가족법 개정에는 양아버지의 성을 따를 수 있게 하였다.[18]

최근 20대 미혼 여성들에게 결혼에 대한 설문조사를 실시한 결과, 그들은 경제적 자립이 가능하면 독신을 선택하겠다고 답한 비율이 50퍼센트에 달한다. 그러나 앞의 통계에서 나타나듯이 35세 이후에는 실제로 대다수가 결혼으로 진입하는 것을 볼 수 있다. 즉 젊은 시절의 이상과 실제(현실)는 차이가 있음을 보여주는 사례라 하겠다. 필자는 10여 년 전 한 여성잡지에 소개된 어느 신학자의 결혼 이야기를 읽은 적이 있었다. 이 남성 신학자는 독신주의자여서 45세가 되도록 독신을 고수하였다. 그러나 병상에서 운명을 앞에 둔 늙으신 홀어머니의 유언 때문에 독신주의를 포기하고 결혼하게 되었다고 회고하였다. 그 어머니가

---

18) 곽배희(2001), 〈한국사회의 이혼실태 및 원인에 관한 연구〉, 이화여대 대학원(사회학과) 박사학위논문.

아들에게 한 유언은 이러하였다. '내가 너를 결혼시키지 못하고 눈을 감으려 하니 도저히 눈이 감기지 않는다. 내가 죽더라도 부디 결혼을 해야 한다'는 것이었다. 어머니의 병상 유훈을 지키고자 이 남성 신학자는 독신주의를 접고서 당시 38세의 현재 부인과 결혼하였다는 이야기였다.

이 이야기에서 한국의 부모들은 아직도 자녀의 혼사에 대한 책임감을 가지고 있다는 것을 말해준다. 아직까지 한국 사회에서는 혈연가족의 유대를 강조하는 국가정책을 쓴다. 노인들의 복지를 국가가 부담하지 않고서 개별 가족에게 노인부양의 책임을 떠넘기고 있는 실정이다. 노부모를 부양하는 자녀에게는 재산상속에서 특혜를 주고, 세금 감면의 혜택을 주는 것이 그러한 예에 속한다. 그렇지만 노부모를 부양하기에는 너무나 가난한 자식들이 종종 노부모를 양로원 앞에 버린다든지, 혹은 먼 제주도에 데려다가 버린다든지 하는 현대판 고려장이 횡행하고 있는 현실 또한 외면할 수는 없다. 호주제 폐지와 함께 노인 문제의 심각성을 깨닫고 국가는 실질적인 노인 복지정책을 시급하게 마련해야 할 것이다.

4) 아내 구타 _ 강간

과거 전통사회에서 아내를 구타하는 행위를 국가 또는 사회의 공권력이 개입하여 처벌하였음은 이미 살펴본 바이다. 그런데 가정과 일터가 분리되는 근대 이후에, 치열하고도 냉엄한 자유경쟁의 바깥 세계(공적 영역)와 단절된 사적 공간으로서 가정은 보호받아야 하는 안식처가 된 것이다. 사적 공간(가정)에서 일어나는 사생활(privacy)은 누구도 침해할 수 없고 보호되어야 하기에, 가정에서 일어나는 부부싸움은 사사로운 일로서 공권력이 끼어들 여지가 없게 되었다. 아내에게 폭력을 쓰는 것은 물론 1960년에 제정된 신민법 이후에 이혼의 사유가 되었지만, 가사노동에만 전념했던 한국의 아내들이 이혼 뒤의 경제적 어려움을 두려워하여 남편의 구타행위에도 선뜻 이혼을 청구하지 못한 것이 사실이었다.

'가정폭력방지법'이 제정되기 전인 1980년대 초에, 직업이 약사인 어느 여성이 남편의 폭력에 시달린 끝에 법에 호소한(폭력범으로 남편을 고발한) 일이 있었다. 그 당시 사회의 여론은 부부싸움은 두 사람이 조용히 해결해야 할 문제인데 법에 호소하는 것은 옳지 않다는 것이 대세를 이루었다. 그 사건은 아내 구타를 처음으로 공론화한 사건이었으나, 사회가 아직 아내 구타 문제를 부부 사이에 흔히 있을 수 있는 사적인 것으로 인식하였고, 국가의 공권력이 개입하는 데에는 주저하는 분위기가 역력하였다.

그러나 1983년 6월 '한국여성의전화'가 생기면서 매맞는 아내 문제가 심각하게 사회문제로 드러나기 시작하였다. '한국여성의전화' 조사발표에 따르면, 조사대상 여성의 42.2퍼센트가 남편에게 구타당한 경험이 있었다. 1992년 형사정책연구원의 보고는 여성 응답자의 45.8퍼센트가 남편으로부터 폭력을 당한 경험이 있는 것으로 나타났다. 이러한 상황에서 아내 구타는 부부 사이에 있을 수 있는 일이 아닌 심각한 사회폭력으로 간주되기에 이르렀고, 이에 여성의 전화 등 여성단체의 노력으로 1997년 '가정폭력방지법'이 제정되었다. 이제 아내 구타는 공권력이 개입하여 구타자인 남편을 격리시킬 수도 있고, 구타자에게 상응하는 상담 치료 교육에 참가하도록 강제할 수 있게 되었다. 한국 전통사회에서는 아내 구타에 대해 법적 처벌을 하였으나, 근대로 오면서 부부 사이의 일은 사사로운 것이며, 사생활은 보호받아야 하므로 공권력이 개입할 수 없었다가 다시 공권력이 개입하는, 즉 현대판 향약이라고 할 '가정폭력방지법'이 제정된 것이다.

현대 세계 여성운동가들은 강간범을 중형에 처하라는 요구를 한다고 이미 언급하였다. 한국 전통사회에서 강간범을 극상벌에 처했던 배경이 있었기에, 최근 강간을 피하고자 상대방을 살인한 어느 여성에게 정당방위를 인정하여 무죄가 선고된 사례가 있었다.

사건의 전말은 이러하였다. 공사장에서 인부들의 식사를 대주는 식당 여주인과 공사장의 십장이 일을 마친 후 함께 술을 곁들인 식사를 하였다. 이 남성 십장은 술이 거나하게 취하자 갑자기 식당 여주인을 겁탈하려 해서 황급히 부엌으로 도망갔는데, 십장이 끝까지 따라오자 여주인은 부엌칼로 십장을 찔렀고, 결국 죽게 되었다. 1심에서 이 여주인은 살인죄의 유죄 판결을 받았으나 이에 불복하여 항소를 했다. 항소심에서는 이 여성의 행위가 강간을 피하려는 '정당방위'로 인정되어서 무죄 판결을 받은 것이었다.

이러한 전통의 유습으로 최근 강도 강간(이른바 가정파괴범)의 경우는 극형인 사형에 처하는 '특별범죄가중처벌법'을 제정하여 이미 두어 차례 시행된 적이 있었다.[19] 그리고 '성폭력특별법'이 여성단체의 노력으로 제정된 만큼[20] 이 법의 미비점이나 일반 강간에 대한 세밀한 논의

---

19) 노태우 정권 초기에 사형집행을 위한 최첨단 장비가 도입되어서 집행관이 인간적인 고뇌 없이도 사형을 집행할 수 있게 되었다는 신문 사회면 기사가 있었다. 즉 다른 방에서 단추만 누르면 집행이 완료되며, 이때에 가정파괴범을 비롯한 어린이 유괴 살해범 등 10여 명이 사형되었다.

20) 여성 관련법에 대해서는 다음 책을 참조. 이은영(1999), 《법 여성학 강의》, 박영사.

는 법 전공자들에게 미루고, 여기서는 급진주의자들이 주장하는 부부 사이의 강간에 대하여 논급하겠다.

여성학자들은 '여성이 노(no)라고 말했음에도 성관계가 이루어지면 강간'이라고 정의한다. 특히 아내 강간은 아내를 폭행한 이후에 성관계를 갖기 때문에 강간으로 처벌해야 한다는 것이다. 언젠가 사석에서 황산성 변호사는 이런 견해를 밝힌 바 있다. 폭력 뒤에 성관계를 갖는 것은, 폭력은 처벌의 대상이지만 성관계는 부부 사이에 있는 일이라 강간이 성립되기는 현실적으로 어렵다고 본다고 했다. 필자도 황변호사와 견해를 같이 한다.

실상 한국의 민법 제826조 1항에 '부부는 동거의 의무가 있다'고 명시되어 있다. 여기에서 동거는 같은 주거공간에서 함께 생활한다는 단순한 장소의 의미를 넘어서는, 부부는 상호 합법적으로 성관계를 할 의무가 있다는 말이다. 법적으로 아내 강간이 성립되기 위해서는 앞의 제826조 1항을 법 조문에서 삭제해야 한다. 그러나 이 조문의 삭제는 극소수 급진주의 이론가들의 이론적 승리를 의미할지언정, 나머지 대다수 여성들에게는 불리하게 작용할 것이다. 예컨대 동거의 의무 조항이 없다면 남성이 아내를 성적으로 유기해도 아내는 법에 호소할 수 없게 된다. 만약 남편이 아내를 성적으로 유기했다면 아내는 이 조문을 바탕으로 남편에게 법적인 이혼청구가 가능한 것이다. 동거의 의무를 삭제하는 것은 곧 간통이 법적으로 성립되지 않게 됨을 의미하며, 따라서 일부일처제를 포기하는 것인 만큼 소수의 서양 급진주의 이론가들이 바라는 바 성해방을 맞을 것이다.

아내 강간이 법적으로 인정되어야 한다고 주장하는 일부 여성운동가들은 남편들이 아내를 구타한 뒤에 성관계를 강요하는 것을 문제삼는다. 이런 경우에는 가정폭력방지법에서 가중처벌을 하는 내용으로 보완하는 것이 좋지 않을까 한다. 예컨대 이런 남편들에게는 안방 접근 금지 또는 격리기간을 더 길게 한다든지, 훈련 교육기간을 늘려서 더욱 철저한 교육을 받도록 하는 방법을 제안한다. 아내 구타에 따른 강간은 일반 형법이 아닌 가정폭력방지법 안에서 가중처벌을 하는 것이 바람직한 방안이라고 생각한다.

수잔 브라운밀러(Susan Brownmiller)는 "남성은 강간의 욕구를 본능적으로 타고 난다"[21]고 했다. 그렇다면 여성 자신도 남성인 아버지로부터 받은 유전인자 가운데 강간의 본능을 전수받았을 것[22]이므로 그녀의 주장은 논리적인 모순이 아닐 수 없다. 여성이 자신의 아버지와 남자 형제들, 그리고 아들을 적으로 간주하는 급진적 분리주의 이론의 맹점이 잘 드러나는 부분이라 하겠다.

5) 가사결정권 _ 성별 노동분업

가족에 관한 사항은 부부가 서로 협의해서 민주적으로 결정하는 것이 최선의 방안이다. 급진주의 여성운동가들은 가정 안에서 남편의 일방적이고 독단적인 가사 결정을 문제 삼는다. 특히 가사 지출권을 누가 행사하느냐 하는 것이 문제가 된다. 이혼을 거쳐 여성운동가로 변신한 한 독일 여성의 〈나는 나다〉라는 수기가 번역된 적이 있는데, 이 여성은 대학 교수인 남편과 결혼생활에서 이혼에 이를 때까지 가사 지출권

---

21) Susan Brownmiller(1976), *Against Our Will: Men, Women and Rape*, Harmondsworth: Penguin Books.

22) Jean Bethke Elshtain(1981), *Public Man, Private Woman*, Princeton: Princeton University Press.

을 행사하지 못하고 남편으로부터 생활비를 필요한 만큼 조금씩 타서 썼다고 술회하였다.

오래 전에 미국 디트로이트 시의 주부들과 한국 주부들의 가사 결정 참여도를 비교 조사한 논문이 발표되었는데, 그 결과는 한국 주부들이 미국 주부들보다 가사 결정 참여도가 더 높게 나온 것이었다.[23] 이와 같이 한국 주부들의 가사 결정 참여도가 높게 나타난 것은 전통사회의 내외법(內外法)에서 비롯한다. 한국 전통사회 여성은 비록 학문과 정치 참여라는 외업에서 배제되었기 때문에 억압적인 삶을 살았다고 할 수 있으나, 가정경제를 망라한 내업 분야에서는 독자적인 결정권을 행사 해온 것이 사실이었다.

이러한 전통의 유습으로 오늘날 한국 주부들의 가사 결정 권한이 높은 것이다. 대부분 월급쟁이 남편들은 '한국의 여성들이야말로 지위가 높다'고 하면서, 한 달 동안 열심히 일해서 번 급여가 몽땅 은행 온라인 계좌로 부인에게 들어가면 점심값과 한 달 용돈을 타내기 위해서 아내에게 빌다시피 해야 한다면서 푸념한다.

현재 미국에 살고 있는 필자의 친구 남편 이야기를 들어보자. 1990년 당시 친구의 남편은 뉴욕의 어느 한국 회사 사장이었다. 그는 자기 회사에 다니는 현지 미국인 남성들이 도저히 이해할 수 없다면서 "어떻게 월급을 몽땅 아내에게 모두 맡기느냐?"고 경이로운 시선으로 물어온다고 털어놓은 적이 있었다.[24]

---

23) 이화여대 이동원 교수가 발표한 논문의 내용을 《동아일보》 1984년 11월 29일 문화면에 지영선 기자가 요약하였다.

24) 전두환 정권 시기에 국무총리 직속기구로 '여성문제위원회'가 발족되었다. 그 회의에 참석했던 전 전대통령은 "한국 여성들의 지위가 상당히 높은데 무슨 문제가 있느냐?"고 언급했다 한다. 전 전대통령의 머릿속에는 막강한 부인 이여사의 가사결정권을

가정 안에서 여성의 권한이 높은 것이 전체 여성의 지위와 무슨 상관이 있느냐고 묻는다면, 이는 급진주의 이론가들이 문제를 제기했기 때문에서다. 이들은 거대한 문제들—사회정의, 세계평화—이 아닌 개인적(personal)인 일을 여성 문제의 중심으로 삼았다. 사적인 분야에서 여성의 지위는 지금까지 살펴본 바대로 한국 여성들이 서양 여성들보다 높으며 이는 전통의 유습에서 비롯되었다고 하겠다.

성별 노동분업에서 문제는 여성들은 가사노동 담당자이기 때문에, 비록 여성들이 노동현장에 참여한다고 하더라도 산업예비군으로서 해고의 첫 번째 대상이 되고 차별임금이 정당화된다는 것이다. 때문에 1960년대 초부터 자유주의(부르주아) 여성운동가들은 남녀 사이의 성 차이는 없으며, 여성도 남성과 마찬가지로 공격적이며, 공적 분야의 가치 있는 남성의 일을 하고자 투쟁한 것이다. 그러나 그로부터 수십 년이 지난 지금, 노동시장에 진출한 여성들은 소수를 제외하고 대부분은 전통적으로 여성들이 가정에서 하던 일과 비슷한 분야에 종사하는 현실을 똑바로 볼 때, 가사노동의 가치화가 선행되지 않는 한 공과 사 양쪽 영역 모두에서 여성들은 설 자리를 잃게 되는 것이다.

필자는 일찍이 공적 영역과 사적 영역 모두 가치가 균등하게 배분되어야 한다는 주장을 했다.[25] 남성의 일은 가치가 있고 여성의 일은 가치가 없다는, 남성들이 만들어 놓은 가치체계 속에 스스로 갇히기를 거부하고 그 틀을 깨고 나와서 과거 여성이 해오던 일도 마찬가지로 중요하다고 여겨질 때 진정한 의미에서 선택의 자유가 남녀 모두에게 보장

미루어 보건대 한국 여성에게는 별 문제가 없다고 생각했을 것이다.

25) 강숙자(1998), 〈한국여성운동 이론정립을 위한 시론〉, 《한국여성학연구서설》, 지식산업사 참조.

254

되는 것이다. 만약 가사노동이 가치 없다고 계속 주장한다면, 무능력자로 낙인찍히기를 마다하지 않고서야 어느 남성이 가사노동을 전담하겠다고 선뜻 나서겠는가.

물론 전통사회의 내외법은 안일[內業]과 바깥일[外業]로 구분하였기 때문에 현재 공적 경제활동에 참여하려 하는 한국 여성들에게 장애로 기능하며, 성별 노동분업을 강화하는 측면을 간과할 수는 없다. 그러나 전통사회의 내업이 지금과 같은 순수한 가사노동에 국한된 것이 아니라 생산을 망라한 가정경제가 여성의 일이었음을 여러 차례 논급한 바 있다. 그러나 남성의 영역인 학문과 정치참여에서 배제되었던 여성이 현대사회에서 학문과 정치참여의 기회가 열려진 것은 실로 발전이며, 이는 선각자 여성들의 공으로 돌려야 할 것이다. 필자는 공적 영역과 사적 영역의 가치가 균등하게 배분되어야 한다고 주장하는 바이며, 따라서 여성이 가정에서 하는 일도 동등한 평가를 받아야만 할 것이다.

다행히 한국은 1991년 개정된 민법에서 주부가 하는 가사노동의 가치를 인정하여, 이혼할 때 아내의 재산분할 청구권이 보장되었다. 앞으로 사회보장제도가 잘 된 북유럽의 스웨덴과 같이 전업주부로 일생을 보낸 여성도 65세가 넘으면 독자적으로 정부로부터 연금 혜택을 받는 단계로까지 주부권이 발전했으면 한다.[26]

급진주의 여성이론가들은 여성적 가치가 이 세계의 도덕적 기반이 되어야 한다고 주장한다. 또한 사적 분야에서 여성의 문제를 제기한다면서도 정작 가사노동의 문제를 제기하는 이론가는 찾아보기 어렵다. 오히려 가사노동의 가치를 주장하는 이론가들은 대개 마르크스주의자

---

26) Harriet Holter(ed., 1984), *Patriarchy in a Welfare Society*, Oslo: Universitetsforlaget.

들이거나 경제학자들27)이다. 정치적 레즈비언들도 결국에는 자유주의 (straight) 여성운동가들처럼 공적 경제활동에 균등한 기회로 참여하겠다는 주장인 만큼, 결국에는 부르주아 여성이론이 갖는 백인 중산층 여성 중심이라는 한계점을 공유한다고 하겠다.

급진주의 여성이론가들은 자신들이 비판하는 자유주의 여성운동가들의 이론을 원용하는 아이러니를 자각하고 그들의 이론체계를 새로이 구성해야 한다. 그들이 그렇게도 비판하는 공적 영역[異性愛]에 왜 굳이 끼어들려고 안간힘을 쓰는가. 분리주의를 선택했다면 멀리 떨어진 외딴 곳으로 가서 자급자족적인 레즈비언 공동체를 건설하고 성공적인 운영을 증명해 보이는 일이 우선일 것이다. 그렇지 않다면 순수한 레즈비언인 제3의 성(性)으로서 제2의 성(straight)과 연대해서 공적 영역으로 편입되기를 상대역인 남성들에게 호소하고 타협해야 할 것이다. 남성을 적으로 간주하고 배척하면서 어떻게 남성과의 협상 테이블로 나올 수 있는가. 이 점이 바로 정치적 레즈비언들의 이론이 허구임을 자명하게 보여주는 것이라고 하겠다.

지금까지 한국 전통사회 여성과 현대사회 여성의 경험을 살펴보았다. 한국 여성의 지위는 전통의 유습 때문에 아직도 사적 영역에서는 서양 여성들보다 높다는 사실이 밝혀졌다. 현재 심각한 사적 분야의 여성 문제들은 급격한 서구화 내지 자본주의화, 그리고 식민지 시기를 거치면서 야기된 것이 상당한 만큼, 다시 전통사회의 향약과 법에 상응하는 가정폭력방지법과 성폭력특별법이 제정되기에 이르렀다. 다음에서

---

27) 김애실은 미국 여성 경제학자들의 가사노동에 대한 이론을 우리 나라에 소개하였다. 김애실 역/퍼버 마리안 · 줄리 넬슨(1997), 《남성들의 경제학을 넘어서》, 한국외국어대 출판부.

는 한국 여성운동의 어제와 오늘을 살펴보려 한다.

2. 1960년대 이후 한국 여성운동의 전개

1948년 남한 단독정부가 수립되면서 대한민국 헌법은 임시정부 헌장의 법 정신을 계승하여 남녀평등을 보장하였다. 헌법 제11조는 성별·종교·사회적 신분의 차이에 따른 차별대우의 금지를 규정하며, 헌법 제32조는 '여자는 고용, 임금 및 근로조건에서 부당한 차별을 받지 아니한다'와 헌법 제36조 1항은 혼인과 가족생활에서 남녀평등을 규정하고 있다.[28] 이승만 정권 이후 한국 여성운동은 주로 기혼 여성들이 회원이 되어 여가 선용과 회원들의 친목을 도모하는 일이 활동의 근간을 이루었다.

그러나 몇몇 단체들은 여성의 법적 지위 향상을 위하여 노력을 아끼지 않았다. 대한부인회, 여성문제연구회, 대한기독교청년회 가정법률상담소 등 여성단체들의 협의체인 한국여성단체협의회(이하 '여협'이라 한다)가 1959년 12월 발족하였다. 여협은 1980년대 초반까지 한국 여성운동을 이끌어 온 구심점 노릇을 하며 가족법 개정운동을 주도하였다. 당시 여협은 여성 지위 향상보다는 남녀 차별 철폐에 주력하여 여성문제상담실을 1964년 12월에 개설하고, 기관지 《여성》을 발간하며 버스 여차장 인권문제, 간호원 처우개선 문제에 관심을 가져 건의문을 관계기관에 발송하였다.

---

28) "혼인과 가족생활은 개인의 존엄과 양성의 평등을 기초로 성립되고 유지되어야 한다."[김철수(2003), 《한국헌법》, 법원사, p.167]

1970년대는 박정희 정권의 고도성장정책으로 산업화가 급격하게 이루어짐에 따라 근로여성의 인권침해와 부당한 처우문제가 심각하게 드러나게 되었다. 1975년, YH 여공들이 부당해고 철회 요구를 관철시키기 위해서 당시 야당인 신민당 당사를 점거하고 농성을 벌인 이른바 YH사건 때, 공권력이 동원되어 강제해산시키는 과정에서 1명의 사망자를 내는 등 1970년대는 여성근로자들의 파업이 절정을 이룬 시기였다.[29] 이에 여협은 1975년 전국여성대회의 주제를 '산업사회와 여성'으로 정하고 취업여성과 근로여성의 문제에 관심을 기울였고, 1986년 '근로여성고발창구'를 개설 운영하며 오늘에 이르고 있다.[30] 1970년대는 지식인 여성과 여자 대학생이 사무직·전문직에 균등한 기회로 여성의 취업을 요구하는 대신에 독재정권에 항거하는 민주화 투쟁에 전념하였다.[31]

한편 1980년대는 생산직 여성운동이 퇴조하고 사무직 여성운동이 활기를 띤 시기였다. 1980년대 초 여성학을 수강하고 이론으로 무장한 진보적 여성 지식인—대학 재학생이나 졸업생—이 주도하여 과거와는 다른 새로운 여성단체를 창립하면서, 한국 여성운동은 한 차원 높은 질적 도약의 전기를 마련하였다. '여성평우회'(1983년 6월),[32] '여성의전화'(1983년 6월), '또하나의문화'(1984년 12월), '한국여성민우회'(1987),

---

29) 이옥지(2002),《한국 여성노동자운동》, 한울.
30) 장미경(2002), 〈한국 여성노동운동〉.
31) 여성 민주화투쟁은 1988년 6월, 제10회 미국 여성학대회에서 조성숙이 발표한 논문 〈한국여성민주화운동〉에 의거하였다.
32) 여성평우회는 1983년 6월에 지식인 여성들이 모여 창립하였으나 1985년 하반기에 민통련 가입 문제를 놓고 여성 문제가 우선이냐 정치노선이 우선이냐 하는 이론투쟁을 벌이다가 1986년 3월 정기총회 후에 창립 회원들의 대거 탈퇴로 조직이 와해되었다.[이승희(1994), pp.342-356]

'한국성폭력상담소'(1991) 등이 발족되면서, 여성노동자, 매맞는 아내, 그리고 민주화 투쟁, 성폭력 문제를 여성운동 차원에서 제기하여 많은 결실을 맺었다. 새로운 여성운동단체의 연합체인 '한국여성단체연합' (이하 '여연'이라 함)이 1987년 2월 18일에 '민족·민중과 함께하는 여성운동의 방향에서 여성운동 세력간의 조직적 연대를 이루어 나가며 사회의 민주화, 자주화, 여성해방의 쟁취를 위해 노력함을 목적'으로 발족되었다.[33] 이로써 한국 여성운동은 '여협'과 '여연'의 양대 세력 중심으로 결집되었다.

1980년대 후반은 실로 여성운동이 풍성한 성과를 거두는 시기였다. 1989년 가족법 개정, 1989년 남녀고용평등법 제정, 1993년 성폭력특별법 제정, 1997년 가정폭력방지법 제정, 1995년 여성발전기본법 제정, 2000년 남녀차별금지 및 구제에 관한 법률, 2003년 양성평등목표제 등이 그것이다.

다음에서는 1960년대 이후 여성 문제로 제기된 사안들에 대하여 그 활동의 전개과정과 결실을 주제에 따라 간추려 서술하려 한다.

1) 가족법 개정운동 _ 재산균분상속·동성동본혼·호주제

한국 전통사회에서 여성이 친정에서 받은 재산은 아내의 사유재산으로 인정되어 남편도 함부로 처분할 수 없었다.[34] 그러던 것이 일제 식

---

33) 이승희(1994), p.314.

34) 문종 때 이숙번과 처 정씨는 공동으로 1남 2녀에게 재산을 나누어주었는데, 맏딸은 강순덕의 처가 되어 자식 없이 죽고 이숙번도 사망하자, 사위는 자신의 조카 강희맹을 양자로 삼아 죽은 처의 재산을 물려주었다. 혼자 남은 장모는 딸의 재산이 타성으로 넘어가는 것을 막으려고 반환할 것을 사위에게 요구했으나 듣지 않자 왕에게 고하여

민지 시기를 거치면서 경국대전 체제가 무너지고 유럽 민법의 영향을 받아서 제정된 일본 민법이 조선의 여성들을 1921년부터 지배하면서, 식민지 조선 여성들은 자신의 사유재산을 처분할 수 없는 법적 무능력자(legal non-entity)가 되었음을 이미 논증한 바 있다.35)

해방을 맞아서 대한민국 정부 수립과 함께 1948년 법 앞에서 만인이 평등하다는 법 정신을 담은 대한민국 헌법이 제정되었다. 그 뒤 하위법인 민법(이하 '가족법'이라 함)을 제정하는 과정에서 황신덕·표경조·이태영 등 여성계 인사들은, 남녀평등을 담보하는 민주적인 법 제정이 이루어지도록 당시 김병로 대법원장을 방문하여 건의서를 제출하였고, 1957년에는 민의원 의장(이기붕)과 국회의원 전원에게 호주제도 폐지, 이혼 배우자의 재산분할 청구권 등 6개항을 담은 청원서 및 호소문을 전달하였다.36) 그러나 1958년 2월 22일에 제정 공포되어 1960년 1월 1일부터 시행된 민법에서는 식민지 시기의 여성이 법적 무능력자로 간주된 부분이 없어지고 결혼의 자유가 보장되는 등, 호주의 막강했던 권한이 상당 부분 축소되면서 여성의 법적 지위가 진일보하였으나 아직도 여성의 평등이 온전하게 보장된 것은 아니었다.

오히려 왜곡된 부분도 있었다. 그것은 이 민법 제정 과정에서 미국에 유학한 유학파에 의해서 영미의 유언 우선주의가 도입되었기 때문이다. 즉 남편이, 자신의 전 재산을 사회에 환원한다거나, 유가족이 아닌 누구

승소판결을 받았고, 사위 순덕은 장모의 명령에 불순한 죄로 벌을 받았다.(《조선왕조실록》 단종 즉위년 11월 계유)

35) 강숙자(1998), 〈한국여성 근대화의 보편성과 특수성〉, 《한국여성학연구서설》, 지식산업사.

36) 강숙자(1998), 〈한국가족법 개정운동의 쟁점분석과 개선방향〉, 《한국여성학연구서설》, 지식산업사.

누구에게 준다고 유언을 하고 사망하면, 유가족은 한 푼의 재산도 물려받지 못해서 생계가 막막한 경우가 생기는 것이었다.

따라서 1970년대에 시작한 여성계의 가족법 개정운동은 유류분제도의 신설을 요구하기에 이른다. 뿐만 아니라 식민지 시기에 여성은 재산상속에서 전적으로 제외되었던 것이 차별적이나마 재산상속에 포함이 되어서 진일보한 측면이 있었다. 그러나 유처(어머니)는 아들의 1/2을 받게끔 되어 오히려 전통사회만큼 어머니의 지위는 회복되지 않았다. 장남은 1.5, 아들은 1, 어머니는 0.5, 미혼의 딸 0.5, 시집간 딸은 0.25의 비율로 정해졌기에 전통사회에서 남편 재산의 관리자였던 아내(어머니)와 균분상속을 받았던 딸의 지위는 그에 훨씬 못 미치는 수준이었다. 아내(어머니)가 아들 몫의 반을 받는 것은 로마법에 기원한다. 따라서 여성계는 1973년 6월 28일 61개의 여성단체가 연합하여 '범여성가족법 개정촉진회'를 결성하고 본격적인 가족법 개정운동을 전개하였다.

여성계의 노력으로 1977년 12월 12일에 통과되어 1979년 1월 1일부터 시행된 가족법에는 유가족을 위한 유류분제도가 신설되었고, 재산상속에서 여성의 상속분이 개선되었다. 즉 아내(어머니)와 장남은 1.5이며 아들과 미혼의 딸은 동등하게 1을 받으나, 시집간 딸은 여전히 0.25를 받았다. 여성계가 요구한 10개항 가운데 일부만 수용한 개정된 가족법에 만족할 수가 없어서 1984년 7월 70개 여성단체들이 '가족법 개정을 위한 여성연합회'를 다시 결성하여 7개항의 개정을 요구하였다.

이들의 노력으로 재개정되어 1991년부터 시행된 가족법은 이혼할 때 아내의 재산분할 청구권이 인정되어서 가사노동의 가치가 법적으로 보장받게 되어 여성운동의 승리로 평가할 만하다. 또한 재산상속에서 아내(어머니)만 자기 몫의 50퍼센트를 더 받고, 나머지 자녀들은 나이에 따른 서열이나 딸·아들의 구분이나 기혼·미혼에 관계없이 완전한 균분상속이 이루어졌다. 그리고 호주제도는 호주의 권한이 대폭 삭제되어 그야말로 유명무실한 이름만의 호주제도를 존속시키면서 호주상속제도가 아닌 승계제도로 개정하였다.

그 결과 필자가 예견했던 대로 재산의 균분상속은 노인 문제를 야기시켰다. 노후의 생계를 국가가 책임지지 않고 개별 가족에게 부담 지우면서 재산을 균분상속하면 어느 누가 늙은 부모의 병간호나 부양을 떠맡을 것인가. 노부모의 투신자살, 가출, 유기 등은 가족법 안에 호주와 가족 사이에는 상호 부양의 의무가 있다는 조항을 삭제한 데 따른 것이 아닌가 한다. 이와 같은 노인 문제의 발생에 따라 1998년에는 가족법을 부분 개정하여 효도상속제를 신설하였다. 즉 부양 상속인은 부모와 함께 살거나 생활비를 50퍼센트 이상 부담한 자식을 뜻하는 것으로, 재산 상속에서 자기 상속분의 50퍼센트를 더 상속받도록 하였다.

1960년대 이후부터 호주제도의 철폐와 더불어 여성계가 끈질기게 폐지를 요구한 것은 동성동본불혼제였다. 이 문제도 번번이 노인단체나 유림 또는 사회지도층의 반발 때문에 동성동본금혼 조항은 그대로 둔 채 이 조항으로 말미암은 피해자들을 한시적으로 구제해 주는 미봉책에 머물렀다가, 동성동본금혼 규정은 양성평등을 보장한 헌법에 위반된다고 하여 1997년 7월 16일 헌법불합치결정이 내려졌다.[37] 중국 주(周)왕실 일가의 대통합을 목적으로 시행되었던 동성동본금혼제는 실로 오랜 세월의 우여곡절을 겪은 끝에 폐지된 것이다.

한편 호주제도는 호주승계제도로 바뀌어 이름뿐으로나마 지금까지

---

37) 김철수(2003), p.161.

유지되어 오다가 최근 호주제도를 완전 철폐하고 대신 일인일적제, 가족부, 그리고 자녀의 성을 부모 가운데 자유롭게 선택할 수 있도록 한 여성계 민법 개정안이 2005년 3월 3일 국회에서 통과되어 유예기간을 거친 후에 2008년 1월 1일부터 새로운 신분등록제가 시행될 예정이다.

2) 여성근로자 조기정년 철폐 및 고용에서 남녀평등

앞에서도 언급하였지만 1962년부터 박정희 정권의 경제개발5개년계획이 시작되면서 1970년대는 고도성장기로 진입하였다. 그러나 고도성장 뒷면에는 여성 근로자들의 희생이 있었기에 여성 근로자들의 노동투쟁은 격심하였다. 대표적인 사례로는 동일방직(1972년 5월)·원풍모방(1972년 8월)·반도상사(1974년 4월)·YH무역(1975년 5월)의 여성 노동자들은 근로시간 단축, 강제잔업 철폐, 작업환경 개선, 폭행 금지, 인권침해 반대 등 노동조건 개선과 동일임금 요구, 생리휴가, 결혼퇴직 철폐, 산전산후 휴가의 정착, 수유시간 확보 등을 요구하였다.

이 당시 동일방직 여성 노동자들은 파업 농성과 나체 시위, 명동성당에서 단식 농성으로 저항했으며, 원풍모방 여성 노동자 600여 명은 명동성당 농성으로 대항하였고, 반도상사의 경우는 40여 일 동안 낮에는 작업을 하고 야간에 시위와 농성을 하는 강인함을 보여주었다. 앞에서도 말한 것처럼 YH무역의 경우는 회사 폐업 조처에 여성 노동자들은 신민당사 점거 농성으로 맞서다가 공권력의 투입으로 강제해산되는 과정에서 한 여성이 희생되는 일까지 일어났다.[38] 그러나 아직 중간계층

---

38) 장미경(2002) 참조.

의 형성은 미약하여서 중간층 여성들의 공적 경제활동 참여 요구는 1970년대에는 들리지 않았다.

그러다가 여성학의 보급으로 대학을 나온 젊은 여성들이 주도하는 여성단체가 하나 둘 생기면서 1980년대는 중간층 여성들이 목소리를 내기 시작하였다. 사무직 여성 문제가 불거진 것은 1983년 1월 4일 한국통신공사의 여성 교환원 김영희가 여성이 절대 다수를 차지하는 여성 교환원의 정년을 일반직 공무원 정년 55세보다 12년 낮은 43세로 정한 인사규정은 헌법과 근로기준법의 남녀평등 원칙에 위배된다면서 민사법원에 정년무효 확인소송을 제기한 것이 발단이 되었다.

근로기준법이 제정된 지 30여 년 만에 처음으로 열린 성차별 고용소송에서 1심은 직종의 특수성을 고려한 합리적 차별이라며 기각하였고, 2심은 원고패소 판결을 내렸다. 그러나 남녀고용평등법이 시행된 1989년 4월 대법원은 드디어 원고승소 판결을 내렸다. 이 사건은 사무직 여성의 차별을 사회에 환기시키는 구실을 하였고, 남녀고용평등법 제정에 기여한 점이 크고, 이 법 또한 정년무효 확인소송을 승리로 이끈 밑받침이 되었다.

여자 은행원 결혼퇴직각서는 여행원들 스스로가 해결한 쾌거라 하겠다. 1970년대에 여행원은 공개채용시험을 거치지 않고 인맥으로 입사하였기에, 입사할 때 결혼을 하면 퇴직을 하겠다는 각서를 제출하였다. 여행원은 미혼에 국한한다는 의미였다. 여행원들은 스스로 세미나를 개최하여 여성의 직업의식을 드높이고 근무조건을 개선하기 위한 노력을 기울였다. 1974년 11월 BPW(Business Professional Women's Club: 전문직 여성클럽)에서 당시 조흥은행 노동조합 여성부장이던 이한순이 '여행원에 대한 문제'라는 제목으로 강연하였다. 이인호, 정광모, 강기원등은 BPW를 통해 여행원 결혼퇴직각서제를 유엔에 보고하기도 하였다. 1975년 '세계 여성의 해'를 맞아 이 여행원 결혼퇴직각서제는 대외적으로 많은 관심과 호응을 얻은 끝에 1976년 드디어 여행원 결혼퇴직각서제가 폐지되어 사무직 여성 조기정년 철폐의 디딤돌을 마련하였다.

사무직 여성 조기정년 철폐에 대한 조직적인 여성운동에 불을 붙인 것은, 1985년 방일물산의 이경숙 손해배상소송 사건이었다. 당시 23세였던 이경숙은, 여고를 졸업하고 1981년 방일물산 영업부 사원으로 근무하던 가운데, 1983년 횡단보도를 건너다 당한 교통사고의 후유증으로 일을 계속할 수 없게 되자, 가해자에게 손해배상 청구소송을 제기하였다.

서울민사지법 합의15부는 '우리나라 여성의 평균 결혼연령인 26세부터는 가사노동에 종사하는 것으로 보아야 한다'면서 회사원으로서 수입을 인정할 수 있는 것은 25세까지뿐이며, 26세부터 55세까지는 가사노동자에 상응하는 일당 임금 4천원을 적용하여, 원고의 요구액 3,500만원을 기각하고 846만원을 배상하라는 판결을 내렸다.[39]

이에 한국여성단체협의회는 사법부의 장들에게 건의문을 발송하였고, 여성평우회 등 6개 여성단체는 '25세 여성 조기정년제 철폐를 위한 여성단체연합회'를 결성하여 공청회를 개최하고 전단을 돌리는 등 사회 여론을 환기시켰다. 한편으로 주부 가사노동의 경제적 가치를 임금으로 계산하는 연구도 때맞추어 발표하였다.[40] 특히 조영래 변호사의 무료변론 등에 힘입어 이경숙사건은 1986년 3월 4일 항소심에서 승리

---

39) 정경환(1986), 〈25세 여성 조기정년 철폐를 위한 여성운동〉, 《열린사회 자율적 여성》, 평민사, p.478.
40) 김애실(1985), 〈가사노동의 경제적 가치〉, 《여성연구》 겨울호, 한국여성개발원.

하여 여성의 정년을 25세에서 55세로 올려놓는 전환점을 마련하였다.

또 한가지 빼놓을 수 없는 것은 이화여대 신문방송학과 학생들이 국영방송인 한국방송공사(KBS) 본관 앞에서 피켓을 들고 시위를 한 일이다. 1984년에 케이비에스는 프로듀서를 모집하는 신문광고를 내면서, 응시자격을 '4년제 대학을 졸업하고 병역을 마친 1900년도 이후 출생한 자'로 제한하였다. 여자대학의 신문방송학과 학생들은 프로듀서가 되기 위한 공개시험에 여성이라는 이유만으로 아예 응시의 기회조차 빼앗겼기에 시위를 하기에 이르렀다. 이 시위는 매스컴을 타면서, 사회여론을 여성의 노동할 권리를 보장하는 쪽으로 이끄는 데 큰 구실을 하였다.

남녀고용평등법이 1987년에 제정되기까지는 위에 열거한 사건들이 큰 밑거름이 되었다. 그렇지만 국제적인 연대도 고용평등법 제정에 한 몫을 담당하였다. 한국 정부는 유엔의 '여성차별철폐협약'[41]을 1984년 비준하였다. 비준 당사국으로서 한국은 근로상의 여성의 차별을 철폐해야 할 의무가 있다.

이러한 나라 안팎의 분위기와 당시 선거를 의식한 민자당의 여성 표심 모으기의 합작품으로 공청회 등 꼼꼼한 심의과정을 허술히 한 채 1987년 제정되었다. 여성계의 의견이 충분히 수렴되지 않았기에 그동안 1989년, 1998년, 2000년, 2001년 네 차례 개정되면서 오늘에 이르렀다. 따라서 모집·채용과 교육·배치·승진에서 차별 철폐와 동일한 가치의 노동에는 동일 임금을, 그리고 1년 동안의 육아휴직이 제도적 장치로 마련된 것이다.

---

41) 유엔 여성차별철폐협약은 다음을 참조. 이은영(1999). 《법여성학 강의》, 박영사, pp. 67-75.

3) 성폭력특별법

1980년대 초 학생운동권 출신 지식인 여성들이 주도한 새로운 여성 단체들이 등장하면서 한국 사회에서 여성운동은 새로운 전기를 맞게 되었음은 이미 지적하였다.

1980년대 후반 불거진 성폭력에 연관된 사건들이 잇달아 매스컴에 오르내리자 여성단체들은 성폭력 사건에 연대를 결성하는 등 어느 때보다 강한 결집력을 보였다. 최초의 여성연대는 1984년 11월 경희대 여학생 3명이 시위 도중 청량리경찰서에 연행되어 성추행을 당한 사건이 발생하자, 여성평우회, 여성의전화, 민청련 여성부, NCC 여성부 등 10개 단체가 대책위원회를 구성하고 추행경관 고발, 규탄집회, 성명서 발표 등 일련의 행동으로 나타났다. 이 사건은 피해 여학생들이 싸우려는 의지를 포기해서 중단되었지만 최초로 정치적 결집력을 과시한 사건으로 평가된다.

1986년 6월에 터진 이른바 '부천서 권인숙 성고문사건'은 여성운동사에 하나의 획을 긋는 사건으로 기록된다. 당시 권인숙은 노동현장에 위장취업하여 노동운동을 하던 가운데 체포되어 부천경찰서에서 심문을 받고 있었다. 담당 형사 문귀동은 '5·3인천사태' 관련 수배자 소재지를 파악하기 위해 권인숙에게 성고문을 가하였다. 권인숙은 변호사를 통하여 자신이 당한 성고문 내용을 언론과 여성단체에 알렸으며, 문귀동을 강제추행 혐의로 인천지검에 고소하고, 사건 관련 경찰 6명을 독직, 폭행 및 가혹행위로 고발하였다.

이에 여성단체들은 곧바로 '여성단체연합 성고문대책위원회'를 구성하고, 시민단체와 종교단체들이 연합한 '부천서성고문사건공동대책위원회'를 만들어 연대운동을 펼쳤다. 그러나 당시 경찰은 권인숙을 공문서위조 혐의로 체포했고, 문귀동 역시 가해 사실을 은폐한 채 권인숙을 명예훼손 및 무고혐의로 맞고소하였다.

성고문 사건에 대한 분노는 전 국민들에게 메아리쳤고, 거의 날마다 성고문·용공조작·폭력정권 규탄대회가 열렸다. 166명의 변호인단은 공개재판을 요구하였고, 많은 여성들이 재판정으로 몰려드는 등 독재정권 아래서 보기 드문 투쟁을 전개하였다.

그 결과 권인숙은 풀려나고, 사건 발생 3년 만인 1989년 대법원은 문귀동에게 징역 5년의 실형과 함께 정부는 권인숙에게 위자료를 지불하라는 판결을 내렸다. 이 사건은 성폭력에 대한 일반 대중 여성들의 폭넓은 지지와 공감을 얻었으며, 1987년 민주화 투쟁의 기폭제가 되었다.

여성 피의자에게 성고문을 가한 사례는 식민지 시기 일본 경찰관에게서 찾게 된다. 3·1운동에 참가한 여성들에게 일경은 옷을 벗기고 성고문을 자행하였다.[42] 현대 한국 사회에서 왜곡된 여성 문제의 뿌리는 거의가 식민지 시기와 닿아 있다.

다음은 1988년 9월 10일 주부 변월수 씨가 한밤의 귀갓길에 강간범의 혀를 잘라 자신을 방어한 사건이다. 변월수는 피해자임에도 가해 남성의 혀를 잘랐다는 이유로 사법부는 '정당방위로서 인정될 수 없는 지나친 행위'라며 1심에서 유죄를 선고(징역 6월, 집행유예 1년)했다. 그러나 여성단체들의 노력과 뜻있는 인사들의 무료변론에 힘입어 2심에서 무죄판결을 받아 여성의 자위권을 법적으로 인정한 점에서 의미가 크다

---

42) 박용옥(2001), p.486.

하겠다. 이 사건은 김유진 감독의 〈단지 그대가 여자라는 이유만으로〉라는 제목의 영화로도 만들어졌다.

대구의 강정순 씨 사건 또한 경찰에 의한 성폭력이었다는 점에서 주목을 받았다. 1988년 12월 5일 대구시 대현동 파출소에서 경찰관 2명이 다방 여종업원 강정순을 윤간한 사건인데, 강정순의 고소에 경찰관들도 무고죄로 강정순을 맞고소하였다. 이에 검찰은 경찰을 도와 강정순을 간통죄와 무고죄로 구속하였다.

여성단체들은 이 사건에 공동대책위원회를 구성하여 성명서를 발표하고, 경찰과 검찰에 대한 규탄대회 및 치안본부 항의방문, 가두홍보 등을 벌였다. 이 결과 강정순은 무죄로 풀려났으나 가해자인 두 경찰관은 기소조차 되지 않았다. 1992년 2월 19일 여연은 '대구 강정순씨 윤간 사건' 무혐의 처리에 대한 견해를 밝히는 기자회견에서 사법부의 인식의 한계와 공권력의 횡포를 규탄하였다.

이러한 일련의 사건들에 대한 공권력의 대응은 사실 조선왕조 사회에서 여성의 성력(性歷)에 관계없이 기녀를 강간한 가해자에게도 같은 처벌을 하였던 사례와는 대조되는, 오히려 전통사회보다 퇴보된 것이라 하겠다. 오늘날 한국 사회에서 피해자가 홍등가 여성인 경우는 말할 것도 없고, 유흥업소 종사자인 경우에도 여성의 직업이 강간범죄 구성이나 양형에 적지 않게 영향을 미치는 것은 이른바 '보호해야 할 정조인가'의 여부이며, 이는 대법원 판례(1978.1.10 92도259 판결; 대법원 1992.4.14. 92도259 판결; 대전지법 92고합 625 1993.6.4.제2형사부 판결)에서 잘 드러나고 있다.[43]

---

43) 장병인(1997), p.364.

김부남 사건은 어린이 성폭력 피해자의 후유증을 극명하게 보여준 사례이다. 1991년 1월 30일, 김부남은 21년 전 당시 아홉 살이던 자신을 강간한 이웃집 아저씨를 찾아가 살해하였다. 김부남은 나중에 결혼을 하였지만 부부관계를 기피하는 등 심한 후유증에 시달려왔다. 그러다 자신의 행동의 근원이 어린 시절 성폭행당한 피해의 결과임을 알았다. 그런데 성폭력 범죄는 친고죄로 6개월 이내에 고소해야 하는데, 공소시효를 훨씬 넘긴 상태라 고소조차 할 수 없다는 것을 알고 자신이 직접 가해자를 응징한 것이 이 사건이었다. "나는 사람을 죽인 것이 아니라 짐승을 죽였다"는 김부남의 절규는 당시 성폭력의 개념조차 명확하지 않았던 척박한 풍토에서 성폭력과 그 피해 후유증이 얼마나 심각한 것인가를 전국민에게 깨우쳐 주었다.

전주지역 여성단체를 중심으로 구성된 '김부남사건 대책위원회'는 공동변호사 구성, 공판참관, 판사면담, 기자회견을 통한 언론 홍보, 김부남후원회 결성, 서명작업 등의 활동을 전개하였다. 비록 1심과 2심에서 유죄를 인정하여 김부남은 2년여의 형을 살다가 1993년 5월 1일 출소하였으나, 이 사건은 성폭력특별법 제정의 기반을 다진 계기를 마련하였고, 김부남후원회는 성폭력예방치료센터(1994년 개소)의 모체가 되었다.

이어서 일어난 김보은·김진관 사건은 근친 성폭력의 실상을 드러낸 사건이었다. 김보은은 의붓아버지로부터 아홉 살 때부터 13년 동안 성폭행을 당해 왔다. 김보은이 대학생이 되면서 자신의 고민을 남자 친구인 김진관에게 털어놓자 김진관은 당시 충주검찰청 총무과장으로 있던 보은의 의붓아버지를 찾아가 "이제 보은이를 놓아주라"고 간청했지만, 의붓아버지는 오히려 "다 잡아넣겠다. 죽여버리겠다"고 위협을 가하자 김진관이 그를 살해한 사건이 1992년 1월 17일 충북 충주에서 일어났다. 김진관과 김보은이 즉각 구속된 이 사건은 김진관의 아버지가 한국성폭력상담소에 상담을 의뢰하면서 세상에 알려지게 되었다.

이에 '김보은·김진관사건 공동대책위원회'가 구성되어 이들의 구명활동이 시작되었다. 1심에서 김진관 징역 7년, 김보은 징역 4년 판결을 받고 항소심을 준비하면서 공대위는 전국 56개로 확대되었고, 22명의 무료공동변호인단도 구성되었다. 공대위는 공판참관과 함께, 성폭력특별법 제정을 촉구하는 활동을 벌였다. 이 사건은 2심에서도 유죄가 인정되었으나, 김보은은 판사직권으로 10월 2일 석방되어 문민정부가 출범할 때 김보은은 사면 복권이 되었고, 김진관은 잔여형의 1/2로 감형을 받아서 1995년 출소했다.

이 사건은 이제까지 행복의 보금자리요 안식처로 여겨져 왔던 가정 안에서 일어난 성폭행, 따라서 방치된 채 지속될 수밖에 없었던 은폐된 근친 성폭행의 문제를 사회에 노출시켜 일반인들에게 경각심을 일깨워 주었다.

이러한 사회적인 분위기에서 12개 여성단체가 1991년 8월에 '성폭력특별법제정추진특별위원회'를 결성하여 1992년 7월에 여성계는 시안을 완성하여서 같은 해 8월 이우정 국회의원이 여성계안을 국회에 상정하였다. 한편 1991년 14대 대통령 선거 때에 성폭력문제 해결을 선거공약으로 내세웠던 민자당과 민주당, 국민당에서도 각 당이 준비한 성폭력특별법 시안을 국회에 상정하였다. 그러나 1993년 12월에 통과된 성폭력특별법44)은 여성계의 주요 안이 거의 받아들여지지 않아서 제정된

---

44) 성폭력특별법의 내용은 다음을 참조 바람. 이은영(1999), 〈법여성학 강의〉, p.212.

지 3년 만인 1997년 7월 30일에 개정안이 통과되어 오늘에 이르고 있다. 성폭력특별법 제정에 앞서 한때 한국 사회에서 아내 강간(marital rape) 에 대한 이론 공방이 몇몇 여성 이론가와 법 전문가 사이에 있었다. 필자는 앞에서 가정폭력방지법에서 가중처벌을 하는 방안을 제시하였기에 여기서는 생략하기로 한다.

서울대 우조교 성희롱 사건은 1993년 8월 교내 대자보를 통해 자신의 담당 교수로부터 업무상 불필요한 고의적 신체접촉을 받아왔다고 호소하면서 불거졌다. 1992년 5월 29일부터 화학과에 기기담당 조교로 취직한 우조교는 담당 교수의 신체접촉에 불쾌감과 거부의 의사표시를 하였다. 그러나 1993년 6월 우조교는 재임용에서 탈락된 뒤 이러한 사실을 대자보에 호소하자 담당 교수는 우조교를 명예훼손으로 고소하였다. 이에 서울대 여학생동아리와 여성단체가 연합하여 우조교 사건을 여론화하고 지원을 아끼지 않았다.

이 사건은 성희롱이 여성들에게 참을 수 없는 불쾌감과 모욕감을 준다는 사실을 일반에게 알리는 데 기여하였고, 우리나라 최초의 성희롱 민사소송사건을 가능케 하였다. 1999년 6월 25일 재판부는 담당 교수에게 500만 원을 우조교에게 배상하라고 판결했다. 이 판결은 국내에서 최초로 '성적 괴롭힘'을 불법행위로 인정한 것이며, 한걸음 더 나아가 성희롱을 '남녀차별금지법'과 '남녀고용평등법'으로 처벌할 수 있도록 제도를 마련하게 되었다.[45]

이후 롯데호텔 여종업원 성희롱 사건, 군부대 안에서 사단장이 여군 장교를 성추행한 사건이 잇달아 제기되면서 각각 피해자가 배상을 받

---

45) 이은영(1999), pp.213-215.

았거나 가해자의 보직이 해임되면서 한국 사회에서 성희롱에 대한 경각심이 매우 높아지게 되었다.

4) 가정폭력방지법 제정과정

가정폭력방지법이 제정되기까지에는 한국 여성단체들의 적극적인 활약이 있었다. 무엇보다 '한국여성의전화'(이하 '여성의전화'라 함)가 법 제정 과정에서 두드러지게 공헌한 것은 모두가 인정하는 바이다. 이른바 '매맞는 아내' 문제를 정치적 토론의 마당으로 이끌어내기 위하여 1983년 6월에 발족된 여성의전화는, 드디어 1987년 3월 아내 구타 피해자들을 위한 피난처 '쉼터'를 개설하여 잠시나마 구타당한 아내들의 임시 거처 마련과 상담을 통하여 자립할 수 있는 길을 모색하고자 노력하였다.

초기에 여성의전화에 상담해 온 여성 가운데 40퍼센트 정도가 구타당한 경험이 있었으며, 그들 가운데 결혼 1년 이내에 구타당한 사례가 약 60에서 88퍼센트인 점에 미루어 볼 때, 결혼 초에 구타가 시작되어 결혼생활 내내 반복되고 있음을 시사해 준다. 이러한 상황에서도 아내 구타는 부부 사이의 개인적인 일로 여겨졌으며, '부부싸움은 칼로 물베기'이기에 공권력이 개입할 수 없었다. 이러한 단적인 사례가 아마도 다음 사건이 아닌가 한다.

1980년대 초 어느 여약사가 남편의 폭력에 시달리다 못해서 남편을 폭력 가해자로 소송을 제기한 사건이 있었다.[46] 이 사건이 사회의 이목

---

46) 필자가 대학원 여성학 석사과정에 입학한 것이 1983년이며 대학원 재학 시절에 신문에 보도된 사건이었기에 아마도 1983-1985년 사이의 일로 짐작된다.

을 집중시켰음은 두말할 나위도 없다. 당시 보수 언론은 부부싸움을 꼭 형사사건으로 고소해야만 하는가 하는 의문을 제기했으며, 법에 호소하기보다는 두 사람이 서로 잘 화해하여 원만한 해결을 지으라는 것이 여론의 대세였다. 말하자면 아내 구타는 가정 안에서 일어나는 사적인 문제이며 사회적인 문제로 인식되지 않았음을 반증하는 것이다.

1980년대 전반기 대학원 과정의 여성학 연구가 이화여대에서 시작되고, 새로운 여성해방 이론에 바탕을 둔 여성단체들의 발족과 발맞추어서 이들 단체는 더 이상 아내 구타가 사적인 일이 아니며 정치적인 사안임을 인식시키는 데에 힘을 기울였다.

여성의전화는 1989년 아내 구타의 심각성을 일깨우는 영화 〈굴레를 벗고서〉를 제작하였고, 1994년에는 가정폭력방지법 추진을 위한 공개 토론회를 열었다. 이어서 가정폭력방지법 제정을 위한 전국연대를 결성하였다. 마침내 1997년 11월 18일에 국회에서 '가정폭력범죄의 처벌 등에 관한 특례법'(이하 '특례법'이라 함)과 '가정폭력방지 및 피해자보호 등에 관한법'(이하 '보호법'이라 함)이 통과되어 1998년 7월 1일자로 시행되기에 이르렀다.

또한 이 법 제정에는 여러 실태조사들이 이론적 밑받침을 하였다. 1992년 보건복지부가 일반인을 대상으로 한 조사에서 결혼기간 동안 남편의 61퍼센트가 아내에게 폭력을 행사한 사실을 고백하였고, 1998년 전국조사에서는 연간 아내 구타 발생비율이 15.6퍼센트임을 밝히고 있다.47) 한편 한국가정법률상담소에서 상담한 내용에서도 아내 구타의 심각성을 살펴볼 수 있다. 1995년 총 4,006건의 상담 가운데에서 이혼

---

47) 김혜선(1999), 〈가정폭력방지법 실행 실태 및 집행에 대한 태도조사〉, 《가정폭력방지법 그 평가 및 대안》, 한국여성의전화연합 토론회 발표자료.

사유로 남편의 폭력을 꼽은 사람이 28.1퍼센트로서 남편의 부정행위 다음으로 많았다.[48]

이 법이 시행된 뒤인 1999년 5월 31일까지 법무부가 집계한 자료에 따르면 특례법으로 검찰에 접수된 사건은 총 4,197건에 이르고 있어서,[49] 이 특례법이 일반인들에게 상당히 인지, 활용되고 있음을 보여주었다. 이 법의 가장 큰 장점은 폭력 현장에서 경찰에 신고하면 1) 경찰관의 즉시 출동 및 개입(제5조), 2) 현장 상황에서 법관의 영장에 따른 행위자에 대한 임시적인 주거 등 퇴거명령, 접근금지명령을 가능케 하였으며(제8조, 제29조), 또한 복지의 측면에서 경찰관이 피해자를 상담소 및 보호시설·의료기관으로 인도할 것 등 신속한 조치를 의무화한 점이다.

이 임시조치의 핵심은 바로 '한시적인 강제주거퇴거명령'에 있음에도 현실적으로 법원에서 법 29조 1호 처분의 하나인 '강제주거퇴거명령'이 발부되었다는 자료는 없다. 언론의 보도에 따르면 '안방출입금지' 등 변형된 형태의 희화화한 처분만 알려지고 있을 따름이다. 더욱이 임시조치가 발부되지 않은 상황에서 가정법원으로 사건이 송치되기에, 피해자는 가해자에 대한 보호처분 결정이 날 때까지 행위자의 폭력에 고스란히 노출되는 위험을 감당해야만 한다. 그리고 가해자에 대한 벌금형 선고는 오히려 피해 여성의 경제적 부담만 가중시켜 마침내 고소를 취하하게 하는 경우도 빈번하였다.

따라서 이 법이 기대한 대로 목적을 달성하려면, 경찰관 및 사법 당

---

48) 곽배희(2002), 〈한국사회의 이혼실태 및 원인에 관한 연구〉, 이화여대 대학원(사회학과) 박사학위논문(미간행).
49) 이진찬(1999), 〈가정폭력방지법 운영실태 및 개정방향〉.

국뿐만 아니라 일반인들에게도 공익광고를 통하여 이 특례법에 대한 내용을 널리 인식시켜야 할 것이다. 또 정부는 피해여성들에게 임시 피신처를 마련해야 하며, 의료 혜택을 받을 수 있도록 지정 의료기관을 택하여 널리 홍보하는 등 특례법의 실효성을 높이기 위한 방안도 준비해야 할 것이다.

일전에 방송매체의 보도를 통해, 어린이 강간 피해자가 여러 병원을 전전하였으나 진단서 발급을 받을 수 없었다는 내용을 접한 적이 있었다. 지정 의료기관을 선정하여 국가에서 이들 기관에 여러 가지 혜택을 주는 인센티브 제도를 도입한다면 더 이상 피해 여성들이 곤궁에 빠지지 않을 것이다. 앞으로 이 특례법의 미비점을 보완하고 더 효과적인 실효성을 거두기 위해서는 여성계의 활동이 크게 기대된다.

5) 윤락행위방지법

인간의 성행위를 상행위의 객체로 삼는 것을 가리켜 매매춘이라고 부른다.[50] 법률상으로는 '윤락행위'라는 용어를 사용하며, "윤락행위라 함은 불특정인을 상대로 하여 금품, 기타 재산상의 이익을 받거나 받을 것을 약속하고 성행위를 하는 것"이라고 윤락행위방지법에서 정의하고 있다. 1945년 이후 일본과 한국 사회에서는 매춘이라는 용어를 많이 사용하여 왔으나, 성을 사는 상대방 남성은 숨긴 채 성을 파는 여성에게만 초점을 맞춘 매춘이라는 용어가 합당하지 않다는 여성 이론가들의 문제제기에 따라 최근에는 매매춘이라는 용어가 통용되고 있다.

---

50) 이은영(1977), p.234.

매매춘이 필요악이라는 논의는 이미 낡은 주제이다. 여성학자들은, 매매춘이 필요악이라고 주장하는 것은 남성의 성욕은 강하고 억제할 수 없다는 잘못된 편견에서 출발하는 것으로서, 여성도 남성과 마찬가지로 성적 욕구를 지닌다고 주장한다. 또한 남성은 성욕을 발산하는 것이 남성다움의 표현으로 정당화되며, 여성은 정숙하게 성적 충동을 억제해야 한다는 식의, 즉 남성과 여성에게 각기 다른 이중 잣대(double standard)를 적용하는 것이 매매춘을 필요악으로 영속시키는 요인이 된다고 보고 있다.

1927년 근우회가 발표한 '7대 행동강령' 안에 '인신매매 금지 및 공창제 폐지'를 주장한 것에서 짐작되듯이, 공창제도는 일제 강점기에 일본이 조선에 강제로 이식한 제도이다.[51] 그 이전 조선 사회에 관기는 있었으나 공식적으로 금품을 받고 성을 매매하는 행위는 없었다. 미 군정 시기인 1947년 11월 14일 법률 제7호로서 '공창제도 등 폐지령'이 공포되었다. 공창의 폐지는 곧 특정 지역에 사창가를 형성하였고, 해방군으로 들어온 미군 주둔 인근 지역에 '기지촌'이 생겨났다.

1992년 10월 동두천 미군클럽 접대부 윤금이 씨가 미군 병사 케네스 마클에게 처참하게 살해된 사건 때문에 기지촌 여성들의 삶의 실상이 세상에 알려지면서 반미감정의 불씨를 지피게 되는 결과를 가져왔다. 기지촌 여성들의 수는 1960년대 중반기에 3만 명에서 1980년대 초에 2만 명으로 감소한 뒤 1990년대에는 다시 증가하는 추세에 있다. 이들의 존재를 외면하고 지나치려는 일반의 의식 속에는 민족이라는 집단에 상처를 내는 존재로 치부하여 온 것이 사실이다. 이들 집단이 사회에

---

51) 1904년 10월 10일, 일본 공사관에서 발표한 '경성영사관령' 제3호에 따라 직업인으로서 매춘 여성인 창기·창녀가 사회적으로 공식화한 공창제도가 실시되었다.

복귀할 수 있는 공적인 배려가 확충되어야 함은 논란의 여지가 없을 것이다.

한편 1970년대의 급격한 산업화와 그에 따른 이른바 기업의 접대문화가 만연해짐에 따라, 한국 사회에서 향락업종에 종사하는 여성의 숫자는 날로 증가하여 100만 이상의 여성이 매춘업에 종사한다고 추정된다. 1995년 개정된 윤락행위 등 방지법은 매춘여성과 성을 사는 상대자인 남성 모두에게 처벌하는 양벌주의를 채택하였으나, 결과는 여전히 희망적이지 못하다. 따라서 사회 일각에서는 윤락행위방지법이 엄연히 있음에도 매춘업을 뿌리 뽑기란 실제로 불가능하다는 현실론을 들어서 미성년자 매매춘은 엄격하게 처벌하되, 일반 매매춘은 합법화하는 것이 오히려 매춘업 종사자들을 위한 길이 아닌가 하는 의견도 제시되고 있다.[52]

그러나 성을 사고파는 행위를 정당화하기에는 아직 우리 사회의 윤리적 정서로 볼 때 무리가 있다. 그리고 1999년 1월 29일 세계여성회의에서 ‘매춘거부 다카선언’을 채택하여 매춘은 여성에 대한 폭력이자 인권침해임을 선언한 것에서도 세계 여성계 역시 매춘의 합법화에는 반대하고 있는 것이다.

매매춘을 근절 내지는 감소시키기 위한 방안으로 우선 우리 사회에서 성에 대한 이중기준을 없애는 의식교육이 필요하다. 그리고 매춘으로 이익을 보는 중간 착취 구조를 없애는 것도 시급한 일이며, 매춘여성을 범법자에서 희생자로 보는 시각이 필요하다. 무엇보다 중간 착취 구조와 행정관청의 부패 연결고리를 근절시키는 일이 시급하다고 할 것

---

52) 종암경찰서 김강자 서장의 주장이었다.

이다. 미성년자 매매춘은 윤락행위방지법에서도 가중처벌 조항이 있으며, 최근 청소년보호법이 제정되어서 상대 남성의 실명을 공개하는 수준에까지 이른 것은 청소년계와 여성계의 활동에 힘입은 바 크다고 하겠다.

6) 정신대 문제

정신대란 제2차세계대전 때 일본 정부가 편성한 '여자근로정신대'를 말하는 것으로, 당시 처음에는 전쟁수행에 필요한 군수산업에 여성노동력을 동원하기 위해 만든 것이다. 그러나 일본 정부는 많은 정신대 여성들을 일본군 위안부로 전환하여 성적 노리개로 삼았다. 동원된 여성들은 만주, 대만, 사이판, 싱가포르, 태평양의 섬 지역 등 일본군이 주둔하는 지역에서 하루 30명 이상의 일본군들을 상대하였다.[53]

일본 정부의 위안소 설치 운영은 조직적이고 집단적인 여성인권의 침해였다. 이들 성적 노예를 강요당했던 여성들은 오랫동안 침묵을 지킬 수밖에 없었기에 그 실상이 제대로 알려지지 않았다. 그러다가 1990년대에 들어와서 실로 반세기 만에 일본 안에서 문제가 되었다. 정신대 여성 피해의 전말이 본격적으로 세상에 알려지기 시작한 것은 피해자인 김학순 할머니가 1991년 8월 14일 자신이 겪은 일들을 공개적으로 증언하겠다고 나선 데서 비롯한다.

이보다 앞서 국내에서는 한국교회여성연합 안에서 윤정옥 교수(전 이화여대 교수)[54]가 정신대 문제를 처음 다루었으며, 이어서 1990년 11

---

53) 이은영(1999), p.247.
54) 윤정옥 외(1997), 《일본군 위안부 문제의 진상》, 역사비평사 참조.

월 16일에 '한국정신대문제대책협의회'(이하 '정대협'이라 함)를 창립하기에 이르렀다. 정대협은 당시 일본 총리에게 공개서한을 보내어 여섯 가지 사항을 요구[55]하였으나, 일본 정부의 구두 답변은 한국 여성을 강제로 연행해 갔다는 증거가 없으므로 공식적인 사죄나 사건 전모의 공개, 추모비 건립은 할 수 없다는 것이었다. 그리고 피해자와 유족에 대한 배상문제는 이미 1965년 '대한민국과 일본국 간의 재산 및 청구권에 관한 문제의 해결과 경제협력에 관한 협정'[56]에 따라 해결되었다는 답변이었다.

이에 정대협과 피해 여성들(당시 3명)이 연대하여 생생한 증언을 함으로써 일본 사회뿐만 아니라 전쟁과 여성의 인권문제에 관심을 기울이는 국제사회에 큰 충격을 던졌다. 정대협 등 여성단체들은 유엔과 국제노동기구(ILO)를 통해 일본이 정신대 피해 여성들에게 충분한 배상을 하도록 노력한 결과, 유엔인권소위원회에서 1998년 8월 12일 〈맥두걸 보고서〉가 채택되었다.

〈맥두걸 보고서〉는 군대위안부를 국제법에서 금지된 노예제로, 위안소는 강간센터로 규정하고, 일본의 민간단체인 아시아여성기금에서 피해 여성들에게 보상을 하도록 하는 것은 국가 차원의 법적 책임을 회피하려는 부도덕하고 불법적인 것임을 지적하였다. 그러나 국제노동기구를 통해서 국제사법재판소의 권고적 의견을 구하기 위하여 정대협 등 여성단체들이 노력하고 있지만, 일본의 방해로 아직 결실을 보지 못하

---

55) 1. 정신대 범죄사실 인정, 2. 일본정부는 정신대 범죄사실 전모를 스스로 공개, 3. 일본정부의 공식 사죄, 4. 정신대 희생자 추모비 건립 5. 정신대 희생자와 유족에 대한 배상, 6. 정신대를 역사교과서에 기록, 7. 범죄자 처벌(1993년에 추가됨). 이상은 정대협 자료에 의함.

56) 이 협정의 내용은 이은영(1999), pp.250-251 참조.

고 있다.

한편 정대협의 도움으로 피해 여성들이 직접 일본 정부를 상대로 소송을 제기하여 배상을 받으려는 노력을 하고 있다. 1998년 4월 27일, 일본 야마구치 지법 시모노세키 지부에서 열린 1심 선고 공판에서 재판부는 이순덕(79) 씨 등 군 위안부 3명에게 총 90만 엔의 위자료를 지급할 것을 판결함으로써 '법적 배상 의무가 없다'는 일본 정부의 주장을 정면으로 뒤집었다. 그러나 일본인 변호인단은 한국인 여자근로정신대 피해자들이 일본의 신민이 아니었기에 이들의 문제를 국제법 위반으로 다루어야 한다는 한일 양국 법 전문가들과 역사학자들의 다수 견해를 무시하고, 다만 일본 재판소에서 유리한 판결만을 끌어내기 위하여 국제법 위반을 적극적으로 주장하지 않은 맹점이 있다고 하겠다. 일본 의회가 입법조치를 하여 배상을 받는다 하더라도 일본 정부의 식민지 지배에 대한 불법을 인정하지 않고서는 완전한 문제 해결이 될 수는 없을 것이다.

진정한 배상은 물질적인 것뿐만 아니라 바로 일본 정부의 위법행위 인정과 사죄, 일본 정부가 보유한 관련 자료를 공개하고, 이러한 사실들을 후세들에게 솔직히 고백하고 다시는 같은 일이 인류사회에서 재발되지 않도록 하는 것이 진정한 의미에서 배상일 것이다. 이러한 과업은 정대협과 여성단체들에게만 맡겨 놓을 것이 아니라 한국 정부도 적극적으로 후원하여 함은 당연지사라고 하겠다.

7) 군 가산점제 폐지 및 양성평등 목표제

현재 한국 사회의 가난한 여성들을 위한 의무교육의 연장과 복지비용은 당연히 국가가 지원해야 한다. 그러함에도 정부의 예산은 균형 있게 쓰이지 못하고 가난한 여성들을 위한 복지비용은 상당 부분 유보된 채 분단체제를 유지하기 위한 국방비 예산에 집중되고 있는 실정이다. 이러한 현실을 고려해볼 때 여성운동은 민족의 통일에도 앞장서지 않으면 안 될 것이다. 1970년대보다는 국방비 예산의 비율이 많이 축소되기는 했으나, 아직도 새로운 무기 도입과 병사들의 의·식·주를 위해 천문학적인 숫자가 지출되고 있다는 사실에 눈감을 수는 없다. 또한 대한민국 성인 남성들의 의무징병제도는 여성 문제와 끊을 수 없는 연결고리를 가지고 있다.

필자는 15년 동안 남녀공학 대학에서 여성학을 가르쳐 오면서 남학생들이 가장 많이 제기하는 남성의 억압문제가 바로 병역의 의무라는 것을 알게 되었다. 그런데 1999년 말 현역 군필자에 대한 공무원 시험 가산점 제도[57]에 대해 헌법재판소가 위헌 판정[58]을 내렸을 때 남학생들은 강하게 반발했다. 남성의 억압 현실을 이해하는 차원에서 한 남학생의 반론을 들어보기로 하자.

1. 가산점 폐지는 정당한가?

평등권 실현을 위해 가산점을 폐지한다는 것은 말이 안 된다. 남이 가진 권리, 그것도 그들의 희생의 대가로 얻은 권리를, 그들의 희생의 결과로 안녕을 누릴 수 있었던 자들이 시비를 걸어 빼앗아가는 것은 정의롭지 못

---

[57] 군필자 가산점이란 1961년 제정된 '제대군인 지원에 관한 법률'로서 국가기관, 지방자치단체, 1일 20인 이상 고용하는 공·사기업체 등 취업보호 실시기관은 제대 군인에 대해 3~5%의 가산점을 주도록 법으로 규정한 것이다.

[58] 1995년 이화여대 학생 1,900여 명이 청와대 등에 7급, 9급 공무원 채용시험에서 가산점제도 폐지를 청원하였고, 1998년 한국여성단체협의회가 헌법소원을 제기한 데 따른 판결이었다.

하다. 가산점 폐지를 요구하기 이전에 자신들도 가산점을 받을 수 있게 해 달라고 했어야 옳다.

2. 가산점은 평등권을 침해하는 것이자, 군필자에 대한 특혜이다?

남성과 여성은 다르기 때문에 남성들만 군대에 간다. 이것은 차별이 아니라 차이를 인정하는 것이다. 그렇다면 군필자와 미필자의 차이를 인정하는 것도 당연한 일이다. 군필자와 미필자의 차이를 인정하고, 군필자가 입은 손실을 보전해 주는 것은 평등의 논리에 어긋나지 않는다. 군필자들은 군복무 기간 동안 사회와 격리되어 공부를 중단해야 했으며, 3년간 육체노동이나 단순 사무에만 종사할 것을 강요당함으로써 지적 능력이 쇠퇴하게 되었다. 반면 여성 등 미필자들은 이 기간 동안 학원을 다니며 수험준비를 하는 한편, 자격증 등도 딸 수 있었다. 따라서 군필자들과 미필자들을 동등한 조건에서 경쟁하라는 자체가 오히려 평등의 원칙에 반하는 것이다.

3. 의무의 이행에는 보상이 따르지 않는다?

헌법 제39조 2항에서 말하는 "병역의무 이행으로 인한 불이익 처우금지"는 법적 불이익을 받지 않는다는 것이지, 군복무로 말미암은 사실상 경제적 손실에 대한 적극적 보상을 의미하는 것은 아니다. 한국에서 병역의 의무는 모든 국민들이 지는 보편적 의무가 아니라, 남성 그 중에서도 속된 말로 '돈 없고 빽 없는 자들'에게만 부과되는 특별한 희생이 되고 있다. 이에 대한 보상을 거부한 것은 법리를 떠나 부도덕한 일로, 군필자들과 현역 장병들을 극도로 분노케 했다.

4. 공무원은 여성, 장애인 등 사회적 약자에게는 유일한 공정한 취업기회이다?

7~9급 공무원 시험에 응시하는 군필자들 역시 연령, 가정형편, 출신학교, 개인적 이유로 공무원시험 말고는 달리 다른 길이 없는 것이 대부분이

다. 그들은 군복무 때문에 학업을 강제로 중단 당했고, 군복무 동안 굳어진 머리로 다시 공부를 해야 한다. 그 동안 미필자들은 학원수강, 자격증 취득 등으로 자기계발을 할 수 있었다. 군필자와 미필자에게 동등한 조건에서 경쟁하라는 것도 불평등이거니와, 공무원 이외에는 다른 길이 없는 이들에게 '현역복무를 감당할 수 있을 정도로 신체 건강한 남성'이라는 이유로 공무원은 여성, 장애인들에게 양보하라는 것은 군필자에게만 2중, 3중의 희생을 강요하는 것이다.

5. 왜 가산점이어야 하는가?

군복무로 말미암은 지적 능력의 감퇴, 응시기회 상실 등에 대한 가장 적절한 보상책이다. 호봉 등에 군 경력을 인정해 주는 것은 합격 후에나 가능한 일로, 군복무로 말미암아 당장 수험준비 단계에서부터 어려움을 겪게 되는 군필자들에게는 '그림의 떡'일 뿐이다. 군필자에 대한 재정 지원이나 세금 우대는, 결국 담세 능력이 있는 군필자들이 낸 세금으로 군필자들을 보상해 주는 것밖에 되지 않으므로 군필자들에게 또 한 번 짐을 지우는 것이다. 반면 가산점제로 손실을 보게 되는 자는 군복무 면제로 이미 엄청난 반사적 이익을 얻은 면제자들이기에, 그들이 얻은 반사적 이익을 상쇄하는 것에 불과하기 때문에 다른 보상책보다 타당성이 있다.[59]

어느 제대 복학생이 경험한 병영생활의 편린을 소개한 글을 보자.

1995년 7월, 눈물을 흘리시는 부모님을 뒤로한 채 나는 군대에 입대하였다. 내 나이 21세, 무언가를 하더라도 할 수 있을 것 같은 그런 젊은 나이에 국방의 의무를 수행하기 위해서 정든 친구들과 가족들을 2년 2개월 동안 떨어져 생활을 해야만 했다. 비록 자발적으로 군에 간 것은 아니지만

---

59) 2000년 5월, 당시 한국외국어대학교에서 필자의 '여성학개론'을 수강했던 유고어과 백광진 학생이 제출한 과제물 내용의 일부를 발췌한 것이다.

그래도 내 부모, 내 형제들을 지킨다는 생각으로 열심히 군 생활에 임했는데, 어느 한 사건이 그 당시 나의 군 생활에 회의를 느끼게 하였다.

내 바로 위에 고참이 한 명 있었다. 고향도 같고, 나이도 비슷해서 이등병 시절 내가 힘들고 어려울 때 항상 큰 힘이 되어 주었고, 맛있는 음식이 있으면 나를 조용히 불러서 함께 맛있게 먹으면서 서로 많은 정을 쌓으면서 군 생활을 하고 있었다. 하지만 어느 눈이 내리는 추운 겨울, 내가 보는 앞에서 1/4톤 지프차가 뒤집어지면서 그만 그 고참과 몇 명이 죽은 사건이 발생하고 말았다. 다른 사람들처럼 피를 흘리지는 않았지만 의식을 잃고 쓰러져 있는(뇌에 큰 손상을 입었다) 그 고참의 얼굴을 보았을 때, 그 당시 나의 감정은 이루 말할 수 없었고, 인생에 대한 허무와 군 자체에 대한 회의 속에 "어느 누가 이 사람의 죽음에 대해서 알아줄까?"라는 생각을 하면서 절망감에 빠져 있었다. 하지만 장례식 마지막 날, 그 고참의 아버님께서 우리들에게 이렇게 말씀하셨다. "우리 아들의 죽음은 헛되지 않았고, 제2의 우리 아들이 되지 말고 몸 건강히 군 생활을 하길 바란다"고 말씀하시면서 오히려 우리들을 격려하셨다. 지금도 눈이 내리는 추운 겨울이 되면 그때의 그 상황이 머릿속에 떠오르곤 한다.60)

군복무 가산점제에 대한 찬반 토의를 수업시간에 한 적이 있었는데, 한 여학생은 '여성도 군 복무를 할 용의가 있다'고 했으나 병영생활이 텔레비전 드라마에 소개되는 남성들의 그런 낭만적인 세계가 아니라는 것을 잘 알기에, 여성의 군 복무 제안을 선뜻 동의할 수 없었다. 복학생들은, 그렇다면 공무원 시험에서 여성을 우대하는 고용목표제도 남성을 차별하는 논리이므로 폐지해야 한다고 목청을 높였다. 남성과 여성이 이처럼 극단적인 대결 양상을 보이는 군 가산점 문제도 따지고 보면

---

60) 한국외국어대학교 이란어과 박대훈 학생이 제출한 과제물 내용의 일부를 발췌한 것이다.

남과 북이 첨예하게 대치한 분단 상황에서 비롯되는 것이다. 어찌 통일 문제가 강 건너 불 보듯 할 수 있는 남의 얘기이겠는가. 바로 내 아들, 오빠, 남동생의 문제이며 또한 내 문제이기도 하다.

필자는 먼저 남·북이 신뢰의 바탕에서 상호 불가침 협정을 맺은 뒤 남·북 모두 군비축소가 이루어지면 현재 26개월의 군 복무기간을 1년으로 단축하고 현역병들에게 상응하는 급여를 지급할 것을 제안한다. 다음 단계로 평화가 정착되고 통일의 길이 열리면 징병제에서 모병제로의 전환도 고려해야 할 것이다.

군 가산점제 폐지로 말미암은 남성들의 반발을 고려하여 정부는 양성평등목표제를 도입하였다. 양성평등 채용이란 공무원 시험에서 남성이든 여성이든 합격률이 30퍼센트 이상이 되어야 하는 제도다. 만약 남성이 30퍼센트가 안 되면, 떨어진 남성 응시자 가운데에서 모자란 만큼 더 뽑으며, 그 역도 마찬가지로 적용된다. 예를 들면 남성 합격자가 적은 9급 공무원 채용 시험에는 남성이 혜택을 받게 되고, 여성 합격자가 적은 5~7급 공무원 채용 시험에서는 여성이 혜택을 받게 되는 것이다.

3. 소 결 _ 다름과 동등

1970년대 후반부터 한국 대학에서 여성학을 가르치기 시작하면서 성 차이에 대한 연구와 논의가 활발하게 진행되었다. 구미 여성학 연구의 영향을 벗어나지 못하였기에 남녀 사이에 성 차이가 없다는 방향으로 연구가 이루어지다 보니까, 자연히 남녀 사이에 다름이 있다는 동아시아의 음양사상이 집중 비판을 받았다. 양(陽)은 강하고 음(陰)은 부드러우며, 이 분수는 어길 수 없다는 것은 남성성과 여성성은 생득적(innate)임을 전제한다. 자유주의와 마르크스주의, 그리고 사회주의자들 모두 여성성은 후천적인 교육이나 환경으로 말미암아 인위적으로 형성된 것이라는 주장을 펴기에, 유교의 음양사상은 여성학 연구에서 1차적 비판의 대상이 된 것이다.

그런데 1990년부터[61] 탈근대 여성해방론(post-modern feminism)이 새로운 조류로 대두하면서 유학의 음양론은 재조명 받기에 이른다. 지금까지 여성의 특성으로 알려진 직관이나 감성이 이성이나 합리성보다 가치가 낮다는, 구미의 이원론적인 지적 전통을 해체하는 포스트모던 여성해방론은 자연히 여성의 속성도 가치가 있다는 주장으로 이어진다. 이러한 탈근대 여성해방론은, 강하고 부드러운 분수를 인정하나 가치에서는 동등하다는 유교의 음양사상과 매우 친화적 관계에 있다. 최근 근대 개인주의를 극복하려는 시도가 미국 여성학자들에 의해 진행되고 있다. 이러한 탈근대의 해법을 관계성을 강조하는 유학과 접목하려는 시도가 유학자와 여성학자의 교류로 이어지고 있다.[62]

여성성이 후천적이라는 주장은 매리 월스톤크라프트로부터 치면 200년이 넘으며, 존 스튜어트 밀로부터 치면 150년이 못 된다. 그러나 그 기간 동안의 지루한 논쟁의 종지부는 이미 찍혔음을 언급하였다. 여성은 여성됨(femaleness)으로 뭉쳐서 여성운동을 전개해야 하는데, 여성성을 부인하는 것은 여성운동의 기반을 잠식하는 자가당착에 빠지기

---

61) 필자가 1988년 미국 미네소타 대학에서 개최된 제10회 미국여성학대회에 참석했을 때는 포스트모던 여성해방론이 논의되지 않았으나 1990년 뉴욕 헌터대학에서 열렸던 세계여성학대회에서는 포스트모던 여성해방론이 활발히 논의되었다.
62) 뚜웨이밍의 〈유교와 포스트모던 페미니즘〉 발표자료 참조.

때문이다. 최근 구미 여성운동의 침체현상을 정체성 위기(identity crisis)로 진단하여, 인간에게는 본래 고유한 인간성(humanity)이 주어진다는 자유주의 전통으로 회귀하려는 여성학자도 있었다. 유명한 마르크스 여성해방론자인 미셸 바렛[63]은 자신의 관점 ― 여성성은 사회적 산물이라는 ― 을 수정하여 자유주의 전통으로 돌아선 여성학자이다. 남성성은 우월하고 여성성이 열등하다는 것은 구미 남성우월주의자들이 만들어 놓은 틀인데, 여성학자들은 이 잘못된 틀을 깨트려야 함에도 오히려 남성들의 틀 안으로 들어가고자 이제까지 힘을 소진하였다. 최근 여성의 특성인 양육, 부드러움, 수용성, 감성, 직관, 타인에 대한 배려 등이 가치가 있다는 포스트모던 여성해방론은 이제야 여성운동의 방향이 미로에서 벗어났음을 깨우쳐준다.

가정이나 사회 두 영역에서 남성성과 여성성은 모두 균등하게 요구되는 덕목이다. 여성은 남성의 불구(misbegotten male)이며, 남성성은 우월하다는 구미 남성 우월주의적 전통을 부수기 위해 남성이야말로 여성의 불구(misbegotten female)이며, 여성성이 더욱 우월하다는 급진주의 여성해방론자들의 심정을 어찌 이해하지 못하겠는가.

그러나 유교의 음양사상은 여성의 몸이 불구라거나, 여성성이 열등하다는 원리가 없고 음과 양의 동등한 상호작용으로 인간의 탄생과 만물이 생성한다고 보아왔기에, 구미 급진주의 여성해방론자들의 심정은 십분 이해하지만 그들의 목소리에 동조할 수 없는 까닭이 바로 여기에 있다고 하겠다.

한편 음과 양의 속성이 비록 가치에서 동등하다고 하나 양의(兩儀)로

---

63) 바렛은 《가족은 반사회적인가》의 공동 저자이기도 하다.

288

만 규정하는 것은 다양한 성 정체성을 포괄하는 데에는 미흡하다는 지적이 있기도 하나[64] 성 정체성이 다른 집단은 그들의 성 정체성으로 뭉치고 여성운동의 한 분파로서 연대를 결성하면 될 것이다.[65]

---

64) 연효숙 외(2001), 《철학의 눈으로 읽는 여성》, 철학과현실사.
65) 한국 레즈비언 활동가들에게 제언하고 싶다. 레즈비언들은 자신들의 성 정체성인 양성성(androgynous)을 바탕으로 뭉쳐서 운동을 전개해야 한다. 양성성이 더 좋고 여성성은 나쁘다든지, 혹은 여성성은 본성이 아니고 양성성이 본성이니 하는 주장은 이제껏 남성들이 남성성은 우월하고 여성성은 열등하다는 궤변을 그대로 답습하는 것이 된다. 다름은 인정하지만 가치에서 동등하다고 해야 한 바구니에 담길 수 있으며, 서로 갈등과 충돌을 빚는 이론은 여성을 해방시키는 메타이론이 될 수 없다.

6장 새공동체주의 세상 -헤테로토피아- 에서 여성과 남성

지금까지 펼쳐온 논의를 바탕으로, 서양 여성해방론에서 남녀평등의 가치를 선별적으로 수용하고 한국 사상에서 남녀평등의 가치와 접목하여 한국 여성운동에 적합한 이념으로 재구성하려 한다. 그러기 위해서 한국 여성운동 구성집단의 현주소를 먼저 살펴보는 순서로 논의를 진행할 것이다.

1. 한국 여성운동의 구성집단

1) 중산층 여성 _ 사무직·전문직 여성

필자는 법과 제도적 장치, 그리고 교육으로 사적 분야의 여성 문제를 해결하자는 주장자이며 급진적 분리주의 이론의 주창자가 아니다. 현재 한국 여성운동은 고등학교나 대학을 졸업한 여성들이 공정한 기회와 대우를 받고 취업하기를 바라는 일에 적극 동참해야 한다.

공적 분야에서 자본주의의 역사가 오랜, 더욱이 제1, 2차세계대전 기간 동안 노동력이 부족할 때 일터에 나와서 일을 한 경험을 가진 구미의 여성들보다 한국 여성의 지위가 낮은 것은 사실이다. 구미의 몇몇 나라에서는 이미 할당제(quota system)가 여성고용이나, 국회에서 여성의원을 확보하는 데에 적용되고 있다. 한국에서 남녀고용평등법은 1989년에야 제정이 되었지만 미국은 1960년대 초에, 영국은 1970년대 중반에 이미 제정되었기에,[1] 공적 분야에서 여성의 지위는 한국이 어림잡아 15년여 정도 뒤져 있다고 하겠다.

현재 한국은 공무원 공개채용에서 20퍼센트의 여성 인원을 확보하는 남녀고용목표제가 실시되고 있고, 이 목표제는 앞으로 30퍼센트로 확충하겠다는 것이 정부의 방침이다. 그러나 국영 기업체나 사기업체까지 남녀고용목표제가 실시되는 것은 아니다. 더욱이 고위 행정관리직에 종사하는 여성의 숫자는 구미의 여성들과 비교가 되지 않을 정도로 적다.[2] 때문에 대학을 졸업한 여성들이 공적 경제활동에 참여하기 위한 기회균등과 선택의 자유, 즉 중산층 중심의 자유주의 여성이론에서 주장하는 '자유'는 아직 한국에서 유효하다.

여성운동에서 중산층이 주도한다는 의미는 무엇인가? 1980년대 한국 사회에서는 사회구성체 논의와 계급논쟁이 계간지를 중심으로 사회과학자들과 경제학자들 사이에서 활발하게 펼쳐졌다. 그럼에도 중산층의 실체를 포착하기에는 많은 혼선이 있었다. 당시 어느 일간 신문사에서 한 설문지 조사 결과를 보면 중산층이 누구인지 알 수 없었다. 응답자의 80퍼센트에 육박하는 대다수가 자신은 '중류층'이라고 답변하였다. 그

---

1) 김계환(1981), 《남녀평등권론》, 박영사.

2) Marilyn Rueschemeyer(1981), *Professional Work & Marriage: An East-West Comparison*, New York: St. Martin's Press.

런데 이들의 평균 월수입은 15만 원에서 150만 원에 이르는 큰 편차를 보였다.[3] 이러한 조사 결과는 중산층의 실체가 누구인지 더욱 알 수 없게 만들었다. 최근의 조사에서도 IMF 위기 때문에 중산층의 비율이 1994년에 70.2퍼센트에서 2002년에 65퍼센트로 낮아졌다고 보고하였다.[4] 이런 사실에서 한국인들은 경제적 수입에 따라서, 혹은 '화이트 칼라'와 '블루 칼라'로 중류층 또는 하류층으로 구별하는 것에 동의하지 않는다는 것을 알 수 있다. 연봉 5천만 원의 노동귀족도 있을 뿐 아니라, 하위 20퍼센트 계층도 중산층[5] 귀속의식을 지녔다는 보고도 있었다.

이처럼 혼란만 가중시키는 중산층의 개념을 사회과학자도 경제학자도 아닌 한 여성 소설가가 분명하게 정의를 내린 것에 필자도 전적으로 동의하였다. 소설가 이순은 그의 단편 〈병어회〉에서 다음과 같이 정의하였다.

> 중산층이란 이제 집에 텔레비전, 냉장고가 있다는 것으로 판단할 수 없게 되었다. 중산층이란 적어도 딸을 대학에 보내는 가정을 지칭한다.[6]

월평균 수입의 많고 적음을 떠나서 딸을 대학에 보내는 가정, 즉 중산층 귀속의식을 지닌 계층을 중산층으로 개념 정의를 하면, 현재 대졸

---

3) 1980년대 초 《조선일보》가 독자들을 상대로 설문 조사한 내용의 일부이다. 이 이후에 《중앙일보》도 비슷한 조사를 했으며 결과 또한 비슷하였다.
4) 한국개발원이 조사한 결과로서, 2003년 12월 6일 KBS '토요스페셜' 프로그램에 방영된 내용이다.
5) 한국사회의 계층구조는 크게 상층, 중산층, 하류층으로 구분하는 것이 타당하며, 중간계급이라는 용어 대신에 중산층 개념을 사용하면 공장노동자, 주변계급, 소작농의 일부가 중산층에 귀속된다.[서관모(1987), 〈한국사회 계급구성의 연구〉, 서울대 대학원(사회학과) 박사학위논문(미간행)]
6) 이순(1981), 〈병어회〉, 《이순 연작소설집》, 문학과지성사.

여성들의 취업의 기회 균등과 선택의 자유는 한국 여성운동에서도 유효한 개념이라 하겠다.

2) 빈곤여성 _ 여성 노동자

가난한 여성의 문제를 간과했다는 자유주의 여성이론의 한계점을 보완하려면, 한국 여성운동에서 중산층 여성 문제만을 제기할 수는 없는 일이다. 가난한 여성의 문제는 차원을 달리하여 생존권의 문제로 제기된다. 가난한 여성들은 일할 수 있는 선택의 자유를 달라가 아니라, 기회가 된다면 결혼 뒤에 가정에서 남편이 벌어다 주는 돈으로 예쁜 앞치마 두르고 맛있는 찌개 끓여 놓고서 귀가하는 남편을 기다리는 전형적이 전업주부를 갈망한다.

> 미혼여성의 취업은 결혼할 때까지 혼수감 마련을 위해, 또는 훌륭한 배우자를 만나기 위한, 일시적인 단기취업으로 간주한다. 그러므로 기혼여성의 취업은 떳떳한 직업인으로서보다는 빈곤한 가계를 꾸려 나가기 위한 호구지책으로 생각하는 여성 근로자들은……그들이 있어야 할 곳은 마땅히 가정이며 주부라는 위치에서 남편의 보살핌과 보호를 받으려는 짙은 욕구가 깔려 있는데……이들은 신중간계급 배우자와의 결혼을 통하여 주부로서 안주하려 한다.7)

저임금과 열악한 노동조건에서 일하는 생산직 여성들에게도 최소한 품위 있는 삶을 영위할 수 있도록 경제적 평등이 이루어져야 한다. 교육

---

7) 정은(1986), 〈여성근로자의 자의식에 관한 연구〉, 이화여대 대학원 석사학위논문, p. 35.

이 여성의 삶의 질을 높이는 필수 요소라면, 구미의 여성들처럼 고등교육까지 의무(무료)교육이 바람직하다.[8] 이들 생산직 여성들도 그들의 삶의 질을 높이기 위하여 교육의 기회 확대를 꿈꾸며 눈물나는 노력을 기울인다. 그 일례를 들어보자.

아버지의 사업 실패로 간신히 중학교를 졸업한 후 직물공장에 어린 동생과 아버지가 같이 취직하여, 그야말로 밤으로 낮으로 노동을 팔아 돈을 벌었다. 뭉클거리는 분노와 절망의 늪에서 방황하면서도 1년이라는 시간 끝에 '기능공'이라는 자격을 얻게 되었다. 그러나 그렇게 헌신적으로 일하던 공장이 문 닫으며 밀린 임금도 받을 수 없었을 때, 사무친 서러움이 어쩌면 지금의 나를 지탱해 나온 저력이 되었는지도 모르겠다. 남에게 굴하지 않고 자신과 항상 싸워 이길 수 있는 자신감도 다 그 어려웠던 시절에 단련된 결과라 생각된다. 외삼촌의 도움으로 서울에서 일자리를 찾아 안정하게 되자 중학교 시절 함께 꿈을 나누었던 친구들, 격려와 아낌으로 등록금까지 내주시던 선생님을 생각하며 검정고시를 준비하기 시작했다. 그 고마운 분들을 생각할 때 한숨과 절망으로 나태와 좌절할 수만은 없었다. 하루의 일을 마친 다음 책상 앞에 앉을 때면 몸은 천근, 만근이나 되는 듯했지만 어떠한 고생도 견뎌낼 수 있어야 한다고 위로해 주시던 과장님, 동료들의 아낌은 1980년 8월 검정고시 합격을 가져오게 했다. "여자가 공부하면 얼마나 할 것이며, 또 무슨 소용이 있겠느냐"며 스스로 포기하고 싶었던 날들도 있었고, 최고학부를 나와야만 사람답게 남들과 더불어 살 수 있으리라는 갈등 속에서 번민하며 잠 못 이루던 그 숱한 날들, 그러나 이제는 권할 수 있다.…… '여자팔자는 뒤웅박팔자'라는 말을 나는 반대한다.……그러나 남녀평등, 여성상위를 부르짖는 것도 반대한다.……부모님께도 효도하며 화목한 집안을 만들기 위해 인내와 노력만이 아닌 주관을

---

8) Rosemary C. Salomone(1986), *Equal Education Under Law*, New York: St. Martin's Press.

가진 현모양처가 될 것이다.9)

가난한 여 가장이 이끄는 가정생활은 어떠한가.

란이네는 네 식구다. 란이의 오빠는 삼십을 넘어선 고등 실업자였고, 남동생은 고등학생이었다. 란이는 전자회사 공장에서 야간근무를 하고 낮에는 선교신학교에 다녔다. 오빠는 중동에 돈 벌러 갔다 오고, 회사에도 다니고 막노동도 하면서 여자들과 동거도 하였다. 그러다가 실직당하면 여자들이 도망가고 때론 상처를 받아……배우는 것은 술과 노름이라 했다. 란이 어머니는 육순이 되었어도 봉제공장에 다니며 실밥을 따거나 단추 다는 일로 생계를 유지하였다. 란이 엄마의 월급은 철야수당과 잔업수당 모두를 합해서 6만 원을 겨우 넘었으니, 기본월급(일일수당으로 계산한다)이 얼마나 적은지 알 수 있다. 그러니 잔업, 철야를 하지 않고는 생활 유지가 되지 않으니 할 수 없이 병이 나도록 일을 한다고 했다.……

란이 엄마가 몸 져 누웠다. 병원으로 모시고 갔을 때는 위장병, 심장병, 관절염, 빈혈, 영양실조 등등으로 눈까지 멀게 될지도 모른다고 했다. 또 만성염증으로 손가락이 까맣게 썩어 들어가고 있었는데, 돈이 들까봐 치료 한번 제대로 못하고 고통스러워하며 회사를 다녔다. 병을 다 고치려면 몇 백만 원이 들게 되니 웬만큼 살다 죽으면 그만이라고 했다.……10)

가난한 여성들의 삶의 질을 높이는 실질적인 방안은 의무교육의 확대임은 두 말할 필요가 없다. 1970년대 후반부터 중등교육도 의무교육으로 하겠다던 정부의 청사진은 그동안 잠자고 있었으나,11) 다행히도

---

9) 정은(1986), pp.36-37.
10) 강명순(1985), 《빈민여성 빈민아동》, 아침, pp.70-74.
11) 필자가 1974년 영국에서 인구학 디플로마의 논문을 쓸 때, 당시 한국 보사부가 펴낸 자료에 따르면 '제4차 경제개발 5개년 계획이 시작되는 1977년부터 의무교육의 연한

2001년부터 단계적으로 실시하여 2004년에는 완전 무상교육을 실시하고 있다. 그러나 고등교육까지 의무교육으로 될 날은 아직도 먼 길이다.

또한 비공식 분야에서 일하는 여성 일용직 노동자들 — 행상이나 노점상 종사, 파출부 등 — 에게도 의료보험 혜택이 보장되고, 이들이 65세가 되면 연금 수혜자가 되도록 해야 한다. 이들 가난한 여성들의 사회경제적 평등은 개별 가족이 아닌 사회보장제도를 실시해서 국가가 책임지는 것이 당연하다. 물론 사회보장의 재원 마련은 조세 정의를 통해서만 성취될 것이다.

3) 전업주부

구한말 근대 여명기에 최초의 여성단체인 '찬양회'를 조직하고 고종에게 상소문을 올려서 관립 여학교 건립을 추진했던 여성층은 대개 주부들인 기혼여성이었다. 그리고 1907년에 전국적으로 전개했던 여성 국채보상운동의 주역들도 마찬가지로 전업주부들이었다. 또한 나라 안팎에서 항일 독립운동에 뛰어들었던 여성층도 전업주부들이 중심을 이루었다는 것은 잘 알려진 역사적 사실이다.

이와 같이 한국 여성운동의 중추세력을 자임하였던 전업주부들은 해방 뒤부터 1990년까지 가족법 개정운동을 주도해 왔다. 현재에도 각 여성단체장들은 대부분 기혼여성들이다. 전업주부들은 나라와 민족을 위하여 언제 어디서나 보이지 않는 곳에서 한 알의 밀알 구실을 충실히

을 6년에서 9년으로 연장하겠다'는 내용이 있어서 이를 필자의 논문에 인용했으나 그로부터 30년의 세월이 지난 지금에야 겨우 실현되기에 이르렀다.

담당해 왔다. 이 전업주부들은 나라와 겨레의 문제 같은 거대담론 이외에도, 전업주부로서 건전한 사회 만들기 운동에도 적극적으로 동참하였다.

전업주부들이 이끄는 여러 단체들 가운데 주부클럽연합회, 소비자보호연맹과 한국교회여성연합회의 사업 내용과 '아줌마는 나라의 기둥이다(아·나·기)' 운동을 간추려서 소개하기로 한다.

대한주부클럽연합회

사단법인 대한주부클럽연합회는 1964년 여성지도자들이 모여 결성한 화요클럽을 바탕으로, 1966년에 창립된 단체이다. '여성, 사회, 환경, 소비자, 민간단체로서 가정주부로 하여금 주부의 가치관을 정립시키고 숨겨진 자질과 능력을 향상시켜 건전하고 바람직한 가정을 유지, 발전시키는 것'을 모토로 한다.(대한주부클럽연합회 홈페이지) 이 단체는 환경, 여성, 청소년, 소비자운동 등 각종 사회활동을 펼치고 있다.

1970년대에는 미신타파 운동, 이중과세 없애기, 저축심 앙양 운동, 결혼 상담 및 인구문제사업 등을, 1980년대에는 '88서울 올림픽 관련 자원봉사 및 미아 찾아주기, 술 덜 마시기, 불법마약류, 악서, 음반 추방 및 폭력, 불법, 소요 배격을 위한 캠페인 등을 벌였다. 1990년대에 들어서는 특히 환경운동에 역점을 두었는데, 그 일환으로 환경오염 추방, 자원 재활용, 농토 살리기 운동, 음식물 쓰레기 줄이기 등의 사업을 하였다. 그리고 1990년대 후반 들어 호화 혼수 문제나 이동통신, 과소비 추방 및 예절 운동, 건전소비, 통일, 소비자 관련 조사 연구 등 다양한 방향으로 사회적 관심사를 환기시키고자 했다. 이 단체는 LA지회를 비롯해 64개 전국 지방조직과 30만 명의 회원을 두고 있다.

한국소비자연맹

한국소비자연맹은 1970년 우리 나라 최초의 소비자운동 전문 민간단체로 조직되었다. 이후 30여 년 동안 우리 나라의 소비자운동을 주도해 오면서, 소비자고발센터 운영을 통한 직접적인 피해 구제는 물론, 소비자피해보상규정 확립과 소비자보호법 제정 운동 등에 결정적인 기여를 했다. 또한 상품 테스트, 시장조사, 각종 모니터링 등 여러 분야의 운동 모니터를 배출하기도 했다. 그리고 소비자대학을 통해서 일반 시민을 대상으로 교육을 하고 있다. 한편으로 텔레비전이나 언론 매체를 이용해 소비자에게 다양하게 정보를 제공하여 피해 예방에 힘을 기울이고, 정부와 기업에 대해서는 소비자 지향의 정책, 소비자 위주의 경영 등 소비자 문제에 대한 각성을 지속적으로 촉구해 왔다.

이 연맹은 본부와 서울지회를 비롯하여 인천, 의정부, 춘천, 대구, 목포, 부산 등 7개 지역에 지회를 두고 있고, 1970년 6월 IOCU(현 CI, 국제소비자연맹)에 가입하여 세계 각 회원국가와도 교류하고 있다.

한국교회여성연합회

한국교회여성연합회는 1967년 교회 일치와 갱신을 위해서 여성연합과 국제 여성연대의 필요성을 느끼고 교회여성지도자들이 주축이 되어 창립되었다. 교파와 상관없이 선교활동과 국제 연대활동을 통해서 일치하고 행동하는 것을 목표로 하며 그 밑바탕에는 에큐메니칼 정신이 있다.

1967년 원폭피해자 문제 대책 활동, 재일동포 민족차별 저항운동 및 각종 사회, 정치적 문제에 대한 활동을 시작으로, 1980년대에는 성매매 여성 문제, 정신대 문제 해결을 위한 사회여론 환기 작업을 하였다.

1990년에는 한국정신대문제대책협의회와 연대활동을 벌이기 시작했고, 주한미군이 저지른 한국인에 대한 범죄행위를 뿌리 뽑기 위한 활동을 전개하였다. 또한 환경에도 초점을 두고 인간과 자연의 평화공존을 위한 반전, 반핵 운동과, 그 밖에 생활 속에서 환경보호운동을 벌이기도 했다.

조직의 활동은 크게 예배와 기도운동, 교육활동, 여성인권활동, 평화와 통일을 위한 활동, 국제협력운동, 환경보존 활동으로 나뉘고, 부설기관으로 외국인여성노동자 상담소를 두고 있다.

아·나·기(아줌마는 나라의 기둥)

아·나·기는 '아줌마는 나라의 기둥' 출판 기념회 및 '아줌마반란부대' 결성을 계기로 1999년 11월에 발족했다. 그리고 2001년 4월 이후 '아나기 코리아 비앤비'라는 이름의 사단법인으로 2002년 2월에 정식 등록을 했다. 이들은 '아줌마'라는 말이 사회적으로 긍정적인 의미로 쓰이기를 바라며, 스스로 아줌마임을 자랑스럽게 여기고, 나와 가족의 테두리를 벗어나 사회의 어려움을 해결하는 데 적극적으로 나서고, 이를 위해 자신을 끊임없이 개발할 것을 내용으로 하는 '아줌마 헌장'을 채택하였다.

아나기 코리아 비앤비는 자체 프로그램을 가지고 교육을 펼치고 있고, 월드컵 기간 동안 '2002 아나기 월드 홈스테이'의 일환으로 일반 가정을 중심으로 홈스테이를 조직했다. 또한 '이혼에 대한 속마음 토론회'를 개최하고, 명지대학교와 공동으로 '제1회 아줌마 문화 올림픽'을 추진했다.

이 단체들은 새공동체주의 사회에서도 남녀평등을 실현하기 위한 여성운동의 중추 구실을 감당할 것이다.

2. 새공동체주의 세상 _ 헤테로토피아

영국의 토마스 모어(Sir Thomas More)가 1516년에 《유토피아》를 발간한 이래 많은 서양 사람들이 이상향을 꿈꾸어 왔다. 15세기 후반과 16세기 초에 접어들자 유럽에서는 중세 문명이 변화를 겪기 시작했으며, 그 가운데에 신대륙의 발견은 유럽 구세계에 커다란 충격을 안겨주었다. 이러한 변화는 자연히 종교에 대한 관점, 유토피아에 대한 견해에도 영향을 미쳤다. 신의 은총과 섭리에 의탁한 천년왕국설12)적인 신앙이 우세했던 중세와는 달리, 이 시기에는 고전적인 공화주의가 유토피아 사상과 더불어 다시금 대두되었다.

토마스 모어는 고전적인 공화주의도, 계시록적 세계도 아닌 새로운 이상사회를 꿈꾸었다. 《유토피아》에서 그는 자신을 법률가나 사업가가 아닌 학자로 인식하여, 동시대의 귀족계급, 법률가, 상인들의 해이한 도덕성과 부패한 사회현실을 비판하였다. 모어는 건강한 사회를 위하여 법률, 규약, 양심을 중요한 요소로 간주하였다. 《사회의 가장 좋은 정치체제에 관하여, 그리고 유토피아, 새로운 섬에 관한 즐거움 못지않게 유익한 황금의 저서》라는 책의 정식 이름이 말해주듯이, 모어는 이 책에서 사회체제에 관한 새로운 구상을 일차 목표로 삼아서 이 이상의

---

12) 기독교의 천년왕국설은 "거룩한 성 새 예루살렘이 하늘에서 내려오며, 하나님의 장막이 사람들과 함께 있으며, 하나님이 친히 저희와 함께 계셔서 모든 눈물을 그 눈에서 씻기시매, 다시 사망이 없고 애통하는 것, 곡하는 것, 아픈 것이 다시 있지 아니하는 새 하늘과 새 땅"을 말한다.(《신약성서》 요한계시록 21장)

섬에서 시민은 평등하고 화폐가 없는 재산공유제 사회를 기획하였다.

초승달 모양의 유토피아 섬은 54개의 도시 국가로 이루어져 있으며, 기본 단위가 가족이지만, 가족을 신성불가침한 것으로 여기지는 않았다. 마을은 phylarch 혹은 syphogrant라 불리는 관리인이 1년간만 지배하며, 1년에 한 번 중앙 유토피아 조직이 각 도시 국가로부터 온 시민들과 회의를 연다. 유토피아는 허례가 없고, 노동과 공부, 기도에 열중하고 단일한 의상, 간소한 생활, 배금(排金)사상, 재산 공유 등등 수도원의 모습과 흡사하다. 유토피아에서는 규칙과 법 제도가 강조되고, 인간은 그러한 제도를 통해서 온전한 사회를 스스로 실현하게끔 하는 것을 목표로 한다.[13]

동양에서 이상사회는 대동(大同)사회로 묘사되었다. 대동이란 개념은 《예기(禮記)》 예운(禮運) 편에 보이는데, 그 모습은 다음과 같다.

> 대도(大道)가 행해지면 천하에는 공의(公義)가 구현된다. 현자를 (지도자로) 뽑고 능력있는 사람에게 (관직을) 수여하며 신의와 화목을 가르친다. 그러므로 사람들은 자신의 어버이만 어버이로 여기지 않고 자기 자식만 자식으로 여기지 않는다. 노인으로 하여금 (편안한) 여생을 보내게 하며 장년은 일할 여건이 보장되고 어린이는 길러주는 사람이 있으며, (의지할 곳 없는) 과부와 홀아비를 돌보며 병든 자도 모두 부양 받는다. 남자는 남자의 일이 있고 여자는 여자의 할 일이 있다. 재화가 땅에 버려지는 것을 싫어 하지만 반드시 (사적으로) 저장할 필요가 없다. 스스로 노동하는 것을 싫어하지 않지만 반드시 자기만을 위해서 일하지도 않는다. 그러므로 (남을 해치려는) 음모가 생기지도 않고 도적이나 난적(亂賊)도 발생하지 않는다. 그러므로 (집집마다) 바깥문을 닫을 필요가 없다. 이런 상태를

---

13) J. C. Davis(1981), *Utopia and the Ideal Society*, Cambridge: Cambridge Univ. Press.

대동이라고 한다.14)

위의 《예기》 예운 편은 선진(先秦) 제자(諸子)의 사회적 이상을 총괄
적으로 종합한 것이므로, 공자의 사상(博施濟衆·老者安之·朋友信
之·小者懷之)도 포함되었으며, 도가·묵가 사상을 총괄한 중국 고대
사회 이상을 집대성한 것이다.15) 위의 대동사회의 여러 원칙은 비록 지
나치게 이상화하기는 하였으나 실제 원시공동체시기에 존재하였던 것
은 확고부동한 역사적 사실이다.16)

한국에서 이상향의 도래를 간절히 고대했던 층은 사회의 저변을 이
루고 있던 기층 민중들이었다. 미륵이 나타나서 피압박 민중들을 도탄
에서 구해내어, 귀천과 빈부의 차별을 없애고 지배와 피지배 관계를 해
방시켜 준다는 미륵신앙17)이 그러하며, 《정감록(鄭鑑錄)》의 정진인(鄭
眞人)이 출현하여 피압박 민중을 구출하여 이상의 섬으로 인도한다는
믿음이 그러하며, 동학의 창도자 최제우는 귀천·빈부·남녀의 차별이
없고 지배자와 피지배자의 구별이 완전히 사라지고, 기연과 불연이 어
우러지며, 전체와 부분이 완전히 되먹임되는 세상을 '후천선경(後天仙
境)'18)으로 제시하였다.

한편 유토피아(utopia)의 그리스어 어원은 'no where'이다. 따라서 유토
피아는 지리적으로 역사적으로 이 세상에서는 존재하지 않는다. 이 세

---

14) 《禮記》 禮運篇.
15) 이성규 역/진정염·임기담(1990), 《중국의 유토피아 사상》, 지식산업사, p.129.
16) 이성규(1990), p.128.
17) 정석종(1981), 〈조선후기 숙종 연간의 미륵신앙과 사회운동〉, 《한우근박사정년기념
    논총》, 지식산업사.
18) 김상일(2001), 《수운과 화이트헤드》, 지식산업사, p.32.

상에 존재하지 않는 유토피아에 대한 풍자로 영국의 사무엘 버틀러 (Samuel Butler)는 '어디에도 없다(no where)'는 뜻의 알파벳을 거꾸로 하여 만든 《에레혼(*Erehwon*)》을 발표하였다.19) 이 세상에는 존재하지 않는 유토피아, 그럼에도 길만의 《허랜드(*Herland*)》를 비롯하여 많은 여성해 방론자들도 이상향에 대한 비전을 제시해 왔다.

《허랜드》는 이천년 전에 호전적이고 축첩제도가 존재하던 유럽의 한 전형적인 가부장사회였는데, 어느 날 갑자기 외적의 침입과 화산 폭발, 노예들의 반란 등으로 남자들이 전멸하고 외부와의 통로가 완전히 끊 긴다. 멸종의 불안에 떨던 때에 한 여인이 처녀 생식을 통해 딸을 낳은 기적이 일어나고, 이후부터는 처녀 생식으로 대를 이으면서 인구 300 만, 면적 1,600~1,900평방킬로미터의 이 산악국가는 모든 사람들이 일 을 하며 자급자족하는 유토피아가 된다. 이 이상국가에 미국 남성 세 명이 잠입해 들어갔다가 그 나라의 이모저모를 살피고 많은 것을 배우 고 쫓겨나는 형태로 구성되었다. 허랜드 여성들은 호기심이 많고, 자기 일에 대한 자부심과 열정, 날래고 강인한 신체, 동지애와 애국심, 후손 에 대한 사랑과 긍지, 분석적이고 철저히 논리적인 사고를 지녔다. 또한 육아, 자녀교육, 취사 등의 가사노동은 전문가들이 공동으로 담당한다. 좁은 국토를 효율적으로 이용하기 위해 가축을 모두 없애고, 장례식은 화장으로 대체하고, 모든 나무를 유실수로 바꾸고, 모든 쓰레기를 거름 으로 재활용하고, 생산능력에 맞게 인구를 조절한다. 허랜드에서는 남 성이 없기 때문에 남성성에 대비되는 여성적인 이미지는 잊혀진 지 오

---

19) 에레혼의 사람들은 기계를 두려워하였다. 또 에레혼의 철학자들은 기계를 제어하지 않으면 언젠가는 이 세상을 전복할 것이라고 예언하였다.[Frank E. Manuel(ed., 1965), *Utopias And Utopian Thought*, Boston: Houghton Mifflin Company, p.40]

래며, 여성은 단지 인간으로만 묘사된다.[20]

필자는 저 세상에만 가능한 유토피아를 제시하는 대신에 이 세상에서 실현 가능한 차선의 세상으로서 헤테로토피아(Heterotopia)[21]를 제시하고자 한다. 헤테로토피아의 구체적인 이념은 새 공동체주의를 채택한다. 우선 새공동체주의의 비전을 제시하기 전에 기존의 공동체주의 개념을 정의하고 다음에 새공동체주의의 기획이 무엇인지를 논의할 것이다.

공동체주의는 개체보다는 공동체의 중요성을 강조하는 이념이다. 이것은 개인의 자유나 선택을 어떠한 명목으로도 희생되거나 침해될 수 없는 기본 가치로 여기는 자유주의 이념과는 구별된다. 전체는 그것을 구성하는 개체보다 중요하다는 철학적 관점을 공유하는 공동체주의는 사회주의와 많은 면에서 공통점을 지난다. 그러나 현대의 공동체주의는 역사적으로 자본주의에 대한 대항논리로 발전되어 온 것이 아니라 롤즈의 자유주의에 대한 대항논리로 발전되었기에, 자본주의 사회의 기존구조를 배격하지 않는다는 점에서 특징이 있다.[22] 모든 합리적인 개인은 올바른 판단을 할 수 있으므로 접근 가능한 정치적인 대안들 가운데 좋은 것을 택할 수 있다고 롤즈는 생각하였다.

이러한 롤즈의 자유주의가 자아 개념을 지나치게 개인주의적으로 간주한 것에 대하여 1980년대 공동체주의 사상가인 샌들(Sandel)과 테일러(Taylor)는 문제를 제기하였다. 즉 개인의 자아가 여러 가지 공동체와 접

---

20) 손영미 역/샬롯 퍼킨스 길먼(2002), 《여자만의 나라》, 한국문화사.
21) 헤테로토피아(heterotopia)의 개념은 Imelda Whelehan(1995), *Modern Feminist Thought*, p.214에서 빌려왔다.
22) 김용민(2002), 〈공동체주의와 시민교육〉, 이용필 편, 《세계화과정에서 공동체주의》, 신유, p.106.

촉함에 따라 정의되고 구성된다는 점을 소홀히 하였다는 것이다. 이들은 인간은 사회적 정치적 동물이라는 아리스토텔레스의 관점에 1차적으로 동의하였다. 사회적 정치적으로 해결해야 할 도덕적인 문제조차이 자유주의 자아 개념에서는 개인적인 선택으로만 고려할 위험성이 있다고 본다.

공동체주의자들이 자유주의를 비판한 것은 철학적인 차원에서라기보다는 당면한 현실 문제에서 출발하였다. 즉 정치과정에서 소외, 탐욕, 외로움, 도시범죄, 마약중독, 높은 이혼율이 자유주의적 처방으로는 치유될 수 없다[23]는 깊은 절망감에서 비롯되었다.

그렇다면 공동체주의는 어떠한가. 사실 공동체주의는 유교[24]문화권에서 참으로 익숙한 개념이다. 자율적인 개인보다는 항상 '우리'라는 울타리 안에서 '오륜'의 관계성을 우선해왔던 문화적 토양이 있기 때문이다. 그러기에 최근 관계성에 주목하는 포스트모던주의 여성학자와 유학자가 새로운 밀월관계에 들어섰다.[25] 가족공동체야말로 공동체의 가장 기본 되는 단위가 아닌가. 그러나 한국 가족공동체에 담긴 위계구조를 해체하고 '우리'와 '그들'을 구분 짓는 방식이 아닌, 조화와 화합의 가족공동체 모델이 대규모의 정치공동체에 무리 없이 원용될 수 있는 방안을 모색[26]하는 일도 값없는 작업은 아닐 것이다. 전통사회의 공동

---

23) 김형철(2002), 〈자유주의와 공동체주의의 조화가능성 연구〉, 이용필 편, 《세계화과정에서 공동체주의》, p.50.
24) 이은선은 공동체 성격을 정통 유가가 아닌 양명학에서 원용할 수 있다고 하였다. 이은선(2003), 《유교, 기독교 그리고 페미니즘》, 지식산업사 참조.
25) 다산학회 초청으로 내한한 하버드대학의 뚜웨이밍 교수가 2002년 이화여대에서 강연한 〈유교와 포스트모던 페미니즘〉 발표자료 참조.
26) 박효종(2002), 〈한국 공동체주의의 특성을 중심으로〉, 이용필 편, 《세계화과정에서 공동체주의》, pp.54-104.

체적 성격에서 전체주의의 요소는 물론 털어내야 한다는 단서가 추가
된다.

그리고 공동체주의 논의를 한국 사회와 직접 연관시킬 때에 민족주
의와 어떻게 조화될 수 있는가를 살펴야 한다. 공동체주의는 자유주의
가 지향하는 극단적인 한계와 민족주의가 추구하는 비합리적 속성을
극복하기 위한 일종의 대안적 논의이며, 자유주의와 민족주의가 지닌
긍정적 가치의 통합(overlapping consensus)을 추구한다. 극단적인 개인주
의와 극단적인 권위주의로 흐를 수 있는 양극 현상을 극복할 수 있는
일종의 대안 가능성으로서 공동체주의를 말한다. 그러한 공동체주의는
세 가지 기본원칙을 전제한다. 첫째, 사람 사이에 협동적 모색을 통하여
가치의 정당성이 실현되며, 둘째, 공동의 가치가 모든 구성원의 공동책
임감으로 이어져야 하며, 셋째, 권력의 결정과 행사과정에서 모든 구성
원이 동등하게 참여할 수 있도록 재조직되어야 한다.[27]

공동체주의를 위와 같이 정의해 놓은 다음 여기에 여성의 관점을 통
합한 이념을 새공동체주의로 이름 붙이겠다. 새공동체주의는 자유주의
의 특성인 개인의 선택의 자유가 보장되며, 사회적 평등이 사회보장제
도로서 수렴되며, 여성도 새공동체주의 사회에서 타자가 아닌 공동 주
역으로서 동등한 존중을 받는 사회의 이념이 된다. 즉 민주주의의 기본
가치인 자유와 평등과[28] 여성적 가치의 통합이 바로 새공동체주의의
이념인 것이다.

---

27) 진덕규(2002), 〈한국정치사회의 공동체주의적 지향을 위한 서설〉, 이용필 편, 《세계
   화과정에서 공동체주의》, pp.281-305.
28) 자유와 평등은 상호 배타적 관계가 아닌 보완적 관계이다. 즉 자유는 무절제한 방종
   으로 흘러서는 안 되며, 평등은 획일화된 균등이 되어서도 안 된다.[어수영(1991), 《민
   주주의와 한국정치》, 박영사, pp.30-41 참조]

다음에서는 새공동체주의 사회에서 여성과 남성의 관계와 여성 문제는 어떻게 해석되는지 항목별로 살펴보기로 한다.

1) 인성론

서구 여성해방론에서 인성론에 대한 논의의 연원을 살피자면, 매리 월스톤크라프트가 1792년에 발표한 《여권옹호》로까지 거슬러 올라간다. 흔히 여성성이라고 간주되는 간접적 수동적 감정적 주관적 의존적 특성은 생래적인 본성이 아니라 후천적인 교육과 환경에 따라 형성된 것이라는 주장이 바로 그것이다. 월스톤크라프트 이래 존 스튜어트 밀 또한 그의 저서 《여성의 예속》에서 여성적 특성이 후천적 교육과 환경에 말미암은 것으로 설파하였고, 시몬느 드 보봐르 역시 '여성은 여성으로 태어나는 것이 아니라 여성으로 길러진 것'으로 교육과 학습에 따른 여성성을 강조하였다. 베티 프리단도 예외는 아니어서 이른바 자유주의 이론가들 모두 생래적 여성성을 부인하고 후천적인 교육과 환경에 따라 길러진 여성성을 강조하였다. 마르크스주의도 인간의 본성은 역시 후천적으로 조형 가능한 것으로 파악하였다. 무엇보다 엥겔스는 여성성에 대한 언급은 전연 하지 않아서 성에 대해 눈감고 있다(gender-blind)는 비판을 면치 못하였다.

이처럼 인간에게는 생래적인 본성이 없으며, 있다면 후천적으로 학습된 것이라는 구미 여성해방론자들의 주장은 결국에는 남성과 여성 사이에 본질적인 다름은 없다는 결론에 이른다. 따라서 사회구성주의자들은 어떻게 여성성이 사회적으로 구성되었는지를 천착하는 성학(Gender Studies)의 명칭으로 여성학(Women's Studies)을 대체하고 있다.

사실 남성성과 여성성은 시대마다 그 내용을 조금씩 달리하였음을 본다. 예컨대 자본주의 초기에 남성성은 가족 부양자와 보호자로서 헌신이, 여성성은 남편의 위안자·위로자로서 나긋나긋함이 강조되었으며, 히틀러 시대의 남성성은 절제와 지조였다.[29]

한편 급진주의자들 가운데 오드레이 로데(Audrey Lorde), 매리 댈리(Mary Daly) 등은 남녀 사이의 다름을 인정하고, 그 다름은 본질이며 여성성이 우월하다는 주장을 편다. 최근에 프랑스를 중심으로 한 포스트모던주의자들은 다름과 다양성을 주창하지만, 이들은 다름이 본질이라고는 주장하지 않는다. 이러한 논쟁에서 필연적으로 자매애를 강조하는 여성운동에서 여성성이 본질이 아니라는 주장은 마침내 여성해방론의 토대를 스스로 무너뜨리는 자가당착에 직면한다는 논리적 비판을 피해갈 수 없다.[30] 최근 사회주의 이론가 미셸 바렛이 인간에게는 어떤 보편의 본성이 내재한다는 주장으로 돌아선 것은, 바로 여성성이 사회 구성물이라는 주장이 막다른 골목에 다다라 출구를 찾을 수 없게 되자 되돌아선 경우가 아닌가 한다.

1970년대 후반기부터 학부과정으로 여성학이 처음 개강된 이래 한국의 여러 대학에서 여성학 교과목을 가르치면서, 한국의 여성학은 바로 여성성이 후천적인 교육과 환경 때문에 길러진 것이며, 남녀 사이에 본

---

29) George L. Mosse(1985), *Nationalism and Sexuality*, Madison: The University of Wisconsin Press, p.160.

30) Mary Midgley(1988), "On not Being Afraid of Natural Sex Difference", M. Griffiths & M. Whiteford(ed.), *Feminist Perspectives in Philosophy*, Indianapolis: Indiana Univ. Press와 양승태(1990), 〈예속과 해방의 논리와 비논리―밀(J. S. Mill)의 《여인의 예속》에 나타난 여성의 자유·평등 이론에 대한 인성론적 비판〉,《논총》 57집, 이화여대 한국문화연구소 참조.

성의 차이가 없다는 자유주의 여성해방론의 입론 수용으로부터 시작하였다. 제2기 여성운동은 주로 서구의 대학사회에서부터 출발하였기 때문에, 대학을 졸업한 여성들이 공적 경제활동에 남성과 동등한 기회로 일하고자 할 때, 법적 제도적 불평등이 이들을 가로막았던 것도 사실이었다. 사회주의 여성이론가들 역시 마르크스의 분석을 지지하기에, 이들도 여성성이 후천적인 사회 환경에 따라 형성된 것이라는 주장에 일조하였다.

자연히 남녀 사이에 본성의 다름이 없다는 사회구성주의자들의 주장을 수용한 한국 여성학계에서, 제일 먼저 유교의 음양론을 비판하게 된 것은 이러한 배경에서다. 유교의 음양론에서 양은 강하고 음은 부드럽다는 분수(다름)는 어길 수 없는 생래적임을 원리로 하기 때문이다. 그러나 이 강·유(剛柔)의 본질은 서구의 가치 우열의 이원론과는 성격을 달리하며, 이 논리는 이미 3장 소결에서 정리한 바 있다. 서구의 이원론, 즉 이성·감성, 합리성·직관, 정신·육체, 문화·자연, 신·인간, 남성·여성의 짝에서 늘 전자가 후자보다 우월한 것으로 간주되었다. 그러하기 때문에 서구의 포스트모던 여성이론가들이 이러한 이원론을 해체하는 것은 참으로 바람직하다. 그러나 이원론의 해체는 서구 여성들의 몫이지 한국 여성들이 덩달아 나설 바는 아니다. 대신 한국 여성들은 우리의 본원적인 가치 균등의 사상을 발굴하고 바르게 해석하는 작업에 나서야 할 것이다.

유교사상은 강·유의 다름을 인정하였지만, 가치에서 등등하다는 것이 일반론이다. 물론 한대(漢代)의 동중서가 음양의 구별이 차별화되는 단서를 제공하였고, 특히 송대의 성리학자들이 양존음비론(陽尊陰卑論)을 고착화시켰다. 이를 수용한 고려 말의 이색을 중심으로 한 유학자들과 조선왕조의 이언적에 이르기까지 양존음비를 강조한 것도 사실이다. 그렇지만 이는 어디까지나 시대마다 특정 학풍의 조류에 따른 것으로 본원유학의 상보적 대대적 원리에 벗어난 해석이었다. 다시 청대(淸代)의 고증학자들이 음양의 원리에 우열의 가치를 부여한 것은 잘못이라는 비판이 제기되면서, 본원유학의 상보성과 대대성이 재평가받는 길을 터놓았다. 그리고 이를 수용한 조선의 실학자들에게 이르러 다시금 음양의 상보성과 대대성을 강조한 것을 볼 수 있다. 대표적인 사례가 정약용의 효괘설(效卦說)의 바른 해석이 될 것이다.

앞에서도 언급하였지만 동양의 학문방법론은 '거경궁리(居敬窮理)', '지경정좌(持敬靜坐)'와 같이 직관을 통해서 도를 체득하는 방법이다. 합리성과 이성을 직관과 감성보다 우위에 놓는 이분법은 서구의 남성 우월주의자들, 특히 데카르트적 사유방식의 연장이며, 동양의 전통을 그들보다 낮은 것으로 자리매김하는 문화제국주의의 편린임을 이미 지적하였다. 뿐만 아니라 정신과 육체의 가치 우열의 배분 또한 동양(유교사상)과는 거리가 멀다.

유교문화권에서는 몸은 단순한 형이하학적 도구로서만이 아닌 정신 그 자체와 동등한 가치를 지닌다. 《효경》의 첫 머리에 자신의 몸을 존중하는 것이 효의 시작임을 강조하였고, 16세기 정부인(貞夫人) 안동 장씨(張氏)도 몸의 소중함을 일깨워 주었다. 또한 유교의 원리는 남성의 몸과 여성의 몸이 가지런하다(같다)는 평등성을 내포하였음도 이미 살펴보았다.

그리고 정신을 남성적인 것으로, 육체를 여성적인 것으로 이원화하는 자체도 유교문화권인 한국에서는 수용하기가 어렵다. 구한말 서양 제국주의 세력이 조선을 호시탐탐 넘볼 때, 조선의 유학자들은 양이(洋

310

夷)에 대적하기 위하여 위정척사(衛正斥邪)사상[31]으로 반침략·반제국
주의의 민족운동을 고취하였고, 개화파 인사들은 동도서기론(東道西器
論)[32]을 주장하였다. 동양의 정신을 바탕으로 하고 서양의 기술을 수용
하자는 동도서기론에서 동양정신이란 과연 무엇인가. 그것은 다름 아
닌 선비정신을 이름이다. 선비정신이 무엇인지는 공자가 가르친 다음
의 내용에서 실마리를 찾아볼 것이다.

君子 食無求飽 居無求安 敏於事而愼於言 就有道而正焉[33]

육신의 안일함을 구하는 것은 군자 또는 지도자가 아니기에, 국가의
존망이 위태로운 때에 의병을 일으킨 것이 선비정신의 발로요, 여성들
이 안사람 의병투쟁을 벌이고, 나라를 잃어버린 일제 강점기에 독립만
세를 소리 높이 외친 것도 따지고 보면 선비정신과 짝하는 열녀정신의
발현이라고 할 수 있다. 사실 한국 사회에서 여성의 정신력이 남성에
견주어 약하다는 가정은 옳지 않다. 정신력을 논의하자면 한국 여성도
한국 남성 못지않은 기개를 지녔다고 하겠다. 유교의 절열관(節烈觀)은
정신력의 극대화의 본보기가 아닌가. '충신은 두 임금을 섬기지 않는
것과, 열녀는 두 지아비를 맞지 않는 것'에서 절개를 지킨 남성으로 정
몽주와, 성삼문·박팽년·하위지 등의 사육신(死六臣)과 생육신(生六
臣), 그리고 병자호란 때의 삼학사(三學士)와, 구한말 일제 침략에 항거
한 의병투쟁과 목숨을 버리고 절의를 지킨 이재윤·황현·홍범식·유

---

31) 의암 유인석의 유교사회 재건론은 다음을 참조. 김도형(1994), 《대한제국기의 정치사
　　상연구》, 지식산업사, pp.289-310.
32) 위정척사사상과 동도서기론은 김영작(1987), 《한말 내셔널리즘 연구》 참조.
33) 《論語》 學而.

병현 등을 꼽을 수 있다.[34]

한편 임진왜란 뒤에 열녀 표창을 받은 여성의 숫자는 충신보다 10배나 더 많았다는 사실에서도 한국 여성의 정신력을 가히 짐작할 수 있다. 이빙허각은 남편이 죽자 곡기를 줄여서 결국에는 1년 뒤에 따라 죽었고, 임윤지당은 청상과부가 된 뒤 평생을 수절하면서 남성을 능가하는 학문적 업적을 남겼다. 또한 혼자의 몸으로 자녀들을 훌륭하게 키워서 두 아들을 문과에 합격시킨 퇴계의 어머니 정부인 춘천 박씨, 남편을 병자호란에 잃고서 두 아들을 대제학으로 출사시킨 김만기·김만중의 어머니 정경부인 해평 윤씨, 노론으로서 영의정까지 지낸 남편 김수항이 기사환국으로 유배지 진도에서 사약을 받는 정신적 고통을 이기고 여섯 아들을 모두 영의정과 대제학, 그리고 큰 문장가로 길러낸 안정 나씨 등[35]은 육신의 고달픔을 정신력으로 이겨낸 선비정신의 사표가 아니던가. 이 열녀관은 3·1독립운동에 그대로 이어져서 여성들이 일경의 총칼과 성 고문을 두려워하지 않았다.[36] 이러한 조선 여성들의 활약상을 해외(미주지역)의 《신한민보》는 다음과 같이 기록하였다.

> 오늘 內地에서 생명을 내놓고 수치를 무릅쓰고 우리 민족의 영원한 복리를 위하는 자는 다 여걸이오 열녀로다. 그런즉 같은 국민성을 타고난 해외에 있는 우리 누이님네들도 내지에 있는 공경할 만하고 사랑할 만한 자매의 뒤를 따라가며 우리의 자유와 독립을 위하여 나아갈지어다.[37]

---

34) 금장태(2000), 《한국의 선비와 선비정신》, 서울대학교출판부, pp.251-256.

35) 박석무 편역(1998), 《나의 어머니, 조선의 어머니》, 현대실학사 참조.

36) 어느 일본 관헌은 조선 여성들이 총칼을 두려워 않고 만세운동에 미친 것은 전통의 '열녀정신' 때문이라고 하였다.

37) 1919년 8월 5일에 발족된 재미 여성 광복운동 단체인 '대한여자애국단'의 조직을 격려하는 《신한민보》의 논평이었다.[박용옥(1996), 《한국여성항일운동사연구》, 지식

312

앞 인용문에서 독립만세를 부른 여성들은 모두 열녀요, 이 열녀정신
은 비록 해외에 거주하더라도 같은 동포로서 같은 국민성을 타고났기
에 미주 여성들에게도 열녀정신이 있다는 것이다. 《신한민보》 주필은
이 열녀정신을 조선 여성의 국민성, 즉 보편의 특성이라고 해석하였다.
1919년 8월 5일 창립된 미주지역 '대한여자애국단'은 1935년 창립기념
식에 김혜란이 작사한 〈내 강산〉이란 노래를 이마리아가 불렀는데, 이
가사는 조국의 독립을 염원하는 여성 자신들을 열녀로 칭하였다.

> 1. 대한반도 금수강산 / 너는 내의 생명이니 / 내의 피와 뜻을 다하여
> 너를 빛내려 왔노라 / 하날이 주신 나의 반도 / 아름다운 내 나라 대한의
> 열녀라 다 나오라 / 붉은 피로 이 강산 수놓아 빛나게 내 동산 꾸며 놓고/
> 영원히 살리로다 영원히

> 2. 대한의 충의 열녀라 / 정의의 햇불 높이어 / 그리운 이 강산 밝혀 놓고
> 태극기 반공에 높이 날려 / 반도의 일월을 가리우고 / 독립문의 자유종 / 이
> 강산에 두루 울 때에 / 대한의 열녀라 나오나라 / 붉은 피로 수놓은 이 강산/
> 영원히 빛나리라 영원히[38]

이른바 열녀란 육신의 욕망을 정신력으로 극복한 여성을 일컫는 것
이기에, 열녀정신이야말로 앞에서 말한 육신의 안일을 구하지 않는 선
비정신의 극치라고 표현한다면 필자의 지나친 욕심일까? 이 열녀정신
이 일제 강점기에 독립운동에 앞장선 여성들의 독립정신으로 승화한
것은 참으로 의미심장하다고 할 것이다. 필자는 전통사회의 열녀관을

산업사, p.110]
38) 박용옥(1996), p.129.

다시금 기리기 위해서라거나, 또는 열녀관이 존속되어야 한다는 고답적인 주장을 펴려는 것이 아니다. 다만 정신과 육체의 이원적인 가치배분은 유교사상과 맞지 않으며, 더욱이 남성은 정신, 여성은 육체로 대체하는 이원론 또한 한국 여성들의 역사적 경험과는 유리된, 부당함을 지적하고자 할 따름이다.

서구적 가치우열의 이원론과 달리 본원유학의 음양론은 강·유의 다름은 있지만 가치의 동등성을 인정하였음을 여러 차례 강조하였다. 음(陰)은 부드럽지만 앞의 열녀관에서 지적하였듯이 강인함이 내재되어 있기에, 한국 여성은 외유내강(外柔內剛)의 특성을 지녔다고 할 수 있다. 외유내강의 특성은 단군신화의 웅녀에서도 잘 나타나 있으니, 끈기와 인내심이 바로 여성의 속성이 아니던가. 인내심과 끈기의 강인함을 부드러움의 표면으로 감싼 것이 바로 한국 여성의 특성이라 하겠다.

여성성은 본질이 아니라 후천적인 교육과 환경에 따라 형성된 것이라는 주장은 서구에서 여성해방의 문제가 제기된 이래 200여 년에 걸친 지루한 논쟁으로 지속되어 왔다. 이를 감안할 때, 분명 여성의 속성이라고 일컬어지는 여러 사안이 후천적인 교육과 환경에 따라서 형성된 많은 측면을 지적하지 않을 수 없다. 예컨대 여성은 간접적, 수동적, 의존적이며, 변덕스럽고, 나약하고, 의지박약하다는 등은 서구 남성들이 서구 여성들에게 덧씌운 속성들이다. 이러한 이원론을 해체하려는 서구 여성들의 노력에 박수갈채를 보낸다. 합리성·이성 대 직관·감성으로 이원적 가치로 나눈 것 또한 데카르트적 사유법이기에 서구 여성들이 이에 도전하여 해체를 시도하는 일 또한 합당하다.

그렇지만 직관은 원래 동양적 가치였기에, 이를 낮게 평가한 것은 서구의 문화제국주의에 다름 아니다. 물론 한국이 식민지 지배체제에서,

그리고 해방 뒤 미 군정시기로 이어지면서 전통교육의 단절과 서구식 교육제도가 전면 이식[39]되면서 서구의 이원론이 현대 한국 여성들의 가치관에 상당한 영향을 미친 것도 사실이다. 그렇지만 한국 여성들의 일차적 임무는 서양적 가치에 짓눌려 폐기 처분되었던 동양적 가치들을 발굴하고 재조명하는 작업을 서두르는 것이다. 그리고 앞서 열거한 열등한 것으로 매김된 여성의 가치들은 서구 남성들이 덧씌운 것이기에, 이를 부정하기 위해서 최소한의 여성의 본질마저도 부인하고 모든 것은 사회구성물이라고 주장하는 어리석음을 더 이상 되풀이해서는 안 된다.

그리고 일부 서구의 급진주의자들과 포스트모던주의자들이 여성의 다름을 인정하지만, 여성성이 남성성보다 우월하다는 여성우월주의는 또한 새공동체주의에서 배제할 것이다. 남녀 사이의 본질적 다름은 있지만 가치에서 동등하다는 한국 사상은 그들의 주장과는 다르다. 한국 여성운동을 활성화할 자매애, 여성을 결속시킬 여성의 정체성, 동질성 또는 여성의 가치는 최소한 인내와 강인함을 품은 부드러움이며, 이는 다양한 계층의 한국 여성들을 하나로 묶을 수 있는 자매애의 본질이라고 할 것이다.

다음에서는 한국 사상에 담겨 있는 남녀평등사상을 바탕으로 하고, 구미의 남녀평등사상을 선별적으로 수용하여 현대 한국 사회에 맞는 이념으로 재구성하려 한다.

---

39) 오욱환(1993), 《미군 점령시대의 한국교육》, 지식산업사.

2) 남녀평등사상

한국 사회에서 남녀평등의 문제가 구체적으로 거론된 것은 19세기 후반에 이르러서이다. 과부재가 금지의 철폐와 관립 여학교 설립 요구가 그것이었다. 과부재가 허용은 동학사상을 바탕으로 한 갑오농민전쟁에서 농민군들이 요구한 12대 폐정개혁안 가운데 하나로서, 전통사회 여성의 억압사례에서 가장 절실하게 피부에 닿았던 문제였음을 반증한다. 과부재가 금지가 어떠한 경로를 거쳐서 법제화했던가는 이미 3장에서 소상히 밝힌 바 있다.

과부재가 금지는 재가한 여성에게 직접적 처벌이나 벌금을 부과하는 것이 아니라, 재가녀의 아들과 손자 2대에 국한해서 과거의 문과시험을 불허한 내용이었기에, 학문과 관직의 취임(출사)이 본업인 자손을 둔 양반 신분의 여성에게는 실질적인 규제가 되었겠으나, 출사의 꿈을 애초에 접은 상민들에게 재가의 길은 사실상 열려 있었다. 그러함에도 국가가 상민·천민 여성들에게도 유교의 절개 관념을 숭상하도록 여러 유인책을 써서 열녀를 포상하였기 때문에, 100여 년이 지난 16세기에는 여항(閭巷)의 천민 여성까지도 수절하는 것이 보편적이었다.[40]

동학의 창도자인 최제우의 어머니도 재가한 여성이었다. 최제우가 잔반(殘班)으로 떨어진 데는 아마도 어머니의 재가가 한몫을 하였을 것이다. 재가녀의 아들·손자는 문과시험을 볼 수 없었기 때문에, 최제우는 자연히 닦은 학문을 과거시험에서 겨루어 볼 기회마저 봉쇄당했던

---

40) 김상억 역/이능화(1973), 《조선여속고》, 대양서적.

것이다. 최제우뿐만 아니라 동학의 간부들 가운데도 재가모를 둔 사람들이 여럿 있었던 것으로 보아, 서자계층도 아니면서 잔반으로 떨어져 이름은 양반이나 형색은 상민을 벗어나지 못한 신분이 수두룩하였을 것이다. 이들이 체제의 모순을 절감하고 불평등한 현실을 타파하고 새로운 지상낙원을 건설하려 한 것은 어쩌면 당연한 일이었을 것이다.

귀·천의 차별이 없는 평등한 후천개벽을 꿈꾸었던 동학사상에 남녀평등사상이 배태되고, 재가모를 둔 탓에 과거시험의 길이 막힌 동학창도자 최제우의 사상을 계승한 농민군들이 청상과부의 재가를 허용하라고 주장한 것은 너무도 당연한 요구였다.

과부재가 금지는 개화사상가 박영효의 개화정책에 함께 수렴되어 갑오개혁에서 철폐되었다. 새공동체주의에서는 동학의 남녀평등사상과 경제적 평등사상을 이을 것이다.

구한말 조선 여성들이 직접 제기한 문제는 교육의 기회균등을 여성에게 허용하라는 것이었다. 유교의 내외법에 따라 양반 여성은 안살림(내업)인 음식, 의복, 방적, 봉제사, 접빈객의 일을 맡았고, 양반 남성은 바깥일(외업)인 학문과 정치참여로 구별지어졌다. 유교가 체제이데올로기로서 순기능을 담당하였던 16세기까지는 양반 여성들도 내외법을 수용해서 내면화하였음을 보게 된다. 갈암(葛菴) 이현일(李玄逸)의 어머니 정부인 안동 장씨는 스스로 성인의 말씀을 좇아 따른다고 하였으며, 김삼의당(金三義堂)은 내외법을 실천한 모범을 보였다. 미암(眉巖) 유희춘의 어머니 탐진 최씨는 남편을 일찍 여의고 두 아들을 훌륭하게 길러서 사후에 정부인으로 추증되었다. 최씨는 생전에 남편과 서로 손님처럼 공경하였다.[41]

그러나 한글이 부녀들에게 보급되고 중국소설이 번안되어서 부녀자들에게 읽히기 시작한 17세기 후반과 18세기 이후에 조선 여성들의 의식이 깨면서 남성의 외업인 학문에 대한 갈증을 표출하였다. 농암(農巖) 김창협의 셋째딸 안동 김씨는 '남자가 되어서 산속에 들어가 띠집을 짓고 책을 백 권이고 천 권이고 갖추고서 호젓하게 늙어가고 싶다'고 할 만큼 남성의 일인 학문하기를 갈망하였다.

조선 여성들의 학문에 대한 열망을 더욱 구체화한 계기는 개화사상가들의 영향을 무시할 수 없다. 1884년 갑신정변에 실패하고 박영효가 망명의 땅 일본에서 고종에게 개화 상소문을 올린 것은 1888년 1월이었다. 그는 〈개화상소문〉에서 조혼제, 재가금지, 첩제를 폐지할 것과 여성에게 제도교육을 실시할 것을 강조하였다. 그는 서구 계몽주의 사상가들의 간접 영향을 받아서 법 앞에서 평등을 강조하였다.

갑신정변의 주역의 하나로서 미국으로 망명했던 서재필은 그 곳에서 서양 계몽주의 사상가들의 영향을 받았다. 1895년 김홍집내각이 들어선 후에 귀국하여 《독립신문》을 영문과 국문으로 간행하면서 여성계몽에 주력하였다. 그는 《독립신문》의 사설에서 여러 차례 여성의 인권을 강조하고, 관립 여학교를 세워서 여성에게도 교육을 실시할 것을 역설하였다. 서재필은 하나님이 개개인에게 주신, 누구에게도 양도할 수 없는 천부인권설을 원용하여 잠자고 있던 조선 여성의 권리의식을 일깨웠다.

당연히 조선 여성들의 호응이 뒤따랐다. 최초의 여성단체 '찬양회'가 창립되고, 회원들은 관립 여학교 설립을 요구하는 상소문을 고종에게 올렸다. 찬양회 회원들의 여권의식도 개인의 권리에 바탕을 둔 것이었

---

41) 박석무 편역(1998), p.253.

다. '사나희들과 이목구비가 똑같은 인간인데, 어찌하여 여성은 제대로 교육을 받지 못하고 사나희들이 벌어다 주는 것에 의존함으로 압제만 받으리오'라는 〈여권 통문〉의 내용에서 보건대, 이들 여성들도 법 앞에서 남녀의 동권을 주창하였다. 법 앞에서 평등은 이후 상하이 임시정부의 헌장으로 계승되고, 1948년 대한민국 헌법에도 명시되었다.

법과 제도의 평등은 서구 계몽주의 사상의 연장선에 있는 자유주의 여성해방론자들의 시각과 맥락을 같이한다. 자유주의 여성해방론은 한국에서 여성학이 대학의 강좌로 개설된 1970년대 후반기 이래 한국 여성운동에 지대한 영향을 미쳐오고 있다. 1983년 이후에 전개된 '가족법 재개정촉진회'의 결성과 운동의 전개는, 법 앞에서의 평등이라는 여성해방론에 힘입어 여성들의 힘을 더욱 결집할 수 있었으며, 호주제 철폐를 위한 헌법소원도 따지고 보면 이 연장선 위에 자리하고 있다. 그리고 1988년의 남녀고용평등법과 1990년대 전·후반기에 가정폭력방지법, 성폭력특별법, 윤락행위방지법 등의 제정 및 개정과 2000년대에 양성평등목표제 등은 모두 법 앞에서 남녀평등을 실천하기 위한 제도적 장치들이었다.

비록 남녀고용평등법이 제정되었다고는 하나, 아직도 (전문)대학을 졸업한 여성들[42]이 공적 경제활동에 참여하려 할 때, 여러 가지 걸림돌에 부닥치는 사례가 허다하다. 특히 1997년 IMF 이래 청년실업이 급증하면서 대학을 나온 여성들의 취업문은 더욱 좁아졌다. 즉 필기시험에는 합격하였으나 면접시험에 대부분 여성을 불합격시키는 사례가 허다한 형편이다. 공적 경제활동에 여성 참여율은 구미에 견주어 현저하게

---

42) 중소업체에서 여고 졸업 사무직 여성, 곧 여경리를 구하기란 매우 어려운 실정이다. 여상 졸업생은 은행을 선호하고 중소업체는 인력난에 직면하였다.

낮으며, 공적 영역에서 한국 여성의 지위는 그들보다 낮다고 하겠다.

미국은 1964년에 포괄적인 평등법인 공민권법(Civil Rights Act)이 제정되었고, 남녀동일임금법(Equal Pay Act)이 1964년에 시행되었다.[43] 헌법의 평등권 수정안(Equal Right Amendment)이 1972년 대폭 개정되어, 그 명칭도 고용기회평등법(Equal Employment Opportunity Act)으로 고쳐서, 인종·피부색·종교·성·출생국 등을 이유로 고용차별을 금지하였다. 뿐만 아니라 고용기회평등위원회(Equal Employment Opportunity Commission)를 창설하여 EEOC 명의로 피해자가 민사소송을 제기할 수 있게 하였다.[44] 영국은 1970년에 남녀동일임금법이, 1975년에 성차별금지법이 제정되었다.[45] 프랑스는 1972년 남녀임금동일법, 1975년에 형법, 노동법, 사회보장법에서 성을 이유로 차별을 금지하는 규정이 확보되었다.[46]

한국의 남녀고용평등법과 같은 법 제정은 구미에서 1970년대 중반에 확보되었기에, 1988년에 시행된 한국과 견주면 여성의 공적 경제활동 참여율에서나 기회의 균등 차원에서 구미 여성들의 지위가 한국의 여성보다 15년 정도 앞서 있는 것이 현실이다. 최근에 발표된 자료는 이를 더욱 확인시켜준다. 2000년 말 현재 한국 대졸 여성들의 고용률은 55퍼센트로, OECD 가입 국가 가운데서 가장 낮으며, 전체 평균 82.1퍼센트에 훨씬 미치지 못한다는 통계가 발표되었다.[47] 1위인 아일랜드는 대졸 여성 고용률이 95.2퍼센트이며, 영국은 86.4퍼센트, 미국 81.9퍼센트, 일

---

43) 김계환(1981), 《남녀평등권론》, 박영사, pp.189-197.
44) 윤후정(1997), 《기본적 인권과 평등》, 박영사, pp.118-119.
45) 김계환(1981), p.209.
46) 김계환(1981), pp.258-261.
47) 2003년 11월 7일 《동아일보》 사회면(45면) 기사 참조.

본은 62.7퍼센트였다. 이것은 아직도 한국 대졸 여성들의 취업문이 매우 좁다는 것을 말해주기에, 대학을 졸업한 여성들이 공적 경제활동에 참여할 수 있는 기회의 균등(equal opportunity)과 선택의 자유(freedom of choice)는, 즉 자유주의의 이념은 현 단계 한국 여성운동에서 유용한 것이기에 새공동체주의에서도 수용할 것이다. 그러나 자유주의 이론은 중산층 중심의 여성운동 이념으로서 가난한 여성, 즉 계급 문제를 지나쳤다는 비판과, 사회관계 속에서 남성·여성이 아닌 추상적인 개인을 상정했다는 비판을 받고 있기에 이 점은 극복되어야 할 것이다.

3) 경제적 평등

법과 제도의 평등을 요구하는 자유주의 여성해방론은 결과의 평등까지 보장하지는 않는다. 따라서 가난한 여성들의 경제적 평등은 마르크스주의에서 차용할 수밖에 없다. 한국에서 사무직 여성의 문제가 제기된 것은 사실 1980년대 이후의 일이며, 이른바 이경숙사건으로부터 시작되었다. 사무직 여성의 정년은 25세라는 대법원의 판결은 여성계에 반발을 불러와서 여성계가 합심하여 여성 조기정년 철폐를 성취하였음은 앞에서 소개한 바 있다. 그리고 이경숙사건에서 또 하나의 성과는 전업주부의 가사노동을 화폐 수치로 가치화한 것이었다.

사무직 여성의 지위를 개선시킨 또 하나의 전기는 여은행원이 결혼퇴직각서제를 폐지하려는 운동이었다. 1975년 '세계여성의 해'를 기점으로 국내의 여러 전문직 여성의 도움을 받아서 결국 여은행원의 결혼퇴직각서제는 폐지되었다.

이와는 달리 한국에서 여성노동자 문제는 해방 이후 좌·우 합작 여성단체인 '건국부녀동맹'의 산하단체로서 '부녀총동맹'의 행동강령에 나타나 있다. "여성의 경제적 평등권과 자주성 확보(4항), 남녀임금 차별제 폐지(5항), 8시간 노동제 확립(6항), 사회시설(탁아소, 산원, 공동식당, 공동세탁소, 아동공원)의 완비(7항)를 요구하였다.[48] 사실 여성노동자 문제는 일제 강점기에 이어서 해방 이후에도 한국 여성운동의 주요 대상이었다.

사무직 여성 문제가 이경숙사건과 전화교환원 김영희 사건으로 여론의 관심을 끌기 전에, 1970년대는 한국 사회에서 여성노동자운동이 절정을 이룬 시기였다. 청계피복노조, 동일방직노조, 반도상사노조, YH무역노조, 콘트롤데이타노조, 원풍모방노조에서 여성노동자의 조직적인 생존권 투쟁은 민주노동조합운동을 이끌어온 원동력이 되었다. 이들 노동조합은 여성 생산직 노동자를 중심으로 구성된 단체이기에, 1970년대에 펼쳐진 민주노동운동의 중심에는 바로 여성노동자들이 있었다고 하겠다.[49] 특히 회사의 폐업 방침에 맞서서 YH 여성노조원들은 1979년 8월 9일에 신민당 당사를 점거[50]하고 농성을 벌이자, 1천여 명의 기동경찰이 동원되어 강제해산시키는 과정에서 신민당 국회의원과 당원 30명, 취재기자 12명이 부상당했으며, 노조 상집위원 김경숙이 시체로 발견되었다.[51]

1970년대는 여성노동자의 수가 급격하게 증가하였다. 제조업 종사자는 1970년에 128만 4천 명에서 1978년 301만 6천 명으로 2.3배 증가한

---

48) 이승희(1994), 《여성운동과 정치이론》, 녹두.
49) 이옥지(2001), 《한국여성노동자운동사 1》, 한울, p.317.
50) 김영삼 총재로부터 신민당 당사를 농성장소로 허락을 받은 이들은 문동환, 이문영, 고은 시인이었다.[이옥지(2001), p.369]
51) 이옥지(2001), p.371.

데 견주어, 여성노동자 수는 같은 기간 동안 42만 3천 명에서 119만 2천 명으로 2.8배 증가하였다. 제조업 전체에서 여성노동자의 비율 또한 더 높아져서 1970년대 말, 1980년대 초에는 약 40퍼센트를 점하였다. 이들은 주로 노동집약적 수출산업인 섬유, 의복, 고무제품, 가전제품 제조업 분야에 치중되어 있었다. 이들의 임금은 남성노동자에 견주어 상대적으로 낮았다. 1979년 면방직의 경우, 여성조합원 3만 2345명 가운데 4.4퍼센트만 7만 원 이상을 받았는데 남성은 100퍼센트가 7만 원 이상을 받고 있었다.[52] 이러한 환경에서 여성노동자들은 남녀임금차별 철폐를 포함한 최저임금제 확보, 노동조건 개선 등을 위하여 여성노동조합을 결성하고 투쟁의 강도를 높였던 것이다.

가난한 여성의 범주에는 생산직 여성만 아니라 비정규직 여성노동자도 포함된다. 비정규직은 단기 근로자, 유기계약 근로자 등으로 불리며, 일반적으로 계약직·촉탁·임시직·일용직 등이 포함된다.[53] 이들에게는 현행 근로기준법이 퇴직금·휴일·연월차 휴가를 배제하고 있는 형편이기에, 이들에게도 근로기준법 제25조 3항 및 동 시행령 제9조 3항을 삭제하여 일반 근로자와 동등하게 대우[54]하도록 하여야 한다.

이들 말고도 비공식 분야의 장외 노동자 문제도 빼놓을 수 없다. 즉 행상, 파출부 등 장외 노동자도 인간으로서 존엄성을 지니고 살 수 있도록 사회보장제도를 통한 분배 정의가 빨리 실현되어야 할 것이다.

자본주의 사회에서 고임금 전문직에 종사할 수 있는 기회의 균등은 실상 교육의 연한과 비례한다. 대한민국 헌법에도 교육의 기회균등은

---

52) 이옥지(2001), p.135.
53) 신인령 외(2002), 《지구화와 여성시민권》, 이화여대출판부, p.125.
54) 신인령 외(2002), p.131.

남녀 누구에게나 보장되어 있다. 그렇지만 가난한 집의 딸은 학업을 일찍이 중도 포기하고 생산현장에 나가서 노동하여 모은 돈으로 남자 형제의 학비를 부담하는 실질적인 가장 역할을 맡는다. 이들의 꿈은 다른 여성들처럼 진학하여 공부를 계속하고 싶은55) 것이나, 그 꿈이 실제로 이루어지기는 아직도 매우 어려운 현실이다. 1980년대에 그 어려운 가운데서도 낮에는 공장에서 일하고, 밤에는 직장이 개설한 야간학교에서 공부하는, 주경야독의 향학열을 불태운 여공들이 그들의 꿈을 이룬 사례도 없지는 않으나,56) 노동과 학업을 병행한다는 것이 얼마나 어려운 일인가는 그들의 증언에서 알 수 있다. 이들 가난한 여성들에게 교육의 기회균등이 실질적으로 확보될 수 있도록 공교육의 연한이 현재의 9년(2004년 기준)에서 구미의 경우처럼 최소한 12년까지는 연장되어야 할 것이다.

이미 가난하게 살아온 노령층의 여성들에게는 여성복지가 확대되어야 할 것이다. 행상과 소규모 장사, 그리고 파출부 같은 허드렛일을 하였던 여성들은 국가의 연금제도에서 제외된다. 이들도 어려운 시기에 국가의 발전을 위하여 묵묵히 일하고 2세 노동력을 훌륭하게 키운 만큼, 국가가 이들에게 상응하는 보상을 마련하는 것이 기본일 것이다. 연금뿐만 아니라 의료보험 혜택에서도 제외되어서는 아니 된다. 또 육체노동을 하였던 여성 노인들은 젊어서 출산 담당자였기에 노령에 접어들면 여러 가지 질병에 시달리는 경우가 흔하다. 이들에게 병원치료의 혜택을 주어야 하는 것은 매우 긴요한 과제라 할 것이다.

가난한 여성을 위한 경제적 평등은 자본주의 체제 안에서 사회복지

---

55) 정은(1986).
56) 소설가 신경숙이 이러한 성공 사례에 속한다.

제도로 수렴하여 당연히 보장되어야 할 것이다. 따라서 새 공동체주의
는 마르크스주의의 경제적 평등사상은 수용할 것이나 공산주의체제는
논외로 할 것이다.[57]

가난한 사람들을 위한 경제적 평등사상은 한국의 동학사상에서도 찾
아 볼 수 있다. 동학의 기본 사상은 귀천의 등위가 없고 남녀평등과 유
무산자의 경제공동체적 삶으로 요약할 수 있다.[58] 수운(水雲) 최제우[59]
로부터 종통을 물려받은 해월(海月) 최시형은 다음과 같이 인간평등론
을 설파하였다.

> 사람은 한울이라 평등이요 차별이 없나니 사람이 인위로써 귀천을 분
> 별함은 곧 천의를 어기는 것이니 제군은 일체 귀천의 차별을 철폐하여 先
> 師의 뜻을 잇기로 맹서하라.[60]

동학이 제시한 귀·천의 차별이 없는 후천개벽(後天開闢)[61] 세상은
마치 마르크스가 꿈꾼 공산사회와 흡사하다. 그러나 마르크스의 공산
사회 실험은 동구권이 예증하듯이 성공하지 못한 채 종지부를 찍었
기[62] 때문에 새공동체주의에서는 공산주의 체제는 배제하고 민주주의

---

57) 임혁백은 자본주의의 시장과 사회주의의 공적 소유제의 결합형인 시장사회주의 모
  델을 제3의 대안으로 소개한다.[임혁백(1994), 《시장·국가·민주주의》, 나남출판, p.
  198]
58) 박용옥(2001), 《한국 여성 근대화의 역사적 맥락》, 지식산업사, p.184.
59) 수운을 미국의 과정철학자 화이트헤드와 비교한 저서로는 다음을 참조. 김상일
  (2001), 《수운과 화이트헤드》, 지식산업사.
60) 박용옥(2002), p.190.
61) 기독교의 새 하늘과 새 땅에 해당되는 초분별의 세상을 수운은 '후천선경'이라 하였
  다.[김상일(2000), 《동학과 신서학》, 지식산업사, p.184]
62) '평등한 사람들의 자유로운 공동체'의 실현이라는 사회주의의 이상은 1989년의 혁명
  으로 동유럽 사람들은 스탈린의 교조주의로부터 해방되었다.[임혁백(1994), p.197]

체제를 바탕으로 동학사상과 마르크스의 경제적 평등사상을 종합하려
한다.

4) 자본주의 사회 사적 영역의 여성 문제 _ 아내구타 · 강간 · 가사결정

1980년대 후반 "the personal is the political"이란 구호를 내걸고 사적
영역, 즉 가정에서 일어나는 여성의 문제를 공식 제기한 것은 급진주의
여성해방론자들이었다. 공적 영역에서 여성의 문제, 즉 법·제도의 평
등이나 경제적 평등을 여성이 성취한다고 하더라도, 가정에서 일어나
는 앞에서 열거한 문제는 해결되지 않기 때문에, 이들은 애초에 남성을
배제한 여성공동체를 지향하였다. 사실 공·사 영역이 뚜렷이 구분되
는 자본주의 경제체제로 진입하면서, 가정은 공권력이 개입할 수 없기
때문에 아내 구타는 법이 관여할 수 없게 되었다. 근대화 과정에서 가정
과 일터의 분리로 일부(부르주아) 여성은 가정에 안주하고, 일터에 나가
서 가족 부양을 담당하는 남성 가장으로 역할이 나뉜다.

초기 자본주의 시기에 가장은 처자식을 부양하기 위하여 냉엄하고
가혹한 바깥 자유경쟁체제에서 새벽부터 밤늦도록 10여 시간 이상 일
을 하였다. 일을 마친 다음 지친 몸을 이끌고 귀가하였을 때 가정은 그
의 피로를 풀어주는 정서적인 보금자리요, 사랑의 안식처요, 영혼의 쉼
터로서 기능하며, 가정을 지키는 아내는 남편의 위안자, 위로자로서 역
할에 충실해야만 하였다. 따라서 가정은 누구도 침해할 수 없는 사적인
공간으로서 사생활은 절대 보호받아야만 하였다. 이러한 까닭에 근대
이후에 아내 구타 문제는 공권력이 개입할 수 없게 되었다.

물론 한국 전통사회에서도 아내 구타는 있었다. 그러나 구타가 합법

326

적인 것이 아니라 이혼의 사유가 되었으며,63) 부부싸움에도 공권력이 개입할 수 있었다. 예컨대 퇴계 이황이 지은 〈예안향약〉에, 남편과 아내가 서로 욕설을 퍼붓고 때리며 부부싸움 하는 경우에는 마을 밖으로 강제 퇴거시키는 중한 벌칙을 부과한 규정이 있는 것이 좋은 본보기라 하겠다. 오히려 때려서 가르칠 수 있는 권한은 (시)어머니에게 있었다. 매를 들어서 가르치는 교육은 어머니의 몫이었기에, 아들과 며느리가 잘못하면 매를 들라고 《소학》 모의(母儀) 장에 기록되었음을 이미 밝혔다. 이와 견주어 부부 중심의 핵가족 사회인 서양의 경우에는 매를 들어서 가르치는 권한이 남편에게 있었음도 이미 논증하였다. 이 점에서 동・서양 가부장제의 성격이 다름을 알 수 있다.

전근대 사회에서 근대로 이행된 오늘의 한국 사회에서 며느리의 인권은 놀랄 만큼 향상되었고, 시어머니의 지위는 상대적으로 낮아졌다. 시어머니의 며느리 구타가 유책 이혼사유가 되는 것이 이를 증명한다. 한국 사회에서 아내 구타는 교육과 법적 제도적 장치로 해결하는 가정 폭력방지법의 제정을 보게 되었던바, 이는 전통사회 〈향약〉과 같은 법 정신으로 되돌아감을 깨우쳐 준다. 그러나 연령의 위계질서에서 오는 시어머니의 아들・며느리에 대한 구타는 개인의 인권을 존중하는 민주 사회에서 배제되어야 함은 두말할 필요가 없다.

강간은 한국 전통사회에서 법에 따라 엄하게 처벌되었다. 수절을 강조하는 조선 사회에서 수절하는 과부를 강간한 경우에 극상벌에 처한다는 규정은 〈예안향약〉에도 명시되었다. 강간의 구성요건 또한 여성을 보호하는 차원에서 판단되었다. 도학자 정암 조광조를 등용한 중종

---

63) 이 책 3장 참조.

은, 여성을 겁탈하려 방 안으로 뛰어든 행위만으로도 강간으로 인정[64]할 만큼 강간을 엄격하게 처벌하였다. 세계 여성운동가들이 강간범을 중벌에 처하라는 것이 일치된 견해인 만큼,[65] 한국 전통사회에서 강간은 지금보다 훨씬 엄중한 처벌을 받았다고 하겠다. 어린이 강간범은 모두 극형(사형)에 처해질 만큼 유교의 윤리가 용인할 수 없는 부분이었다. 최근에 서구 급진주의자들은 아내 강간의 문제를 제기하였고, 한국에서도 일부 여성운동가들은 이 주장을 수용, 아내 강간도 성립되어야 한다고 주장한다. 급진주의자들은 여성이 'no'라고 하였는데 성관계가 이루어지면 강간이라고 규정한다. 앞에서도 언급하였지만, 구타가 있은 뒤에, 험악한 분위기에서 성관계가 이루어지면, 이는 가정폭력방지법에서 가중처벌 하는 방안을 강구하는 것이 바람직할 것이다.

아내 강간은 한국 전통사회에서 있을 수 없었으며, 실제로 그러한 사례는 없었다.[66] 안채와 사랑채로 거처를 달리하는 양반문화에서는 물론, 상민들도 살기에 바빠서 아내 강간의 문제는 이들의 영역 밖이었을 것이다. 아내 강간의 유구한 역사는 영국 사료에서 보인다. 17세기 영국 법리학자인 매튜 헤일(Matthew Hale) 경의 진술이 이를 뒷받침한다. "남편은 자신의 법적 아내에 대해 범한 강간에 유죄일 수 없다. 왜냐하면, 그들의 상호 결혼 동의와 계약에 따라 아내는 남편에게 자신의 몸을 주었고 이를 취소할 수 없기 때문"[67]이라고 한 해석이 아내 강간에 법적 면죄부를 준 시초였다.

---

64) 장병인(1997), 《조선전기 혼인제와 성차별》, 일지사.
65) 홍콩의 여성운동가들은 강간범을 거세해야 한다고 주장한 것을 언젠가 해외토픽에서 읽은 적이 있다.
66) 장병인(1997) 참조.
67) 심영희(1998), 《위험사회와 성폭력》, 나남출판.

여기서 유의할 것은 17세기 남성 법리학자가 정의한 아내 강간의 개념은 단순히 현대 서구 급진주의자들이 말하는 여성의 의지와 달리 이루어진 성관계와는 구체적으로 모습이 달랐을 것이라는 점이다. 그 구체적인 정황의 사실적 묘사가 규명되어야만 현대사회에서 아내 강간의 개념 정의에 정확성을 기할 수 있을 것이다.

가사결정권의 문제는 앞에서도 자세하게 언급한 만큼 지루한 반복은 생략할 것이다. 유교 양반문화의 내외법에 따라 아내는 비록 남성의 외업인 학문과 정치참여(出仕)에서 배제되었지만, 내업의 주된 담당자로서 내업에 관한한 독자적인 결정권을 행사하였다. 이 내외법의 유습으로 현대 한국 전업주부들의 가사결정 참여도가 미국의 디트로이트 시의 주부들보다 더 높게 나타난 것은 자연스러운 결과이다. 비록 내외법이 현대 여성들의 공적 경제활동 참여 동기에 걸림돌로 작용하는 것도 사실이지만(이 점은 성별 분업에서 논의를 진전시키겠다), 유교문화가 여성의 사적 영역을 확실하게 보장해 준 것도 또한 사실이었다.

5) 출산, 여성의 몸, 성적 대상화

위로는 사당의 조상을 받들고 아래로는 후대를 잇기 위하여 결혼을 한 여성에게 출산은 매우 중요한 결혼생활의 의무였다. 근대 의료체계가 도입되지 않아서 사망률이 높았던 전통사회에서 절손(絶孫)을 염려하여, 첩제도, 양자제도가 보완되었다. 출산은 단군신화의 웅녀의 이야기에서도 강조되었으며, 출산이 중요한 만큼 여성의 태교가 실천되었다. 한편 근대 의료체계의 도입으로 영아사망률이 낮아지고 수명이 연장되면서, 다른 한편으로 여성들의 교육연한이 증대되고 공적 경제활동에 참여율이 높아지면서, 그리고 결혼연령의 상승과 전문직 독신 인구의 증가로, 오늘날 한국 사회 출산율은 세계에서 가장 낮은 편에 속한다. 2002년 1월 현재 가임여성 1인당 출산율이 1.17명으로 낮아져서 대체출산율 2.1명에도 밑도는 수준이다.[68] 40년 만에 정부는 다시금 출산장려 쪽으로 정책을 전환하고 있다.

앞에서도 언급하였듯이 출산율의 저하는 여성들의 사회 경제활동 참여와 상관이 크지만, 한국 여성들은 출산이 천벌이라거나 저주라는 생각은 하지 않는다. 정부의 출산장려책은 마땅히 여성들이 가정과 직업을 양립할 수 있도록 기존의 출산휴가와 육아휴직제도가 질적으로 향상되어야 한다. 물론 1년 동안의 육아휴직제도가 보장되었으며, 육아휴직 기간 동안 여성에게 월 20만 원의 수당을 지급하고 있기는 하나, 현 수준의 수당은 많은 젊은 직장 여성들이 기꺼이 출산을 늘일 만큼 흡인력이 크지 못하다. 최소한 구미 수준으로 출산휴가와 육아휴가가 제도적 장치로 뒷받침되어야 할 것이다.[69] 물론 이 재원은 사회보험이나 사회복지 예산에서 배정되어야 하며, 이를 잘 활용하는 기업에게는 세제 혜택의 인센티브를 주는 등의 방안도 함께 고려되어야 할 것이다.

한국 전통사회 출산 담당자로서 여성의 몸은 남성과 동등하게 소중한 것으로 존중받아왔으며, 여성을 성적 대상으로 간주하지 않았던 점을 이미 논증하였다. 그러나 출산율이 급격히 낮아진 현재, 여성은 출산 담당자로서만 일생을 보내기가 물리적으로 불가능해졌다. 자연히 몸의

---

68) 《동아일보》 2003년 11월 10일 1면 기사 참조.

69) 스웨덴은 최고 6개월(아버지는 3개월)의 유급휴가를 쓸 수 있으며, 최고 2년까지 무급휴가가 있다. 노르웨이는 42주의 100% 유급휴가와 80% 급여지급의 52주 동안의 휴가가 있으며, 이탈리아는 21주의 100% 휴가와 30%의 26주 휴가를 추가로 쓸 수 있다.

다른 기능인 욕망추구로서 성의 면모가 논의의 중심에 서게 되었다. 과거 한국인들은 성기라는 용어 대신에 생식기로 표현하였던 것에서도 성을 출산 중심으로 파악하였음을 알 수 있다.

성 담론은 제2기 여성해방의 물결에 편승하여 공론화가 더욱 활발히 이루어졌다. 그러나 성 담론은 이제까지 무시되었던 여성의 성적 욕망을 자연스럽게 인정하게 된 순기능적인 측면도 인정해야 하겠지만, 자본주의 사회에서 여성의 몸과 성적 욕망을 지나치게 부각한 나머지 여성을 성적 대상화의 도구로, 섹스 어필의 주체로만 파악하는, 즉 여성의 성을 상품화하는 역기능적인 측면도 간과할 수는 없겠다. 실리콘을 주입하여 유방확대 수술에 나서는 것도 여성의 육체를 상품화로 전락시킨 단적인 사례로 꼽을 수 있다. 여성 내면의 아름다움과 인격을 뒷전으로 밀어내고, 외모 만능주의로 흐르고, 서구 여성들 기준으로 아름다움을 표준화하는 것도 모두 여성의 성을 상품화하는 폐해에서 말미암은 것임을 유의해야 할 것이다.

급진주의자들은 여성의 성 상품화를 비난하고 나섰지만, 여성의 억압된 성을 해방시키는 것과 성 상품화 사이에 어떤 상관관계가 있는지 세밀한 성찰이 요구된다. 사실 유교사상은 욕망추구의 성을 억제한 측면이 있었음을 솔직하게 인정해야 하겠지만, 여성의 아름다움을 외모에 두지 않았고 여성의 어진 마음씨를 평가한 것은 오히려 유교문화의 장점으로 인정해야 할 것이다. 뿐만 아니라 여성을 성의 대상으로서가 아니라 인격으로 대우하고, 부부가 손님 대하듯 상호 공경하였다는 것을 주지시키는 것은, 단순히 잊혀져 가는 옛것에 대한 아름다운 회고라는 감상적인 차원을 넘어서, 오늘의 세대가 분명히 되새겨야 할 본보기가 될 것이다. 새 공동체사회에서 여성은 성적 대상만이 아닌 인격체로 대우받아야 마땅한 것이다.

6) 성성(sexuality)_ 이성애 결혼제도

앞에서도 언급하였으나 성 담론을 공론의 장으로 끌어낸 것은 오로지 급진주의자들의 공로다. 유교사상은 출산에 큰 가치를 부여한 나머지, 상대적으로 인간의 욕망추구로서 성은 공론의 대상에서 제외시켜왔다. 물론 맹자가 눈에 대한 아름다움(色)을 인간의 생리적 본능으로 인정한 바 있기는 하나, 인간의 본성에서는 제외시켰던 사실을 기억해야 할 것이다. 그리고 남녀가 반드시 화합해야 하는 결혼은 성적 욕망의 성취가 아닌 출산에 있었기에, 욕망 추구의 성은 강하게 통제되었다. 그러한 사례가 과부의 재가금지로, 남녀칠세부동석으로, 내외법으로, 연애결혼 금지의 장치로 표현되었다.

억압되었던 여성의 성적 욕망을 급진주의가 해제시켜 준 공로는 인정해야 하겠지만, 다른 한편으로 성의 급격한 해방은 한국 사회에서 성윤리의 혼란을 부추긴 측면은 없는지 자성해 보아야 할 것이다. 인터넷의 보급으로 말미암은 미성년인 소년 소녀들의 성적 일탈행위가 청소년 문제 전문가들의 고민을 가중시키는 요즈음, 여성해방이 마치 그들의 성적 일탈을 방관하고 도운 측면은 없는지 곰곰이 되새겨 보아야 할 것이다.

한 가지 확실하게 말해야 할 것은, 성 개방 풍조에서 여학생에게만 성적 절제를 요구하고, 남학생에게는 관용하는 이중기준[70]을 적용해서

---

70) Margrit Eichler(1980), *The Double Standard*, New York: St. Martin's Press.

는 안 된다는 것이다. 남녀평등의 관점에서 볼 때, 여성에게 절제가 중요하다면 남성에게도 마찬가지의 기준이 적용되어야 한다. 남성에게 해방과 개방을 허용한다면, 여성에게도 해방과 개방을 허용해야 한다는 것이다. 한국 사회가 어떤 선택을 할 것인가는 전문가 집단의 심층적인 성찰 과정을 거쳐야 한다. 즉 성 개방으로의 남녀평등이냐, 성 절제의 남녀평등이냐 하는 문제는 많은 전문가 집단과 관련 학자들의 토론과 논의를 거쳐서 올바른 성 윤리를 정립해야 하는 것이 오늘날 청소년들의 일탈행위를 완화시킬 수 있는 시급한 과제라 하겠다. 새 공동체 사회에서 성은 절제와 욕망, 그리고 정신과 육체가 균형 있는 합일점을 이룬 상태를 잠정적인 대안으로 제시하겠다.

이성애 결혼제도를 여성 억압의 원인으로 파악하는 급진주의 여성이론은 유교의 음양론과는 당연히 갈등관계에 있음은 이미 지적하였다. 결혼제도 자체에 불평등한 부분이 있다면, 이는 개혁되고 시정되어야 마땅하다. 예를 들면 이혼에서 재산분할청구권과 같은 평등한 제도의 도입이라든지, 아내 구타와 성폭력을 제어하는 제도적 장치의 도입 등으로 평등한 부부생활을 담보하면 될 것이다.

남성 자체가 여성 억압자라는 급진주의자의 주장도 호소력 없기는 마찬가지다. 남성도 연령에 따라서 할아버지, 아버지, 남편, 오빠, 남동생, 아들 노릇을 하는데, 급진주의자가 지목하는 남성은 어떤 남성인지 매우 추상적이며 애매모호하다. 내 아버지, 할아버지, 아들, 오빠는 내 동지이지만, 내 남편은 적이 된다면, 내 남편 또한 시어머니의 아들, 딸의 아버지, 손녀의 할아버지, 시누이의 오빠 관계에 있으니 그 관계에서는 동지가 되기는 마찬가지다. 그리고 많은 아내들이 자신의 남편을 적으로 생각하지 않는다는 것이 문제다. 급진주의자들은 추상적인 남성을 상대로 해서 힘겹게 투쟁할 것이 아니라 구체적인 현실에서 억압의 양상을 찾아 없애야 할 것이다.

과거 한국 사회에서 레즈비언의 존재를 발견할 수 없었다고 해서 세계화를 부르짖는 오늘날 '끼리끼리'의 엄연한 실존을 도외시할 생각은 없다. 다만 그들에게 당부하고 싶은 바는 자신의 심리적 요구와 성 정체성에 솔직해야 하며, 자신의 삶을 자신의 언어로 표현하며, 외부의, 특히 구미의 정치적 레즈비언의 주장을 금과옥조로 삼아서 내부의 갈등을 조장하는 일은 피해야 옳다. 그러한 갈등은 결국 그들 집단의 목소리를 약화시키는 결과만 초래할 것이다.

한국 사회에서 어떤 여성운동단체도 아직은 이성애(heterosexuality)를 여성 억압의 원인으로 정식 문제제기한 적이 없다. '끼리끼리'도 지금 막 드러내기를 시도하였고, 성적 소수자로서 인권을 존중받기를 원하고 있다. 다름을 인정하고 가치에서 동등하다는 음양론과 웅녀신화의 분별론은 성적 소수자의 인권을 배타적으로 소외시키지 않는 장점을 지니고 있다. 남성과 이성애제도가 여성 억압의 원인이라는 서구의 급진주의 이론이 한국의 성적 소수자들을 진정으로 해방시켜 준다는 환상은 지금쯤 포기할 시점이 아닌가 한다. 그들의 선택이 존중받으려면 이성애를 선택한 대다수의 다른 여성을 존중할 줄도 알아야 한다. 여성이 다른 선택을 한 여성을 공격하는 급진주의 이론이 여성해방의 메타이론이 될 수 없음은 이러한 연유에서이다. 새 공동체 사회에서 이성애는 많은 여성들이 선택한 제도로서 존중될 것이다. 따라서 새 공동체 사회에서 가부장제는 이런 해석이 바람직하다.

여성 억압을 설명하는 틀로서 가부장제(patriarchy)라는 용어를 흔히 사용한다. 남성에 의한 여성의 지배로 해석한다. 그런데 가부장제를 제도로 이해하느냐 아니면 남성으로 파악하느냐는 시각에 따라서 급진주의 레즈비언과 이성애 여성운동가로 갈라진다. 이처럼 엄밀한 구분을 하지 않고 가부장제라는 용어를 사용하는 것은 참으로 위험한 발상이다. 또한 가부장제는 시간과 공간에 따라서 내용의 다름이 있다. 예컨대 서양의 핵가족제도에서는 남편이 아내를 직접 지배한 남녀차별의 성격이 강하지만, 한국 전통사회의 대가족제에서는 윗세대에 대한 아랫세대의 무조건적인 복종, 즉 세대간(연령)의 차별이 우선했다. 이러한 만큼 시공을 초월해서 가부장제라는 한 단어로 전 세계 여성의 억압을 획일적으로 설명한다는 것은 몰역사적(ahistorical) 단견임을 재론하지 않을 수 없다.

여성 우월주의가 아닌 남녀평등을 주장하는 새공동체주의 여성이론은 물론 가정 안에서 여성 문제도 제도와 교육으로 해결하려는 것이다. 남성은 여성의 적71)이 아닌 여성운동의 상대역(target group)일 뿐이다.

7) 성별 노동분업

성별 노동분업은 17세기에 시작한 서구의 자본주의화 과정에서 가정과 일터의 분리로 공·사 영역이 첨예하게 나뉘면서 더욱 드러나게 되었다. 가내수공업 생산단계에서 여성은 생산자였으나, 공장제 기계생산으로 대체되면서 생산자는 남성, 소비자는 여성이 되었다. 그 결과 여성은 가사노동 종사자로 국한되었고, 가정이라는 사적 영역의 담당자가 되었다. 이러한 변화는 다음과 같이 남성과 여성에 대한 가치 서열화를

---

71) 1990년대 초반에 어느 여자대학에 재직했던 한 젊은 남성 교수는 "여성 문제 해결에 협조하고 함께 잘해 보려고 하는데 남성들을 적으로 몰아붙인다"면서 불평하였다.

촉진하였다.[72]

공		사	
남 성		여 성	
(시장)경제		가 사	
생 산 자		소 비 자	
국 가		가 정	
사 회		개 인	

  급진주의자들은 사적 영역의 여성 문제를 아내 구타, 아내 강간, 가사 결정권이나 섹슈얼리티에 국한하였고, 여성의 가사노동에 대하여는 전연 언급을 하지 않았다. 급진주의자들은 생물학적 가족을 해체되어야 할 대상으로만 생각하였기 때문에 아마도 가사노동에 신경을 쓸 여력이 없었는지도 모른다. 사적 노동으로 평가 절하된 가사노동, 국가가 아닌 개별 가족에게 봉사하는 주부의 가사노동은 국가·정의와 같은 거대 담론에만 몰입하는 마르크스주의자들도 외면하였다. 마찬가지로 자유주의자들 역시 공적인 영역에만 관심을 모으고, 여성이 남성과 동등한 기회로 공적 영역에 진입할 것만 요구하였다.

  마르크스주의자들과 달리 사회주의자들은 사적 영역과 가사노동에 관심을 가졌다. 이들은 여성 억압을 자본주의 체제와 가부장제로 설명하는 이중체계 이론(dual-system theory)을 발전시켰다. 이 이론은 여성을 주부와 임금노동자라는 두 가지 처지에서 이중의 억압을 체험하는 존재로 파악한다. 여성은 가정이라는 사적 영역에서 작동하는 가부장제

---

72) 앤 L. 제닝스의 아이디어를 활용하여 발전시켰다.[김애실 외 역/마리안 A. 퍼버 외 (1997), 《남성들의 경제학을 넘어서》, 한국외국어대출판부, p.163]

에 의해서 주부로서 남편에게 가사노동을 착취당하며, 노동시장에서는 임금노동자로서 자본주의 체제에 억압당한다.

사실 제2기 여성해방운동이 출발한 이후에 많은 여성들이 공적 경제 활동에 참가하고 있지만, 이들은 전통적으로 가정에서 행하는 가사노 동과 흡사한 분야에 집중되었고, 임금 격차도 상당한 폭으로 벌어졌다. 이러한 이유는 1차적으로 여성들이 가사노동 담당자이기 때문이며, 다른 한편으로는 가사노동 담당자이기에 이류 노동예비군으로서 경기가 후퇴하면 재빨리 여성들을 가정으로 복귀시킬 수 있기 때문이다.

따라서 가사노동을 무가치한 일로, 또는 무보수로 등급화하는 한 아무리 많은 여성들이 노동시장에 진출한다고 하더라도 저임금에 시달리게 된다. 가사노동의 가치화가 선행되어야만 공·사 영역의 가치도 균등해질 것이다. 가사노동을 무가치한 일로 방치해 둔다면, 어떤 남성이 가사노동을 즐겨 선택하겠는가.

공·사 영역의 가치균등은 남성이 가사를, 여성이 임금노동을 자율적으로 선택할 수도 있으며, 두 사람이 함께 임금노동에 종사하고, 함께 가사노동을 분담할 수도 있으며, 이러한 선택은 부부가 서로 의논해서 민주적 결정에 맡기면 될 것이다.

다행스럽게도 한국 사회는 여성의 가사노동을 인정하는 방향으로 나아가고 있다. 그 좋은 예가 이혼할 때 전업주부도 가사노동의 공헌을 인정하여 전 재산의 50퍼센트 이내로 아내의 재산분할청구권이 인정된 것을 들 수 있다. 그러나 북유럽 여성에게 견주면 아직 전업주부의 법적인 지위는 개선될 여지가 많다. 북유럽 여성처럼 가사노동에만 종사하였던 전업주부에게도 국가가 연금을 지급하듯이, 한국의 주부도 연금 제도의 수혜자가 되었으면 하는 희망은 새공동체주의 미래사회에서 실현될 것이다.

전통사회 내외법은 성별 노동분업의 단초를 제공한 점에서 비판을 받아야 한다. 그러나 지금은 정통 유림(儒林)을 자처한 이라도 내외법을 준수해야 한다고 주장하는 사람은 없다. 내외법은 이미 해체된 지 오래며, 그 잔재조차 찾을 길이 없다. 내외법 대신 새 공동체 사회에서는 공·사 영역에서 균등한 가치가 가득 차게 될 것이다. 지금까지 논의한 내용을 간단한 도표로 제시하겠다.

새공동체주의 Heterotopia — '실현 가능한 차선의 세상'

자유 + 평등 + 여성

여성 문제		한국 사상	서양 사상 수용	배 제	대 안
인 성 론		다름 인정(강·유), 가치평등, 단군 분별론, 본원유학, 실학	포스트모던주의, 다름, 다양성	여성우월주의	다름 강·유 끈기
남녀 평등	사 상	단군사상, 동학정부	자유주의	여성성—후천적 계급문제 간과	선택의 자유 확대
	법제도	개화사상, 임시정부			
경제적 평등		동 학	마르크스주의	Gender-Blind	여성복지제도 확대(공교육 등)
자본주의의 사적 영역: 아내 구타, 강간, 가사결정		본원유학			사적 영역 제도적 장치화
출산, 여성의 몸, 성적 대상화		단군신화 본원유학		몸, 출산의 부정성 여성우월주의 성적 대상화	남녀평등
성성(sexuality), 이성애 결혼제도		유학 : 절제	급진주의: 성 담론의 공론화	유학 : 성 통제 (재가금지) 급진주의 : 지나친 자유	절제와 욕망 정신과 육체의 조화
성별 노동분업			사회주의 가사노동의 경제적 가치	본원유학 : 내외법 타파	공사의 가치 균등

인간의 존엄성과 여성의 인격을 존중하며 비폭력을 지향하는 참여적 시민 남성들은 새공동체주의 세상에서 여성과 함께 할 것이다. 여성도 마찬가지지만 남성의 변화 가능성을 고려에 넣지 않은 여성해방 정치학은 지극히 허무주의로 흐르기 쉽다. 그것은 진정한 변화의 가능성도 진정한 상호적 이상도 믿지 않기 때문이다.

증오는 하기 쉽다. 그러나 우리 시대에 가장 어렵고 까다로운 정치적인 상상력의 작업은 증오의 유혹과 싸우는 것이다.[73] 새공동체주의 세상에서 남성과 여성은 공·사 영역에서 동등한 토대 위에 존엄성과 평등을 함께 나눌 것이다.

---

73) Jean Bethke Elshtain(1981), *Public Man, Private Woman*, Princeton: Princeton Univ. Press, p.350.

7장 맺음말

이 책은 현대 서양 여성해방론의 비판적 검토와 평가를 통하여 한국 사회에 유용한 사상과 여성 문제 해결의 대안은 수용하고, 한국 사상 속에 담겨 있는 여성평등사상과 통합·재구성하여 한국 여성운동 이념으로서 새공동체주의를 대안으로 제시하는 것을 목적으로 하였다.

이러한 목적을 달성하기 위하여 2장에서는 현대 서양 여성해방의 갈래이론을 연대기적 순서에 따라 자유주의, 마르크스주의, 사회주의, 급진주의, 포스트모던주의로 나누어 살펴보았다. 특히 여성 문제 해결을 위한 대안과 전략을 제시하기 위하여 여성의 본성이 내재하는지, 아니면 후천적인 교육과 환경에 따라 형성되는지를 자세히 살펴보았다.

3장에서는 현 한국 사회 여성 문제의 뿌리로 간주되는 한국 전통사회 사상으로 단군신화와 유교사상을 살펴보고, 여성 문제의 쟁점이 되는 혼인제도, 정절관 등과 전통사회 여성의 삶을 살펴보았다. 학문과 정치 참여의 외업에서 제외된 것과 첩제, 과부재가 금지가 전통사회 여성의 억압이었음을 실증하였다. 그러나 사적 영역에서 여성의 지위는 전통 양반문화에서 오히려 일정한 보호를 받았다.

4장에서는 한국 근대사상인 실학, 동학, 개화사상에서 남녀평등사상과 여성 문제 해결을 위한 근대의식과 근대여성운동의 태동에 이어서, 일제 강점기와 미 군정시기의 여성운동을 살펴보았다. 이 시기에 조선 여성들은 제도교육의 기회균등을 적극적으로 요구하였으며, 이는 여성이 법 앞에서 남녀평등을 주창한 것이다.

5장에서는 1960년대 이후 여성운동의 전개 양상과 여성의 실상을 서양 여성해방론에서 제기하는 항목별로 살펴보았다. 이 시기는 서양 여성해방론의 수용과 자본주의 체제의 진전으로 여성의 성 상품화와 성적 대상화가 일상화한 현실에서 오히려 여성 문제 해결 방안으로 전통 양반문화의 장점을 되살려야 하는 아이러니를 감수해야만 하였다.

6장에서는 지금까지 짚어본 여성 문제의 해결 방안과 여성운동 이념으로서 새공동체주의를 대안으로 제시하였다. 새공동체주의는 피안(彼岸)의 세상에만 있는 유토피아를 대체하여 오늘 이 땅에서 '실현 가능한 차선의 세상' 즉 헤테로토피아(heterotopia)로 제시된 것이며, 앞서 열거한 여성 문제에 대한 대안을 항목별로 제시하였다. 즉 새공동체주의는 자유와 평등과 여성을 통합한 이념이기에 중산층 여성 및 빈곤 여성과 전업주부는 여성운동의 구성집단이며, 인간의 존엄성과 여성의 인격을 존중하며 비폭력을 지향하는 깨어 있는 남성들도 함께 할 것이다. 새공동체주의 세상에서 남성과 여성의 품성은 다르지만 동등한 가치를 지닐 것이다.

한국의 대졸 여성이 취업에서 요구하는 선택의 자유와, 가난한 여성의 사회 경제적 평등과, 주부의 가사노동 가치화를 아우르는 이론으로서 새공동체주의 여성이론을 제시한 것이다. 여성의 몸을 경멸하고 여성의 신체 자체가 열등하다는 주장은 한국의 전통사상이나 근대사상

어디에서도 찾아볼 수 없는 만큼, 급진주의 이론에서 제기하는 성계급 문제는 우리에게는 절박하지 않았다.

따라서 오늘과 내일 한국 여성운동이 전개해야 할 목표와 이념은 선명해졌다. 물론 한국은 구한말 이후 식민지를 거치고, 그 다음 미 군정 시기에 미국식 교육제도의 도입으로[1] 전통사상의 단절을 가져왔다. 때문에 현 상황은 서구화의 물결로 온통 채색되어서 우리들의 의식구조가 서양의 이원론에 물들어 있음도 부인할 수는 없다. 그렇다면 그 이원론을 깨고, 남녀 상생(相生)의 원리를 한국 전통사상에서 발굴하고 재창조하는 작업이 시급히 요청된다고 하겠다. 다시 말하면 자본주의 병폐인 여성의 성을 상품화하고 성적 대상화하는 등 모든 성성(sexuality)의 문제점을 극복하고자 하는 탈근대(post-modern)의 논리를 한국 고대·중세, 그리고 근대 사상에서 다시 발굴하여 재구성하는 작업은, 마치 서양에서 신 중심주의 중세의 극복을 멀리 고대 그리스의 인간중심 사상에서 찾았던 것[2]과 같은 맥락이라고 할 수 있다. 일부 서양 여성학자도 이원론 해체의 대안을 동양사상에서 찾으려 노력하는 만큼,[3] 그 작업은 서양 여성학자가 아닌 바로 한국 여성학자들이 해야 할 몫인 것이다. 이러한 의미에서 필자는 한국 여성 연구자의 자존심을 걸고 새공동체주의 이념을 한국 여성의 경험을 바탕으로 한국 여성을 위한 한국 여성운동 이념으로 감히 제안하고자 한다.

---

1) 오욱환(1993), 《미군 점령시대의 한국교육》, 지식산업사, p.241. "미국 학제의 영향을 받았다는 것은 사실이지만, 이것은 미측의 압력이나 주장에 의하여 제정된 것은 아니다.…… 미국은 당시의 국제사회에서 최강국이었을 뿐만 아니라 민주주의를 실현한 이상적 국가로 인식되었기 때문에, 미군정 아래서 미국 교육이 한국의 민주적 교육의 모델이 된 것은 오히려 자연스러운 결과였다고 볼 수 있다."
2) 조동일(1999), 《중세문학의 재인식》, 지식산업사.
3) Alison Jagger(1983), *Feminist Politics and Human Nature*, Sussex: The Harvester Press.

최근 제기된 인터내셔널리즘[4] 역시 개별 민족(국민)국가의 자존과 독립 위에서만 국제적 연대가 가능한 것이다. 일본 여성들은 근대 일본 여성운동이 자생적이었다는 주장[5]을 하며, 이스라엘 여성학자도 유대주의와 페미니즘의 접목을 시도[6]한 지 오래인 만큼, 한국 여성운동의 이념을 한국 사상에서 찾아서 서양 여성해방사상과 통합하여 재구성하는 작업은 만시지탄의 느낌은 있으나, 그래도 하나의 디딤돌을 놓은 유용한 노력으로 평가되기를 희망한다.

또 한가지 덧붙일 것은 최근 서양 여성학자들 가운데서 생태여성주의(Eco-feminism)를 주장하는 이론들이 제기되었다는 점이다.[7] 이 생태여성주의는 자연을 지나치게 개발하고 환경을 파괴한[8] 데 따른 문제점이 드러났기 때문이 아닌가. 사실 자연을 정복한다는 사상은 서양에서 비롯된 것이다.[9] 그러나 동양사상은 자연을 두려워하고 자연의 섭리를 거스르지 않으며 자연과의 조화를 강조한, 자연 친화적이라 말할 수 있다. 이러한 의미에서 동양사상에서 생태주의 여성이론의 근거를 찾으

---

4) 정현백(2000), 〈민족주의·국가·페미니즘〉, 《국가권력과 여성》(역사학회 발표자료).

5) Ueno Chizuko(1995), *Twenty Years of Japanese Feminism, in Feminism in Asia*, Seoul: Korean Women's Institute, Ewha Womans University, pp.137-155.

6) Judith Plaskow(1990), *Standing Again At Sinai*, San Francisco: Harper & Row Publishers 참조.

7) '여성·종교·생명공동체'의 주제로 1999년 6월 4~5일 영산원불교대학이 개최한 학술세미나에서 에코페미니즘(ecofeminism)의 여러 측면이 소개되었는데, 손승희 교수는 여성의 몸과 출산 기능을 긍정적으로 평가하였다.[손승희(1999), 〈Body Experience와 종교적 영성〉, 원불교대학 학술심포지엄]

8) 정치학 분야에도 환경정치학이 대두되었다.[황태연(1992), 《환경정치학과 현대정치사상》, 나남출판]

9) 프랜시스 베이컨은 자연을 정복하라고 했고, 《구약》 창세기에도 자연을 정복하라는 구절이 있다. 또한 문화(culture)는 남성, 자연(nature)은 여성으로 등치시키고 자연과 여성은 정복의 대상으로 본 것이다.

려 한 노력은 평가받아야 할 것이다.[10]

　마지막으로, 지금까지 구미의 여성해방이론은 비서구 여성들의 경험을 '타자화'한다. 자신들의 이론을 보편주의에, 비서구 여성들의 이론을 문화상대주의로 이원화하는 역설에서 그들은 한시 바삐 탈출해야 하며, 일부 비서구 여성들 또한 서구 여성들의 이론을 무오류의 경전으로 도그마화는 교조주의에서 얼른 벗어나야 할 것이다. 그렇지 않으면 '자매애'를 바탕으로 한 세계적 여성연대의 결성은 한갓 모래 위에 지은 집일 수밖에 없기 때문이다.

10) 김정희(1998), 〈생명여성주의의 존재론적 탐구 — 반야불교와 노자의 '마음' 개념에 기초한 신인간형의 모색〉, 이화여대 대학원 박사학위논문(미간행).

참고문헌

1. 국내문헌

1) 사　료

《朝鮮王朝實錄》《燕山君日記》《經國大典》《大典通編》《五倫行實圖》
《二倫行實圖》《論語》《孟子》《大學》《中庸》《詩經》《禮記》《孝經》
《五代史》《新·舊約聖書》《白虎通疏證 下》

朴齊家《北學議》, 朴趾源《熱河日記》, 班固《漢書》, 徐兢《高麗圖經》,
昭惠王后《內訓》, 宋時烈《宋子大全》,《尤庵集》, 申欽《象村集》,
安鼎福《順菴集》, 黎靖德《朱子語類》, 兪吉濬《西遊見聞》,
柳馨遠《磻溪隨錄》, 李圭景《五洲衍文長箋散稿》, 李德懋《士小節》,
李睟光《芝峰類說》, 李彦迪《晦齊全書》,《晦齋集》, 李珥《栗谷集》,
李瀷《星湖僿說》, 李重煥《擇里志》, 李滉《退溪集》, 鄭道傳《三峰集》,
丁若鏞《經世遺表》,《牧民心書》, 朱子《周易本義》,《小學》,
許載《海東野言》, 洪萬選《山林經濟》, 李師朱堂《胎敎新記》,
李憑虛閣《閨閤叢書》, 李載浩 譯《貞夫人安東張氏實記》

2) 단행본

강대기(2001),《현대사회에서 공동체는 가능한가》, 서울 : 아카넷.

강명순(1985), 《빈민여성 빈민아동》, 서울 : 아침.

강선미 외(1997), 《가족철학 — 남성 철학과 여성 경험의 만남》, 서울 : 이화여
　　대출판부.

강숙자(1998), 《한국여성학연구서설》, 서울 : 지식산업사.

강인숙(2001), 《한국여성노동자 운동사 2》, 서울 : 한울.

강재언(1985), 《한국의 근대사상》, 서울 : 한길사.

강진철(1980), 《고려토지제도사연구》, 서울 : 고려대출판부.

고회민(1995), 《주역철학의 이론》, 서울 : 문예출판사.

권오주 외 역/쏘온 배리·매릴린 얄롬 편(1991), 《페미니즘의 시각에서 본 가
　　족》, 서울 : 한울.

금장태(2000), 《유교의 사상과 의례》, 서울 : 예문서원.

＿＿＿＿(2000), 《한국의 선비와 선비정신》, 서울 : 서울대출판부.

김계환(1981), 《남녀평등권론》, 서울 : 박영사.

김도형(1994), 《대한제국기의 정치사상연구》, 서울 : 지식산업사.

김두헌(1969), 《한국가족제도연구》, 서울 : 서울대출판부.

김무조(1996), 《한국신화의 원형》, 서울 : 신지서원.

김상억 역/이능화(1973), 《조선여속고》, 서울 : 대양서적.

김상일·오광남·이성은 편(1990), 《한사상의 이론과 실제》, 서울 : 지식산업사.

김상일(1988), 《한밝 문명론》, 서울 : 지식산업사.

＿＿＿＿(2000), 《동학과 신서학》, 서울 : 지식산업사.

＿＿＿＿(2001), 《수운과 화이트헤드 — 동학주문 21자에 대한 과정철학적 풀
　　이》, 서울 : 지식산업사.

김성철(2003), 《원효의 판비량론 기초연구》, 서울 : 지식산업사.

김애실 외 역/마리안 A. 퍼버·줄리 A. 넬슨 공편(1997), 《남성들의 경제학을
　　넘어서 — 페미니스트 이론과 경제학》, 서울 : 한국외대출판부.

김영수 역/한스 켈젠(1995), 《정의란 무엇인가?》, 서울 : 삼중당.

김영작(1989), 《한말 내셔널리즘 연구 — 사상과 현실》, 서울 : 청계연구소.

김영한 편(2002), 《서양의 지적 운동 Ⅱ》, 서울 : 지식산업사.

＿＿＿＿ 외(1994), 《서양의 지적 운동》, 서울 : 지식산업사.

김예숙 역/슐라미스 파이어스톤(1983), 《성의 변증법》, 서울 : 풀빛.

김예숙 역/존 스튜어트 밀(1986), 《여성의 예속》, 서울 : 이화여대출판부.

김용섭(1995), 《조선후기농업사연구》, 서울 : 지식산업사.

김용옥(1985), 《동양학 어떻게 할 것인가》, 서울 : 민음사.

김의규(1985), 《고려사회의 귀족제설과 관료제론》, 서울 : 지식산업사.

김일미(1968), 《조선시대 부녀 교훈용 두서》, 서울 : 이화사학연구회.

김재범(2001), 《주역사회학》, 서울 : 예문서원.

김재용·이종주(1999), 《왜 우리 신화인가》, 서울 : 동아시아.

김재원(1947), 《단군신화의 신연구》, 서울 : 탐구당.

김정설(1987), 《풍류정신》, 서울 : 정음사.

김준석(2003), 《조선후기정치사상사연구》(연세국학총서 32), 서울 : 지식산업
　　　사.

김철수(2003), 《한국헌법》, 서울 : 법원사.

김충열(1983), 《고려유학사》, 서울 : 고려대출판부.

김행자 역/베티 프리단(1986), 《여성의 신비》, 서울 : 평민사.

김홍식(1981), 《봉건사회의 기본구조》, 서울 : 박영사.

김희은 역/水田珠技(1983), 《여성해방사상의 흐름》, 서울 : 백산서당.

나영균(2004), 《일제시대, 우리 가족은》, 서울 : 황소자리.

노영택(1979), 《일제하 민중교육운동사》, 서울 : 탐구당.

노태구(1989), 《근대 정치사상의 이해》, 서울 : 백산서당.

문옥표 외(2003), 《신여성》, 서울 : 청년사.

문중섭(1998), 《한말의 서양정치사상 수용》, 부산 : 경성대출판부.

박병호(1985), 《한국의 전통사회와 법》, 서울 : 서울대출판부.

박성복·윤순갑 역/후버 케네스(1994), 《현대사상과 정치이데올로기》, 서울 :
　　　대영문화사.

박영혜(1984), 《한국여성학의 전망》, 서울 : 숙명여대출판부.

박용옥(1976), 《이조여성사》, 서울 : 한국일보사.

＿＿＿＿(1984), 《한국근대여성운동사연구》, 성남 : 한국정신문화연구원.

＿＿＿＿(1996), 《한국 여성 항일운동사 연구》, 서울 : 지식산업사.

______(2001), 《한국 여성 근대화의 역사적 맥락》, 서울 : 지식산업사.

______(2003), 《김마리아 ― 나는 대한의 독립과 결혼하였다》, 서울 : 홍성사.

박준영(1994), 《국제정치학》, 서울 : 박영사.

박충석(1982), 《한국정치사상사》, 서울 : 삼영사.

박충석・유근호(1980), 《조선조의 정치사상》, 서울 : 평화출판사.

박충석 외(2002), 《국가이념과 대외인식》, 서울 : 아연출판부.

박호강(2002), 《유토피아와 사회진보》, 서울 : 양서각.

박호성(1994), 《평등론》, 서울 : 창작과비평사.

변형윤 외(1985), 《분단시대와 한국사회》, 서울 : 까치.

서병훈(1995), 《자유의 본질과 유토피아 ― 존 스튜어트 밀의 정치사상》, 서
        울 : 사회비평사.

서울대 동양사학연구실(1989), 《강좌 중국사 IV》, 서울 : 지식산업사.

손덕수 역/우슬라 쇼이(1990), 《여자로 태어난 것이 아니라 여자로 만들어진
        다》, 서울 : 정우사.

손승희 역/로즈매리 류터(1980), 《새여성・새세계》, 서울 : 현대사상사.

손영미 역/샬롯 퍼킨스 길먼(2002), 《여자만의 나라》, 서울 : 한국문화사.

송백헌(1977), 《西浦家門行狀》, 대구 : 형설출판사.

송재소 역/정약용(1981), 《다산시선》, 서울 : 창작과비평사.

신영훈(1983), 《한국의 살림집》, 서울 : 열화당.

신인령(1985), 《여성・노동・법》, 서울 : 풀빛.

______ 외(2002), 《지구화와 여성 시민권》, 서울 : 이화여대출판부.

______ 역/폴라 스트럴・앨리슨 재거(1983), 《여성해방의 이론체계》, 서울 :
        풀빛.

심영희(1998), 《위험사회와 성폭력》, 서울 : 나남출판.

안 천(1995), 《단군할머니론》, 서울 : 민족문화사.

어수영(1991), 《민주주의와 한국정치》, 서울 : 법문사.

연효숙 외(2001), 《철학의 눈으로 읽는 여성》, 서울 : 철학과현실사.

오욱환(1993), 《미군 점령시대의 한국교육》, 서울 : 지식산업사.

유근호(2004), 《조선조 대외사상의 흐름》, 서울 : 성신여대출판부.

유미림(2002), 《조선후기의 정치사상》, 서울 : 지식산업사.

윤국일(1990), 《경국대전연구》, 서울 : 신서원.

윤리교재편찬위원회 편(1991), 《현대이념사조와 사상》, 서울 : 삼광출판사.

윤병석(1994), 《한국독립운동의 해외사적 탐방기》, 서울 : 지식산업사.

윤병석 · 신용하 · 안병직(1977), 《한국 근대사론 I ·II·III》, 서울 : 지식산업사.

윤사순(1984), 《동양사상과 한국사상》, 서울 : 을유문화사.

＿＿＿＿(1986), 《한국유학사상론》, 서울 : 열음사.

＿＿＿＿(1992), 《공자사상의 발견》, 서울 : 민음사.

윤석산(1987), 《용담유사연구》, 서울 : 민족문화사.

윤정옥 외(1997), 《일본군 위안부 문제의 진상》, 서울 : 역사비평사.

윤형숙 역/베네딕트 앤더슨(1991), 《민족주의의 기원과 전파》, 서울 : 나남출판.

윤후정(1994), 《이화 100년사》, 서울 : 이화여대출판부.

＿＿＿＿(1997), 《기본적 인권과 평등》, 서울 : 박영사.

이건창 외(1998), 《나의 어머니, 조선의 어머니》, 서울 : 현대실학사.

이광규(1975), 《한국가족의 분석》, 서울 : 일지사.

이만규(1947), 《조선교육사 上》, 서울 : 한국진흥원.

이만열(1981), 《한국기독교와 역사의식》, 서울 : 지식산업사.

＿＿＿＿(1991), 《한국기독교와 민족의식》, 서울 : 지식산업사.

＿＿＿＿ 주석/신채호(1988), 《조선상고사》, 단재신채호선생기념사업회.

이민재 역/아이작 아시모프(1987), 《태초에 — 창세기와 과학의 대조》, 서울 :
    탐구당.

이상백(1954), 《한국문화사연구론고》 한국문화총서 제2집, 서울 : 을유문화사.

이성규 역/H. G. 크릴(1988), 《공자, 인간과 신화》, 서울 : 지식산업사.

이성규 역/陳正炎 · 林基鏃(1990), 《중국의 유토피아 사상》, 서울 : 지식산업사.

이성무(1980), 《조선초기 양반연구》, 서울 : 일조각.

이성범 · 김용정 역/F. 카프라(1974), 《현대물리학과 동양사상》, 서울 : 범양사.

이숙인 역주(2003), 《여사서》, 서울 : 여이연.

이승희(1994), 《여성운동과 정치이론》, 서울 : 도서출판 녹두.

이연규 역/G. 배러클로우(1983), 《현대역사학의 추세와 방법론》, 서울 : 풀빛.

이옥지(2001), 《한국여성노동자운동사 1》, 서울 : 한울.

이우성(1982), 《19세기 한국사회》, 서울 : 성균관대 대동문화연구소.

이은봉 편(1986), 《단군신화연구》, 서울 : 온누리.

이은선(2003), 《유교, 기독교, 그리고 페미니즘》, 서울 : 지식산업사.

이은순(1988), 《조선후기 당쟁사 연구》, 서울 : 일조각.

이은순 · 이배용(1996), 《한국사회사상사》, 서울 : 지식산업사.

이은영(1999), 《법여성학 강의》, 서울 : 박영사.

이을호(1985), 《정다산 연구의 현황》, 서울 : 민음사.

______(1986), 《한 사상의 묘맥》, 서울 : 사사연.

______(1989), 《다산경학사상연구》, 서울 : 을유문화사.

이재석 역/M.크랜스톤(1995), 《이데올로기의 이해》, 서울 : 민족문화사.

이정욱(1990), 《한국 민족주의와 민주주의의 갈등구조》, 서울 : 평민사.

이춘식(2002), 《춘추전국시대의 법치사상과 勢 · 術》, 서울 : 아카넷.

이태진(1985), 《조선시대 정치사의 재조명》, 서울 : 범조사.

______(1986), 《한국사회사연구 — 농업기술발달과 사회변동》, 서울 : 지식산
    업사.

이택휘 외(1993), 《서재필》, 서울 : 민음사.

이형랑 · 김상희 역/줄리엣 미첼(1980), 《여성의 지위》, 서울 : 광민사.

이화여대 한국여성연구소 편(1972), 《한국여성사 1》, 서울 : 이화여대출판부.

______ 편(1979), 《여성과 발전 연구사업 보고서 — 여성학 교과과정 개설을
    중심으로》, 서울 : 이화여대 한국여성연구소.

______ 편(1984), 《자원활동의 이론과 실제》, 서울 : 이화여대출판부.

______ 편(2003), 《대안적 지구화를 향한 여성주의 답변들 — "다른 세상들이
    가능한가?"》, 서울 : 이화여대 한국여성연구원.

이효재(1985), 《분단시대의 사회학》, 서울 : 한길사.

______(1989), 《한국의 여성운동》, 서울 : 정우사.

임혁백(1994), 《시장 · 국가 · 민주주의》, 서울 : 나남출판.

장병인(1997), 《조선전기 혼인제와 성차별》, 서울 : 일지사.

장필화(1999), 《여성 몸 성》, 서울 : 또하나의문화.

전해종(1979), 《한국과 중국》, 서울 : 지식산업사.

정석종(1983), 《조선후기의 사회변동연구》, 서울 : 일조각.

______(1994), 《조선후기의 정치와 사상》, 서울 : 한길사.

정수복 역/M. 글룩스만(1983), 《구조주의와 현대 마르크시즘》, 서울 : 한울사.

정순목(1986), 《퇴계의 교육철학》, 서울 : 지식산업사.

정연식 역/윌리엄 하버(1994), 《보수주의 사상의 이론적 기초》, 대구 : 경북대
　　　출판부.

정의숙 · 조정호 역/케이트 밀레트(1976), 《성의 정치학》, 서울 : 현대사상사.

정일성(2001), 《후쿠자와 유키치》, 서울 : 지식산업사.

정창권(2002), 《한국 고전여성소설의 재발견》, 서울 : 지식산업사.

정현백(2003), 《민족과 페미니즘》, 서울 : 당대.

조동걸(1989), 《한국근대사의 시련과 반성》, 서울 : 지식산업사.

______(1994), 《독립군의 길따라 대륙을 가다》, 서울 : 지식산업사.

______(2003), 《한국근현대사의 탐구》, 서울 : 홍인문화사.

조동일(1984), 《한국문학통사 3권》, 서울 : 지식산업사.

______(1999), 《중세문학의 재인식》 3권, 서울 : 지식산업사.

조성숙(2002), 《'어머니'라는 이데올로기》, 서울 : 한울.

조우현 역/플라톤(1990), 《국가/소크라테스의 변명》, 서울 : 삼성출판사.

진덕규(2000), 《한국현대정치사서설》, 서울 : 지식산업사.

______(2003), 《한국 정치의 역사적 기원》, 서울 : 지식산업사.

______외(2002), 《세계화 과정에서 공동체주의》, 서울 : 신유.

차남희(1997), 《저항과 순응의 역사정치학》, 서울 : 이화여대출판부.

차상철(1991), 《해방 전후 미국의 한반도 정책》, 서울 : 지식산업사.

차(배)옥덕(2000), 《여신들의 향기》, 서울 : 아세아문화사.

최덕성(2000), 《한국교회친일파 전통》, 서울 : 본문과현장사이.

최명관 역/크레인 브린튼(1950), 《서양사상사》, 서울 : 수도문화사.

최명관 외 공역/S. P. 렘프레히트(1963), 《서양철학사》, 서울 : 을유문화사.

최영진(1993), 《동양과 서양》, 서울 : 지식산업사.

최영진(2002), 《유교사상의 본질과 현재성》, 서울 : 성균관대 동아시아학술원.

최은봉 역/프레드 블럭(1994), 《포스트 산업사회》, 서울 : 법문사.

최재석(1983), 《한국가족제도사연구》, 서울 : 일지사.

최종고(1986), 《서양법제사》, 서울 : 박영사.

최종덕 역/베르너 하이젠베르크(1958), 《철학과 물리학의 만남》, 서울 : 한겨레신문사.

최준환 편역/토마스 불핀치(1991), 《그리스 로마 신화》, 서울 : 집문당.

최 협 외(2001), 《공동체론의 전개와 지향》, 서울 : 도서출판 선인.

한국노동조합총연맹 편(1979), 《한국노동조합운동사》, 서울 : 한국노동조합.

한국동양철학회(1982), 《동양철학의 본체론과 인성론》, 서울 : 연세대출판부.

한국사연구회(1981), 《한국사연구입문》, 서울 : 지식산업사.

한국여성의전화연합 편(1999), 《한국여성인권운동사》, 서울 : 도서출판 한울.

한국응용통계연구소(1988), 《국가현안에 대한 국민여론조사》, 서울 : 한국응용통계연구소.

한국정신문화연구원 편(1984), 《국역 한국지》, 성남 : 한국정신문화연구원.

______(2002), 《譯註 三國遺事》, 서울 : 이회문화사.

한국정치외교사학회 편(1990), 《한국 민족주의와 민주주의의 갈등구조》, 서울 : 평민사.

한상진 외 역/앤서니 기든스(1998), 《제3의 길》, 서울 : 생각의나무.

김승태 역/한석희(1988), 《일제의 종교 침략사》, 서울 : 기독교문사.

한영우(1983), 《조선전기 사회사상 연구》, 서울 : 지식산업사.

______(1999), 《정도전》, 서울 : 지식산업사.

한우근(1980), 《성호이익연구》, 서울 : 서울대출판부.

______(2001), 《조선시대사상사연구논고》, 서울 : 한국학술정보(주).

한정자 역/헤스터 아이젠슈타인(1986), 《현대여성해방사상》, 서울 : 이화여대출판부.

허미자(1984), 《허난설헌 연구》, 서울 : 성신여대출판부.

홍사중(1982), 《영국혁명사상사》, 서울 : 전예원.

황태연(1992), 《환경정치학과 현대정치사상》, 서울 : 나남출판.

황패강(1973), 《조선왕조 소설연구》, 서울 : 단국대출판부.

3) 논 문

곽배희(2001), 〈한국사회의 이혼실태 및 원인에 관한 연구〉, 이화여대 대학원
     (사회학과) 박사학위논문(미간행).
구만옥(2001), 〈조선후기 주자학적 우주론의 변동〉, 연세대 대학원(사학과) 박
     사학위논문(미간행).
권순형(1997), 〈고려시대 혼인제도 연구〉, 이화여대 대학원(사학과) 박사학위
     논문(미간행).
금장태(1978), 〈동서교섭과 근대한국사상의 추이에 관한 연구〉, 성균관대 대
     학원 박사학위논문.
김광자(1984), 〈여성운동 뒷받침할 이데올로기 제시〉, 《여성연구》 겨울호, 서
     울 : 한국여성개발원.
김성탁(1976), 〈개국신화에 관한 고찰 ― 단군신화의 상징적 성격을 중심으
     로〉, 고려대 박사학위논문(미간행).
김세서리아(2001), 〈음양과 성 차이 ― 끝나지 않은 싸움〉, 《철학의 눈으로 읽
     는 여성》, 서울 : 철학과현실사.
김신웅(1984), 〈조선시대의 수공업연구〉, 동국대 대학원 박사학위논문.
김애령(1995), 〈지배받는 몸, 자유로운 몸 ― 다시 보는 여성의 몸〉, 《여성과
     사회》 6, 여성사회연구소.
김애실(1985), 〈가사노동의 경제적 가치〉, 《여성연구》 겨울호, 서울 : 한국여
     성개발원.
김연민(1993), 〈숙종조 노론의 정치적 이념과 권력관계에 관한 연구〉, 이화여
     대 대학원(정외과) 박사학위논문(미간행).
김영모(1981), 〈조선후기 신분구조와 그 변동〉, 《동방학지》 26집, 서울 : 연세
     대출판부.
김영작(1989), 〈한국 민족주의의 사상사적 갈등구조(개국에서 해방전까지)〉,
     〈해방후 민족주의의 사상사적 갈등구조〉, 《한국 민족주의와 민주주
     의의 갈등구조》, 서울 : 평민사.
김은실(1994), 〈민족주의 담론과 여성〉, 《한국여성학》 10집, 한국여성학회.

김인걸(1985), 〈조선후기 향촌사회 통제책의 위기 ― 동계의 성격변화를 중심
　　으로〉, 《진단학보》 58집, 진단학회.
김정희(1998), 〈생명여성주의의 존재론적 탐구〉, 이화여대 대학원 박사학위
　　논문(미간행).
김지혜(1998), 〈레즈비언/페미니스트 관점에서 본 서구 레즈비언 이론의 발전
　　과정과 역사적 의의에 대한 연구〉, 이화여대 대학원(여성학과) 석사학
　　위논문.
김항수(1981), 〈16세기 사림의 성리학 이해〉, 《한국사론》 7, 서울대 국사학과.
김해영(1984), 〈정도전의 배불사상〉, 《청계사학》 1집, 성남 : 한국정신문화연
　　구원.
김헌선(1998), 〈단군신화의 신화학적 연구 ― 창세신화의 관점에서〉, 《한국민
　　속학》 30집, 민속학회.
김호일(1996), 〈한국의 향약·동계와 각도의 운영 실례〉, 《한국의 향약·동
　　계》, 서울 : 신용협동조합중앙회.
김혜경(1998), 〈일제하 '어린이기'의 형성과 가족변화에 관한 연구〉, 이화여
　　대 대학원 박사학위논문(미간행).
김혜숙(1996), 〈음양의 질곡으로부터의 해방〉, 《해방의 철학》, 서울 : 철학과
　　현실사.
김혜승(1990), 〈한국민족주의의 발생양식과 전개과정에 관한 연구〉, 이화여
　　대 대학원 박사학위논문(미간행).
도진순(1993), 〈1945~48년 우익의 동향과 민족통일정부 수립운동〉, 서울대
　　대학원 박사학위논문.
박미라(1991), 〈님과 성〉, 《새로 쓰는 사랑이야기》, 서울 : 또하나의문화.
박민선(1999), 〈한국 레즈비언의 성과 삶〉, 《섹슈얼리티 강의》, 서울 : 성폭력
　　상담소.
박종채(1996), 〈조기후기 동계의 운영과 향촌조직 ― 나주 금안동계의 사례를
　　중심으로〉, 《한국의 향계·동계》, 서울 : 신용협동조합중앙회.
박혜인(2000), 〈조선왕조실록에 나타난 가정폭력 자료분석〉, 《한국가족관계
　　학회지》 5권 1호.

배은경(1999), 〈여성의 몸과 정체성〉, 《새여성학 강의》, 서울 : 한국여성연구
　　소.
배종호(1996), 〈동양 인성론의 의의〉, 《동양철학의 본체론과 인성론》, 서울 :
　　연세대출판부.
서관모(1987), 〈한국사회 계급구성의 연구〉, 서울대 대학원(사회학과) 박사학
　　위논문(미간행).
서영대(2000), 〈단군신화의 의미와 기능〉, 《단군과 고조선사》, 서울 : 사계절.
손승희(1999), 〈Body Experience와 종교적 영성〉, 《여성 · 종교 · 생명공동체》,
　　원불교대학 심포지엄.
신복룡(1990), 〈근대 한국민족주의의 갈등구조〉, 《한국민족주의와 민주주의
　　의 갈등구조》, 서울 : 평민사.
＿＿＿(2002), 〈한국정치사상사 집필을 위한 예비적 담론〉, 한국 · 동양정치
　　사상사학회, 《동양정치사상사》 1권 2호.
신영숙(1989), 〈일제하 한국여성사회사 연구〉, 이화여대 대학원(사학과) 박사
　　학위논문(미간행).
신옥희(1987), 〈철학적 여성학 ― 실존철학의 타자개념과 현대 여성학〉, 《여
　　성학논집》 4집, 서울 : 이화여대 한국여성연구소.
신용하(1999), 〈서재필의 민주주의 사상〉, 《서재필과 민주주의》, 서울 : 대한
　　교과서주식회사.
심정인(1985), 〈여성운동의 방향정립을 위한 이론적 고찰〉, 《여성 1》, 서울 :
　　창작과비평사.
안연선(1988), 〈한국식민지 자본주의화 과정에서 여성노동의 성격에 관한 연
　　구 ― 1930년대 방직공업을 중심으로〉, 이화여대 대학원 석사학위논문.
안외순(1996), 〈대원군집정기 권력구조에 관한 연구〉, 이화여대 대학원(정외
　　과) 박사학위논문(미간행).
양승태(1990), 〈예속과 해방의 논리와 비논리―밀(J. S. Mill)의 《여인의 예속》
　　에 나타난 여성의 자유 · 평등 논리에 대한 인성론적 비판〉, 《논총》 57
　　집, 이화여대 한국문화연구소.
우에노 치즈코(1995), 〈일본 페미니즘의 20년〉, 《아시아의 페미니즘》, 서울 :

이화여대 한국여성연구원.

유희정(1987), 〈한국 중간계급의 사회불평등구조에 관한 의식 연구〉, 이화여대 대학원 박사학위논문(미간행).

윤택림(1993), 〈민족주의 담론의 해체〉, 《한국여성학》 9집, 한국여성학회.

윤혜원(1979), 〈현대일본여성운동〉, 《아세아여성연구》 18집, 서울 : 숙명여대 출판부.

이광린(1990), 〈서재필의 사상〉, 《서재필과 민주주의》, 서울 : 대한교과서주식회사.

이배용(2003), 〈일제 시기 신여성의 역사적 성격〉, 《신여성》, 서울 : 청년사.

이수자(1999), 〈몸의 여성주의적 의미확정〉, 《한국여성학》 15권, 한국여성학회.

이숙인(1996), 〈중국고대의 여성윤리사상 형성에 관한 연구〉, 성균관대 대학원(동양철학과) 박사학위논문(미간행).

이 순(1981), 〈병어회〉, 《이순연작소설집》, 서울 : 문학과지성사.

이순형(1997), 〈조선조 혼인 관계의 유지관리─조선왕조실록의 이혼사례 분석〉, 《한국사회학》 31집.

이승희(1991), 〈한국여성운동사 연구 ─ 미군정기 여성운동을 중심으로〉, 이화여대 대학원(정외과) 박사학위논문(미간행).

이우진(1980), 〈대한민국 임시정부의 입헌주의 정치체제(1919~1945)〉, 《한국민족주의와 민주주의의 갈등구조》, 서울 : 평민사

이은순(1995), 〈일제하 도시와 농촌 여성의 생활 실태〉, 《광복50주년기념논문집》, 서울 : 한국학술진흥재단

이진찬(1999), 〈가정폭력방지법 운영실태 및 개정방향〉, 세미나 발표자료.

이해준(1983), 〈매향신앙(埋香信仰)과 그 주도집단의 성격 ─ 14~15세기 매향사례의 분석〉, 《김철준박사회갑기념 사학논총》, 서울 : 지식산업사.

이해솔(1999), 〈한국 레즈비언 인권운동사〉, 《한국여성인권운동사》, 서울 : 한울.

이효재(1976), 〈세계여성의식의 동향〉, 《한국여성의 어제와 내일》, 서울 : 이화여대출판부.

이희주(1999), 〈조선초기 군신도덕에 관한 연구〉, 이화여대 대학원(정외과) 박
　　사학위논문.

임선빈(1993), 〈조선후기 동계조직과 촌락사회의 변화〉, 《동방학지》, 연세대
　　국학연구원.

장병인(2003), 〈조선 중·후기 간통에 대한 규제의 강화〉, 《한국사연구》 122,
　　한국사연구회.

장　상(1985), 〈기독교 여성관의 재발견〉, 《한국여성학》 창간호, 한국여성학
　　회.

장정순(1986), 〈생활공동체에 대한 여성학적 고찰〉, 이화여대 대학원(여성학
　　과) 석사학위논문.

장필화(1989), 〈성에 관련한 여성해방론의 이해와 문제〉, 《한국여성학》 5집,
　　한국여성학회.

전대웅(1975), 〈한국여성운동의 이념적 근거〉, 《여성문제연구》 4집, 대구 :
　　효성여대 여성문제연구소.

정　은(1985), 〈여성근로자의 자의식에 관한 연구〉, 이화여대 대학원 석사학
　　위논문.

정대현(1983), 〈이론의 선택과 실학적 방향 — 최한기의 실학이론을 중심으
　　로〉, 《철학연구》 18집, 철학연구회.

　　　　(1991), 〈사랑의 미신〉, 《새로 쓰는 사랑이야기》, 서울 : 또하나의문화.

정석종(1981), 〈조선후기의 숙종연간의 미륵신앙과 사회운동〉, 《한우근박사
　　정년기념 사학논총》, 서울 : 지식산업사.

정세화(1984), 〈이대 '여성학' 강좌의 교육내용 및 운영에 있어서 문제점과 개
　　선방안〉, 《여성학논집》 창간호, 이화여대 한국여성연구소.

정세화·신옥희·조형(1984), 〈여성학 교과과정 재정립을 위한 기본자료의
　　수집. 분석 및 평가〉, 《논총》 44집, 이화여대 한국문화연구원.

정진경(1986), 〈심리적 성차와 양성성〉, 《남녀평등과 인간화》, 서울 : 연세대
　　학교 여학생처.

정진영(1981), 〈조선후기 향약의 일고찰 — 무인동 동약을 중심으로〉, 《민족
　　문화논총》 2·3집, 대구 : 영남대출판부.

______(1985), 〈16세기 안동지방의 동계(洞契)〉, 《교남사학》 창간호, 대구 : 영남대출판부.

정진홍(1986), 〈신화의 구조적 분석〉, 이은봉 편. 《단군신화연구》, 서울 : 온누리.

정현백(2000), 〈민족주의, 국가 그리고 페미니즘〉, 《국가권력과 여성》, 역사학회 심포지엄.

조 광(1982), 〈19세기 민란의 사회적 배경〉, 《19세기 한국전통사회와 민중의식》, 서울 : 고려대 민족문화연구소.

조성숙(1988), 〈한국여성민주화운동〉(제10회 미국 여성학회 발표자료).

조 형(1984), 〈한국여성운동의 비판적 고찰〉, 《이화》 38호, 이화여대출판부.

______(1997), 〈여성주의적 통일논의를 위하여〉, 《철학과 현실》 35호, 철학문제연구소.

조동일(1984), 〈한국인문과학에 끼친 서양의 충격과 한국의 전통〉, 《미래세계의 대학》, 서울 : 연세대출판부.

조혜정(1986), 〈가부장제의 변형과 극복〉, 《한국여성학》 2집, 한국여성학회.

주경미(1992), 〈전문직에서의 여성배제구조 ― 의사사회를 중심으로〉, 이화여대 대학원(여성학과) 석사학위논문.

지두환(1982), 〈조선초기 주자가례의 이해과정〉, 《한국사론》 8, 서울대 국사학과.

______(1984), 〈조선전기의 종법제도 이해과정〉, 《태동고전연구》 창간호, 태동고전연구소.

최숙경(1980), 〈한국여성해방 사상의 성립배경〉, 《한국사학》 1, 한국정신문화연구원.

______(1983), 〈한말 여성해방논리의 발전과 그 한계점〉, 《논총》 43, 이화여대 한국문화연구원.

최순희(1973), 〈다산 정약용이 본 농민생활상 및 그의 개선책〉, 《사학지》 7집, 단국대 사학회.

최재석(1972), 〈조선시대의 상속제에 관한 연구〉, 《역사학보》 53·54합집, 역사학회.

______(1986), 〈한국사회사에서의 한 제도의 통시적 추구〉, 《동방학지》 51집, 연세대 국학연구원.

최종고(1981), 〈막스 베버가 본 동서양 법―비교법사의 기초를 위하여〉, 《법사학연구》 6집, 한국법사학회.

한국여성노동자협의회(1999), 〈생산직 여성노동자 운동 : 1987~1996〉, 서울 : 한국여성노동자협의회.

한상권(1985), 〈16·17세기 향약의 기구와 성격〉, 《진단학보》 58집, 진단학회.

함희숙(1988), 〈프랑스혁명과 여성운동〉, 여성사연구회 편, 《여성》 2, 서울 : 창작과비평사.

홍성표(1985), 〈중세영국 농민의 생활수준 연구〉, 《민석홍박사화갑기념 사학논총》, 서울 : 삼영사.

______(1989), 〈재산권 행사의 한계와 그 성격〉, 《역사학보》 22집, 역사학회.

4) 신문·잡지 및 기타 자료

김남천(1940), 〈여성의 직업문제〉, 《여성》 12월호, 조선일보사.

이경숙(1937), 〈여자해방과 우리의 필연적 요구〉, 《신여성》 신년호, 개벽사.

이회명(1940), 〈신여성시비〉, 《여성》 11월호, 조선일보사.

주요섭(1933), 〈신여성과 구여성의 행로〉, 《신여성》 신년호, 개벽사.

허정숙(1929), 〈근우회운동의 역사적 지위와 당면임무〉, 《근우》.

황신덕(1935), 〈조선부인운동의 사적 고찰〉, 《신동아》 5월호, 동아일보사.

〈근대한국명논설집〉, 《신동아》 1966년 1월호 부록.

《독립신문》(전9권, 영인본), 경인문화사.

2. 국외문헌

1) 단행본

山口眞・山手茂(1987), 《女性學槪論》, 東京 : 亞記書房.

Agarwal, Bina ed(1988), *Structures of Patriarchy*, London: Zed Books Ltd..

Agonito, Rosemary(1977), *History of Ideas on Woman*, New York: G. P. Putnams Sons.

Angerman, Arina, et. al.(1989), *Current Issues in Women's History*, London: Routledge.

Basch, Norma(1982), *Women, Marriage and Property in Nineteenth-Century*, New York: Cornell Univ. Press.

Barbara, Johnson(1998), *The Feminist Difference*, Boston: Harvard University Press.

Baruch, Elaine Hoffman(1991), *Women, Love & Power*, New York: New York Univ. Press.

Beard, Mary R.(1946), *Women as Force in History*, New York: The Macmillan Co..

Beauvoir, Simone de., H. M. Parshley(tr., 1961), *The Second Sex*, New York: Bantam Book.

Biemer, Linda B.(1979), *Women and Property in Colonial New York: The Transition from the Deuch to the English Law 1643-1717*, Ann Arbor: UMI Research Press.

Birke, Linda(1986), *Women, Feminism, and Biology*, Brighton: Wheatsheaf Books Ltd..

Bluestone, Natalie H.(1987), *Women and the Ideal Society,* Amherst: The University of Massachusetts Press.

Bottomley, Anne & Joanne Conaghan(ed., 1993), *Feminist Theory and Legal Strategy,* Oxford: Blackwell Publishers.

Bremmer, Jan(ed., 1989), *From Sappho to De Sade,* London: Routledge.

Brownmiller, Susan(1976), *Against Our Will: Men, Women and Rape,* Harmondsworth: Penguin Books.

Bunch, Charlotte(1987), *Passionate Politics,* New York: St. Martin's Press.

Burstyn, Joan N.(1984), *Victorian Education and the Ideal of Womanhood,* New Brunswick: Rutgers University Press.

Burton, Clare(1985), *Subordination: Feminism and Social Theory,* Sydney: George Allen & Unwin.

Butler, Anne M.(1985), *Daughters of Joy, Sisters of Misery,* Urbana: The University of Illinois Press.

Bynum, Caroline, W. Stevan Harrell, Paula Richmaneds(1986), *Gender and Religion: On the Complexity of Symbols,* Boston: Beacon Press.

Calder, Jenni(1976), *Women and Marriage in Victorian Fiction,* London: Thames Hudson Ltd..

Cruikshank, Margaret(1982), *A Lesbian Studies,* New York: Feminist Press.

Daly, Mary(1978), *Gyn/Ecology: The Metaethics of Radical Feminism,* Boston: Beacon Press.

Davis, J. C.(1981), *Utopia and Ideal Socity,* New York: Cambridge Univ. Press.

Delphy, Christine(1970), *Close to Home,* London: Hutchison & Co. Ltd..

Denise, Thompson(2001), *Radical Feminism Today,* London: Sage Publications.

Donovan, Josephine(1985), *Feminist Theory,* New York: Frederick Ungar Co..

Donaldson, Laura E.(1993), *Decolonizng Feminisms: Race, Gender & Empire-building,*

London: Routledge.

Eichler, Margrit(1980), *The Double Standard*, New York: St. Martin's Press.

Eisenstein, Zillah(1981), *The Radical Future of Liberal Feminism*, Princeton: Princeton Univ. Press.

Eisler, Riane(1987), *The Chalice & the Blade*, New York: Harper Collins Publishers.

Elliot, Faith R.(1986), *The Family: Change or Continuity?*, Atlantic Highlands: Humanities Press International Inc..

Elshtain, J. Bethke(1981), *Public Man, Private Woman*, Princeton: Princeton Univ. Press.

______(ed., 1982), *The Family in Political Thought*, Amherst: The University of Massachusetts Press.

Engels, Friedrich(1984), *The Origin of the Family, Private Property and the State*, New York: Int'l Publishers.

Engligh, Jane & Mary Vetterling-Braggin(ed. 1977), *Feminism and Philosophy*, Totowa: Littlefield, Adams & Co..

Erler, Mary & Maryanne Kowaleski(1988), *Women & Power in the Middle Ages*, Athens: The University of Georgia Press.

Farnham, Christie(ed., 1987), *The Impact of Feminist Research in the Academy*, Indianapolis: Indiana Univ. Press.

Ferguson, Ann(1990), *Sexual Democracy*, Boulder: Westview Press.

Freeman, Lucy & Herbert Strean(1987), *Freud & Women*, New York: The Continuum Publishing Company.

Friedan, B.(1965), *The Feminine Mystique*, Harmondsworth: Penguin Book.

Fulenwider, Claire Knoche(1980), *Feminism in American Politics*, New York: Praeger Publishers.

Friedman, Lenore(ed. 1997), *Being Bodies*, Boston: Shambhala Publications Inc..

George, Margaret(1988), *Women in the First Capitalist Society-Experiences in Seventeenth-Century England,* Chicago: The University of Illinois Press.

Gies, Frances & Joseph(1978), *Marriage and the Family in the Middle Ages,* New York: Harper and Row Publishers.

Gies, Francis(1978), *Women in the Middle Ages,* New York: Barns & Noble Books.

Glennon, Lynda M.(1979), *Women and Dualism,* New York: Longman.

Goodnow, Jacqueline & Carole Pateman(1985), *Women, Social Science & Public Policy,* Sydney: George Allen & Unwin.

Griffiths, Morwenna & Whiteford Margaret(ed., 1988), *Feminist Perspectives in Philosophy,* Indianapolis: Indiana Univ. Press.

Grimshaw, Patricia(1985), *Women in History: Reconstructing the Past,* Sydney: George Allen & Unwin.

Hanawalt, Barbara A.(1986), *Women and Work in Preindustrial Europe,* Bloomington: Indiana Univ. Press.

Harding, Sandra(1987), *Feminism & Methodology,* Indianapolis: Indiana Univ. Press.

Hekman, Susan(ed., 1999), *Feminism, Identity and Difference,* London · Portland: Frank Cass..

Hill, Bridget(1989), *Women, Work, and Sexual Politics in Eighteenth-Century England,* Oxford: Basil Blackwell Ltd..

Himmelfarb, Gertrude(1987), *Marriage and Morals in Victorians,* New York: Vintage Books.

Hoagland, Sarah Lucia(1998), *Lesbian Ethics,* Palo Alto: The Institute of Lesbian Studies.

Holter, Harriet(1984), *Patriarchy in a Welfare Society,* Oslo: Universitetsforlaget.

Jagger, Alison(1983), *Feminist Politics and Human Nature,* Sussex: The Harvester

Press.

Janeway, Elizabeth(1971), *Men's World. Women's Place: A Study in Social Mythology*, New York: William Morrow Co..

Jardine, Alice & Paul Smith(ed., 1987), *Men in Feminism*, New York: Methuen.

Joekes, Susan(1987), *Women in the World Economy*, Oxford: Oxford Univ. Press.

Johnson, Pauline(1994), *Feminism as Radical Humanism*, Boulder · San Francisco: Westview Press.

Kauffman, Linda(1989), *Gender & Theory*, Oxford: Basil Blackwell Ltd..

Kehoe, Monika(ed., 1986), *Historical, Literary, and Erotic Aspects of Lesbianism*, New York: Harrington Park Press.

Kelly, Linda(1987), *Women of the French Revolution*, London: A Hamish Hamilton Paperback.

Kelly, Joan(1984), *Women, History and Theory*, Chicago: The University of Chicago Press.

Kennedy, Ellen-Susan Mendus(1987), *Women in Western Political Philosophy*, New York: St. Martins Press.

Keohane, Nannerl O.(ed., 1982), *Feminist Theory*, Chicago: The University of Chicago Press.

Kleinberg, S. Jay(ed., 1988), *Retrieving Women's History*, Paris: UNESCO Press.

Knights, David & Hugh Willmott(1986), *Gender and the Labour Process*, London: Gower Publishing Company Ltd..

Kristeva, Julia(1986), Anita Barrows(tr.), *About Chinese Women*, New York: Marison Boyars.

Kuhn, A. & Wolpe, A.(ed., 1978), *Feminism and Materialism*, London: Routledge and Kegan Paul.

Leacock, Eleanor(ed., 1980), *Women and Colonization*, New York: Bergin

Publishers Inc..

Lerner, Gerda(1986), *The Creation of Patriarchy*, New York: Oxford Univ. Press.

Lewis, Judith Schneid(1986), *In the Family Way: Childbearing in the British Aristocracy 1760-1860*, New Brunswick: Rutgers Univ. Press.

MacMillan, James F.(1981), *The Place of Women in French Society*, New York: St. Martins Press.

MacMillan, Sally G.(1990), *Motherhood in the Old South: Pregnancy, Childbirth and Infant Rearing*, Baton Rouge: Louisiana State Univ. Press.

Mageo, Jeannette Marie(ed. 2003), *Dreaming and the Self: New Perspectives on Subjectivity, Identity, and Emotion*, Albany: The State University of New York Press.

Mandelbaum, Maurice(1971), *History, Man & Reason: A Study in Nineteenth-Century Thought*, Baltimore: The Johns Hopkins Univ. Press.

Manuel, Frank E.(ed. 1966), *Utopias and utopian thought*, Boston: Houghton Mifflin Company.

Marks, Elaine & Isabelle de Coutivron(1980), *New French Feminism*, Amherst: The University of Massachusetts Press.

McLean, Sheila & Noreen Burrows(1988), *The Legal Relevance of Gender*, Atlantic Highlands: Humanities Press International, Inc.

Mendus, Susan & Jane Rendall(ed., 1989), *Sexuality & Subordination*, London: Routledge.

Michie, Helena(1987), *The Flesh Made Word: Female Figures and Women's Bodies*, Oxford: Oxford University Press.

Moghissi, Haideh(1999), *Feminism and Islamic Fundamentalism*, Lodon: ZED Books.

Moi, Toril(1985), *Sexual/Textual Politics*, London: Methuen & Co. Ltd..

Mortley, Raoul(1981), *Womenhood*, Sydney: Delacroix.

Mosse, George L.(1985), *Nationalism and Sexuality,* Madison: The University of Wisconsin Press.

Neumann, Erich(1963), *The Great Mother,* Princeton: Princeton Univ. Press.

Newman, Louise M.(ed., 1985), *Men's Ideas/Women's Realities,* New York: Pergamon Press.

O'Brien, Mary(1981), *The Politics of Reproduction,* London: Routledge & Kegan Paul.

Okin, Susan M.(1979), *Women in Western Political Thought*, Princeton: Princeton Univ. Press.

Osborne, Martha Lee(1979), *Women in Western Thought,* New York: Random House.

Painter, Sidney(1951), *Mediaeval Society,* Ithaca: Cornell University Press.

Pannick, David(1985), *Sex Discrimination Law,* Oxford: Clarendon Press.

Peterson, Jeanne(1989), *Family, Love and Work in the Lives of Victorian Gentle-women,* Indianapolis: Indiana Univ. Press.

Phyllis, Birkby et. al.(1973), *Amazon Expedition: a Lesbianfeminist Anthology,* Washington: N. Y. Times Press.

Pinchbeck, Ivy(1930), *Women Workers and Industrial Revolution,* London: Virago Press.

Plaskow, Judith(1990), *Standing Again At Sinai-Judaism from a Feminist Per-spective,* San Francisco: Harper & Row Publishers.

Ragland-Sullivan, Ellie(1986), *Jacques Lacan & the Philosophy of Psychoanalysis,* Urbana: The University of Illinois Press.

Ramazanoglu, Caroline(1989), *Feminism and Contradictions of Oppression,* London: Routledge.

Roberts, Helen(1981), *Doing Feminist Research,* London: Routledge & Kegan

366

Paul.

Rogers, Katharine M.(1982), *Feminism in Eighteenth-Century England,* Urbana: The University of Illinois Press.

Rossi, Alice S.(ed., 1970), John Stuart Mill & Harriet Taylor Mill, *Essays on Sex Equality,* Chicago: The University of Chicago Press.

Rowbotham, Sheila(1974), *Hidden from History,* New York: Pantheon Books.

_____ (2001), *Promise of a Dream: Remembering the Sixties*, New York: Verso.

Roth, Benita(2004), *Separate Roads to Feminism: Black, Chicana, and White Feminist Movements in America's Second Wave*, Cambridge: Cambridge Univ. Press.

Rueschemeyer, Marilyn(1981), *Professional Work & Marriage: An East-West Comparison,* New York: St. Martin's Press.

Ryan, Barbara(1992), *Feminism and the Women's Movement,* London: Routledge.

Sagan, Eli(1988), *Freud, Women and Morality,* New York: Basic Books Inc. Publishers.

Salomone, Rosemary C.(1986), *Equal Education Under Law,* New York: St. Martin's Press.

Sargent, Lydia(ed., 1981), *Women & Revolution,* London: Pluto Press.

Schneir, Miriam(ed., 1972), *Feminism: The Essential Historical Writings,* New York: Vintage Books.

Scott, Joan Wallach(1988), *Gender and the Politics of History,* New York: Columbia Univ. Press.

Sen, Gita & Caren Grown(1987), *Development. Crisis. and Alternative Visions,* New York: Monthly Review Press.

Shanley, Mary Lyndon(1989), *Feminism, Marriage and the Law in Victorian England 1850-1895,* Princeton: Princeton University Press.

Speth, Linda E. & Alison Duncan Hirsch(1983), *Women, Family and Community in Colonial America: Two Perspectives,* New York: The Haworth Press.

Springer, Marlene & Haskell(1986), *Plains Woman,* Indianapolis: Indiana University Press.

Stone, Lawrence(1977), *The Family: Sex and Marriage in England 1500-1800,* New York: Harper and Row Publishers.

Tarsia, Carol and Carole Offirs(1977), *The Longest War: Sex Differences in Perspective,* New York: Harcourt Brace Jovanovich Inc..

Tilly, Louise A. & Joan W. Scott(1987), *Women, Work & Family,* London: Routledge.

Tong, Rosemarie(1989), *Feminist Thought,* Boulder: Westview Press.

Vogel, Lise(1983), *Marxism and the Oppression of Women: Toward an Unitary Theory,* New Brunswick: Rutgers Univ. Press.

Walby, Sylvia(1990), *Theorizing Patriarchy,* Oxford: Basil Blackwell Ltd..

Weedon, Chris(1999), *Feminism: Theory and the Politics of Difference,* Oxford: Blackwell Publishers.

Weigle, Marta(1989), *Creation and Procreation,* Philadelphia: The University of Pennsylvania Press.

Weil, Kari(1992), *Androgyny and the Denial of Difference,* Charlottesville: The University Press of Virginia.

Whelehan, Imelda(1995), *Modern Feminist Thought,* Edinburgh: Edinburgh Univ. Press.

Winter, Bruce W.(2003), *Roman Wives, Roman Widows,* Cambridge: Wm. B. Ferdmans Publishing Co..

Young, Kate(1988), *Women and Economic Development,* Oxford: Berg Publishers Ltd..

2) 논 문

Demos, Vasilikie & Segal, Marcia Texler(ed., 2001), "An International Feminist Challenge to Theory", *Advances in Gender Research* Vol. 5, Elsevier Science.

Folbre, Nancy(1983), "Of Patriarchy Born: The Political Economy of Fertility Decisions", *Feminist Studies*, Vol. 9 No. 2, The University of Maryland.

Fontaine, Coralyn(1982), "A Lesbian Feminist Perspective", Margaret Cruikshank (ed.), *Lesbian Studies,* New York: Feminist Press.

Kristeva, Julia(1975), "On the Women of China", *SIGNS* Vol. 1 No. 1, Chicago: The Univ. of Chicago Press.

McLaughlin, Eleanor Commo(1979), "The Impact of Christianity", Martha Lee Osborne(ed.), *Woman in Western Thought,* New York: Random House.

Midgley, Mary(1988), "On not Being Afraid of Natural Sex Difference", M. Griffiths & M. Whiteford(ed.), *Feminist Perspectives in Philosophy*, Indianapolis: Indiana Univ. Press.

영문요약

(Abstract)

Korean Feminism — From Utopia to Heterotopia

This book has the intentions of inspiring the Korean feminist movement and reconstructing existing theories through a critical examination and evaluation of the modern western feminist theory. This study will present new communitarianism as the theory for the present Korean feminist movement, based on the sexual egalitarianism contained in Korean thought. This inquiry is possible by abstracting valid thoughts from the western feminist theories, in correspondence with experiences of Korean women, and accepting the reasonable theories from the west. With this kind of critical work, the study of the nature of women is also our concern.

In Part 2, we examine modern and contemporary western feminism in chronological order. The liberal feminism emphasizes on legal and institutional equality between women and men in the public sphere. In spite of its limit that the discourse ignores many problems of poor women, liberal feminism has advantages for Korean middle class women with college-level education. In other words, considering that in Korea, the percentage of employment of women college graduates is the lowest among OECD countries, we can say that the proposal of liberalism — calling for equal opportunity and freedom of choice in the labour market — is meaningful to some degree. But liberal feminism has been criticized for two points. On one side, this theory excludes the private sphere from analysis as the core of women's problems. On the other hand, according to this school, femininity is constructed according to education and social environment.

Classical Marxist feminism gives prominence to class in its analysis, and thus overlooks women's problems in the private sphere. Moreover, the relationship between husband and wife as bourgeois and labourer of the family forming a micro capitalist system is criticized for being 'gender blind.' The concern about the poor, however, is significant for the Korean feminist movement.

Socialist feminism is based on a dual system theory, where women's oppression results from capitalism and from the patriarchy. However, this discourse focussed rather on the analysis of patriarchy than the oppressive aspects of capitalism. These characteristics of socialist feminism make the boundary with radical feminism ambiguous.

Radical feminism contributed to analysis of the private sphere — sexuality, heterosexuality, the female body, pregnancy etc.. This is a precious trial for launching the sexual discourse as a political domain. Nonetheless, we cannot deny that female chauvinism seen in political lesbian feminism has excluded many ordinary women.

Post-modern feminism restores "heterogeneity", "otherness" and "diversity", which are the values ignored by modernism. The main idea of postmodernism is to deconstruct the occidental dichotomy. Therefore, post-modern feminism has a possibility of having affinity with feminist thought. Of course, when "otherness" and "diversity" are emphasized vehemently, the post-modern feminism may risk inclining to female chauvinism. In other words, this negative aspect of postmodernism could be criticized for its lack of unity.

In Part 3, we examine Dangun theory and the interpretation of woman in Confucian thought. In the Dangun legend, Woong-Nyo, an archetype of Korean women, wishes for childbirth, which is realized through the official marriage between her and Hwan-Woong, the son of the Heavenly God Hwan-In. For that reason, we can recognize that the relationship between man and woman is complementary, as symbolically described in the Dangun mythology. Concerning the nature of the human being, Confucianism maintains that good nature is innate for human being, and in spite of natural differences between men and woman such as "strongness" or "warmness", their values are equal. In the "Five Human Relations" proposed by Mencius, the distinction of man and wife was based on equal ethics. But in actual life, the man's activities included institutional education and political administration, while women's activities were limited to childbirth and daily housework. This aspect is clearly sexual discrimination. In Confucianism, several rituals for ancestors were very important, so marriage was also a great thing, and childbirth became the important purpose of marriage. Therefore, pursuit of sexual desire without supposing childbirth was regulated by society.

This position apparent in the institutions that prohibited widows from remarrying, the traditional code(boys and girls are not to be together from the age of 7), and segregation between men and woman. In spite of such limits, Confucianism did not consider women as sexual objects, and in the same manner, the female body was not regarded as the incarnation of desire. Thus, the Confucian value that the wisdom of a woman was more valuable than her appearance would be advantageous to our capitalist society. In brief, women in the Korean traditional society were generally excluded from the public sphere, such as institutional education or politics. However, this discrimination was a cross-cultural pheno-menon in the preindustrial societies of the world. In any event, we can evaluate that women of the private sphere in the Korean Confucian society were protected.

In Part 4, the understanding of women by Korean modern thought and the opening of the women's movement are reviewed. A Korean scholar of practical science(Sil-hak), Jung Yak-Yong confirmed the mutual relationship of the cosmic dual forces(Yin and Yang), and recommended that a couple should discuss democratically in managing household issues.

Dong-hak embraced the human equality thought with regard to sex and class. Dong-hak proposed to allow remarriage of young widows as one of their social reform plans. A Korean thinker of the enlightenment age, Park Young-Hyo, called for the education of women, abolition of the practices of concubinage, early marriage and prohibition of remarriage, in an appeal he presented to the King Ko-Jong. His idea stands for legal equality. In *Independence Journal* founded by Seo Jae-Pil, we can observe efforts for the institutional education of women. In this social atmosphere, the women of Chosun had organized the first women's community — the 'Chanyang' community. Members of this organization founded a private women's school named 'Sun-sung' for themselves and operated it for 5 years, until it was closed due to financial difficulty.

In the colonized Chosun since 1910, the role of women in the 3.1 Independence Movement was enormous. The 'Chosun patriotic wives' community,' which was organized after this movement participated in the anti-Japanese movement, supporting the Shanghai Provisional Government, which envisaged the foundation of a republic. For the women, this meant that post-liberation Korea would be a civil society. The women's independence movement was broken up by the surveillance of the Japanese police. 'Geunwoo Community,' which was organized in 1927, stirred up the national liberation movement and feminist movement together. After the dissolution of 'Geunwoo Community', the women's labor movement followed. A slogan of women workers oppressed by the colonial capitalist system was "Abolition of Racial Discrimination." In order to emancipate from the colonial oppression, woman workers developed the women's labor movement, based on nationalism in pursuit of liberty, equality and independence. After liberation, the feminist movement during the American Military Administration period demanded for equal voting rights for men and woman.

There was a revision of the family law in 1960, and in the rapid industrialization process of the 70's, the women's labor movement was highlighted in the line of struggle for democracy against the government, with the participation of women intellectuals and students. Since the mid 80's, the young women intellectuals who studied woman's issues developed the white-collar feminist movement. Particularly, they obtained meaningful results — establishment of the Sexual Violence Preventive Law, and raising problems of wife battery, sexual violence and sexual harassment as political issues. As is generally known, the capitalist illness of sexualizing the woman's image is widespread in Korean society. In Part 5, we examined such problems of women and the fruit of their movement.

In Part 6, we attempt to partially select concepts of sexual equality in western feminist thought that are relevant to the Korean women's experience, and integrate them with the Korean traditional and modern egalitarian thought. This integration would result in New Communitarianism, as an ideology for the Korean feminist movement. The blueprint of the New Communitarianism world would be planned as follows.

1. Although there are differences between men and woman — strongness and

warmness —, their value is equal. And "warmness" as an essence of Korean women can contribute to the identity of the feminist movement.

2. For college-graduate women who want to participate in public economic activities, equal opportunity and the freedom of choice must be guaranteed.

3. The labour condition and environment of women workers should be improved, in the same manner, the quality-life of part-time women workers should be advanced. The term of public education should be extended to 12 years.

4. The value of housework should be reasonably evaluated, according to which a pension plan for housewives would be established.

5. Men who respect human dignity, consider women as humans, and pursue non-violence will be together in the New Communitarian world.

Instead of the prospect of nowhere(utopia), I propose a Heterotopia, a possible alternative world, in the form of a New Communitarian world, which will be realized in the near future.

찾아보기

1. 인 명

2. 문 헌

3. 용 어

ㄱ